普通高校物流管理与工程类新形态教材

电子商务物流

陈浩东◎主编

宋巍　刘昊　陈俊慧◎副主编

清华大学出版社

北京

内 容 简 介

本书以电子商务物流为主线,围绕电子商务环境下物流新模式、新理论和新方法,系统阐述了电子商务物流模式、电子商务物流技术、电子商务物流信息平台、电子商务采购与供应链管理、电子商务库存决策与管理、电子商务物流运输与配送管理、电子商务物流成本与定价管理、跨境电子商务物流、农村电子商务物流、电子商务物流的新发展(绿色物流、智慧物流、逆向物流、物流金融、"新零售"下的生鲜冷链物流)等内容。本书吸收了电子商务领域的最新物流研究成果和管理实践,凸显理论性、创新性和时代性。

本书可作为物流管理、物流工程、电子商务、供应链管理、管理科学与工程、工商管理等专业的本科生或研究生教学用书,也可作为相关企事业单位专业技术人员、实践人员的培训与学习参考用书。

图书在版编目(CIP)数据

电子商务物流 / 陈浩东主编. -- 北京:清华大学出版社,2025.8.
(普通高校物流管理与工程类新形态教材). -- ISBN 978-7-302-70059-3

Ⅰ. F713.365.1

中国国家版本馆 CIP 数据核字第 2025EV3657 号

责任编辑:张 伟
封面设计:李召霞
责任校对:王荣静
责任印制:刘 菲

出版发行:清华大学出版社
　　　　网　　址:https://www.tup.com.cn,https://www.wqxuetang.com
　　　　地　　址:北京清华大学学研大厦 A 座　　　邮　　编:100084
　　　　社 总 机:010-83470000　　　　　　　　邮　　购:010-62786544
　　　　投稿与读者服务:010-62776969,c-service@tup.tsinghua.edu.cn
　　　　质量反馈:010-62772015,zhiliang@tup.tsinghua.edu.cn
　　　　课件下载:https://www.tup.com.cn,010-83470332
印 装 者:三河市君旺印务有限公司
经　　销:全国新华书店
开　　本:185mm×260mm　　印　张:19　　　　　字　　数:448 千字
版　　次:2025 年 9 月第 1 版　　　　　　　　印　　次:2025 年 9 月第 1 次印刷
定　　价:59.00 元

产品编号:106608-01

进入 21 世纪以来,随着新技术如物联网(Internet of Things,IoT)、区块链、大数据、人工智能(AI)、云计算等的快速发展,电子商务已经成为我国经济发展的新引擎,电子商务(electronic commerce,EC)的新模式、新业态、新平台层出不穷,已经成为推动我国产业结构转型升级和经济高质量发展的重要驱动力。然而,随着电子商务的快速发展,电子商务物流发展相对滞后,其问题日渐突出,已成为电子商务发展的瓶颈。若想从根本上解决电子商务物流存在的一系列问题和挑战,需要从更加专业化、智能化、信息化的视角对电子商务物流进行有效管理,从企业实际运营和需求的角度,探究电子商务物流新模式、新方法,推进降本增效,实现电子商务物流的低成本、高效率运作,促进电子商务物流的创新与高质量发展。基于此,本书在系统分析总结已有学术理论和国内外典型案例的基础上,从概念、模式、理论和策略等方面介绍电子商务物流的理论和方法,为物流管理与工程类、电子商务类等相关专业的学习提供借鉴和帮助。本书从电子商务物流的系统观、整体观和全局观出发,突出理论性、创新性和时代性。

本书共分为 11 章。第 1 章主要概述电子商务、物流、电子商务物流的相关内容,分析电子商务物流发展现状及问题,探讨电子商务与物流的相互关系,为后续章节奠定基础。第 2 章主要介绍电子商务物流模式,包括电子商务下的自营物流、第三方物流、第四方物流、物流联盟等,并给出了选择电子商务物流模式的多种方法。第 3 章主要介绍电子商务物流运营中用到的各种技术,包括自动识别技术、自动化立体仓库和自动导引车(AGV)、自动分拣和无人配送技术以及 GPS(全球定位系统)、BDS(BeiDou Navigation Satellite System,北斗卫星导航系统)、GIS(Geographic Information System,地理信息系统)、物联网技术等。第 4 章主要介绍电子商务物流信息平台、电子商务物流信息系统原理与开发流程,系统分析了智慧化电子商务物流信息系统,列举了几种典型电子商务物流信息系统。第 5 章对电子商务采购与供应链管理进行了概述,介绍电子商务采购的模式类型、流程与成本管理,并对电子商务供应链管理、电子商务供应链风险管理进行了分析。第 6 章介绍电子商务库存决策与管理的基本概念、分类与方法,重点分析常见的电子商务库存决策模型。第 7 章介绍电子商务物流运输与配送管理的基本概念、运输方式、多式联运,以及选择电子商务物流运输方式的策略,简要介绍电子商务物流配送的基本内容。第 8 章主要介绍电子商务物流成本与定价管理的基本内容,对电子商务物流成本的核算、控制进行了系统分析,重点列出电子商务物流成本控制的方法,介绍了电子商务物流服务的定价方法。第 9 章介绍跨境电子商务物流的基本内容,包括跨境电子商务的概念、特点和模式,分析我国跨境电子商务物流发展现状、问题及趋势,重点介绍跨境电子商务物流进口和出口模式、海外仓和边境仓等。第 10 章介绍农村电子商务物流的基本内容,分析了农村电子商务物流模式,介绍农村电子商务物流配送中心选址的基本内容。第 11 章主要介绍电子商务物流的新发展,主要包括电子商务绿色物流、智慧物流、逆向物流、物流金融以及"新零售"下的生鲜冷链物流等。

本书由河南财经政法大学陈浩东担任主编,河南财经政法大学宋巍、郑州航空工业管理学院刘昊、河南财经政法大学陈俊慧担任副主编。其中,第 1 章由陈浩东编写,第 2 章由陈浩东、关佳璐编写,第 3 章由宋巍、张溱编写,第 4 章由陈俊慧、苏浚编写,第 5 章由刘昊、王硕编写,第 6 章由陈浩东、李雅枝编写,第 7 章由陈浩东、高允博编写,第 8 章由陈浩东、任权威编写,第 9 章由陈浩东、高澜编写,第 10 章由陈浩东、杨明远编写,第 11 章由陈浩东、李林奕编写。

本书是国家社会科学基金项目(21BGL034)和河南省高等学校青年骨干教师培养计划项目(2023GGJS066)的建设成果。同时,编者参考和应用了许多国内外学者的文献,尽可能在参考文献中列出,但难免疏漏,在此向他们表示崇高敬意和衷心感谢。

电子商务物流作为新兴的交叉领域,其应用发展迅速,加之编者自身水平有限,本书难免有不当之处,敬请广大读者与专家学者批评指正。

编 者

2024 年 11 月

目录

第 1 章

电子商务物流概论

随着信息技术(IT)的迅猛发展,电子商务物流作为连接线上交易与线下配送的重要桥梁,正逐渐展现出其强大的生命力和广阔的应用前景。本章详细介绍了电子商务和物流的发展历程、基础概念、分类和特征,在对电子商务、物流有了基础认识后,引出电子商务物流的概念、特点,以及我国电子商务物流发展现状和未来趋势。本章作为引导章节,旨在帮助读者建立对电子商务物流的整体框架认知,奠定理论基础,为后续章节深入探讨具体的理论分析、技术应用和行业案例等内容提供背景支持,是理解全书内容的起点和基础。

1.1 电子商务概述

1.1.1 电子商务的发展历程

1. 国外电子商务的发展历程

1) 萌芽阶段(1960—1994 年)

国外电子商务起始于 20 世纪 60 年代末期,电子数据交换(EDI)和电子资金转账(EFT)的出现标志着电子商务的萌芽阶段。这一时期,主要是企业间交易(business-to-business,B2B)的电子化尝试,电子商务的应用主要集中在大企业和金融机构之间。1991 年,伴随着互联网对公众的开放,电子商务迎来了前所未有的发展契机。

2) 起步阶段(1995—2000 年)

1995 年,亚马逊(Amazon)和 eBay 等电子商务公司的成立,标志着电子商务进入快速起步阶段。这一时期,随着互联网用户数量的激增和在线支付技术的发展,B2C(business-to-customer,企业对消费者)电子商务开始兴起,消费者可以直接在网上购买商品和服务。同时,这一时期也见证了一系列电子商务法律和政策的制定,为电子商务的健康发展奠定了基础。

3) 增长阶段(2001—2010 年)

随着宽带互联网的普及、在线支付系统的成熟以及物流体系的改进,电子商务进入快速增长阶段。此时,全球范围内的电商平台开始迅猛发展,消费者开始广泛接受网上购物。亚马逊、eBay 等平台逐渐占据全球市场,并扩展至更多的品类和服务。同时,在线购物逐渐取代了部分传统零售模式。

4) 成熟阶段(2011 年至今)

随着移动互联网和智能手机的普及,电子商务从 PC(个人计算机)端扩展到移动端,移动电商(M-commerce)开始成为新的增长动力。社交电商、直播电商等新模式层出不穷,为电子商务的未来开辟了新天地。该阶段,人工智能、大数据、云计算等技术的应用,给电子商务带来了新一轮革命。个性化推荐、智能客服、自动化营销等成为可能,极大地提升了消费者的购物体验和商家的运营效率。此外,随着区块链、物联网等新兴技术的探索应用,电子商务正朝着更加智能、安全、便捷的方向发展。

2. 我国电子商务的发展历程

1) 起步阶段(1990—1999 年)

我国电子商务的起步相对较晚,但发展速度极快。中国电子商务最早的发展形态是行业电子商务和平台电子商务,是以行业机构为主体构建的大型电子商务网站,旨在为行业内的企业和部门进行电子化贸易提供信息发布、商品交易、客户交流等活动平台。行业电子商务的代表有中国化工网、中国制造网和中国粮油网等。最早的平台电子商务代表有慧聪网和阿里巴巴等。

2) 兴起阶段(2000—2010 年)

这一阶段是中国电子商务快速发展的阶段,以淘宝网崛起为标志。2003 年,淘宝网和支付宝相继成立,极大地促进了 C2C(customer-to-customer,消费者对消费者)市场的发展。随着网络支付、物流配送等配套服务的完善,以及消费者在线购物习惯的形成,电子商务在中国开始迅速普及和发展。农村电子商务、跨境电子商务兴起,中国农资网是中国最早的农村电子商务代表之一,后来出现的惠农网、农村淘宝等推动了农村电子商务的进一步发展。敦煌网是中国最早的跨境电子商务网站之一,后来的速卖通、天猫国际、京东全球购和网易考拉等也都是跨境电子商务的代表。

3) 增长阶段(2011—2015 年)

到了 2011 年以后,随着智能手机的普及和移动互联网的发展,中国电子商务进入急剧增长阶段。这一时期,微信支付和支付宝等移动支付手段普及,移动电商成为主流。同时,社交电子商务也快速发展。社交电子商务利用社交网站和社交平台等传播途径,通过社交互动、用户生成内容等手段来辅助商品的购买和销售行为。社交电子商务主要基于人际关系网络来快速低成本地获取客流量,是新型电子商务的重要表现形式之一。社交电子商务的代表有微商、拼多多和小红书。

4) 成熟阶段(2016 年至今)

近年来,随着科技的不断进步,中国电子商务进入创新与转型的新阶段。人工智能、大数据、云计算等技术在电子商务领域得到了广泛应用,从而推动了行业的智能化、个性化发展。同时,随着消费升级的趋势,消费者对产品和服务的需求也越来越多样化与个性化,这促使电子商务企业不断优化供应链(supply chain)、提高服务水平,以满足消费者的差异化需求。在这一背景下,社区电子商务和直播电子商务遍地开花。社区电子商务的代表有美团优选、多多买菜、叮咚买菜和盒马优选等,直播电子商务的代表有抖音直播、快手直播和淘宝直播等。

国内外电子商务发展阶段对比如图 1-1 所示。

1.1.2　电子商务的概念

1. 狭义和广义的电子商务

狭义上讲,电子商务是指通过使用互联网等电子工具(包括电报、电话、广播、电视、传真、计算机、计算机网络、移动通信等)在全球范围内进行的商务贸易活动。其实质是以计

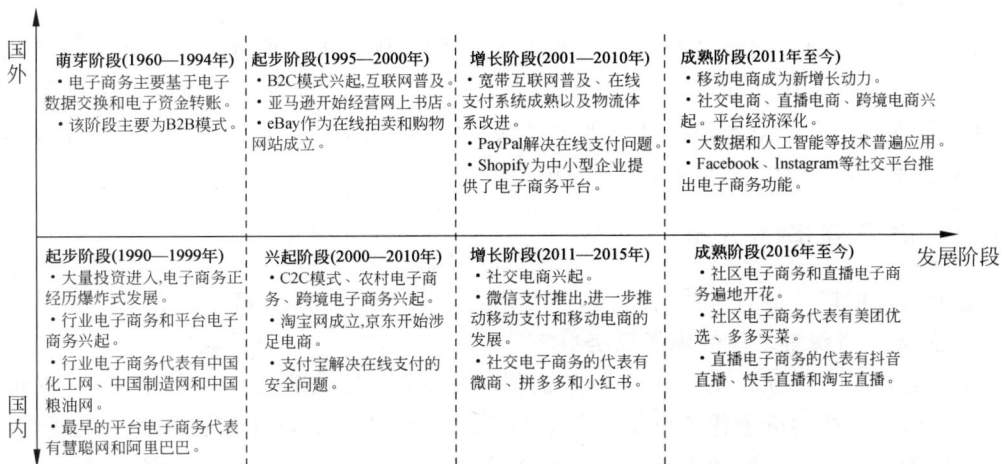

图 1-1　国内外电子商务发展阶段对比

算机网络为基础所进行的各种商务活动,是商品和服务的提供者、广告商、消费者、中介商等有关各方行为的总和。一般理解的电子商务是指狭义上的电子商务。

广义上讲,"电子商务"一词源自 electronic business,是指通过电子手段进行的商业事务活动。具体来讲,它是通过使用互联网等电子工具,使公司内部、供应商、客户和合作伙伴之间,利用电子业务共享信息,实现企业间业务流程的电子化,配合企业内部的电子化生产管理系统,提高企业的生产、库存、流通和资金等各个环节的效率。

无论是广义的电子商务还是狭义的电子商务,都涵盖了两个方面:一是离不开互联网这个平台,没有了网络,就称不上电子商务;二是通过互联网完成的是一种商务活动。

2. 不同国家和组织对电子商务的定义

不同国家和组织对电子商务的定义有所差异,虽然核心概念相似,即通过电子手段执行买卖交易和相关商业活动,但具体的定义框架和侧重点可能会有所不同。

1) 联合国贸易和发展会议

联合国贸易和发展会议将电子商务定义为通过计算机网络进行的购买与销售行为。这一定义强调了电子网络在交易中的作用。

2) 世界贸易组织

世界贸易组织将电子商务描述为"通过电子方式生产、分销、营销、销售或交付货物和服务"。这一定义早在 1998 年第二次部长会议设立的"电子商务工作计划"中就被提出了,但随后近 20 年时间里,该议题却未充分得到重视,直到近年来才又进入各成员视野中。

3) 美国

美国政府在其《全球电子商务纲要》中比较笼统地指出:"电子商务是指通过 Internet进行的各项商务活动,包括广告、交易、支付、服务等活动,全球电子商务将会涉及全球各国。"美国对电子商务的定义侧重于电子商务作为一种销售渠道或市场。

4）中国

在我国,电子商务的定义经过多次修订和更新,反映了电子商务领域不断发展变化的特征。依据《中华人民共和国电子商务法》(2018 年 8 月 31 日通过),电子商务被定义为"通过互联网等信息网络销售商品或者提供服务的经营活动"。这包括但不限于企业与消费者、消费者与消费者以及企业与企业(B2B)之间的交易。

1.1.3　电子商务的分类

电子商务根据其参与主体的不同,可以分为六个主要类别,具体如下。

1. 企业与消费者之间的电子商务(B2C)

B2C 是指企业以互联网为主要服务提供手段,实现公众消费和提供服务,并保证与其相关的付款方式的电子化的电子商务运营模式。B2C 电子商务有三个基本组成部分:为客户提供在线购物场所的网上商店;负责为客户所购商品进行配送的物流配送系统;负责货款结算的电子支付系统。亚马逊、淘宝和京东是该模式的典型代表。

2. 企业与企业之间的电子商务(B2B)

B2B 是指企业使用互联网或专用网络与供应商、客户(企业或公司)之间进行的交易和合作。它将企业内部网和企业的产品及服务,通过 B2B 网站或移动客户端与客户紧密结合起来,通过网络的快速反应,为客户提供更好的服务,从而促进企业的业务发展。B2B 代表企业有阿里巴巴集团的 1688 以及慧聪网。

3. 企业与政府之间的电子商务(B2G)

B2G 主要包括政府机构通过互联网进行工程的招投标或采购。政府通过网络为企业办理征税、报关、出口退税、商检等业务。这样可以提高政府机构的办事效率,使政府的工作更加透明、廉洁。B2G 平台有中国政府采购网、中国电子政务网等。

4. 消费者与消费者之间的电子商务(C2C)

C2C 是通过为买卖双方提供一个在线交易平台,使卖方可以主动提供商品上网拍卖,而买方可以自行选择商品进行竞价。比较知名的 C2C 平台有 eBay、淘宝、闲鱼等。

5. 线上与线下融合的交易模式(O2O)

O2O(online-to-offline)是将线下商务的机会与互联网结合在一起,让互联网成为线下交易的前台,消费者线上下单、线下体验的一种购物模式。这种模式的优势在于:一方面能够通过互联网提升企业的知名度,最大限度地发挥网络营销效益;另一方面可以确保售后服务质量,更好地处理消费者、经销商和企业三者之间的关系。国内首家 O2O 电子商务开创者是拉手网,随后又出现苏宁易购、大众点评等。

6. B2B2C 电子商务

该模式是一种新型模式,是 B2B、B2C 模式的演变和完善。第一个 B 指的是商品或服务的供应商,第二个 B 指的是经销商,C 表示消费者。B2B2C 模式实际上是一个多用户商城 B2B 及 B2C 的集合,在这个电子商城里,商户既可以进行 B2B 交易(批发),也可以进行 B2C 交易。成功运用这一创新模式的有易兰礼品和商易网等。

1.1.4 电子商务的特征

1. 贸易全球化

电子商务的兴起和增长连同互联网的普及,已经显著推动了贸易全球化的发展。电子商务使企业能够跨越国界轻松接触全球市场,为消费者提供了前所未有的购物便利性和选择范围。对消费者来说,这意味着他们可以从世界各地的商家那里购买产品或服务,而不仅仅限于他们所在地区的商家。

2. 即时性

电子商务平台允许用户随时随地通过互联网访问网站或应用程序,浏览和购买产品。相比传统的实体店铺,电子商务平台不受限于营业时间和地点,提供了更大的灵活性。无论是白天还是夜晚,只要有网络连接,顾客都可以找到他们需要的商品或服务。同时,在线支付系统的整合使交易过程变得极为快速和便利。消费者可以在几分钟内完成支付流程,包括订单确认、支付以及接收电子收据。

3. 低成本,高效率

与传统零售业相比,电子商务企业不需要花费大量资金在昂贵的实体店面租赁和维护上;电子商务平台可以采用更为高效的库存管理(inventory management)系统,比如"按需供应"模型,减小了对大量仓库空间的需求。此外,通过数据分析优化库存,企业可以降低过剩库存的风险和成本。同时,电子支付和自动化的订单处理系统使得交易处理速度大大加快,提高了交易效率;电子商务平台可以提供有关销售数据、客户反馈和市场趋势的即时信息。

4. 服务个性化

电子商务平台提供个性化推荐,通过分析消费者的数据和购物行为来提供量身定做的购物体验。利用算法分析消费者的浏览历史、购买记录和搜索习惯,电子商务平台可以向消费者精准推荐他们可能感兴趣的商品。亚马逊就是利用这种个性化推荐技术获得巨大成功的一个典范。

5. 交易透明化

交易透明化包括价格透明化、产品信息透明化、供应链透明化以及支付和交易透明化等。

价格透明化能确保所有费用在消费者下单之前都清晰标明,包括运费、税费等,避免隐含费用导致的消费者不满。同时,许多电子商务平台提供价格比较工具,使消费者能够轻松比较不同卖家或网站的产品价格,从而作出更为明智的购买决定。

产品信息透明化能提供全面、精确的产品信息,包括但不限于技术规格、成分、使用说明等,帮助消费者了解产品;展示真实的用户评价和反馈,包括正面评价和负面评价,为消费者提供参考,增强信任度。

供应链透明化能提供产品的生产地、材料来源、制造过程等信息,实现产品从生产到交付整个过程的追踪。

支付和交易透明化能确保整个购买、支付和退款过程的每一步都是清晰的,让消费者了解整个过程。

1.1.5　电子商务发展中的物流问题

1. 物流成本居高不下

近年来,我国物流运行效率持续提升,但全链条运行效率低、成本高的问题仍然突出。2023 年,我国社会物流总费用为 18.2 万亿元,且 2021 年以来上升速度明显加快。社会物流总费用占 GDP(国内生产总值)的比重为 14.4%,较 2022 年同期下降 0.3 个百分点。但与发达国家和地区相比,我国社会物流总费用占 GDP 的比重仍然较高,美国、欧盟、日本分别约为 7%、6%、8%。2012—2023 年我国社会物流总费用和社会物流总费用占GDP 的比重如图 1-2 所示。

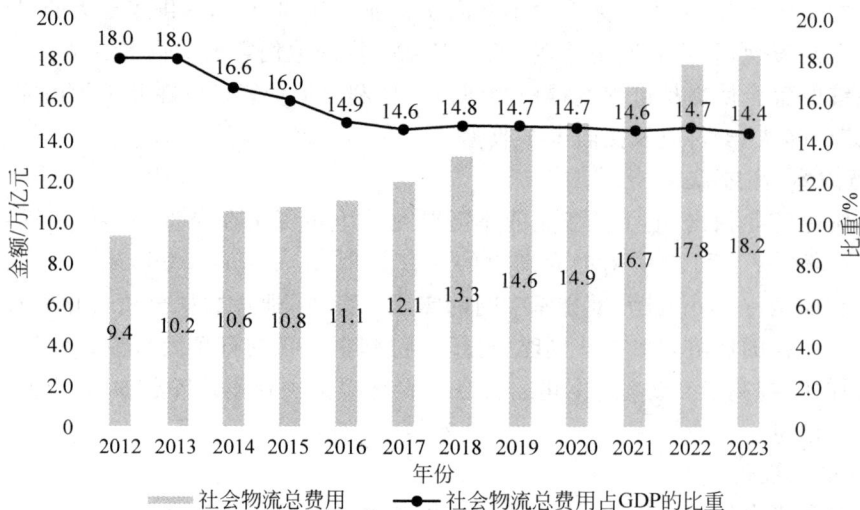

图 1-2　2012—2023 年我国社会物流总费用和社会物流总费用占 GDP 的比重

资料来源:国家统计局。

我国物流成本居高不下是由多重因素导致的。一是综合交通运输体系尚未完全形成。据交通运输部官网数据,2023 年我国运输成本偏高的公路运力占比高达 73.8%,而运输成本仅为公路运输 1/3 的铁路运力占比只有 9.2%。受制于铁路专用线与干线铁路的对接难度,我国铁路运力尚未得到充分释放。根据美国铁路协会数据,美国铁路运输占比为 40%,相较于美国,我国在"公转铁"方面还有极大的提升空间。二是物流服务体系尚不健全。"干、支、末"与"物流枢纽、物流园区、物流中心、配送中心、终端网点"等构成的物流网络尚不完善,干线之间、干线与支线之间、干线、支线与配送之间、支线与末端之间均存在许多薄弱环节。三是"规模化、集约化、高效率"的现代流通体系尚未形成。批发、零售等传统流通方式仍占主流,流通环节多、流通渠道长、交易次数多以及组织化程度低、流通方式落后,使得流通成本居高不下。

2. 物流配送模式不完善

目前主要的配送模式包括自营配送、第三方配送、共配配送及联盟配送等。这些配送模式各有其优势和劣势,但没有一种模式能够完全适应电子商务多样化、个性化和快速化的需求,主要表现在以下几个方面:自营配送虽然能够更好地保障服务质量和提升客户满意度,但其高昂的建设和运营成本使得其难以普及;第三方配送虽然能够降低成本和提高效率,但服务水平不稳定,且信息安全与责任划分常引发争议;共配配送及联盟配送模式虽然能够实现一定程度上的资源共享与效率提升,但协调难度、合作伙伴选择与信任构建也是一大挑战。此外,配送模式在面对电商业务的多样化、个性化需求时,常常难以做到灵活应对和快速响应,尤其是"最后一公里"配送的高成本和低效问题,仍旧是电商物流难以解决的痛点。

3. 物流区域发展不均衡

我国电子商务物流在区域发展中呈现出显著的不均衡性,主要体现在东部沿海城市与中西部和偏远地区之间的差异。东部沿海城市由于经济发展水平较高、基础设施较完善以及物流行业发展较成熟,电商物流服务更为高效和广泛。相反,中西部和偏远地区由于地理位置偏远、基础设施建设滞后及经济发展水平较低,物流配送面临诸多挑战,如配送成本高、配送速度慢和服务覆盖不全,这些问题严重影响了当地电子商务的整体效率和消费者体验。

4. 信息化、标准化程度低

我国电子商务物流在信息化和标准化方面还存在一定的短板,这主要体现在物流信息系统的不完善和各地标准不一致上。尽管近年来电子商务迅速发展,但许多物流企业的信息化水平仍然不高,缺乏有效的信息交流和数据分析能力,这导致物流资源配置效率不高、信息传递延迟,影响了物流服务的整体效率和准确性。同时,由于我国辽阔的地域和复杂的市场环境,物流行业的标准化发展程度不一,不同地区甚至不同企业之间的操作标准和服务流程各异,这进一步提升了物流操作的复杂性和成本。因此,提高物流信息化和标准化水平,是提升我国电商物流整体竞争力和服务质量的重要方向。

1.2　物　流　概　述

1.2.1　物流概念的产生与发展

1. 传统物流的起源——中国

虽然"物流"一词是在20世纪八九十年代才开始在中国出现的,但是物流并非现代社会的产物,中国的物流活动历史悠久,远远早于西方。在中国古代,物流实践广泛存在于社会经济生活的各个领域,几千年来,积累了丰富的物流经验与思想。我国古代"兵马未动,粮草先行"思想贯穿整个历史,讲的就是物流活动。秦朝嬴政倾力铺设"秦直道",在当时实现了秦军在战争中军事物资保障上的规模化和快速化。汉朝时开辟了"丝绸之路",为各民族之间互惠互利的贸易往来提供了便利,也使得中华民族灿烂的古代文明传播到了西方乃至全世界。在海运方面,西汉形成和发展的海上丝绸之路,到明朝达到顶峰,构成了一条贯通欧、亚、非洲的世界上最绵长、最伟大的航线。这是一条陶瓷之路、丝绸之路、香料之路、茶叶之路,它涵盖了中国古代物流的诸多具体内容。到隋朝时期,修建的大运河将南北五大水系连接,形成了统一的水上运输网络,维系着国家的命脉。唐朝时期,唐明皇"一骑红尘妃子笑",从南方用驿站、快马的方式给杨贵妃运来新鲜的荔枝,从中可以看到快递业在中国古代的实践。此外,在我国西南蜿蜒着一条起于唐代、兴于明清的茶马古道,连接川滇藏,延伸入印度境内,直抵西亚、东非红海口岸。中国古代已形成陆、水、海交汇的物流网络,在此基础上商业经济得以辉煌,中华民族得以生生不息。也正因为有了这样一套领先的物流系统,中国无论是从科学和技术的发展,还是从生活的物资水准的角度来看,在大航海时代以前,物流实践活动都一直领先西方。

2. 现代物流的提出——美国

现代物流概念的产生有两个分支:一是 1905 年,美国少校琼西·贝克(Chauncey Baker)在《军队和军需品运输》一书中,从军事后勤的角度提出了 Logistics 的物流概念。Logistics 是"后勤"的意思,主要是指物资的供应保障、运输储存等。二是 1915 年,美国营销学家阿奇·萧(Arch Shaw)在其著作《市场流通中的若干问题》中提出 Physical Distribution(以下简称"P·D")的物流概念,主要针对企业的产品怎样分送到客户手中的活动。在第二次世界大战期间,美国运用后勤管理方法,保障军用物资及时、高效地送达前线,这就是现代物流(Logistics)的雏形。但是第二次世界大战结束后,Logistics 并没有得到普及。20 世纪四五十年代,美国市场仍是卖方市场,企业的核心是生产,并不关注销售,使得物流的发展停滞不前。20 世纪 60—70 年代,美国进入大量生产时代,市场转变为买方市场,企业逐渐开始关注 P·D。1973 年,石油危机爆发,企业开始重视 P·D 研究。20 世纪 80 年代,随着对 P·D 研究的深入,研究者发现 P·D 出现了不同功能之间效益背反的现象,由此人们对物流的研究开始从 P·D 转向 Logistics,关注企业从原材料采购开始到产品的生产和销售整个流程效率的提升。美国物流从 Physical Distribution 演变为 Logistics 的流程,如图 1-3 所示。

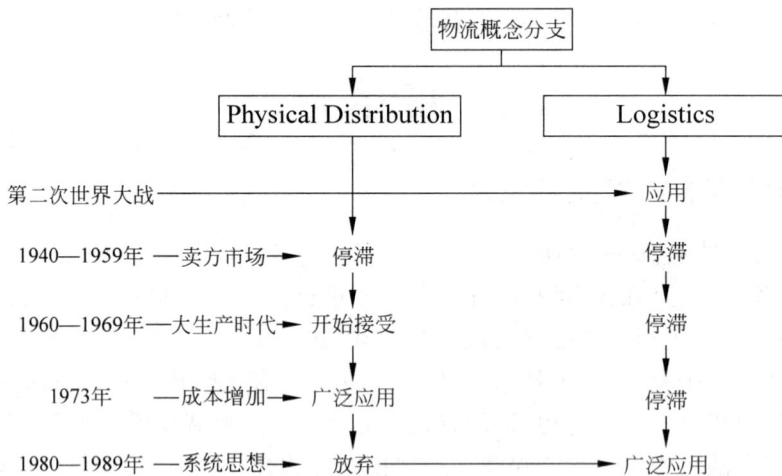

图 1-3　美国物流概念演变流程

3. 现代物流的发展——日本

初期美国企业对物流的理解多局限于其"服务"功能,这种定位在一定程度上限制了物流作为一个独立和核心商业职能的发展。物流概念的真正兴起和应用拓展是其传播到日本后。第二次世界大战后,日本经济萧条,急需从战败中恢复经济。1956 年,日本派出考察团，从美国引进了"Physical Distribution"概念。在这段时期，日本市场供不应求，企业更多地聚焦于如何提高生产能力，而非消费者需求或顾客服务。这种背景下，流通效率的低下并未引起企业的足够重视。经历了 8 年的大规模生产后，日本市场开始供过于求，但物流系统的效率却异常低下。最终，这种状况促使政府与企业界开始重视物流，指出了物流在提升企业竞争力和市场响应速度中的关键作用。1985 年，日本国内为买方市场，此时人们追求的是个性化、多样化的需求，导致物流承受的压力巨大，人们需要更加完善、系统化的物流。与此同时，美国 Physical Distribution 过渡成 Logistics，日本也逐渐抛弃了 Physical Distribution 概念，转而接受 Logistics，由此日本现代物流诞生。现代物流更多地站在整体观点上，系统解决运输、仓储、包装等一系列问题，适应了当时的需求，从而在日本彻底崛起。

1.2.2　物流的概念

随着物流领域理论与操作实践的持续进步，物流的定义及其内在含义仍然在不断变化。至今，不同国家对物流的理解仍有所不同。

美国物流管理协会 1998 年将物流定义为"是供应链过程的一部分，是对商品、服务及相关信息从起源地到消费地的高效率、高效益的流动及储存，进行的计划、执行与控制的过程，其目的是满足客户要求"。

日本日通综合研究所 1981 年给出的物流定义为："物流是物质资料从供给者向需求者的物理移动，是创造时间性、场所性价值的经济活动。从物流的范畴来看，包括包装、装卸、保管、库存管理、流通加工、运输及配送等诸多活动。"

中华人民共和国国家标准《物流术语》(GB/T 18354—2021)中对物流的定义为"根据实际需要，将运输、储存、装卸、搬运、包装、流通加工、配送、信息处理等基本功能实施有机结合，使物品从供应地向接收地进行实体流动的过程"。

分析物流定义，可得出如下两个结论。

一是对比中国和日本的定义时，发现无论是中国还是日本都在较大程度上包含了诸如"供应者""供应地""需求者""接收地"的关键词，很明显它们的范围都远远大于"起源地""消费地"，可以说美国物流定义更加直接、具体。

二是日本认为物流不仅是支持企业生产的后勤活动，而且是企业获取利润和实现价值增长的重要方式。而美国的物流定义侧重于从企业管理的角度进行概述，物流被视为一种涵盖"计划、执行、控制"三个核心管理职能的活动。

1.2.3　物流的分类

1. 按物流活动的空间范围分类

（1）企业物流。企业物流是指"生产和流通企业围绕其经营活动所发生的物流活动"（GB/T 18354—2021）。企业物流属于微观物流，是在企业内部及企业与其供应商、客户之间，通过有效地规划、实施和控制原材料、在制品、成品以及相关信息从原产地到消费地的流动与存储过程，以满足顾客需求的一系列活动。它不仅涵盖了物品的实体流转，同时也包括为使这些物品顺利流转而进行的信息流和资金流的管理。

（2）城市物流。城市物流可表述为：在一定的城市行政规划条件下，为满足城市经济的发展要求和适应城市发展特点而组织的城市范围内的物流活动。城市物流属于中观物流。

（3）区域物流。区域物流是指在一定区域范围内的物流活动。区域物流不仅关注单个城市内的配送效率，还涉及区域内多个城市之间的物流协调与优化，以支持区域经济的整体发展和提升竞争力。区域物流属于中观物流。

（4）国民经济物流。国民经济物流是指在一国范围内由国家统一计划、组织或指导下的物流。它涵盖了工业、农业、商业等所有经济部门的物资供应链，关注的是物流活动如何促进国家经济的增长、效率和竞争力。国民经济物流通常需要政府层面的策略支持和宏观调控，以确保各行各业的物流需求得到满足，同时促进国家资源的合理配置和经济可持续发展。国民经济物流属于宏观物流。

（5）国际物流。国际物流为"跨越不同国家（地区）之间的物流活动"（GB/T 18354—2021），即供应和需求分别处在不同的国家（地区）时，为了克服供需时间和空间上的矛盾而发生的商品物质实体在国家（地区）与国家（地区）之间的流动。国际物流涵盖跨国界的物流活动，包括进口货物和出口货物的运输、仓储、清关、配送等服务。它的复杂性远大于国内物流，因为包括多种运输方式的结合、多国法律法规的遵守、不同货币的交易等因素。

2. 按物流作用的不同分类

（1）供应物流。供应物流是"为生产企业提供原材料、零部件或其他物料时所发生的物流活动"（GB/T 18354—2021）。企业为保证本身生产的节奏，不断组织原材料、零部件、燃料、辅助材料供应的物流活动，这种物流活动对企业生产的正常、高效运行起着重大作用。

（2）生产物流。生产物流是"生产企业内部进行的涉及原材料、在制品、半成品、产成品等的物流活动"（GB/T 18354—2021）。生产物流的基本工作是按照物资需求计划的指令，准时、保量、无差错地将生产所需要的物资配送到现场和每一个工作中心。

（3）销售物流。销售物流是"企业在销售商品过程中所发生的物流活动"（GB/T 18354—2021）。在现代社会中，市场是一个完全的买方市场。因此，销售物流活动便带有极强的服务性，以满足买方的需求，最终实现销售。在买方市场环境下，销售物流往往以送达用户并经过售后服务才算终止。

（4）回收物流。回收物流通常指的是商品从消费者返回生产者或处理中心的物流活动。这不仅包括消费者退货的物品，还包括到达使用终点的产品，如废旧电器、汽车等。回收物流的目的通常是产品的再利用、修复、翻新或者回收原料。

（5）废弃物物流。废弃物物流是"将经济活动或人民生活中失去原有使用价值的物品，根据实际需要进行收集、分类、加工、包装、搬运、储存等，并分送到专门处理场所的物流活动"（GB/T 18354—2021）。废弃物物流专注于废旧物资的收集、分类、处理和再利用。废弃物物流的核心是将废弃资源转变为可再利用的物品或原料，减少环境污染和资源浪费。

各类物流的运作模式如图1-4所示。

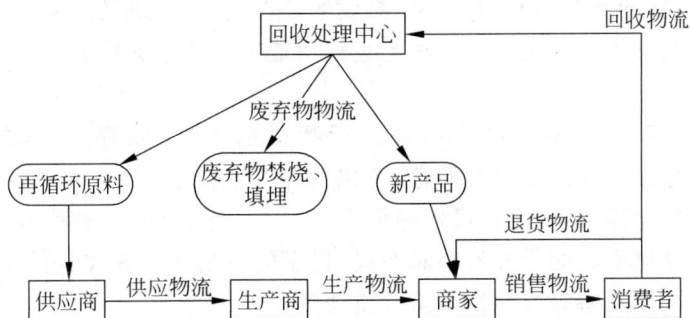

图1-4　各类物流的运作模式

3. 按物流组织的特征分类

（1）虚拟物流。虚拟物流是一种依托信息技术实现物流资源整合与管理的模式，它通过互联网、云计算等技术手段，使各个物流活动（如储运、配送、信息处理）可以在虚拟环境中高效协同。虚拟物流不仅涵盖物理流动的优化，还强调信息流的高效管理。它可以帮助企业超越地理限制，实现资源的最优配置和全球范围内的供应链协作。

（2）定制物流。定制物流是指根据客户的具体需求，提供个性化、定制化的物流服务方案。这种模式重视客户体验，通过灵活的服务设计和操作流程，满足客户独特的物流需求，如特定时间的配送、特殊包装要求、高质量的运输服务等。定制物流需要物流服务提供商具备高度的服务创新能力和灵活的运营机制，通常适用于对服务质量和体验有高要求的高端市场。

（3）精益物流。精益物流是"消除物流过程中的无效和非增值作业，用尽量少的投入满足客户需求，并获得高效率、高效益的物流活动"（GB/T 18354—2021）。精益物流强调的是通过对物流流程的精简和优化，实现"更少的资源做更多的事"。它要求企业对供应链进行透彻的分析和评估，确保每一个环节都为创造价值作出贡献，从而提高整条供应链的响应速度和灵活性。

（4）绿色物流（environmental logistics）。绿色物流是"通过充分利用物流资源、采用先进的物流技术，合理规划和实施运输、储存、装卸、搬运、包装、流通加工、配送、信息处理等物流活动，降低物流活动对环境影响的过程"（GB/T 18354—2021）。绿色物流不仅是对环境责任的体现，往往也伴随着运营成本的节约，符合可持续发展的趋势。

1.2.4　物流的功能

一般认为，物流具有运输、仓储、包装、装卸和搬运、流通加工、配送、物流信息（logistics information）七项功能。

1. 运输

运输是指"利用载运工具、设施设备及人力等运力资源，使货物在较大空间上产生位置移动的活动"（GB/T 18354—2021）。物流的运输功能是其核心组成部分，这一功能包括多种运输方式，如陆运、水运、空运和管道运输，每种方式都有其特定的优势和适用场景。在运输过程中，还要进行运输计划的制订、运输协调、运输跟踪和运输成本控制等管理活动,以确保货物的及时、安全和经济、高效运输。此外,提供及时交付、安全保障、跨境运输和优质客户服务等运输服务也是物流运输功能的重要组成部分。

2. 仓储

仓储是"利用仓库及相关设施设备进行物品的入库、储存、出库的活动"(GB/T 18354—2021)。仓储不仅是简单的储存,还包括库存管理、商品分类、货物装卸等一系列活动。通过有效的仓储管理,企业可以降低库存成本、提高库存周转率并确保足够的安全库存。这意味着仓储设施的合理规划和布局、科学的货物摆放方式、精细的库存记录管理以及灵活的库存调度策略等方面都是至关重要的。

3. 包装

包装是"为在流通过程中保护产品、方便储运、促进销售,按一定技术方法而采用的容器、材料及辅助物等的总体名称"(GB/T 18354—2021)。良好的包装设计能够有效保护货物免受损坏、污染或丢失,同时还能提高货物的运输效率和搬运便捷性。此外,包装还承载着企业品牌形象的传递和产品信息的展示等重要功能。因此,物流的包装功能在保障货物安全的同时,也对企业的形象、效率和客户体验产生直接影响。

4. 装卸和搬运

装卸是指"在运输工具间或运输工具与存放场地(仓库)间,以人力或机械方式对物品进行载上载入或卸下卸出的作业过程"(GB/T 18354—2021)。搬运是指"在同一场所内,以人力或机械方式对物品进行空间移动的作业过程"(GB/T 18354—2021)。装卸和搬运是随运输与保管而产生的必要物流活动,是对运输、保管、包装、流通加工等物流活动进行衔接的中间环节。装卸和搬运工作不仅是简单地搬运货物,还包括货物装卸的技术操作、搬运工具和设备的选择以及搬运过程中的安全管理等多方面内容。有效的装卸和搬运可以大幅提升物流运输与仓储效率,减少货物损坏和延误,同时也有助于降低劳动强度和提高工作安全性。

5. 流通加工

流通加工是"根据顾客的需要,在流通过程中对产品实施的简单加工作业活动的总称"(GB/T 18354—2021)。流通加工使物流服务不仅仅局限于传统的储存和运输,而是能够在物流环节中直接对产品进行增值处理,提高产品的市场适应性和个性化定制水平。通过这种方式,企业可有效缩短产品上市时间、降低库存成本,同时增强对市场变化的快速响应能力。流通加工功能的引入,转变了物流作用于供应链的定位,使其成为连接生产与消费、前端与后端的关键环节,对于提升整条供应链的灵活性和竞争力具有重要意义。

6. 配送

配送指"根据客户要求,对物品进行分类、拣选、集货、包装、组配等作业,并按时送达指定地点的物流活动"(GB/T 18354—2021)。合理、有效的配送可以确保货物准时到达,同时最小化运输成本和损耗,对提高客户满意度和企业市场竞争力至关重要。配送功能的优化依赖于对运输资源的合理规划和利用,以及对配送路线和过程的实时监控与对意外情况的快速响应能力。此外,随着电商行业的蓬勃发展,快递、即日达等多样化的配送服务需求也对物流配送功能提出了更高要求,追求更快的交付速度和更好的服务质量成为物流配送过程中的关键目标。

7. 物流信息

物流信息是"反映物流各种活动内容的知识、资料、图像、数据的总称"(GB/T 18354—2021)。物流信息是物流系统中的一个关键环节,包含所有必要的信息流、订单处理、需求预测、库存水平等数据的收集、处理和分析。物流信息管理不仅有助于企业实现物流活动的可视化管理,提高供应链透明度和运作效率,还能够促进供应链各环节之间的信息共享和协调合作。随着智能化、数字化水平的不断提升,物流信息功能的重要性日益显著,成为提高物流管理水平、降低成本和提升客户服务质量的关键因素。

1.3 电子商务物流概述

1.3.1 电子商务物流的概念

电子商务物流是融合了电子商务和物流,在传统物流概念的基础上,结合电子商务中商流、信息流、资金流的特点而提出的,是电子商务环境下物流新的表现方式。电子商务物流的内涵可以表述为"基于商流、信息流、资金流网络化的物资或服务的物流配送活动,包括软体商品(或服务)的网络传送和实体商品(或服务)的物理传送"。

2016 年 3 月 23 日,商务部等六部门发布的《全国电子商务物流发展专项规划(2016—2020 年)》明确指出:电子商务物流是主要服务于电子商务的各类物流活动,具有时效性强、服务空间广、供应链条长等特点。这是国内首次对电子商务物流概念进行权威界定。

1.3.2 电子商务物流的特点

电子商务物流作为电子商务生态系统的一个核心组成部分,具有若干显著特点。这些特点不仅体现了它与传统物流服务的区别,而且凸显了电子商务环境下物流系统的独特优势。以下是电子商务物流的一些显著特点。

1. 自动化

互联网、信息技术、物联网三大技术是电子商务物流发展的基础,也是物流进入自动化的前提。由于射频识别、标签、编码技术的广泛应用,因此操作自动化成为一种可能,通过操作的自动化能够提升物流系统效率,从而更好地满足大规模电子商务物流的需求。电子商务物流的自动化能够增强物流的作业能力、减少物流作业中出现的差错、提高生产效率等。

2. 信息化

电子商务物流高度依赖信息技术。利用互联网、移动通信、大数据分析、人工智能和物联网等技术对物流整个流程进行优化管理,提高效率。信息系统使得订单处理、库存管理、运输跟踪和客户服务等环节自动化与协同化,实现实时数据共享和透明化。

3. 网络化

物流网络化是物流行业发展的必然趋势。互联网技术的快速发展为物流网络化的发展提供了契机,促进了物流的信息化。当物流行业离开网络运行,物流信息将仅存在于企业内部,信息共享和传输过程难以实现,从而阻碍了物流企业正常业务的开展。

4. 智能化

智能化是物流自动化、信息化的一种高层次应用。为了提高物流现代化水平,物流的智能化已经成为电子商务下物流发展的一个新趋势。物流作业中存在大量运筹决策,如运输路径选择、自动导向车作业控制、自动分拣机运行、物流配送中心经营管理决策等都可以借助物流智能化来实现。应用智能化技术优化物流网络结构已成为电商环境下物流发展的新领域。

5. 人性化

电子商务营销活动具有件量小、频次高、退换货比较频繁的特性,面向一个个具体的个体买家,商家需要根据不断出现的服务需求去完善服务机制和模式,提供更加人性化的服务,满足不断升级的消费需求。这要求物流系统根据消费者"多品种、多批次、小批量、短周期"的需求特点,灵活组织和实施物流作业。

1.3.3　我国电子商务物流发展现状

1. 发展规模不断扩大

我国电子商务行业起步虽然较晚,但近年来发展势头迅猛。整体来看,电子商务交易总量及用户规模都在飞速增长。伴随着电子商务行业的逐渐成熟,与之配套的电子商务物流运输规模和体量也在不断壮大。据商务部统计,2023年网上零售额达15.42万亿元,同比增长11%,连续11年成为全球第一大网络零售市场。2023年,我国快递业务量累计完成1 320.72亿件,同比增长19.4%。2012—2023年我国电子商务交易额以及快递业务量如表1-1所示。

表 1-1　2012—2023 年我国电子商务交易额以及快递业务量

年份	电子商务交易额/万亿元	同比增长率/%	网上零售额/万亿元	同比增长率/%	快递业务量/亿件	同比增长率/%
2012	8.11	33.2	1.31	67.5	56.85	54.8
2013	10.40	28.2	1.85	41.2	91.87	61.6
2014	16.39	57.6	2.79	49.7	139.59	51.9
2015	21.79	32.9	3.88	33.3	206.66	48.0
2016	26.10	19.8	5.16	26.2	312.83	51.4
2017	29.16	11.7	7.18	32.2	400.56	28.0
2018	31.63	8.5	9.01	23.9	507.10	26.6
2019	34.81	6.7	10.63	16.5	635.23	25.3
2020	37.21	4.5	11.76	10.9	833.58	31.2
2021	42.30	19.6	13.09	14.1	1 082.96	29.9
2022	43.83	3.5	13.79	4.0	1 105.81	2.1
2023	46.80	9.4	15.42	11.0	1 320.72	19.4

资料来源:《中国电子商务报告》。

2. 消费者需求不断细分

随着电子商务的蓬勃发展,物流行业客户需求不断细分和多样化已成为不争的事实。

如今的消费者希望获得全天候无缝购物体验,这不仅包括网上下订单的便捷性,还包括从下单到收货的整个过程——快速递送、多样化的配送选项、无缝退货服务以及实时快递跟踪。这要求物流服务提供商具备极高的灵活性和响应能力,以适应不同客户和市场的需求。为响应这些需求,物流行业正在采用高度个性化的服务方式。这包括提供定制的配送选项,如即日递、次日递以及预约配送服务,以满足客户对速度和便利性的不同要求。与此同时,增加了门店自提、智能快件箱收取等灵活的收货方式,以及简化退货流程,这些都是对消费者需求不断细分的直接回应。

3. 信息技术广泛应用

在以客户需求为中心的现代,信息技术不仅解决了传统物流面临的种种挑战,还推动了物流服务的个性化和精细化管理,实现了供应链的全面数字化。云计算技术在电子商务物流行业中的应用实现了数据的集中管理和共享,使物流企业能够灵活地扩展其 IT 资源,提高数据处理的效率和速度。物联网技术的应用则进一步提升了电子商务物流的实时监控和管理能力。大数据分析和人工智能技术的结合,给电子商务物流行业带来了前所未有的智能化管理模式。信息技术的广泛应用正推动电子商务物流行业向着更高效、更智能、更透明和更可持续的方向发展。

4. 市场竞争日趋激烈

随着电子商务的迅猛发展,物流领域的市场竞争也日趋激烈。在现代电子商务物流市场中,主要竞争者包括传统的快递公司、电商自建的物流部门以及一些新兴的技术驱动型物流服务提供者。例如,极兔速递实施"低价策略",通过低于行业 30%~50% 的价格快速抢占市场,一度将单票价格压至 0.8 元以下,引发快递企业集体抵制,最终被监管部门叫停。菜鸟推出"预售极速达"补贴策略,对商家提供"晚到必赔"补贴,京东物流则推出"运费五折"活动,直接争夺高时效订单。除此之外,随着科技的不断进步,一些科技企业也进入物流领域,引入创新的技术和服务模式,如使用大数据分析来优化配送路线、运用无人驾驶车辆和无人机进行配送等。这些技术的应用不仅提高了物流效率,也为消费者提供了更多便利,从而对传统物流企业构成了一定挑战。

1.3.4 电子商务物流的发展趋势

1. 技术驱动的电子商务物流智慧化

自动化、智能化已成为物流行业不可逆转的趋势,不仅可以提高效率和精确度,还能显著降低运营成本。自动化仓库系统通过使用机器人、自动拣货系统和智能传送带,实现货物的快速、准确配送。例如,亚马逊的 Kiva 机器人在其仓库中的应用极大提高了处理订单的速度。此外,人工智能和机器学习技术正在重塑物流行业,提供了更深层次的数据分析能力、自动化作业流程和个性化物流解决方案。人工智能可通过实时数据分析,预测市场需求,优化库存管理,并通过机器学习算法不断优化配送路线,减少运输成本及时间。此外,人工智能还可用于自动化客户服务,如聊天机器人,提高客户满意度,并减少人工成本。

2. 物流服务的即时化和灵活化

市场对于物流服务的要求日益提高,不仅追求速度更快、更及时,还要求物流服务能够灵活应对复杂多变的需求。在这些背景下,电子商务物流的即时化和灵活化成为行业发展的重要趋势。各大电商平台和物流公司正通过算法优化、高效的仓库管理和先进的运输手段(如无人机、无人驾驶车辆等)来缩短配送时间,实现订单下达后几小时内甚至一小时内送达服务。现代物流系统通过物联网技术和高级数据分析,为消费者和商家提供实时的货物跟踪信息。实时跟踪不仅增强了消费者对物流服务的信任感,也让商家能够更灵活地管理库存和应对突发状况。此外,电子商务物流企业通过与不同行业的合作伙伴建立合作关系,如便利店等,作为自取点,提供更灵活的取件选项。这种跨界合作不仅增加了物流网络的覆盖广度和密度,也提供了更加方便的服务选项给消费者。

3. 低碳物流发展

在 21 世纪的全球化浪潮中,电子商务迅速崛起,成为现代经济体系的重要组成部分。随之而来的是物流行业的爆炸式增长,这不仅为消费者提供了极大的便利,也对环境造成了前所未有的压力。因此,低碳物流作为电子商务持续发展的关键,正逐渐成为全球关注的焦点。低碳物流是指在物流活动中通过采用节能减排技术和管理模式,以减少温室气体排放和环境污染,实现经济效益与环境保护的双重目标。目前,新能源车辆的使用日益普及,其在一定程度上已经开始替代传统燃油车辆。信息技术的进步如智能调度和路线优化系统的开发使物流分配更加高效,减少不必要的往返与排放。同时,众多电子商务物流企业开始实施碳足迹监测,努力管理和减少自身的碳排放。

4. 电子商务物流的园区化以及跨业态聚集

电子商务物流的园区化以及跨业态聚集是近年来物流行业发展的显著特征,这种趋势正逐步改变传统物流的运营模式和业态结构,同时也给电子商务行业带来了新的增长点和竞争优势。跨业态聚集是指不同行业或领域的企业共同入驻同一物流园区,形成综合性的商业和物流生态系统。这种发展模式促进了物流与电子商务、零售、制造业等多种业态的融合,创造了更多增值服务和增长机会。跨业态聚集使物流园区内的企业能够直接利用彼此的资源和优势,增强产业链的协同效应。电子商务企业可以与制造业企业合作,实现产品的快速上架和配送;零售企业可以利用仓储和物流服务,拓展其线上市场。通过资源整合和产业融合,不仅能提高物流效率、降低运营成本,还能促进产业创新和升级,为电子商务及相关行业的持续健康发展提供强有力的支撑。

5. 跨境电子商务物流爆发增长

近年来,跨境电子商务成为外贸领域的一匹"黑马",跨境电子商务发展速度快、市场潜力大、带动作用强,已成为外贸高质量发展的新引擎、新动力。基于我国线上化消费习惯的普及和跨境电子商务渗透率的不断提升,"十四五"期间,国家层面持续出台相关政策,大力支持跨境电子商务产业发展。特别是 2023 年以来,全球经济复苏驱动我国跨境电子商务平台加速出海,拉动我国跨境电子商务特别是跨境电子商务出口产业链景气度进一步走高,行业规模加速扩张。根据网经社电子商务研究中心的数据,2023 年,中国跨境电子商务交易规模达 16.85 万亿元,同比增长 7.32%,跨境电子商务出口市场规模呈现增长迅猛的趋势。同时,B2C 跨境电子商务模式占比提升迅速,商流规模增长及结构优化,亦给物流需求带来新增量贡献。一方面,伴随疫情期间全球用户网络购物习惯加速培育,物流仓储、跨境支付等配套设施日益完善,零售线上化水平显著提升;另一方面,"中国制造"品牌出海趋势下,大型卖家发力打造品牌化发展路径,借助社交媒体等新流量渠道强化品牌营销。跨境电子商务 B2C 模式占比逐年提升,成为跨境电子商务市场发展的重要驱动力量。2008—2023 年我国跨境电子商务进出口总体情况如表 1-2 所示。

表 1-2 2008—2023 年我国跨境电子商务进出口总体情况

年 份	进出口总额/万亿元	跨境电子商务交易规模/万亿元	进出口贸易增长率/%	跨境电子商务交易规模增长率/%	跨境电子商务占进出口贸易额比例/%
2008	18.00	0.80	8.0		4.40
2009	15.06	0.90	−16.3	12.5	5.97
2010	20.17	1.10	34.7	29.4	5.45
2011	23.64	1.70	17.2	54.5	7.19
2012	24.41	2.10	3.3	23.5	8.60
2013	25.81	3.15	5.7	50.0	12.20
2014	26.42	4.20	2.4	33.3	15.90
2015	24.55	5.40	−6.9	28.6	22.00
2016	24.34	6.70	−0.8	24.1	27.53
2017	27.79	8.06	14.2	20.3	29.00
2018	30.50	9.00	9.7	11.7	29.51
2019	31.54	10.50	3.4	16.7	33.29
2020	32.16	12.50	1.9	19.0	38.87
2021	39.10	14.20	21.4	13.6	36.32
2022	42.07	15.70	7.7	10.6	37.32
2023	41.76	16.85	0.2	7.32	40.35

资料来源:网经社电子商务研究中心官网。

1.4 电子商务与物流的关系

1.4.1 电子商务对物流的影响

电子商务对物流产生了深远影响。这种影响从供应链管理到消费者交付的"最后一公里",从技术创新到业务模式的转变,都体现得淋漓尽致。下面将从多个角度详细探讨电子商务对物流的具体影响。

1. 重构供应链

电子商务所带来的重构供应链的影响深远而复杂,它不仅改变了企业与消费者之间的交易方式,而且重构了整条供应链的运作模式。在电子商务的浪潮下,供应链的各个环节从制造到配送都必须以更加高效、灵活的方式进行协同,以实现对消费者需求的动态响应。传统的供应链管理依赖于人工操作和线下沟通,信息传递延迟和不透明是普遍存在的问题。而电子商务的兴起促使供应链各环节的数字化信息流成为可能,从而实现了订单处理、库存管理、运输跟踪等环节的自动化。企业通过应用 ERP(enterprise resource planning，企业资源计划)、CRM(客户关系管理)等系统，可以实现实时的数据共享和分析，从而提高供应链的响应速度和效率。此外，为了适应电子商务时代对于速度和灵活性的要求，供应链正在从线性结构向网络化结构转变。这种结构使供应链中的企业能够更快地响应市场变化，同时也降低了库存成本和供应风险。通过供应链合作伙伴之间的紧密协同，企业可以利用云平台共享数据，实现资源的最优配置，从而提升整条供应链的竞争力。

2. 创新物流配送模式

电子商务的蓬勃发展极大地促进了物流配送模式的创新。随着互联网和移动通信技术的进步，消费者越来越追求高效、便捷的购物方式，这直接推动了物流配送服务向更加个性化、智能化和绿色化的方向发展。电子商务的普及引发了即时配送服务需求的增长。为满足消费者对即时获取商品的需求，物流公司和电商平台不断探索与实践，从而催生了众多创新的配送模式。例如，利用大数据和算法优化配送路线与仓库管理，实现订单从下单到配送的时间大幅缩短。同时，一些电商巨头甚至已开始试验无人机和自动驾驶车辆来进行货物配送，这类高科技的应用预示着物流配送行业将更加依赖于技术创新。

3. 物流信息化与技术应用

随着网络购物的普及和消费者对快捷、准确物流服务需求的增加，物流行业被迫进行技术升级和信息化改造，以满足电子商务日益增长的需求。通过引入先进的信息技术如大数据分析、云计算、物联网、人工智能等，物流行业能够实现对货物流动的准确预测、实时追踪和高效管理，从而显著提升物流服务质量和效率。物流信息化和技术应用的快速发展，使电子商务的服务范围和服务质量得到极大的拓展与提升，也给物流行业带来前所未有的挑战和机遇。企业需要紧跟技术发展步伐，不断更新物流管理系统，提高物流效率和服务水平，以适应电子商务带来的新变化。同时，这一过程也推动了传统物流企业的转型升级，促使它们朝着更加智能化、网络化的方向发展，进而实现在全球范围内的资源优化配置和流通效率的最大化。

1.4.2　物流对电子商务的影响

1. 影响消费者的购物体验

在电子商务快速发展的时代背景下，物流服务品质成为衡量消费者购物体验的重要标准之一。从点击购买到拿到产品的这一过程完全取决于物流服务的效率和质量，这直接影响到消费者的满意度和忠诚度。高质量的物流服务不仅能够提升消费者的购物体验，还能提升电子商务平台的品牌形象和市场竞争力。其中，配送的及时性也是衡量物流服务对电子商务消费者购物体验影响的关键指标。若物流服务能够确保在承诺的时间窗内准确无误地送达商品，消费者的信任度和满意度将大幅提升。此外，配送过程的透明度也越来越受到消费者的重视。消费者希望能够随时了解自己订单的配送状态，包括订单处理、发货、在途以及预计到达时间等。这种透明的物流追踪能力可以大幅减少消费者的不确定感和焦虑，从而提升其购物体验。

2. 扩大电子商务的市场范围

物流在电子商务发展中起着至关重要的作用，不仅为消费者和商家提供了更加便捷、高效、安全的交易渠道，还通过全球化布局、服务创新和技术优化等多种途径，有力地推动了电子商务市场范围的持续扩大。物流服务的全球化布局有力地推动了电子商务的跨境扩张。随着互联网技术的发展,消费者可以访问来自世界各地的在线商城和产品。然而,能否将商品高效、安全地送达消费者手中,直接关系到电商平台能否成功开拓海外市场。优质的物流服务能够解决跨境交易中的物流难题,降低运输成本,缩短配送时间,提高关税和进口程序的透明度,从而促进国际贸易的便利化,使电子商务覆盖更广的地理区域。

3. 电子商务企业的重要利润源

在当前的电子商务领域,物流已经从单纯的商品配送服务转变为企业创造利润的重要来源之一。随着消费者需求的多样化和个性化增强,优质、高效的物流服务成为电子商务企业获取竞争优势和提高盈利能力的关键。从成本控制、增值服务、顾客满意度提升到品牌忠诚度的构建,物流在电子商务中的角色已经远远超出了其基本功能。物流服务的高效管理直接影响企业的成本结构和利润空间。通过优化仓储布局、采用自动化设备、改进库存管理系统等方式可以显著降低物流成本。此外,通过智能化物流解决方案,如大数据分析和人工智能技术,企业可以准确预测需求、优化配送路线,从而进一步减少运输成本和时间,提高整体运营效率。有效的成本控制不仅能够提高企业的竞争力,还能够直接增加利润。

1.4.3 电子商务物流与传统物流的区别

电子商务物流与传统物流之间有着显著的差异,这些差异不仅体现在业务模式和技术应用上,还涉及服务需求、客户体验、成本结构等多个方面。

1. 业务模式的差异

电子商务物流通常面向的是 C2C、B2C 或 C2B(消费者对企业)等模式,强调的是小批量、高频次的配送。电子商务物流覆盖从在线下单到商品配送到消费者手中的全过程,对速度、精确性和柔性有很高的要求。而传统物流更多地服务于 B2B 模式,涉及的是大宗商品的批量运输,对运输成本和大规模操作的效率更为敏感,而对配送速度和服务的个性化要求相对较低。

2. 技术应用的差异

电子商务物流高度依赖信息技术和自动化技术,利用大数据分析来预测物流需求、优化库存管理和配送路线,利用云计算提高数据处理能力和资源配置的灵活性,以及通过物联网技术来实现货物追踪和仓库管理的自动化。这些技术的应用使电子商务物流能够实现更高的效率和响应速度。传统物流虽然也在逐渐引入这些新技术,但其技术应用的深度和广度通常不如电子商务物流。传统物流的操作依然在很大程度上依赖人工,信息化和自动化的水平相对较低。

3. 服务需求和客户体验的差异

电子商务物流注重提升客户体验,强调即时配送、物流可视化(即客户能够实时查询到订单的配送状态)以及灵活的配送方式(如定时配送、自提点领取等)。这些服务设计的初衷是满足网络购物消费者对购物便利性和体验的高要求。传统物流则更多关注于运输效率和成本控制,客户体验往往并不是优先考虑的方面。例如,传统物流中的货物配送信息透明度不高,配送时间也相对较长。

4. 成本结构的差异

电子商务物流面临的成本结构与传统物流也不尽相同。电子商务物流强调小批量、高频次的配递,这会导致单件商品的配送成本相对较高,而仓储成本相对较低,因为商品不需要长时间储存。除此之外,电子商务物流还需要投入资金用于技术开发和应用,以保持高效率和良好的客户体验。相比之下,传统物流的成本结构中,运输成本由于大宗货物批量运输的优势而相对较低,因需长期存储大量库存导致仓储成本可能较高。而在技术投入方面,传统物流的支出可能较电子商务物流低。

1.4.4　电子商务与物流的内在关系

电子商务是基于互联网的商务运行方式,将电子信息技术和商务活动相结合。从涵盖范围方面看,交易各方以电子交易方式而不是通过当面交换或直接面谈方式进行商业交易;从技术方向看,电子商务是多技术的集合体,包括数据交换、数据获取和数据处理等。电子商务必须通过计算机网络和通信网络将交易各方的信息、产品和服务相关联,可以用这样一个公式来表示:电子商务=网上信息传递+网上交易+网上结算+配送。其具体表述为商家将商品信息通过网络平台展示给顾客,顾客根据自己的喜好,在网络平台上购买自己需要的商品,双方通过一定的支付手段进行网上结算,商家根据顾客的要求保证将货物安全、准时地送达顾客。

电子商务是由网络经济和现代物流共同创造的,是两者一体化的产物。一个完整的电子商务活动,必然涉及商流、物流、资金流和信息流"四流"过程。其中,物流是电子商务功能实现的基础,商品生产和交换的全过程都需要物流活动的支持。但是,信息流、商流、资金流可以通过互联网实现信息传递或者所有权的转移,物流却不能通过网络传输来完成,需要具体的运输、存储和配送过程。因此,物流配送是电子商务中商品和服务的最终体现,是实现电子商务交易的根本保证。随着电子商务的推广与应用,物流配送对电子商务的影响日益明显,已成为电子商务企业的生命线。电子商务与物流的关系如图1-5所示。

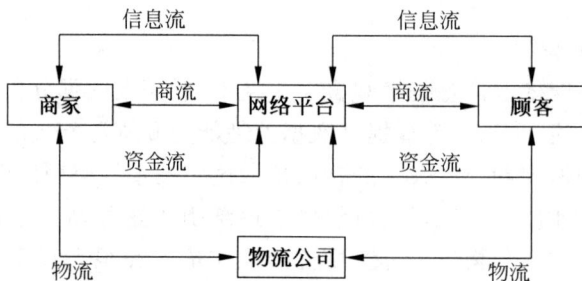

图 1-5　电子商务与物流的关系

本　章　小　结

本章对电子商务物流进行了全面的概述,先从国内外电子商务的发展历程入手,讨论了电子商务从起步阶段到增长及成熟阶段的转变,详细介绍了电子商务的概念、分类和特征,并强调了在电子商务发展中存在的物流问题。接着详细介绍了物流的起源以及概念、分类、功能等。在对电子商务和物流有了基础认识之后,引出电子商务物流的概念、特点,以及我国电子商务物流的发展现状和未来趋势,通过大量数据展示了电子商务和快递业务量的增长情况,以及技术驱动的电子商务物流智慧化、物流服务的即时化和灵活化、低碳物流发展等方面的信息。对电子商务与物流之间的关系进行了深入探讨,包括电子商务如何重构供应链、创新物流配送模式,以及物流信息化与技术应用的重要性。

思 考 题

1. 简述电子商务的概念、分类和特征。
2. 简述物流的概念、分类和功能。
3. 电子商务物流的特点有哪些?
4. 电子商务和物流的关系是什么?
5. 电子商务物流与传统物流有什么区别?
6. 思考我国可采取哪些措施降低电子商务物流成本。

案 例 分 析

"社交+电商":Shopee 如何成为东南亚市场的后起之秀

即 测 即 练

第 2 章

电子商务物流模式

在电商平台日益成熟和数字经济快速发展的时代背景下,物流成为实现商品或服务从卖家传递到买家的关键环节。电子商务物流模式的选择直接影响交易成本、服务质量和市场竞争力。因此,对于电子商务企业而言,了解和选择合适的物流模式至关重要。物流模式是在物流活动中,为了实现物流目标和提高物流效率,所采用的各种方法和手段的总称。它涉及物流的组织形式、管理方式和技术手段,是物流管理的重要组成部分。本章将系统介绍自营物流、第三方物流(third party logistics,3PL)、第四方物流(fourth party logistics,4PL)以及物流联盟等物流模式的内涵、特点、运作过程和组织形式等,并系统学习电子商务物流模式选择的基本决策方法。

2.1 电子商务下的自营物流

2.1.1 自营物流概述

自营物流是指交易企业自身拥有物流的运输、仓储、配送等功能,供需双方按照交易协商或合同规则各自进行运输配送以及安排货物的存放保管等物流活动,运作模式如图 2-1 所示。

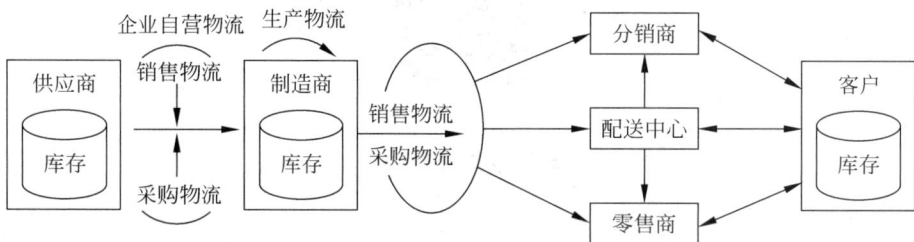

图 2-1 自营物流运作模式

自营物流运作模式是较传统的物流运作模式。从物流服务的组织者和承担者角度,自营物流又可划分为第一方物流(first party logistics,1PL)和第二方物流(second party logistics,2PL)。

(1) 第一方物流又称卖方物流或供应方物流,是指在向需求者提供产品或服务过程中所涉及的物流服务活动由提供者自我组织和承担。例如传统的生产制造型企业中,大多数企业都配备有规模较大的运输工具(如车辆、船舶等)和储存自身产品所需要的仓库等物流设施,来实现自身产品或服务在时间和空间上价值的增值。特别是在产品输送量较大的情况下,企业比较愿意由自身来开展物流活动。

(2) 第二方物流也称买方物流或需求方物流,是指由物资需求者自身解决所需物资或服务问题的物流活动,以实现物资的空间移动或服务的正确传递。例如一些较大规模的商业企业都备有运输工具和仓库,以解决从供应站到销售场所的物流问题。

自营物流通常要求企业具备雄厚的资金实力、丰富的物流管理经验和先进的技术。由于物流环节众多且复杂,自营物流需要企业在基础设施建设、信息系统开发、人力资源配置等方面进行大量资金投入。因此,一般来说,只有规模较大、实力较强、需求稳定的电子商务企业才会选择自营物流模式。

案例 2-1:湖南兴盛优选"电子商务＋现代物流"实现线上线下融合发展

2.1.2 自营物流的优势

1. 控制权与定制化服务

自营物流赋予电商企业对整个物流过程的完全控制权。企业可以根据自身的战略目标和市场需求,灵活调整物流策略,优化配送网络,提高物流效率。此外,自营物流还使企业能够更直接地了解客户的需求和反馈,从而提供更加个性化和定制化的服务。例如,企业可以推出加急配送、定时配送、夜间配送等特色服务,以满足不同客户的多样化需求。

2. 数据安全与信息透明度

在自营物流模式下,所有的物流信息都储存在企业自身的信息系统中,有效保护客户隐私和商业机密,降低数据泄露的风险。同时,企业可以实时掌握库存情况、订单状态、配送进度等关键信息,确保数据的准确性和透明度。这有助于企业作出最优决策,提高运营效率和客户满意度。

3. 成本优化与规模效应

虽然自营物流的初期投入较大,但随着业务规模的扩大和物流网络的完善,企业可通过规模经济效应来降低单位物流成本。此外,通过优化仓储布局、提高运输效率、减少库存积压等措施,企业还可进一步降低运营成本、提高盈利能力。

4. 品牌建设与市场竞争力

自营物流有助于电子商务企业塑造独特的品牌形象和市场竞争力。通过提供高效、准时的配送服务和优质的售后服务,企业可以赢得客户的信任和忠诚。这种品牌效应不仅提升企业的市场份额和盈利能力,还可提升企业核心竞争力。

2.1.3 自营物流的局限性

1. 前期投资较大

自营物流需要企业在基础设施建设、车辆购置、仓储布局、人力资源等方面进行大量投入。这些初始投资往往数额巨大,且难以在短期内收回。此外,企业还需承担持续的运营成本,如仓库租金、运输费用、员工工资等。这些成本可能会对企业的财务状况造成较大压力。

2. 灵活性不足与风险承担

自营物流系统一旦建立,就难以进行大的改变。这可能会限制企业应对市场变化或突发事件的能力。例如,当市场需求激增或供应链中断时,企业可能无法及时调整物流策略以满足客户需求。此外,自营物流还要求企业承担所有的物流风险,如货物丢失、损坏或延误等。这可能会增加企业的财务风险和运营压力。

3. 管理复杂性与人才需求

自营物流要求企业具备高度的物流管理能力,包括库存控制、运输规划、人力资源管理和信息技术支持等。这些任务的复杂性可能会分散企业的核心业务能力。同时,自营物流还需要企业拥有大量具备专业知识和技能的物流人才。然而,在现实中,这类人才往往供应不足,给企业的人才招聘和培训带来挑战。

2.1.4 自营物流的适用条件

采取自营物流运作模式的企业往往都是一些规模较大的集团公司,特别是一些连锁经营的企业。当企业具备以下特征时,选择自营物流模式可能比较合适。

(1) 企业拥有覆盖面很广的代理商、分销商或连锁店,且企业业务集中在其覆盖范围内。这类企业一般都有一定的物流基础设施。通过整合物流资源,只需少许投入,企业便可方便、快速地建立整个销售区域的物流运作系统,利用业务集中所带来的规模效益,企业自营物流可以实现低成本物流运作。例如,丹尼斯连锁超市物流一体化模式,丹尼斯配送中心负责丹尼斯连锁超市经营商品的货物配送(进货、验收、入库、拣选、出库等)并组织对门店的配送。

(2) 企业的产品比较单一,业务集中在企业所在的城市,网络资源丰富且企业的物流管理能力强。由于企业的业务范围不广且比较单一,因此企业独立组织物流活动所耗费的物力、财力不是很大,同时企业有能力控制和管理自身的物流系统。

(3) 企业规模较大、资金雄厚且物流量巨大。对于这类企业来说,投资建设自营物流系统,控制物流的主动权是企业的一种战略。例如,全球最大的网上平台亚马逊(https://www.amazon.com)就是采取自营物流的模式来实现其销售业绩快速增长的。亚马逊以全资子公司的形式组建、经营和管理配送中心,拥有完备的物流配送网络,通过自营配送中心实现销售和对顾客的服务。

2.2 电子商务下的第三方物流

2.2.1 第三方物流概述

第三方物流,又称契约物流、合同物流或物流外包,是指由产品的供应方、需求方之外的专业化或综合化的物流企业以契约合同的形式经由第三方物流网络向供需双方提供全部或部分物流服务的业务模式,其运作模式如图2-2所示。这里的第三方是相对"第一方"——供应方和"第二方"——需求方而言的,即第三方物流是由供应方与需求方以外的物流服务提供者(企业)提供物流服务的业务模式,第三方物流是物流专业化、社会化的重要表现形式。第三方物流供应商(third party logistics service provider)是指受供应方企业或需求方企业委托,专业负责其各项物流业务活动的物流企业,它是实现第三方物流活动的载体。第三方物流企业本身不拥有商品或服务,不参与商品买卖,而是为顾客提供以合同为约束、以结盟为基础的诸如运输、储存、包装、装卸搬运、流通加工、配送、物流信息、物流系统分析与设计等物流服务,通过这些物流服务提升商品或服务的价值,从而获取利润。

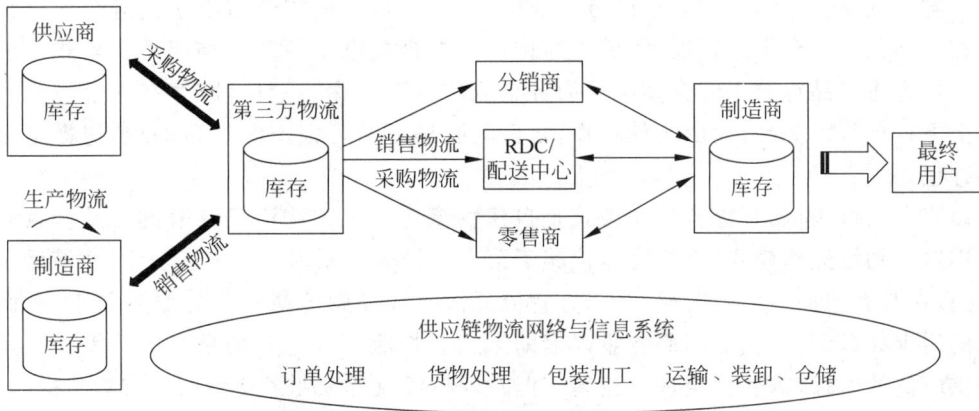

图 2-2 第三方物流运作模式

第三方物流是连接供应方和需求方的纽带,是实现供应链管理的有效方法。它处于流通的中间环节,通过签订合作协议或结成合作联盟,在特定的时间内按照特定的价格向顾客提供个性化的物流代理服务。它以现代信息技术为基础,通过先进的信息系统和对供应方、需求方以及自身物流资源的整合,为顾客提供一体化的物流服务。第三方物流是物流服务发展到一定阶段的必然产物,是物流专业化的重要表现形式,同时也是一个国家或区域物流发展水平和经济发展水平的重要标志。

2.2.2 第三方物流的运作模式

在电子商务供应链中,物流发生于供应商、生产制造商、网上销售商、网上分销商和顾客的耦合节点上。无论商品交易的形式如何变化,总有一个商品从商家向消费者进行转移的物理过程。这个过程发生在商家与消费者之间,销售订单发生之后,即电子商务的后端环节。不同类型的电子商务企业对物流的需求呈现出多层次的特点。因此,第三方物流在为不同类型的电子商务企业服务时,也将呈现出不同的运作模式和特点。

按照销售主体,国内电子商务企业可以分为以下几类。

(1)以京东商城、一号店、易迅网、当当网为代表的多产品、多类目的电子商务企业,统称综合型电子商务企业。

(2)以淘宝网、乐酷天、拍拍等电子商务平台为代表的电子商务企业,统称平台型电子商务企业。

(3)以凡客诚品、麦考林、柠檬绿茶为代表的诞生于网络的独立品牌电子商务企业,简称品牌型电子商务企业。

(4)以苏宁易购、国美电器网上商城与库巴网为代表的由传统连锁企业转变而来的电子商务企业,简称连锁型电子商务企业。

(5)以团拼网、拉手网等为代表的新兴团购电子商务企业,简称团购型电子商务企业。

1. 综合型电子商务的第三方物流运作模式

从供应链的角度看,各类品牌供应商处于上游,综合型电子商务企业处于中游,顾客处于下游。供应商向综合型电子商务企业提供产品信息,由综合型电子商务企业负责将产品在网络销售平台上进行展示、销售与推广。综合型电子商务的物流运作模式一般为供应商预先将产品存放于综合型电子商务企业的自有仓库,一旦有顾客在综合型电子商务网上下订单订购商品,则由仓储操作,之后其配送环节可根据配送目的地,选择是自营还是外包。

以京东商城为例,其物流运作模式是自建物流与第三方物流相结合的方式。京东商城采用这一物流运作模式,而不完全依赖于第三方物流的原因:一是京东认为"最后一公里"是直接与客户面对面的时机,第三方物流无法完成品牌传播和售后服务等工作,而个性化的需求如以旧换新、上门服务难以借助第三方物流完成。二是京东由于需要压品牌商品供应商的库存,需要资金快速流转。但是若将代收货款业务交给第三方物流操作,账期太长,资金的周转速度被限制。通过自建物流体系和信息系统,京东商城有效提高了货物周转率。商品从厂家出货到卖出仅需要 11 天,比过去减少了 7 天。

综上所述,综合型电子商务的特征是:需要储备品牌商品供应商的货,即花钱压库存;拥有自己的销售平台和仓储,将品牌供应商的销售和仓储都揽下来;传统的第三方物流无法满足其需求;仓储内商品种类多,单量大,配送目的地多而杂;高管有相关的物流运营体系的技术背景。因此,综合型电子商务的第三方物流运作模式(包括自营物流和第三方物流)的特点是:①配送时效性强,货物周转率高,服务质量高;②返款准时安全,资金流周转速度快;③信息系统无缝对接,能形成畅通的信息闭环;④能满足顾客的个性化需求;⑤品牌效应强。

2. 平台型电子商务的第三方物流运作模式

从供应链的角度看,商家、平台型电子商务企业和第三方物流企业均处于供应链的上游,顾客处于供应链的下游。平台型电子商务企业为商家提供开设网店的平台,商家在平台上进行店铺装修、推广与商品销售,而第三方物流企业与平台型电子商务企业预先做好API(应用程序接口)对接。平台型电子商务的第三方物流运作模式一般为当顾客在商家的网上店铺订购商品后,订购信息则进入物流环节。商家可将事先存放于自营仓库或第三方物流企业仓库的商品进行分拣、包装等操作,继而通过第三方物流的配送体系将符合订单信息的商品派送到顾客手中。

以淘宝网为例,其物流模式是通过线上平台与线下物流配送体系前端平台展示与后端物流管理能力的全面对接,打通内外部商家的数据信息通道和物流仓储配送渠道,为供应链提供整体物流解决方案。这种模式体现专业化分工的特点,即平台上的商家专心做自身的销售和店铺管理,仓储物流工作则外包给专业的第三方物流企业,使原先相对孤立的淘宝网、卖家、第三方物流企业经过整合后,从信息流角度实现有机的协同,降低物流成本。

综上所述,平台型电子商务的第三方物流运作模式的特点为:①可控性强,第三方物流企业可以根据不同平台的不确定性需求及时调整策略;②配送时效性强,加速货物周转;③人力、物力、时间整体成本低;④物流企业技术过硬,系统与平台系统对接,订单可自动流转,无须商家手动操作发货,并且配送监控数据实时自动反馈。

3. 品牌型电子商务的第三方物流运作模式

从供应链的角度看,品牌型电子商务企业与顾客分别处于供应链的上下游。品牌型电子商务企业往往有独立的电子商务销售网站,同时也会在淘宝网等电子商务平台开设店铺。品牌型电子商务的第三方物流运作模式一般为品牌型电子商务企业把设计与生产的商品信息发布到网站和店铺,同时把商品存放于第三方物流的仓储中心。当顾客下订单后,订单信息便进入第三方物流的仓储系统,经过分拣、包装等环节后,订单将通过第三方物流配送网络送到顾客手上。

以凡客诚品为例,自2007年成立以来,该公司一直专注于网络平台的推广,而将其物流外包给第三方。在和众多第三方物流企业合作之后,凡客诚品深刻意识到传统第三方物流存在的弊端,于是2008年后,凡客诚品采取的物流战略为一线城市自建物流配送,二、三线城市与30多家第三方物流合作,采取绩效考核的方式,而其他地区则交由邮政物流覆盖。

综上所述,完全兴起于网络的品牌型电子商务企业的普遍特征为轻资产运营,专注于网络销售与推广。因此,其在物流运作模式的选择上更倾向于物流外包。但由于没有实体店铺顾客的积累与品牌口碑基础,品牌型电子商务更注重与顾客面对面的物流环节,希望物流环节成为它们积累顾客与品牌传播的重要途径。因此,品牌型电子商务的第三方物流运作模式的特点是:①时效性与送货的准确性高;②个性化;③物流服务质量高,如现场试穿、24小时送货上门等。

4. 连锁型电子商务的第三方物流运作模式

从供应链的角度看,供应商处于上游,连锁型电子商务企业处于中游,顾客处于下游。多数连锁型电子商务是对实体经营网点的补充和扩展,它们充分利用经营网点和传统渠道供应商的支撑,实现线上购物、就近提货,或线上购物、送货到家的商业模式,而物流配送则交由第三方物流企业或企业子公司负责。连锁型电子商务的第三方物流运作模式一般为当顾客订购商品后,连锁型电子商务企业通过第三方物流配送中心检查是否有库存,若发生缺货,则向供应商订货;若库存充足,则通过第三方物流配送将商品及时送到顾客手中。

以苏宁易购为例,传统市场的苏宁电器居于3C(计算机类、通信类和消费类电子产品)市场头部位置,苏宁易购的开设依托线下近千家连锁门店、100个物流中心、3 000多个售后服务网点,完善的连锁门店和物流体系建设成为其最大优势。苏宁易购通过整合线下的第三方物流服务网络、自有的物流配送中心、售后服务网络,充分共享线上、线下的资源,这是相对其他电子商务企业的最大优势。对用户而言,其更是解决了最恼人的配送、售后服务未到位而无处投诉的顾虑。

综上所述,连锁型电子商务的第三方物流运作模式的特点为:①个性化退换货;②良好的售后服务;③回款迅速;④实时数据监控;⑤连锁企业门店覆盖范围外存在合作空间。

5. 团购型电子商务的第三方物流运作模式

从供应链角度看,品牌商、团购型电子商务企业和顾客群分别处于供应链的上、中、下游。对于服务类团购,如美容美发、餐饮等,主要以短信的形式提供服务,无须物流介入。而对于有实物传递的团购活动,其第三方物流的运作模式一般为品牌商将商品信息以及预先约定的折扣信息提供给团购网,由团购网为顾客群提供合作采购平台,有采购需求的顾客在规定的时间内进行采购。顾客群可预先将费用支付到团购网账户或者第三方支付平台,或者选择货到付款。对于顾客群订购的团购商品,可预先存放于品牌商自营仓库、团购网自营仓库或第三方物流的仓库,经过分拣与包装环节后,由第三方物流企业负责将产品配送到顾客群手中。

以拉手网为例,在商品购买之后的所有环节中,拉手网与顾客并没有直接接触,拉手网无法保证商品的质量,为了防止假货对顾客的伤害,除了上线品牌商家与顾客的诚信评价系统外,拉手网会对第三方物流企业进行甄选,通过对第三方物流进行信用评估和亲自验货的方法,保障消费者的权益。

综上所述,团购型电子商务的第三方物流运作模式的特点为:①仓储反应快速。团购产品每天都有变化,团购订单每天不间断产生。这要求仓储人员在面对不同种类与性质商品的频繁出入库、分拣与包装时,具备快速反应能力。②物流信息化技术能力强。团购网往往与顾客约定自下单日起 7 天内到货,这要求第三方物流企业将订单的处理情况实时反馈到团购网的查询后台,满足顾客及时了解订单物流信息的需求。

2.2.3　第三方物流的优势

1. 减少投资,加速资金周转

企业自营物流,往往要进行物流设施和设备的大量投资,如建立仓库、购买车辆、运营物流信息系统等,而采用第三方物流,企业可以减少在此领域的成本投入,使固定成本转化为可变成本。通常,企业仅需向第三方物流企业支付服务费用,不需自身维持物流基础设施来满足物流需求。这样,企业降低了物流成本、加快了资金周转,将主要精力用于产品和服务研发,提升核心竞争力。

2. 专业服务与灵活性

第三方物流服务提供商通常具备专业的物流知识和技能,能够为企业提供高质量的物流服务。根据企业需求和市场变化,第三方物流灵活调整物流策略,优化配送网络,提高物流效率。此外,其还可以为企业提供定制化的物流解决方案,满足企业的特殊需求。

3. 资源优化配置

通过第三方物流,企业可以更加合理地配置资源。企业可以根据自身的战略目标和市场需求,将有限的资源集中在核心业务上,而将非核心的物流业务外包给专业的物流服务提供商。这有助于企业提高资源利用效率、增强市场竞争力。

4. 风险分担

第三方物流可以帮助企业分担物流风险。在物流过程中,可能会出现货物丢失、损坏、延误等问题,这些问题可能会给企业带来财务损失和声誉损害。通过将物流业务外包给专业的服务提供商,企业可以将这些风险转移给服务提供商,从而降低自身的财务风险和运营压力。

5. 有利于灵活运用新技术、新设备

随着物流业务的发展和科技进步的加速,物流领域的新技术、新设备层出不穷,物流技术和设备日新月异,代表着现代物流发展的需要。第三方物流企业为了提高竞争能力

和专业化水平,会不断革新和迭代升级物流技术,及时更新物流设备。而普通的非物流企业,通常没有资源或技能紧跟物流技术和设备变化的潮流。采用第三方物流,企业可以在不增加投入的情况下,不断享用最新技术和设备。

2.2.4　第三方物流的劣势

1. 连带经营风险

企业采用第三方物流后,同第三方物流企业一般是长期的战略合作伙伴关系。双方一旦深入合作,要解除合作关系对双方来说成本都很高。若因第三方物流自身经营不善导致服务暂停或合同终止,将可能直接影响客户企业的经营状况,尤其会影响那些交货期紧迫、责任重大的业务项目,对企业造成无法估量的当期损失和潜在损失。而且在合约解除过程中,企业要选择新的物流服务提供商并建立稳定的合作关系,这往往需要很长的磨合期。在磨合期内,企业将不得不面对因新物流服务提供商不熟悉产品信息系统、衔接问题等造成的服务损失。这种连带经营风险,其实也是企业对第三方物流服务提供商的选择风险。

2. 信息安全隐患

在第三方物流模式下,企业需要将一些敏感的物流信息(如客户地址、订单详情、销售策略、产品更新等)共享给物流服务提供商,这可能会增加信息泄露的风险,对企业的数据安全构成威胁。在市场竞争日益激烈的情况下,企业的核心能力是其生产与发展的最重要保障,而采用第三方物流势必大大增加企业战略泄密风险。因此,在选择第三方物流服务提供商时,企业需谨慎评估服务提供商的信息安全能力和信誉。

3. 控制力减弱

将物流业务外包给第三方意味着企业放弃了对物流过程的直接控制。这可能会导致企业在面对物流问题时反应迟钝或无法及时作出调整。此外,由于服务提供商可能同时为多个企业提供服务,它们在处理物流问题时可能无法完全兼顾每个企业的特殊需求。凯马特与沃尔玛竞争落败的重要原因之一就是其将大部分物流外包,虽然在短期降低了公司的营运成本,但却丧失了对物流的控制,从而使公司总成本上升。另外,采用第三方物流也使原来由企业内部沟通来解决的问题变成两个企业之间的沟通,在沟通不充分的情况下,容易产生相互推诿、扯皮的现象,影响物流效率。

4. 顾客关系管理风险

在顾客关系管理上,企业采用第三方物流的风险有以下两种。

1) 削弱企业同顾客关系的风险

采用第三方物流后,订单集成、产品的递送甚至售后服务一般是由第三方物流完成的,最直接接触顾客的往往是第三方物流企业,基本上是由第三方物流企业与顾客打交道,从而大大减少了企业同顾客之间接触的机会,减少了直接倾听顾客意见和密切顾客关系的机会,这对建立稳定的顾客关系、培养顾客忠诚度和黏性无疑是不利的。第三方物流割裂了企业同顾客的联系,可能导致企业顾客快速反应体系失灵,甚至对企业形象造成伤害。

2) 顾客资料存在被泄露的风险

在激烈的市场竞争中,顾客就是上帝,顾客资料对企业而言是最重要的资源之一。若顾客资料被泄露,其后果难以想象。在企业与第三方物流的合作中,由于物流与信息流密不可分,物流环节中包含企业大量的顾客资料,如订货数据、顾客分布和渠道、打折和产品价格等。尽管共享信息和对彼此的信息保密是双方合作的重要基础,但信息在更多的企业间共享,其被泄露的可能性无疑增大。

2.2.5　第三方物流的适用场景

1. 电子商务企业

电子商务企业是第三方物流的主要客户群体之一。由于电子商务交易具有订单量大、配送范围广、时效性强等特点,因此,将物流业务外包给专业的第三方物流服务提供商是明智的选择。第三方物流可以帮助电子商务企业加快订单处理速度、优化库存管理、降低配送成本,从而提升客户满意度和市场竞争力。

2. 中小型企业

对于中小型企业来说,建立和维护自身的物流系统通常需要大量的投资与资源。然而,由于规模相对较小,它们往往难以实现规模经济效应。在这种情况下,将物流业务外包给第三方物流服务提供商是一种经济且高效的选择。通过外包,中小型企业可以降低物流成本、提高物流效率,同时避免了对物流设施和人员的长期投资与管理负担。

3. 跨国企业

跨国企业在全球范围内开展业务时,面临复杂的物流挑战。不同国家的物流环境、法规和政策存在差异,这给跨国企业的物流运营带来了困难。通过与专业的第三方物流服务提供商合作,跨国企业可以获得全球范围内的物流服务支持,解决跨国物流中的各种问题。第三方物流可以帮助企业优化供应链管理、降低运输成本、提高货物通关效率等,从而增强企业的全球竞争力。

4. 季节性需求波动大的企业

某些企业(如零售、服装等)面临季节性需求波动的挑战。在旺季时,它们需要处理大量的订单和配送任务,而在淡季时则可能面临物流资源过剩的问题。通过与第三方物流企业合作,这些企业可以更加灵活地应对季节性需求波动。第三方物流可以根据需求的变化灵活调整服务能力和资源投入,确保企业在旺季时能够满足客户需求,同时在淡季时避免资源浪费和成本上升。

5. 需要专业物流服务的企业

某些企业对物流服务有特殊要求,如冷链物流企业、危险品运输企业、医药物流企业等。这些企业需要专业的物流设施、技术和经验来确保物流过程的安全与效率。通过与具备相关资质和经验的第三方物流服务提供商合作,这些企业可以获得高质量的专业物流服务支持,满足特殊需求并降低风险。

总的来说,第三方物流是专业化分工的必然产物,也是当前物流运营的主要模式,在多种场景下都是一种有效的选择。然而,企业在选择第三方物流合作伙伴时也需要充分考虑各种因素,确保合作顺利进行。

2.3 电子商务下的第四方物流

2.3.1 第四方物流概述

随着电子商务交易额的急剧增加,电子商务对物流的依赖性持续升高,物流的信息化服务需求越来越强。物流信息化是指通过信息在物流系统中快速、准确和实时的流动,建立一个物流信息市场平台;通过控制物流信息,并结合企业对物流的不同需求,制订不同的最佳优化方案,实现提高物流运作的自动化程度和物流决策的水平、合理配置物流资源、降低物流成本以及提高物流服务水平的目标。物流信息化可以使物流企业迅速地对市场作出反应,从而实现商流、信息流、资金流的良性循环。因此,物流企业必须结合电子商务的发展要求,改变传统第三方物流的发展模式,努力探索以物流信息化为主、可以提供个性化服务的第四方物流。

第四方物流的概念是由美国安盛咨询(Andersen Consulting)公司于 1998 年率先提出并注册的。所谓第四方物流,是指一个供应链的集成商,协调管理组织本身与其他互补性服务商的资源、能力和技术,提供综合的供应链解决方案,如图 2-3 所示。从图 2-3 可以看出,第四方物流服务提供商基于整个供应链流程来考虑物流服务的运作,扮演的是一个协调者的角色,通过统一指挥和协调,将企业内部物流和外部环境有机地整合在一起,达到物流运作效率的系统最优。第四方物流大多是在第三方物流的基础上发展而来的,通过签订合资协议或长期合作协议而与客户企业和服务提供商合作,利用服务提供商来控制与管理客户企业的点到点式供应链运作,不仅控制和管理特定的物流服务,而且对整个物流过程提出策划方案,并通过电子商务将这个过程集成起来。

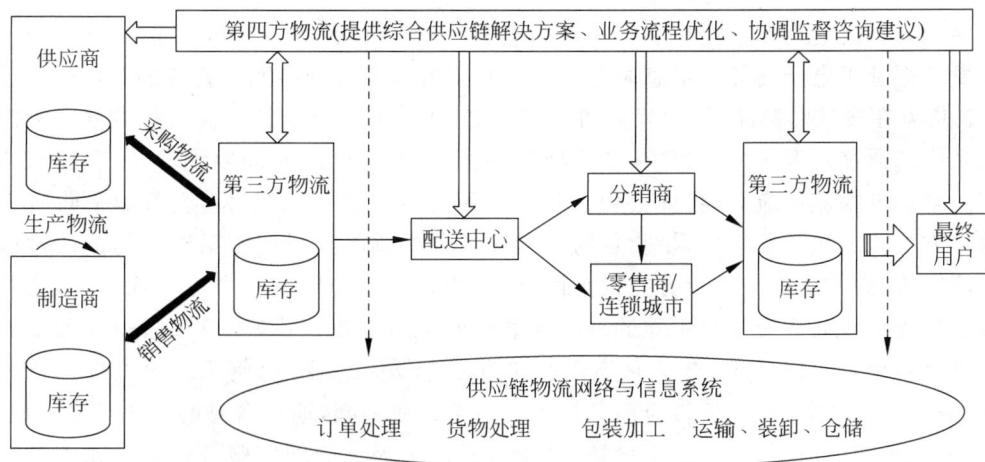

图 2-3 供应链中第四方物流运作模式

2.3.2 第四方物流服务

第四方物流提供的服务内容如下。

1. 需求分析与评估

第四方物流会先与客户进行深入的沟通，了解客户的业务需求、供应链现状和目标；然后利用新技术、新模式对客户的供应链进行全面评估，识别潜在的问题和改进点。这是整合资源和提供服务的基础。

2. 资源识别与整合

根据客户的需求和评估结果，第四方物流会识别并整合各种资源和服务。这些资源和服务可能包括物流服务提供商、仓库设施、运输工具、信息技术解决方案等。通过与这些资源和服务提供者建立合作关系，第四方物流能够确保在需要时获得所需的服务和支持。同时，它还会对这些资源进行合理配置和优化组合，以提高资源利用效率。

3. 设计与实施解决方案

基于整合的资源和服务，第四方物流会为客户设计定制化的供应链解决方案。这些解决方案可能涉及运输管理、仓储管理、订单履行、库存管理、供应链协同等多个方面。第四方物流不仅关注日常的物流操作，还在战略层面上为客户提供咨询和指导。在设计解决方案的过程中，第四方物流会充分考虑客户的需求、市场变化和技术发展趋势等因素，从而为客户创造更大的价值。

4. 持续监控与优化

在实施过程中，第四方物流会对供应链进行持续监控和优化。它利用先进的信息技术和数据分析工具，实时跟踪供应链的运行状态，对供应链中的潜在风险进行预测、识别、评估和控制，确保供应链平稳运行。同时，它还会根据市场和客户需求的变化，对供应链进行动态调整和优化，以实现整体效益的最大化。

2.3.3　第四方物流的运作过程

第四方物流的运作依托成熟和完善的电子商务平台，其对各参与企业信息的收集、匹配和发布都基于电子商务的信息服务平台。基于电子商务的第四方物流的具体运作过程为：收货方在线选购商品后，由发货方委托自己的第四方物流供应商进行配送；第四方物流供应商通过对客户配送要求、货物种类、数量、配送路线、时间要求等特点的分析，协调组织第三方物流供应商、咨询公司和技术公司等合作伙伴来具体实施配送；收货方收到第三方物流配送的货物后，接收货物并给发货方提供收货凭据。第四方物流通过以上的物流方式，为收货方和发货方提供个性化、多样化的供应链解决方案。在整个过程中，第四方物流供应商成为一个中立的解决方案和外包服务提供商，不仅从宏观的角度对供应链进行协调，而且独立于电子商务企业和第三方物流企业，避免了发生直接竞争的冲突，把咨询公司、第三方物流供应商和技术公司整合在一起，通过自身的专业经验、信息资源、信息处理能力、现代化的技术设备，以及为客户所提供的增值服务使整个物流过程更有效、快捷和低成本，体现其真正优势。电子商务第四方物流的运作过程如图 2-4 所示。

2.3.4　第四方物流的运作模式

第四方物流通过集成供应链管理服务提供商、3PL 服务提供商、IT 服务提供商、咨询服务机构和原始设备制造商的能力与资源，可以为企业乃至整个行业提供完整的供应链

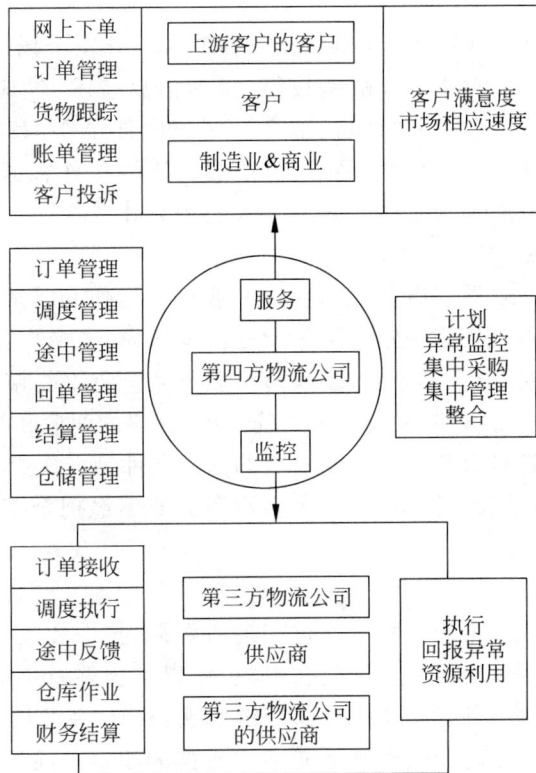

图 2-4　电子商务第四方物流的运作过程

解决方案。第四方物流的运作模式主要包括三种,分别为协同运作模式(cooperative operation)、方案集成商模式(solution integrator)和行业创新者模式(industry innovator),如图 2-5 所示。

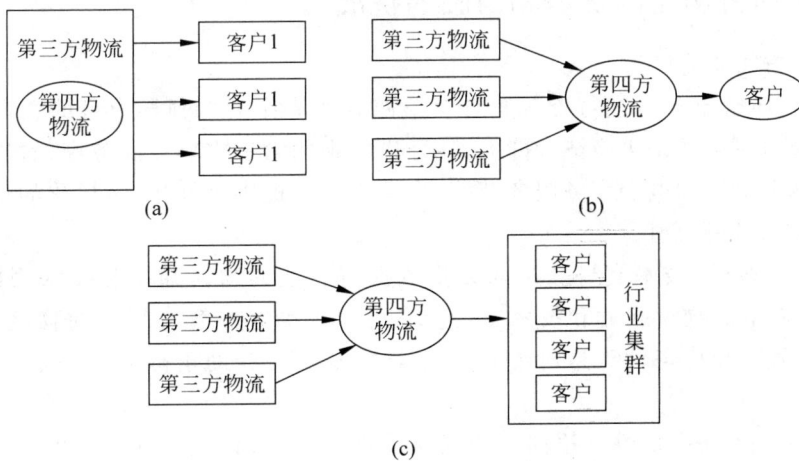

图 2-5　第四方物流的三种运作模式

(a)协同运作模式;(b)方案集成商模式;(c)行业创新者模式

1. 协同运作模式

在协同运作模式中,第四方物流和第三方物流共同开发市场,第四方物流向第三方物流提供第三方物流缺少的技术和战略技能,包括信息技术、供应链策略、进入市场能力和项目管理能力。第四方物流组织在第三方物流内部工作,其思想和策略通过第三方物流来实施与实现,以达到为客户服务的目的。协同运作模式下,第四方物流和第三方物流一般采取商业合同或战略联盟的方式实现合作。

2. 方案集成商模式

在方案集成商模式中,第四方物流为客户企业提供运作和管理整条供应链的解决方案,并利用其成员的资源、能力和技术,为客户提供全面的、集成的供应链管理服务。第四方物流作为一个联盟的领导者和枢纽,集成多个服务供应商的资源,重点为一个主要客户服务。该模式的好处是:服务对象及范围明确集中,客户的商业和技术秘密比较安全,与客户的关系稳定、紧密且具有长期性。但重要的前提条件是客户的业务量足够大,使参与的服务商对所得到的收益较为满意,否则大多数服务商不愿把全部资源集中在一个客户身上。

3. 行业创新者模式

在行业创新者模式中,第四方物流通过与拥有资源、技术和能力的服务商进行协作,为多个行业的客户开发和提供供应链解决方案。它以整合整条供应链的职能为重点,以各个行业的特殊性为依据,领导整个行业供应链实现创新。在此模式中,第四方物流起主导作用,是连接上游第三方物流集群和下游客户集群的纽带。通过联合第三方物流服务提供商,提供运输、仓储、配送等全方位的一体化服务,为多个行业客户创新供应链解决方案。行业解决方案会给整个行业带来最大的利益,提高整个行业的效率。如美国卡特彼勒(Caterpillar)物流公司从起初只负责企业的货物运输,发展到后来为其他多个行业的客户(如戴姆勒-克莱斯勒公司、标致公司、爱立信公司等)提供供应链解决方案。

2.3.5　第四方物流的优势和面临的挑战

1. 第四方物流的优势

(1) 对供应链服务商进行资源整合。第四方物流作为有领导力量的物流服务提供商,可以通过其影响整条供应链的能力,整合最优秀的第三方物流服务商、管理咨询服务商、信息技术服务商和电子商务服务商等,为客户企业提供个性化、多样化的供应链解决方案,为其创造超额价值。

(2) 专业服务与技术支持。第四方物流拥有专业的物流知识和技术团队,能够为客户提供高质量的物流服务和技术支持。它可以帮助客户解决复杂的物流问题,提高供应链的可靠性和稳定性。这种专业服务与技术支持有助于提升客户的满意度和忠诚度。

(3) 灵活性与可扩展性。第四方物流的服务具有高度的灵活性和可扩展性。它可以根据客户的需求变化快速调整供应链策略和服务内容,满足客户的个性化需求。同时,它还可以根据业务发展的需要扩展与提高服务范围和能力。这种灵活性与可扩展性使第四方物流能够更好地适应市场变化并满足客户需求。

（4）具有信息及服务网络。第四方物流公司的运作主要依靠信息与网络，其强大的信息技术支持能力和广泛的服务网络覆盖支持能力，是客户企业开拓国内外市场、降低物流成本极为需要的，也是取得客户信赖、获得大额长期订单的优势所在。

2. 第四方物流面临的挑战

（1）依赖性与控制力。第四方物流的成功高度依赖于其整合的资源和合作伙伴。如果这些资源和合作伙伴出现问题或无法提供所需的服务与支持，可能会对整条供应链造成严重影响。因此，第四方物流需要加强对资源和合作伙伴的控制力与管理能力，确保供应链稳定运行。

（2）信息安全与隐私保护。在整合和管理供应链资源的过程中，第四方物流需要处理大量的敏感信息和数据。这增加了信息安全和隐私保护的风险与挑战。第四方物流需要采取有效的措施来保障这些信息的安全性和隐私性，防止信息泄露和滥用。

（3）文化差异与沟通障碍。在全球化背景下，第四方物流需要面对不同国家与地区的文化差异和沟通障碍，这可能会影响到供应链的协同效率和沟通效果。因此，第四方物流需要加强跨文化沟通和协作能力，建立有效的沟通机制和合作平台，以克服文化差异和沟通障碍带来的挑战。

2.3.6 第四方物流的新发展——第五方物流

在第四方物流正被物流界广泛接受和理解的同时，第五方物流（fifth party logistics，5PL）的概念又被提出。第五方物流的概念是由JP摩根（亚太）收购兼并部总裁史丹利于2002年在香港网丰物流集团进行投资调研时首先提出的。所谓第五方物流是指在物流实际运作中提供电子商务技术来支持整条供应链，通过集成的物流信息平台为企业提供供应链的信息服务活动。在现实中，第五方物流主要是指利用电子商务技术为第一方、第二方、第三方和第四方提供物流信息平台、供应链系统优化、供应链集成与供应链的资本运作等增值性服务的活动。而第五方物流企业指专门为供应链提供物流信息管理服务和全程物流解决方案咨询服务的物流企业，其主要业务是提供信息处理设施设备、技术手段和管理方法等。第五方物流企业不从事任何具体的物流活动，严格地讲它属于电子商务或信息平台中介企业。第五方物流是第四方物流分工进一步细化的产物，是物流未来发展趋势之一。

2.4 电子商务下的物流联盟

2.4.1 物流联盟概述

物流联盟是两个或两个以上的经济组织为实现特定的物流目标而采取的长期联合与合作的方式。其目的是实现联盟参与方的"共赢"。物流联盟具有相互依赖性、核心专业化及强调合作的特点，是一种介于自营和外包之间的物流模式，可以降低这两种模式的风险。物流联盟为了达到比单独从事物流活动更好的效果而使企业间形成相互信任、共担风险、共享收益的物流伙伴关系。企业之间不完全采取导致自身利益最大化的行为,也不完全采取导致共同利益最大化的行为,只是在物流方面通过契约形式形成优势互补、要素双向或多向流动的中间组织。狭义的物流联盟存在于非物流企业之间,广义的物流联盟存在于物流企业与非物流企业之间,以及非物流企业与非物流企业之间。

2.4.2 物流联盟的形成原因

物流联盟的形成原因主要有以下几点。

(1) 利益是产生物流联盟最本质的原因。企业之间有共享利益是物流联盟形成的基础,物流市场及其利润是巨大的,但单个企业难以把握市场的全局动态,也无法单独满足客户的多样化需求,或者难以实现物流服务的规模经济。因此,需要企业之间的合作。通过合作,形成分工协作、优势互补、利益共享、风险共担的共赢局面。

(2) 大型企业为了保持其核心竞争力,通过物流联盟方式把物流外包给一个或几个第三方物流公司或专业物流公司,以达到提高物流服务水平和效率的目的。

(3) 中小企业为了提高物流服务水平,通过物流联盟方式弥补自身物流服务能力的不足。近年来,随着科学技术的高速发展,很多科技型中小企业获得了大量高科技成果,但由于自身能力的限制,难以将其产业化。通过与一些大型企业合作,这些中小企业可以更好地发挥自身的科研优势,提高物流服务水平和效率。

(4) 互联网技术的广泛应用使跨地区的物流企业联盟成为可能。由于信息技术的飞速发展及互联网的广泛应用,工商企业和物流企业之间能够实现跨越时空的同步信息交换,为企业间的合作创造了良好的外部条件。

(5) 我国物流企业面临跨国物流公司的竞争压力,有必要通过物流联盟形式来应对。随着全球经济一体化的发展,跨国物流公司纷纷进入中国市场,凭借其雄厚的资金实力和丰富的国际物流经验,在竞争跨国公司的跨境物流业务方面具有一定优势。而我国的物流企业大多规模较小、实力较弱、缺乏国际物流经验,难以与跨国物流公司竞争,因此,通过物流联盟方式整合各方资源,提高整体物流竞争力。

2.4.3 物流联盟的优势

物流联盟的优势主要体现在以下方面。

1. 资源共享

物流联盟可以实现企业间物流资源的共享,包括物流设施、设备、信息、人才等。通过共享资源,企业可以避免重复建设、减少浪费,提高资源利用效率。同时,共享资源还可以降低企业的运营成本、提高企业的竞争力。

2. 风险分摊

物流联盟可以分摊企业的风险。在物流市场中,存在许多不确定因素,如市场需求变化、价格波动、政策调整等。通过物流联盟,企业可以共同应对这些不确定因素,降低风险。此外,物流联盟还可以提高企业的抗风险能力,当某个企业面临困难时,其他企业可以给予支持和帮助。

3. 提高物流服务水平

通过物流联盟,企业可以相互学习、借鉴先进的物流管理经验和技术,提高自身的物流服务水平。同时,联盟企业之间还可以优势互补,提供更全面、更优质的物流服务。

4. 拓展市场

物流联盟可以帮助企业拓展市场。联盟企业的合作可以扩大物流服务范围、提高市场占有率。此外,联盟企业之间还可以共享客户资源,开拓新的市场领域。

5. 提升企业形象

加入物流联盟的企业往往具有一定的品牌影响力和市场地位。通过与其他知名企业的合作,企业可以提升自身的形象和品牌价值。

2.4.4 物流联盟的风险

尽管物流联盟模式可以带来成本的降低和固定投资的减少,实现优势互补和规模化经营,然而物流联盟运营中也存在很多风险。物流联盟的风险主要分为两大类:一类是联盟外部风险,如市场风险、金融环境风险和自然环境风险等;另一类是联盟内部风险,包括合作关系风险、能力风险、信息与管理风险等。物流联盟外部风险是由外部环境的不确定性导致的。物流联盟内部风险主要包括以下方面。

1. 合作关系风险

合作关系风险是指因联盟企业间的交易行为而导致的联盟关系的不稳定性。影响物流联盟合作关系的风险因素有企业文化、价值观念、信任程度、激励机制、战略目标以及道德风险等。首先,信任是物流联盟合作的基础,若联盟企业之间不互相信任,联盟就无法维持。其次,有效的激励和公平、合理的利益分配是物流联盟的保障,信息不对称、激励不一致、利润分配不合理、联盟成员的机会主义等都有可能导致联盟的失败。最后,企业文化冲突、价值观念和行为准则的不一致等因素都有可能使联盟低效率运行甚至解体。

2. 能力风险

能力风险主要是指联盟组织的知识积累、实践经验、协调管理等能力不足。联盟组织的物流服务质量、服务成本、物流响应时间以及物流技术等方面的能力都会影响到联盟组织的稳定性。物流联盟以提高物流效率、提供优质物流服务为目标,当联盟企业的物流能力有限或技术上无法满足服务质量要求时,都有可能使联盟关系破裂。

3. 信息与管理风险

信息与管理风险主要是指信息传递、信息资源集成、核心能力集成和联盟的组织与管理等方面的风险。物流与信息流是密切相关的,信息的共享和准确、高效地传递是有效物流联盟建立的基本要求,然而各联盟企业不同的信息系统、数据库标准和通信协议,往往使企业间物流信息出现传递延迟,或集成时出现衔接困难,从而导致联盟效率降低,甚至运行数据丢失,增加联盟的运行风险。

为了应对以上可能出现的风险,企业在建立物流联盟时可以采取以下措施:一是正确选择物流联盟的合作伙伴,即选择有助于实现企业战略目标且结盟企业目标一致的合作伙伴;二是建立信誉机制,防止机会主义倾向,即制定联盟规则和契约,建立适当的利益分配机制和信誉机制对盟员企业的行为进行规范;三是构筑物流信息平台,实现信息资源集成与共享；四是加强联盟成员企业文化的融合，建立目标一致的企业文化等。

2.4.5　物流联盟的组建模式

一般来说，物流联盟模式比较适合以下两种情形：物流对企业的成功运作影响很大但企业物流管理能力有限；物流对企业的成功运作影响程度不大但企业物流管理能力很强。不管哪种情形，企业都应谨慎选择联盟的组建模式。常见的物流联盟模式有水平一体化物流联盟、垂直一体化物流联盟以及混合一体化物流联盟。

1. 水平一体化物流联盟

水平一体化物流联盟又称横向联盟或行业联盟，是指处于平行位置的几个企业结成物流联盟关系，如制造企业结成物流联盟或零售企业结成物流联盟。水平一体化物流联盟还可分为同行水平一体化物流联盟和互补水平一体化物流联盟。前者是指相同行业的平行企业结成物流联盟，共同完成采购、生产、销售等物流活动；后者指不相关的企业仅仅为了提高各自物流资源的利用率而结成物流联盟。组建水平一体化物流联盟能够突破地域、市场和行业的限制，使分散的企业资源形成集约化运作，提高资源配置效率，获得规模经济，并减少重复性劳动。然而水平一体化物流联盟也有不足：联盟必须有大量客户，才能发挥它的整合作用和集约化的处理优势；作为联盟中的核心企业，对于合作伙伴也缺乏有效的控制手段，也许只是在有利可图时，才会紧密地联合在一起。

2. 垂直一体化物流联盟

垂直一体化物流联盟也称纵向联盟或供应链物流联盟，是指企业与供应商和顾客发展良好的合作关系，对从原材料采购到产品生产、销售和服务的全过程实施一体化的物流运作。垂直一体化物流联盟可以减少物流运作的中间环节，通过由联盟企业提供储运、包装、装卸、搬运和物流信息等"一条龙"物流服务，直接将货物送达最终顾客。垂直一体化物流联盟能够集成供应链的物流资源，为客户提供最大价值的同时，也使联盟总利润最大。但这种联盟一般不太稳定，主要是在整条供应链上，不可能在每个环节都同时达到利益最大化，因此会损害一些成员伙伴的积极性，使它们随时有退出联盟的可能。

3. 混合一体化物流联盟

混合一体化物流联盟即混合模式的联盟。这种模式是以第三方物流机构为核心，既有处于平行位置的制造企业，也有处于上下游位置的中小企业，通过签订"联盟契约"将自身的物流外包给第三方物流机构，共同采购、共同配送，构筑物流市场，形成相互信任、共担风险、共享收益的集约化物流联盟关系。混合一体化物流联盟是水平一体化物流联盟和垂直一体化物流联盟的有机结合体。

2.4.6　物流联盟的管理

物流联盟的管理主要包括以下几个方面。

1. 组织结构

物流联盟的组织结构应该明确各成员企业的职责和权利，建立有效的沟通机制和决策机制。通常可以设置联盟委员会或理事会等机构来负责联盟的日常管理和决策工作。

2．合同管理

物流联盟成员之间应该签订详细的合同或协议,明确各方的权利和义务、合作期限、合作方式、利益分配等关键条款。合同管理是确保联盟稳定运作的基础。

3．信息管理

物流联盟应该建立统一的信息平台,实现信息共享和实时交流。信息管理可以提高联盟的运作效率和服务质量,降低沟通成本和误差率。

4．风险管理

物流联盟应该建立完善的风险管理机制,包括风险识别、评估、监控和应对等方面。风险管理可以帮助联盟及时应对各种不确定因素,确保联盟稳定运作和持续发展。

5．利益分配

物流联盟应该建立合理的利益分配机制,确保各方利益的平衡和共赢。利益分配应该根据各方的投入比和贡献度来确定,避免出现不公平或不合理的情况。

案例 2-2：汤阴县物流联盟

2.5　电子商务物流模式的选择

自营物流、第三方物流、第四方物流、物流联盟等物流模式各有特点,各模式的比较分析具体如表 2-1 所示。

表 2-1　电子商务物流模式比较分析

特　　点	自营物流	第三方物流	第四方物流	物流联盟
控制能力	较强	较弱	一般	一般
物流成本投入	前期投入大	投入低	投入较低	投入较低
服务对象	电商企业本身	没有限制	没有限制	联盟组建企业
覆盖范围	有区位优势但范围较小	广	广	广
选择风险性	高	较低	较高	较高
服务水平	可以不断提高,提供高水平服务	由合作的第三方物流服务水平而定,通常较低	服务水平较高,可提供最接近客户要求的服务	共同协商讨论

物流模式决策作为电子商务企业一项主要的战略决策,其重要性不言而喻。开展电子商务的企业在进行物流模式决策时,除传统的自营物流模式外,也可以考虑其他新兴的物流模式。如何选取正确的物流模式,成为电子商务企业至关重要的一个战略决策问题,下面将介绍物流模式选择的相关决策方法。

2.5.1　传统决策法

传统决策法的依据是企业是否有能力实施自营物流,若企业有设施、技术,就自营,方便控制;若企业某项物流功能自营有一定困难,就选择外包。这种决策方法的主要缺陷是企业在进行外包与自营决策时,对物流总成本与顾客服务水平的考虑是次要的,主要问题是管理人员对核心物流功能认识不清,缺乏对物流进行战略分析和评估的信心。传统物流模式决策模型如图 2-6 所示。

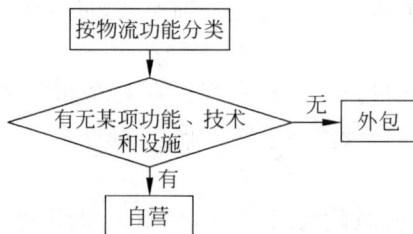

图 2-6　传统物流模式决策模型

2.5.2　二维决策法

罗纳德·H.巴罗(Ronald H. Ballou)认为,企业物流是选择自营模式还是外包给第三方物流公司,主要取决于两个因素:物流对企业成功的重要性和企业经营物流的能力。根据这两个因素,巴罗提出了一个二维决策模型,如图 2-7 所示。

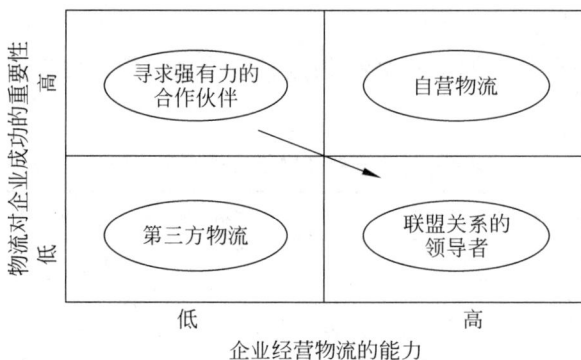

图 2-7　巴罗二维决策模型

从图 2-7 中可以得出以下结论。

(1) 若企业自身经营物流的能力很强且物流对企业成功非常重要,企业一般可采用自营的方式。

(2) 若物流在企业战略中处于关键地位,然而企业自身的物流经营能力较弱,企业可通过"寻求强有力的合作伙伴"的方式组建物流联盟,以提高物流设施、运输管理、专业管理技巧等方面的处理能力,同时又不失对企业物流运作的控制。

(3) 若物流对企业成功的重要性较低,但企业经营物流的能力较高,企业可成为"联盟关系的领导者",凭借自身物流能力优势,联合其他企业共享物流资源,通过扩大物流量实现规模效益,降低整体物流成本,这类企业常与结论(2)中的企业合作,组建物流联盟。

(4) 物流既不占企业的战略地位,同时物流经营能力又很弱的企业,可以将物流活动外包给第三方物流供应商,这样既可以降低成本,又可以提高物流服务水平。

二维决策模型是一种简单、易行的方法。该方法虽然考虑到企业的战略目标和企业自身的经营能力,却并没有考虑物流的运作成本和服务水平的影响。在现实中,可能存在这样一种情况,即物流对企业的战略很重要,同时企业也有能力经营物流,然而物流运营成本却很高,物流效益低下。此时若使用巴罗的方法采取自营模式,企业可能会得不偿失。

2.5.3 层次分析法

由美国运筹学家托马斯·L.萨蒂(Thomas L. Saaty)于20世纪70年代提出的层次分析法(Analytic Hierarchy Process,AHP),是通过比较一系列待选方案而帮助决策者在复杂环境中进行决策的一种有效方法。该方法直观、较易于公式化,在目标结构复杂且缺乏必要数据的情况下更为实用,是一种定性分析与定量分析相结合的多目标决策分析方法。其具体步骤如下。

1. 构建物流模式决策评价指标体系框架

从物流的功能出发,电子商务企业的物流战略主要追求以下几个目标。

(1)以尽可能低的成本达到一定的客户服务水平。

(2)以准确配送的服务来保持顾客的忠诚度。

(3)维持物流系统的稳定性。

(4)使物流子系统与企业其他子系统保持良好的协调性。

(5)控制物流活动中出现的污染和浪费,追求环保。

对电子商务企业的物流战略目标进一步分解,形成如图2-8所示的物流模式决策评价指标体系。

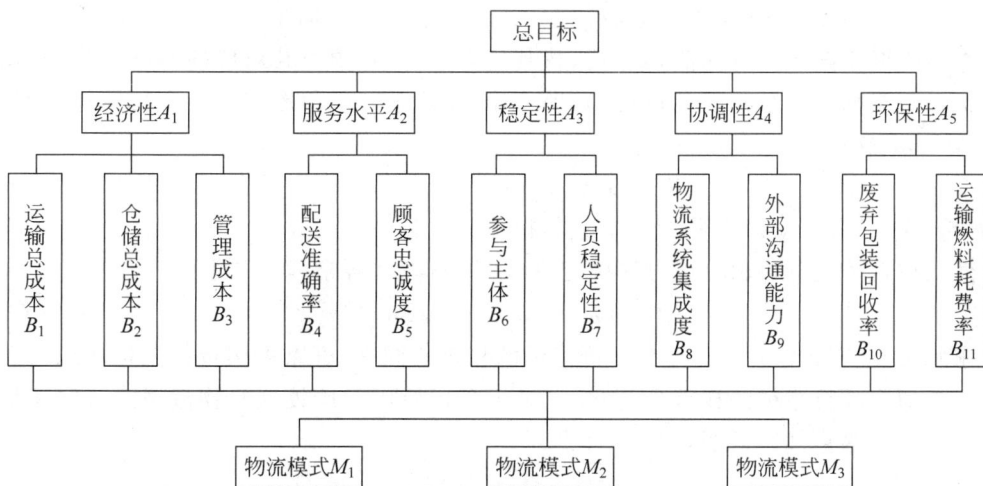

图 2-8 物流模式决策评价指标体系

2. 用层次分析法确定各指标所占权重

对 A_1、A_2、A_3、A_4、A_5 这五个评价指标的权重确定如表2-2所示。

表 2-2 A 层判断矩阵元素

A	A_1	A_2	A_3	A_4	A_5
A_1	a_{11}	a_{12}	a_{13}	a_{14}	a_{15}
A_2	a_{21}	a_{22}	a_{23}	a_{24}	a_{25}

A	A_1	A_2	A_3	A_4	A_5
A_3	a_{31}	a_{32}	a_{33}	a_{34}	a_{35}
A_4	a_{41}	a_{42}	a_{43}	a_{44}	a_{45}
A_5	a_{51}	a_{52}	a_{53}	a_{54}	a_{55}

其中，a_{ij} 表示 A_i 对 A_j 的相对重要性，如 $a_{13}=2$，表示 A_1 的重要性为 A_3 的 2 倍。然后，对判断矩阵的一致性进行检验，其公式为

$$CR = CI/RI \qquad (2-1)$$

式中，$CI=(\lambda_{\max}-n)/(n-1)$（$\lambda_{\max}$ 表示判断矩阵的最大特征值）；RI 表示平均随机一致性指标，RI 的值见表 2-3。

表 2-3　平均随机一致性指标 RI 的值

阶数 n	1	2	3	4	5	6	7	8	9	10
RI	0.00	0.00	0.58	0.96	1.12	1.24	1.32	1.41	1.45	1.49

若得出 $CR \leqslant 0.1$，则认为判断矩阵具有满意的一致性。

最后，在判断矩阵满足一致性的基础上，用特征向量法确定指标权重，公式为

$$A\boldsymbol{\omega} = \lambda_{\max}\boldsymbol{\omega} \qquad (2-2)$$

式中，$\lambda_{\max}$ 表示判断矩阵 A 的最大特征值；$\boldsymbol{\omega}$ 表示权重分配向量。

求得判断矩阵最大特征值 $\lambda_{\max}$ 后，将其代入矩阵中，求出其对应的特征向量，再用每个特征向量去除以这组特征向量的和，即得出如式（2-3）所示的权向量。具体计算时，可采用 Matlab 软件。

$$\boldsymbol{B}_1 = \boldsymbol{\omega} = [\omega_1, \omega_2, \omega_3, \omega_4, \omega_5]^{\mathrm{T}} \qquad (2-3)$$

即为 A_1、A_2、A_3、A_4、A_5 各指标所对应的权重。

然后以此为基础再由上述方法确定 $\boldsymbol{B}_1, \boldsymbol{B}_2, \cdots, \boldsymbol{B}_{11}$ 各指标权重集如下：

$$\boldsymbol{B}_2 = \boldsymbol{\omega} = [\omega_1, \omega_2, \cdots, \omega_{11}]^{\mathrm{T}} \qquad (2-4)$$

求每种物流模式对 B 层每个评价指标的权重。同样，可以采用特征向量法求每种物流模式对每个评价指标的权重。为此，应对每个指标成对比较这些物流模式。以运输总成本这一指标为例加以说明，如表 2-4 所示。

表 2-4　运输总成本判断矩阵元素

M	M_1	M_2	M_3
M_1	m_{11}	m_{12}	m_{13}
M_2	m_{21}	m_{22}	m_{23}
M_3	m_{31}	m_{32}	m_{33}

m_{ij} 表示物流模式 M_i 在运输总成本上相对物流模式 M_j 的评分。

同理，可以得到其他评价指标的判断矩阵，进行一致性检验后，可以求得每个判断矩阵的最大特征值和特征向量。各特征向量的值构成决策矩阵 $\boldsymbol{B}_3$：

$$\boldsymbol{B}_3 = \begin{matrix} M_1 \\ M_2 \\ M_3 \end{matrix} \begin{bmatrix} \omega_{11} & \omega_{12} & \cdots & \omega_{110} & \omega_{111} \\ \omega_{21} & \omega_{22} & \cdots & \omega_{210} & \omega_{211} \\ \omega_{31} & \omega_{32} & \cdots & \omega_{310} & \omega_{311} \end{bmatrix} \qquad (2\text{-}5)$$

式中，ω_{ij} 表示物流模式 i 对应评价指标 j 的评分。

3. 最佳模式选择

由下面的公式可以计算每种物流模式的总分值向量 $\boldsymbol{M}$：

$$\boldsymbol{M} = \boldsymbol{B}_3 \boldsymbol{B}_2 = [M_1, M_2, M_3]^{\mathrm{T}} \qquad (2\text{-}6)$$

分值最大的物流模式即为要选的最佳物流模式。

开展电子商务的企业采用 AHP 进行物流模式决策时，各评价指标的判断矩阵应由企业的物流决策者根据实际情况和经验给出，而且决策者需要掌握各种物流模式下企业物流运作过程中的有关数据，因此，此方法在数据比较充分时才能获得满意的结果。在没有相关数据的情况下，决策者也可通过经验来比较各物流模式对每一评价指标的相对重要性来获得权重，但这只能算是定性的决策，决策的结果受决策者的主观影响较大。

2.5.4 物流总成本分析法

在选择物流模式时，必须弄清物流系统总成本的情况。其计算公式为

$$D = T + S + L + F_W + V_W + P + C$$

式中，D 表示物流系统总成本；T 表示该系统的总运输成本；S 表示库存维持费用，包括库存管理费用、包装费用及返工费用；L 表示批量成本，包括物料加工费用和采购费用；F_W 表示该系统的总固定仓储费用；V_W 表示该系统的总变动仓储费用；P 表示订单处理和信息费用，指订单处理和物流活动中由于交流、沟通、出差等发生的费用；C 表示顾客服务费用，包括缺货损失费用、降价损失费用和丧失潜在顾客的机会成本。

这些成本之间存在二律背反现象，减少仓库数量时，可降低保管费用，但会因运输距离和次数的增加而导致运输费用增加。若运输费用的增加部分超过保管费用的减少部分，总的物流成本反而增大。所以，在选择和设计物流系统时，要对物流系统的总成本加以论证，最后选择成本最小的物流系统。

2.5.5 综合分析法

综合分析法通过综合分析企业对供应链的要求、企业自身的柔性要求以及第三方物流的服务能力等要素进行物流模式的选择。

1. 企业对供应链的要求

越是竞争激烈的产业，企业越是要强化对供应渠道和分销渠道的控制，此时企业应该自营物流。一般来说，主机厂或最终产品制造商对渠道或供应链过程的控制力比较强，往往选择自营物流，即作为龙头企业来组织全过程的物流活动和制定物流服务标准。

2. 企业自身的柔性要求

随着科技的进步与经济的发展，企业要根据市场需求不断调整其经营方向、经营重点、市场选择、产品优势，这就对企业的柔性提出了越来越高的要求。相对而言，外包物流能够使企业具有较大的柔性，能够比较容易地对企业业务的方向、内容、重点、数量等进行

必要的调整。所以,处于发展变化较快行业中的企业,其商品种类、数量比较不稳定,呈现非规则化,变动较多、较大,需要根据情况调整其经营管理模式及相应业务作业。为保证企业具有足够的柔性,应采用外包物流服务。而业务相对稳定,物流商品种类比较稳定且数量大的企业,对于柔性要求比较低,采用自营物流的可能性就比较大。

3. 第三方物流的服务能力

在选择物流模式时,尽管成本很重要,但第三方物流为本企业及企业顾客提供服务的能力更为重要。也就是说,对第三方物流的选择应将满足企业对原材料及时需求的能力和可靠性、对企业的零售商和最终顾客不断变化的需求的反应能力等方面作为首要的因素来考虑。因为,若企业将物流业务外包给第三方物流企业,那么第三方物流企业无疑将比企业的其他部门更接近企业的客户,特别是在企业将终端客户配送业务外包给第三方物流企业的情况下,第三方物流的服务质量高低将直接影响终端客户的满意度。由于第三方物流公司与企业的顾客关系密切,它们的服务质量会间接地成为顾客对企业服务质量的观察点。而在当今的市场环境下,服务的好坏与企业的生存具有重大的关联性。因此,现代企业应充分认识到物流服务质量的重要性,在进行第三方物流决策时从更高的服务角度来权衡取舍,而不是只将目光集中在价格上。

本 章 小 结

本章首先介绍了电子商务大环境给现代物流服务带来的挑战和要求,其次系统分析了几种常见的物流模式(自营物流、第三方物流、第四方物流、第五方物流、物流联盟)的概念、优缺点、运作模式和适用条件等,最后介绍了物流模式决策的方法。

从供应链管理的要求看,第三方物流仍然有一些不足的地方,如技术方面的不足、缺乏协调性等。第四方物流通过对供应链进行集成,协调管理组织本身与其他互补性服务商所有的资源、能力和技术以及提供综合的供应链解决方案,来实现供应链整体物流运作,从而实现系统性最优。除了选择自营物流模式和第三方物流模式外,企业也可以通过物流联盟的方式来组织物流活动。上述各种运作模式各有优缺点,企业到底采取哪种运作模式,既要考虑企业物流服务的需要和自身的物流服务运营能力,又要考虑外部的环境与条件,需要应用科学的方法,综合考虑多方面的因素,以完成电子商务物流模式选择的决策。

思 考 题

1. 第一方物流和第二方物流的联系与区别有哪些?
2. 自营物流有哪些优势和劣势? 它的适用条件有哪些?
3. 第三方物流的服务方式有哪些? 它的优势与劣势分别是什么?
4. 第四方物流有什么特点? 它有哪几种运作模式?
5. 第四方物流的优势和劣势是什么?
6. 物流联盟的形成原因是什么? 它有哪些优势和风险? 如何对物流联盟进行管理?

7. 在什么情况下你会建议公司：

（1）外包部分或全部的物流活动；

（2）寻求合作伙伴共享物流系统；

（3）积极促进物流联盟的形成；

（4）所有物流活动采取自营方式。

案 例 分 析

江西"互联网＋第四方物流"模式

即 测 即 练

第 3 章

电子商务物流技术

电子商务物流技术不仅能降低物流运营成本、提高物流系统的效率,还能反映电子商务物流系统的水平和发展状况,构成了电子商务物流系统的主要成本和资产。因此,物流技术成为电子商务物流中重要的研究内容之一。本章主要介绍了常见的电子商务物流技术的结构、原理及应用。通过采用先进的物流技术,可以有效提升电子商务物流系统的运营效率、减少资源浪费,提高供应链的协同性和响应速度。

3.1 自动识别技术

3.1.1 条码技术

1. 条码

根据《条码术语》(GB/T 12905—2019)的定义,条码是由一组规则排列的条、空组成的符号,用以表示一定的信息。一个完整的条码是由两侧空白区、起始符、数据符、校验符和终止符组成的。常用条码的种类包括通用商品条码、储运单元条码和贸易单元条码。

1) 通用商品条码

如图 3-1 所示,通用商品条码(EAN-13 码)由 13 位数字组成,前 3 位数字为国家或地区代码,中间 4 位数字为厂商代码,中后 5 位数字为商品代码,最后 1 位数字为校验码。

图 3-1　EAN-13 码

2) 储运单元条码

储运单元条码(ITF-14 码/ITF-6 码)是专门表示储运单元的编码。它有定量储运单元条码和变量储运单元条码两种类型。

定量储运单元条码由 13 位或 14 位数字组成,当采用 13 位数字条码时,它等同于通用商品条码。当采用 14 位数字条码时,在 EAN-13 码前加 1 位数字,以表明物流状态,称为 ITF-14 码,如图 3-2 所示。

图 3-2　ITF-14 码

变量储运单元条码以 ITF-14 码作为主代码标志,附加 ITF-6 码标志,由 20 位数字组成,以 ITF-14 码/ITF-6 码表示。

3)贸易单元条码

贸易单元条码(EAN-128 码)(图 3-3)在物流与配送过程中,将商品生产日期、有效日期、贸易包装序号、重量、体积、尺寸、发出与送达地址等重要信息条码化,以便将这些重要信息快速扫描输入计算机系统。它是应用最广泛的条码,也是主要使用于物流与配送领域的条码。

图 3-3　EAN-128 码

2. 条码识读设备

条码识读是由光源发出的光线,经过光学系统照射到条码符号上面,被反射回来的光经过光学系统成像在光电转换器上,使之产生电信号,信号经过电路放大后产生一个模拟电压,它与照射到条码符号上被反射回来的光成正比,经过滤波、整形,形成与模拟信号对应的脉冲信号,再经译码器转换为计算机可以接收和识别的数字信号。条码识读设备一般采用光笔、CCD(电荷耦合器件)、激光三种成熟技术,它们都有各自不同的性能和使用特点。

目前的条码识读设备种类繁多,但大体上可以分为在线阅读式和便携阅读式两大类,条码扫描器作为识读输入设备,发展很快,有接触式、非接触式、手持式、固定式等不同形式。下面就简单介绍几种常用的条码扫描器。

(1)光笔条码扫描器。光笔条码扫描器是一种轻便的条码读入装置。在光笔内部有扫描光束发生器及反射光接收器,能够快速而准确地捕捉条码的图像,并将其转换为数字数据,以便计算机或其他系统进行处理。

(2) 手持式条码扫描器(图3-4)。手持式条码扫描器一般使用 CCD 或激光电子元件,它具有体积小、扫描速度快、使用方便的特点。

(3) 台式条码自动扫描器(图3-5)。台式条码自动扫描器一般安装在某一固定位置上,等待标附有条码的标签货品识读。台式条码自动扫描器读取距离一般较大,可以从几厘米到几十厘米。

(4) 便携式条码阅读器(图3-6)。便携式条码阅读器是为了适应一些现场数据采集,如一些笨重的货品、集中存放的货品。

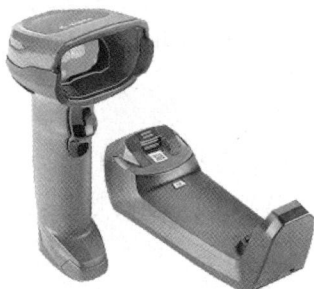

图 3-4　手持式条码扫描器　　　图 3-5　台式条码自动扫描器　　　图 3-6　便携式条码阅读器

3.1.2　无线射频识别技术

1. 无线射频识别技术的定义

无线射频识别(radio frequency identification,RFID)技术是通过无线射频方式进行非接触式双向数据通信的技术,它利用无线射频方式对记录媒体(电子标签或射频卡)进行读写,从而达到自动识别目标和数据自动交换的目的。无线射频识别技术通过无线电波实现不接触快速信息交换和存储,结合无线通信和数据访问技术,并连接数据库系统,实现非接触式的双向通信,从而达到识别的目的。RFID 是 21 世纪最具发展潜力的信息技术之一。

2. RFID 的原理

最基本的 RFID 系统由三部分组成(图3-7)。

图 3-7　RFID 的组成

（1）电子标签（tag）。电子标签由芯片及耦合元件构成，每个标签具有唯一的电子编码，高容量的电子标签具有用户可写入的存储空间，附着在物体上用以标识目标对象。

（2）读写器（reader）。读写器是读取和写入标签信息的设备，可以设计成手持式或固定式。

（3）天线（antenna）。天线用以在标签和读写器间传递射频信号。

RFID 系统的工作原理是：读写器通过天线发射电磁波，电子标签进入磁场后产生感应电流，驱动标签中的芯片工作，并通过标签中的天线发送信息，读写器读取信息后解码，然后送至信息系统进行数据处理。

常用的电子标签为无源标签（passive tag，或被动标签），如图 3-8 所示。无源标签不需要电池，依靠电磁感应获取电流，因而信息传输距离有限，日常应用一般不超过 1 米。其成本也较低，现在最低成本已降至 1 元以内。

有源标签（active tag，或主动标签）自带电池，信息传输距离更远，可以达到几十米，当然成本也更高。

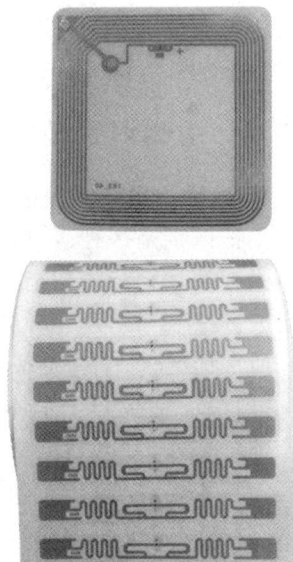

图 3-8　无源标签

3. RFID 的优点

（1）读取方便。RFID 电子标签采用非接触式读取方式，甚至可以透过外包装识别，并且不需要照明光源。它的有效识别距离更远，如果采用内置电池的主动标签，有效识别距离可以达到 30 米以上。

（2）识别速度快。当 RFID 电子标签进入磁场时，读写器就能立即读取其中的信息，并且能够同时处理多个电子标签，实现批量识别。

（3）数据容量大。即便数据容量最大的 PDF417 二维码，最多也只能存储 2 725 个数字，如果包含字母，存储量就会更少。而 RFID 电子标签的容量可以达到数十 KB。

（4）不怕污损，使用寿命长。RFID 电子标签因采用无线通信方式，不用直接接触读写设备，其封闭式包装能有效避免污损，使用寿命大大超过条码。

（5）电子标签数据可动态修改。利用读写器可以向 RFID 电子标签写入数据，从而赋予标签交互式便携数据文件的功能，而且写入时间比打印条码更少。

（6）更高的安全性。RFID 电子标签不仅可以嵌入或粘贴在不同形状和类型的产品上，而且可以对电子标签数据的读写设置密码保护，从而使其具有更高的安全性。

（7）动态实时通信。RFID 电子标签以每秒 50～100 次的频率与读写器进行通信，只要电子标签出现在读写器的有效识别范围内，就可以立即识别出来，实现位置的动态追踪和监控。

4. RFID 的缺点

（1）技术不够成熟。RFID 技术出现的时间较短，在技术上还不是很成熟。由于超高频电子标签具有反向反射性的特点，其在液体、金属等商品中的识别比较困难。

（2）成本高。RFID 电子标签相对于普通条码标签价格较高，为普通条码标签的几十倍，如果使用量大的话，就会造成成本太高，在很大程度上降低了市场使用 RFID 技术的积极性。

（3）安全性不够强。RFID技术面临的安全性问题主要表现为RFID电子标签信息被非法读取和恶意篡改。

（4）技术标准不统一。与条码技术不同，RFID的应用涉及一系列技术标准问题，包括无线电频率、数据格式、数据编码等。目前RFID还没有形成全球统一的标准，市场形成多种标准并存的局面，因此不同RFID系统的兼容性就成为一个突出问题。

3.1.3 生物识别技术

1. 生物识别技术概述

生物识别是一种通过计算机、光学、声学、生物传感器等多个技术领域密切结合，利用人体固有的生物特征如指纹、人脸、虹膜等和行为特征如笔迹、声音、步态等进行个人身份鉴定的方法。

通常情况下，生物特征识别特性包括如下几个方面。

（1）唯一性：每个个体都不同。

（2）普遍性：在所有的个体身上都可以观察到。

（3）可重复：在一定时间内，同一个体生物特征具有相对的稳定性，可重复使用。

（4）易采集：可通过传感器实现，如摄像机、指纹采集仪等。

（5）可接受：个体允许在给定的应用场景下使用其生物特征。

不同生物识别方法对比见表3-1。

表 3-1   不同生物识别方法对比

生物识别方法	精度	安全系数	稳定性	采集成本	便 利 程 度	应 用 场 景
3D（三维）人脸识别	高	高	稳定	中	高	刷脸支付、门锁门禁、交通、身份核验等
2D（二维）人脸识别	一般	一般	一般	中	高	门禁、安防等
虹膜	极高	高	终身不变	高	低	应用场景少
指纹	高	一般、易模仿	易磨损	低	一般、接触式识别、部分人群无法识别	手机、考勤、金融等
掌纹	高	较高	易磨损	中	一般、接触式识别	应用场景少

2. 生物识别技术处理流程

通用生物特征识别系统（图3-9）包含数据采集子系统、信号处理子系统、数据存储子系统、比对子系统和决策子系统，完成生物特征识别的注册、验证和辨识。

（1）注册。数据采集子系统通过传感器获取个体的生物特征样本，传输至信号处理子系统进行特征提取得到生物特征模板，生物特征样本和生物特征模板作为生物特征参考，保存至数据库中。

（2）验证。数据采集子系统通过传感器获取个体的生物特征样本，传输至信号处理子系统进行特征提取得到生物特征模板，与已存储的生物特征模板进行1∶1的特征比对，确认是否匹配，得到身份验证结果。

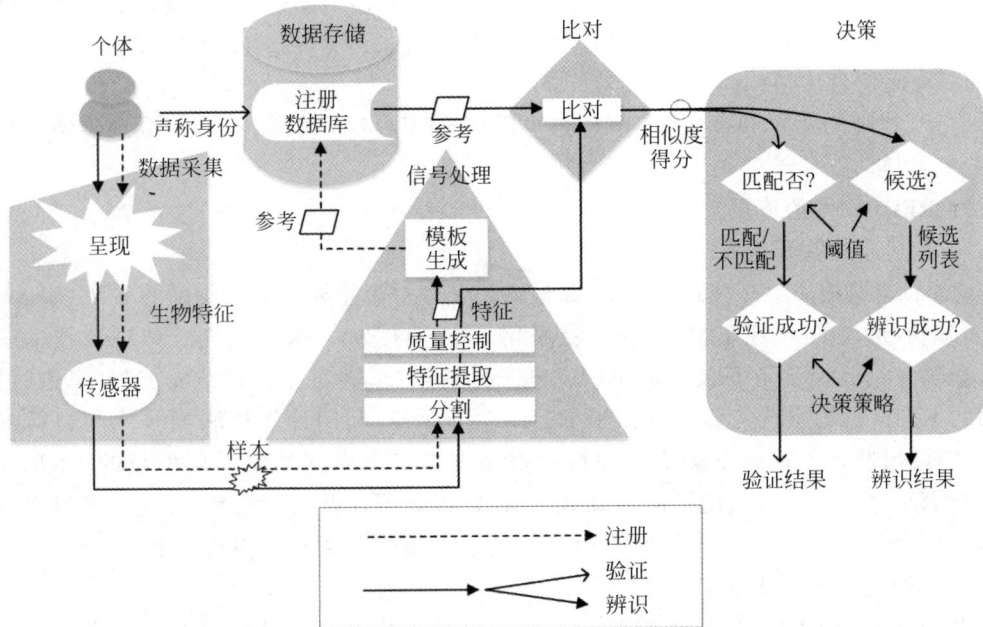

图 3-9　通用生物特征识别系统

（3）辨识。数据采集子系统通过传感器获取个体的生物特征样本,传输至信号处理子系统进行特征提取得到生物特征模板,与已存储的生物特征模板进行 $1:N$ 的特征比对,确认是否匹配,得到身份辨识结果。

3.1.4　自动识别技术在电子商务物流中的应用

1. 条码技术的应用

1）仓储管理

在电子商务仓储管理中使用一维码自动识别技术,通过扫描条码方式实现库存信息的处理,从而提高库存管理的效率,确保库存管理的统一性和准确性。一维码自动识别技术的应用,避免了手工书写票据和人工输入计算机的过程,大幅提高了工作效率,同时解决了库存信息滞后的问题,提高了交货的准确性。另外,一维码自动识别技术解决了票据信息不准确的问题,提高了服务质量,消除了处理过程中的人工操作,减少了无效劳动。

2）包裹分拣

分拣作业开始前,先在不同的包裹上贴上打印好的一维码,不同的条码代表不同的分拣地址;分拣人员将包裹传送到输送机上,在每一个分拣口装备至少一台条码扫描器,以此来识别不同包裹;通过分流装置实现包裹有序、快速分拣。运用条码技术对邮件、包裹、批发和配送的物品等进行编码,通过条码自动识别技术建立自动分拣系统,就可大大提高工作效率、降低成本。

3）原产地查询

EAN-13 商品条码的前 3 位是国家或地区代码,通过 EAN-13 码可以立即查询到商品的原产地。用连接电脑的条码扫描器或手机 App 扫描 EAN-13 码,通过互联网就可以查询到更详细的信息,如产品名称、生产厂家、价格等,方便用户购买和结账。

4)物流信息传递

行包、货物的运输和邮递,其信息也可以用 PDF417 码传递,这比一维码传递的信息更多、更具体。

2. RFID 技术的应用

1)高速公路收费系统

电子商务物流离不开多式联运,公路运输是其中一个重要环节。我国的 ETC(electronic toll collection,电子不停车收费系统)就采用了 RFID 技术,这能够充分体现该技术的优势。车辆在挡风玻璃上安装有源 RFID 电子标签,在车辆通过收费站的 ETC 车道时,收费站的 RFID 读写系统能够立刻识别 RFID 电子标签,利用计算机联网技术与银行进行后台结算处理,从而达到车辆通过路桥收费站不需停车而交纳路桥费的目的。RFID 技术在车辆高速通过收费站的同时自动完成缴费,提高了计费收费效率,加快了车辆通行速度,避免了拥堵,解决了交通的瓶颈问题,有利于提高电子商务的物流效率。

2)货物在线跟踪和监控

电子商务物流中货物在线跟踪和监控一直是亟待解决的难题,RFID 技术为货物的跟踪管理及监控提供了方便、快捷、准确的自动化技术手段。将 RFID 电子标签安装在集装箱上,就可以利用射频识别技术,确定集装箱在仓库甚至道路上的具体位置,实现货物的在线跟踪和监控。RFID 系统还能侦测到未被允许的集装箱移动,有助于安全管理。

3)包裹自动分拣系统

RFID 技术已经被成功应用到电子商务包裹自动分拣系统中。和一维码识别不同的是,RFID 分拣系统具有非接触式的特点,所以包裹分拣中可以不用考虑摆放方向问题。另外,当多个包裹同时进入识别区域时,系统可以同时识别,大大提高了包裹分拣能力和处理速度。另外,由于 RFID 电子标签可以记录包裹更多的特征数据,所以更有利于提高包裹分拣的准确性。

4)商品防伪

利用 RFID 难以伪造的技术优势,可以将其应用在商品防伪领域。RFID 电子标签的成本相对低,但制造芯片需要昂贵的生产线,这使伪造者望而却步。而且,RFID 电子标签本身具有内存,可以储存与产品有关的数据,有利于鉴别真伪。利用这种技术不需要改变现有的数据管理体制,其唯一的产品标识号完全可以做到与现有的数据库体系兼容。比如我国的贵州茅台酒厂就应用了 RFID 技术对其高端白酒进行防伪。

5)物流门禁安保

物流门禁安保系统也开始应用 RFID 系统,电子标签可以一卡多用,如做成工作证、出入证、停车证等。使用 RFID 系统可以有效识别人员和车辆身份,出入门禁时系统会自动识别电子标签,当发现非法闯入时,还会立即报警。这样就简化了出入手续,提高了工作效率。在安全级别要求比较高的地方,还可以将指纹、掌纹或颜面等生物特征存入电子标签,提高 RFID 系统的安全性。

3．生物识别技术的应用

1）仓储管理

生物识别技术主要用于人员进出仓库的身份验证。传统的身份验证方式如钥匙、证件等存在被复制或伪造的风险，而生物识别技术通过人体特征进行身份验证，如指纹识别、虹膜识别、人脸识别等。这种验证方式准确度高、不易仿冒，大大提高了仓储系统的安全性。同时，对于需要高度保密的货物，生物识别技术能够确保只有授权人员进入仓库，有效防止了未授权人员对货物的非法接触。

2）运输

利用生物识别技术对运输员工进行身份验证，可以确保货物在运输过程中的安全性。这种应用场景不局限于特定的运输方式，如汽车、铁路、航空和海运等都可以实现。通过生物识别技术，运输企业可以精确追踪货物的位置和状态，从而提高运输效率并降低货物丢失的风险。

3）快递柜取件

传统的取件方式需要用户提供凭证如快递单号、手机号码等进行验证，然后通过密码或二维码开启快递柜门。这种方式虽然方便，但存在凭证丢失或被盗用的风险。而生物识别技术可以直接扫描用户的生物特征，如指纹、面部等信息进行身份验证，从而实现更加方便、安全的取件。用户只需进行一次生物识别，即可轻松打开快递柜门并取出自己的包裹。这种方式不仅提高了取件效率，也避免了传统取件方式可能存在的安全隐患。

3.2 自动化立体仓库和自动导引车

3.2.1 自动化立体仓库

自动化立体仓库（automatic stereoscopic warehouse）又称自动存取系统、自动仓库、自动化高架仓库、高架立体仓库、无纸仓库等。它是指通过计算机和相应的自动控制设备对仓库的作业与仓储管理进行自动控制及管理，并通过自动化系统进行仓库作业的现代化仓库。自动化立体仓库是物料搬运、仓储科学的一门综合性科技工程。它与平库相比，可节约70％的占地面积和70％的劳动力，提高管理水平。图3-10是自动化立体仓库实物图。

图3-10 自动化立体仓库实物图

1. 自动化立体仓库的组成

自动化立体仓库一般由高层货架、堆垛机、输送系统及周边设备、控制系统、信息管理系统组成。

1）高层货架

高层货架一般用钢材或钢筋混凝土制作。钢货架的优点是构件尺寸小、空间利用率高、制作方便、安装周期短；钢筋混凝土货架的优点是防火性能好，抗腐蚀能力强，维护、保养简单。通常，高层货架每两排合成一组，每两组货架中间设有一条巷道，供巷道堆垛起重机和叉车行驶作业。每排货架分为若干纵列和横排，构成货格或者仓位，用于存放托盘或货箱。高层货架的建筑高度一般在 5 米以上，国外有的高达 50 米。

2）堆垛机

堆垛机是立体仓库中最重要的搬运设备，是随着立体仓库的出现而发展起来的专用起重机。它的主要用途是在高层货架的巷道内来回穿梭，将位于巷道口的货物存入货格，或者从货格中取出货物运到巷道口，配合周围出入库搬运系统完成自动存取作业。

堆垛机可分为有轨巷道堆垛机和无轨巷道堆垛机两种，如图 3-11 所示。有轨巷道堆垛机在固定的轨道上运动，控制简单，造价较低。通过手动、半自动、自动控制和远距离集中控制等方式，可以完成左右两排货架的货物存储工作。由于有轨巷道堆垛机只能在高层货架巷道内作业，因此必须配备出入库输送系统或设备，才能完成货物出入库作业。无轨巷道堆垛机，又称高架叉车，是在前移式叉车基础上发展起来的变形叉车，既保留了叉车的一些特性，又发展了适用于在高货架巷道中工作的性能。其最大堆放高度可达 12 米，主要用于高度小于 12 米、作业不太频繁的窄巷道高架立体仓库的堆垛。

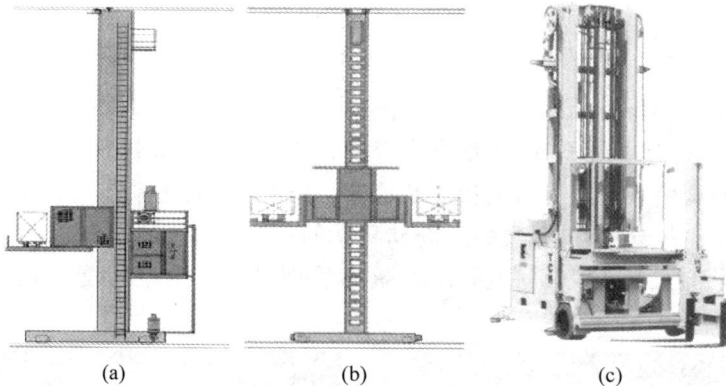

图 3-11 堆垛机

（a）单货叉单立柱堆垛机；（b）双货叉单立柱堆垛机；（c）无轨巷道堆垛机（堆垛叉车）

3）输送系统及周边设备

输送系统及周边设备的作用是配合巷道堆垛机完成货物输送、搬运、分拣等作业，还可以临时取代其他搬运系统，使自动存取系统维持工作，完成货物的出入库作业。

输送系统包括各种带式、板式、滚柱式、链式等固定布置的输送机，还有如 AGV（自动导引车）等可以移动的搬运、输送装置。周边设备往往包括升降台、提升机、叉车、置物架、堆垛架、挂板架、仓储笼、托盘、料箱、台车等。

4）控制系统

自动化立体仓库的控制形式有手动控制、随机自动控制、远距离自动控制和计算机自动控制四种。存取系统的计算机中心或中央控制室接收入库或出库信息后，先进行信息处理，然后由计算机发出入库指令或出库指令，堆垛机、自动分拣机及其他周边搬运设备按指令启动，协调完成自动存取作业，管理人员在控制室进行监控和管理。

5）信息管理系统

信息管理系统是自动仓库不可或缺的一部分，为及时了解货物信息、库存信息、制定经济决策提供了信息保障和信息支持。此外，为实现高效率、高准确度的作业，以及使管理员更方便、更直观地了解作业过程，信息管理系统在货物出入库时应显示作业轨迹，在进行库存管理时，最好能用示意图正确地显示仓位和货物情况。

2. 自动化立体仓库的优缺点

自动化立体仓库的主要优点包括以下几方面。

(1) 仓库作业全部实现机械化和自动化，一方面，能够大大节省人力，减少劳动力费用的支出；另一方面，能够大大提高作业效率。

(2) 采用高层货架、立体储存，能有效地利用空间，减小占地面积，降低土地购置费用。事实上，国外自动化立体仓库能够得到快速发展，地价昂贵是一个很重要的原因。

(3) 采用托盘或货箱储存货物，货物的破损率显著降低。

(4) 仓位集中，便于控制与管理，特别是使用电子计算机，不但能够实现作业过程的自动控制，而且能够进行信息处理。

自动化立体仓库的缺点主要是投资和维护成本较高，而且一旦安装完毕，很难再做改动。正因为它的购置和维护成本高，要采用自动化仓储系统，就必须在经济上进行合理、可行的预算，而且在其设计安装时要经过周密、详细的规划。

3.2.2 自动导引车

1. 自动导引车概述

据 GB/T 18354—2021《物流术语》中的定义，自动导引车是在车体上装备有电磁学或光学等导引装置、计算机装置、安全保护装置，能够沿设定的路径自动行驶，具有物品移载功能的搬运车辆。自动导引车是一种以电池为动力、装有非接触式导向装置的无人驾驶自动运输车(图 3-12)。其主要功能是在计算机控制下，通过复杂的路径将物料按一定的定位精度输送到指定的位置上。

自动导引车的搬运路线机动灵活，可以根据生产条件的变更很方便地改变运输路线。当在生产流水线上使用自动导引车时，可以使生产节奏比较灵活，具有一定的弹性。

图 3-12 自动导引车

2. AGV 的构成

AGV 主要由车体、蓄电池和充电装置、驱动装置、转向装置、控制系统、移栽装置、安全装置、通信系统和导引系统构成。

（1）车体。车体是装配 AGV 其他零部件的主要支撑装置，是运动中的主要部件之一，它由车架和相应的机械电气结构，如减速箱、电机、车轮等组成。

（2）蓄电池和充电装置。AGV 一般使用牵引型蓄电池供电，常以 24 V 或 48 V 直流工业蓄电池为动力，一般应保证 8 小时以上工作需要，对两班制工作环境要求达到 17 小时以上供电能力。

（3）驱动装置。驱动装置是一个伺服驱动的变速控制系统，可驱动 AGV 运行并具有速度控制和制动能力。它由车轮、减速器、制动器、电机及速度控制器等部分组成，并由计算机或人工进行控制。速度调节可采用脉宽调速或变频调速等方法。

（4）转向装置。AGV 的转向控制通过转向装置接收引导系统的方向信息来实现。AGV 常设计三种运动方式：只能向前；能向前与向后；能纵向、横向、斜向及回转全方位运动。

（5）控制系统。AGV 的运行由地面主控计算机和车载计算机联合控制，控制系统包括车上控制器和地面（车外）控制器，均采用微型计算机，通过通信进行联系。系统控制过程是 AGV 通过信息系统从地面主控计算机接受指令并报告自己的状态；主控计算机向 AGV 下达任务，同时收集 AGV 发回的信息以监视 AGV 的状态；车载计算机根据主控计算机下达的任务，完成手动控制、安全装置启动、蓄电池状态、转向极限、制动器解脱、行走灯光、驱动和转向点击控制与充电接触器的监控等。

（6）移栽装置。AGV 用移栽装置来装卸货物。常见的 AGV 装卸方式可分为被动装卸和主动装卸两种。被动装卸方式的小车不具有完整的装卸功能，而是采用助卸方式，即配合装卸站或接收物料方的装卸装置自动装卸；主动装卸方式的自动小车具有装卸功能。

（7）安全装置。现代化的生产环境中，人与各种机械设备处于同一环境，为确保 AGV 在运行过程中自身安全、现场人员及各类设备的安全，AGV 通常采取多级硬件、软件的安全措施。AGV 装有非接触式防碰传感器、接触式防碰传感器、信号灯和声音报警等安全保护装置，一旦发生故障，AGV 自动进行声光报警，同时无线通信通知 AGV 监控系统。

（8）通信系统。通信系统实现 AGV 控制台与 AGV 小车之间的信息交换，一般采用定点光导通信和无线局域网通信两种方式进行信息交互。采用无线局域网通信方式时，控制台和 AGV 构成无线局域通信网，控制台和 AGV 在网络协议支持下交换信息。无线局域网通信要完成 AGV 的调度和交通管理。在出库站和拆箱机器人处移载站都设有红外光通信系统，其主要功能是完成移载任务的通信。

（9）导引系统。导引系统最基本的功能是保证导引车按设定的路线行驶，并保持一定的精度要求。目前，导引技术有电磁导引、光学导引、磁带导引、激光导引、惯性导引、环境映射法导引等。

3. AGV 的分类

从不同方面来划分,AGV 的类型有很多,常见有以下几种。

1) 按导引方式不同划分

按导引方式不同,AGV 可分为固定路径导引和自由路径导引。固定路径导引是在行驶路径上设置导引用的信息媒介物,AGV 通过检测出信息而得到导引的一种方式,如电磁导引、光学导引和磁带导引等。自由路径导引是指在 AGV 控制器上存储区域布置的尺寸坐标,通过识别车体当前方位,自动选择行驶路径的导引方式,如惯性导引、激光导引、超声导引、视觉导引等。

2) 按控制方式不同划分

按控制方式不同,AGV 可分为智能型和普通型。智能型 AGV 的控制系统中通过编程存有全部的运行线路和线路区段控制的信息,AGV 只需知道目的地和到达目的地后的任务,就可以自动选择最优线路完成指定的任务。普通型 AGV 的控制系统一般比较简单,其本身的所有功能、路线规划和区段都由主控计算机进行控制。

3) 按用途和结构不同划分

按用途和结构不同,AGV 可分为牵引型拖车、托盘载运车、自动叉车、承载轻便式AGV、专用式 AGV 等。

4) 按移载方式不同划分

按移载方式不同,AGV 可分为前叉式移载、侧叉式移载、辊筒输送式移载、链条输送式移载和升降台式移载等。

5) 按转向方式不同划分

按转向方式不同,AGV 可分为前轮转向、差速转向和独立轮转向等。

3.2.3 自动化立体仓库和 AGV 在电子商务物流中的应用

1. 自动化立体仓库的应用

以京东上海嘉定区的亚洲一号无人仓为例,其自动化立体仓库是亚洲一号的核心物流设备。该自动化立体仓库高 24 米,共有 32 个巷道、6.5 万个托盘,存储效率是普通仓库的 5 倍。该系统囊括了货到人系统、巷道堆垛机、输送系统、自动控制系统和库存信息管理系统。其自动入库运输机可实现托盘货物的自动出、入库;它的自动堆垛机能实现托盘货物的自动存货、取货和补货,运行速度达 180 米/分钟;自动化立体仓库拣货区能实现自动补货,拣选货物后自动输送。自动化立体仓库及其周边设备共同支撑着亚洲一号无人仓的运作。

2. AGV 的应用

1) 货物搬运

搬运是 AGV 最基本的功能,电子商务物流的各个环节需要大量重复性的搬运作业,人工搬运不仅费时费力,而且成本越来越高。而采用 AGV 自动搬运,在节省人工和时间的同时还提升搬运效率。以海运为例,从船舶到堆场的指定地点,集装箱自动化搬运的过程如下:第一步,桥吊海侧吊车抓取集装箱,放到桥吊的中转平台上;第二步,岸侧的吊车将中转平台上的集装箱放到 AGV 上;第三步,AGV 依据指定路径,驶向特定的堆场箱区;第四步,箱区上的轨道吊再把集装箱抓取放到指定的位置。尽管 AGV 集装箱搬运车川流不息,但整个作业流程不需要一个工作人员,整个搬运过程耗时 5～10 分钟,大大提高搬运效率,而且安全性也得到了保证。

2)特殊场合的应用

在一些特殊场合,AGV 的应用解决了人工无法作业的问题。对于搬运作业有清洁、安全、无排放污染等特殊要求的烟草、医药、食品、化工等行业,AGV 逐渐代替人工作业。在不适合人类生产或工作的特殊环境,主要在一些危险行业,如核材料、危险品(农药、有毒物质、腐蚀性物品、生物制品、易燃易爆物品)、黑暗环境等,AGV 也逐渐开始应用。

3.3　自动分拣和无人配送技术

3.3.1　自动分拣系统

1. 自动分拣系统的定义

自动分拣系统(Automatic Sorting System)是按照预先设定的计算机指令,依靠分拣装置对货物进行自动分拣,并将分拣出的货物送到指定位置的系统。随着条码技术、激光扫描技术以及自动控制技术的发展,自动分拣机在物流中的应用越来越多。我国的邮政部门已经使用自动信函分拣机多年。

2. 自动分拣系统的特点

(1)连续、大批量地分拣货物,分拣效率高。自动分拣系统不受人的体力、时间、气候等因素的限制,能够不间断运行;同时,分拣效率高,每小时能分拣几千件包装商品,并且连续运行 100 个小时以上。如用纯人工分拣则每小时只能分拣 150 件左右,同时分拣员也不能高强度连续工作 8 小时。

(2)分拣误差率极低。分拣误差率高低取决于分拣信息准确性大小。如果采用人工键盘输入分拣信息的方式,错误率在 3% 以上;如果采用条码扫描输入的方式,除非条码的印刷本身有问题,否则几乎不会出错。因此,自动分拣系统目前主要采用条码技术来自动识别货物。

(3)分拣过程基本实现无人化。使用自动分拣系统的主要目的就是减少人力的投入,降低员工的劳动强度。自动分拣系统能基本做到无人化,最大限度地减少员工的使用。

分拣作业本身并不需要人员,人员的使用仅局限于以下工作:①送货车辆到达自动分拣线的进货端时的接货;②控制自动分拣系统的运行;③在分拣线末端将分拣出来的货物集载、装车;④自动分拣系统的运行、管理与维护。

3. 自动分拣系统的组成

自动分拣系统一般由控制装置、输送装置、分流装置和分拣道口组成。这些装置通过计算机网络联结在一起,组成一个完整的自动分拣系统,如图 3-13 所示。

图 3-13　自动分拣系统

（1）控制装置。它的作用是识别、接收和处理分拣信号，根据分拣信号的要求控制分流装置对商品进行自动分类。分拣信号可通过条码扫描、RFID、重量检测、高度检测和形状识别等方式，自动输入分拣控制系统中去，再根据分拣指令来决定哪个商品该进入哪个分拣道口。

（2）输送装置。它由各种输送机组成，其作用是使待分拣货物高速进入自动分拣系统，依次通过识别装置、分流装置等，到达分流装置。

（3）分流装置。这是自动分拣机的核心部分，当具有分拣信号的货物经过分流装置时，分流装置根据控制装置发出的分拣指令启动，改变货物原来的运行方向而使其进入分拣道口。分流装置的种类很多，不同的分流装置对货物的重量、形状、重心有不同的要求。

（4）分拣道口。它是已分拣货物进入集货区域的通道，一般由无动力的滚筒、滑道组成，依靠重力使商品滑向集货区，由人工将该道口的所有商品集中后进入其他作业环节。

4. 常用的分流装置介绍

常用的分流装置包括推挡式、导引式和滑块式三类。

1）推挡式分流装置

此类分流装置主要是以机构去推、挡的方式，强制主输送系统上的货物离开而进入分支流输送系统中。推挡式分流装置的优点是：简单，价钱最低。推挡式分流装置的缺点是：对货物侧面直接造成冲击；易磨损及较笨重的货物不适用。

常见的推挡式分流装置有气压缸侧推式、链条带动侧推式、旋转挡臂式等，如图 3-14 所示。

2）导引式分流装置

此类分流装置是利用浮起的链条、皮带、滚筒或轮子将被分流货物抬离主输送线，导入支流输送系统中。导引式分流装置的优点是：对分流货物造成的冲击较小；可处理的货物较重；分流速度较快。导引式分流装置的缺点是：设备及维护成本高；安装空间大；路径调整困难。

常见的导引式分流装置有皮带浮起式、动力轮子浮起式、链条浮起式等，如图 3-15 所示。

侧推气压缸

安装于滚筒输送机下方
之链条驱动推杆

分类旋转挡臂

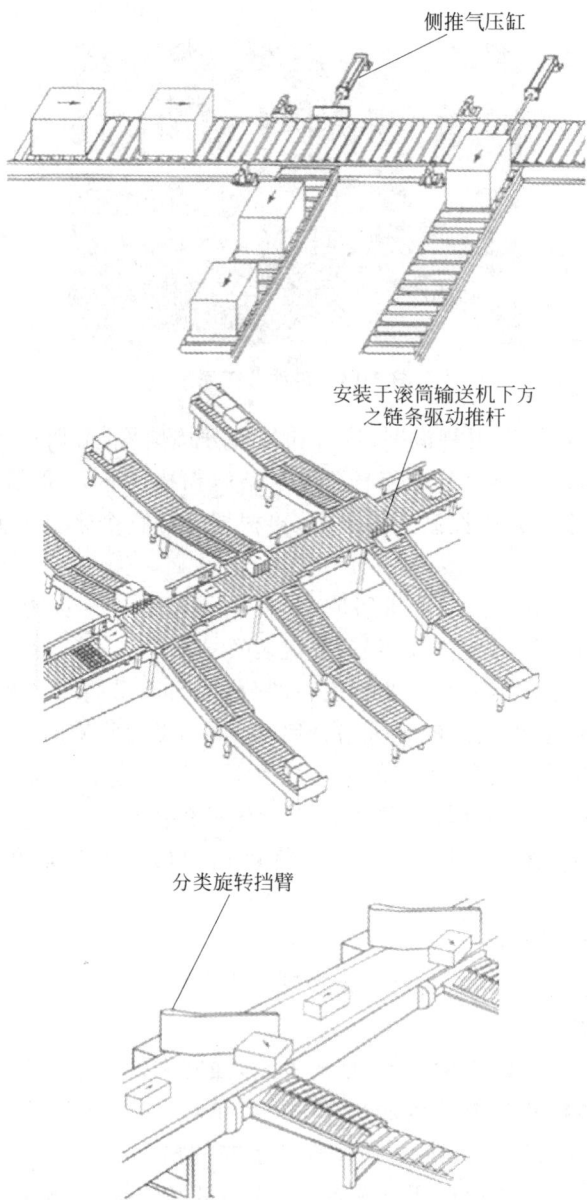

图 3-14　推挡式分流装置

图 3-15　导引式分流装置

3）滑块式分流装置

滑块式分流装置是一种特殊的输送机,它利用滑块在输送机的滑杆上左右滑动,推移或载移分流货物而实现分流功能。滑块式分流装置的优点是:适用性很强;对货物产生的冲击力小;分流速度较快,最大分流能力达到每分钟 150 次。滑块式分流装置的缺点是:分拣格口相对较少;一次性投入成本较大。

常见的滑块式分流装置有滑块推移式、台车式、倾倒式等,如图 3-16 所示。

图 3-16　滑块式分流装置

3.3.2　机器人分拣系统

1. 机器人分拣系统的定义

机器人分拣系统(Robot Sorting System)是使用分拣机器人(sorting robot)自动、连续地进行分拣的系统。分拣机器人的基本原理就是 AGV,它是一种具备传感器、物镜和电子光学系统的机器人,自带行走和移载机构,可以快速地进行货物分拣。

使用自动分拣机器人可以实现 24 小时不间断分拣;作业占地面积小,分拣效率高;有效减少人工投入,提高工作效率,降低物流成本。

2. 亚马逊的机器人商品分拣系统

1）Kiva 机器人简介

亚马逊在 2012 年耗资 7.75 亿美元收购了 Kiva Systems 公司,亚马逊现在使用的就是这家初创公司的 Kiva 机器人。

如图 3-17 所示,Kiva 机器人重约 145 千克,外形尺寸为 76 厘米长、64 厘米宽、41 厘米高,其顶部有一个升降圆盘,可抬起重达 340 千克的货物。Kiva 靠蓄电池驱动,行驶速度最高可达每秒 1.3 米,当电量过低时,Kiva 机器人会自动返回充电站充电,可以实现"充电 5 分钟,工作 1 小时"。

2）Kiva 机器人的结构

(1)动力系统:整个系统的能源来自四个串联的 12 V、28 Ah 铅蓄电池。当电量过低时,Kiva 机器人会自动脱离中央控制器的指令,自行回到充电站充电。充电站在设计上留有很大的空间裕度,能够保证 Kiva 机器人正常充电。

图 3-17 Kiva 机器人

（2）升降机构：包括升降电机、齿轮箱和大口径滚珠丝杠。升降机构使用了一个定制的滚珠丝杠，由一个标准尼龙齿轮和电机连接。滚珠丝杠旋转可以将货架举升，同时机器人的轮子会反方向旋转以保持货架的方向固定。

（3）驱动结构：含两个与升降系统相同的电机及其齿轮箱，两个定制的橡胶轮子组成的差分结构可以原地旋转。

（4）通信结构：Kiva 机器人含有双天线路由器和无线模块，通过 Wi-Fi 方式和外部通信，接收服务器指令。

（5）导航结构：一个向上的摄像头读取货架下方的条码用来识别货架，另一个摄像头安装在机器人底部用来扫描地板上的二维码。位置信息需要结合读取其他导航传感器（如陀螺仪、加速度传感器、编码器等）信息来确定。导航系统的核心问题是路径规划和排队问题，确保几百个 Kiva 机器人高效协同工作而不至于产生冲突。

（6）碰撞检测系统：含压力传感器和红外传感器，如果有人或者物体阻挡了机器人的路线，机器人会立刻停止运动。

3）Kiva 机器人的工作原理

在部署 Kiva 机器人的仓库地面上，大约每隔 1 米就有一个二维码，Kiva 机器人根据这些二维码标记定位。Kiva 机器人的每一个动作都来自云端指令，在接到拣选以及其他取货任务时，Kiva 机器人会自动沿就近路线行至该货架旁，如遇转弯情况，Kiva 机器人会自行停下并原地转向之后继续前行。当它到达目标货架底部后，其内部的升降机构会原地旋转升起，将约 2 米高的货架顶起约 5 厘米，然后将货架运送到目的地，排队等待拣货或入库。作业完成后，Kiva 机器人以同样的方式将该货架运回原处，同样以原地旋转方式降低支撑轴高度卸下货架，最后 Kiva 机器人自行回到调度区域等候下次调度任务。

3. 快递机器人分拣系统

快递机器人分拣系统专门用于分拣快递包裹，通常需要搭建两层钢架平台，一层设置滑道和邮袋，二层是机器人分拣平台和投递口，机器人将包裹投送至投递口，包裹依靠重力从滑道滑至一层邮袋中，完成分拣。

国内应用的快递分拣机器人和亚马逊的 Kiva 机器人在结构上非常类似。其分拣流程如下。

1）揽件

包裹到达分拣中心后,将货物卸至输送机,由工作人员控制供件节奏,包裹经皮带机输送至二层的拣货区工位。

2）放件

工作人员只需将包裹以面单朝上的方向放置在排队等候的自动分拣机器人上,机器人搬运包裹穿过配有工业相机和电子秤等外围设备的龙门架,进行面单扫描以读取订单信息,同时自动完成包裹的称重,包裹信息会直接显示并上传到控制系统中。

3）机器人分拣

它的定位导航系统分为有二维码区和无二维码区:在有二维码区可以通过与摄像头的联动进行智能扫描,实现精准的定位,这和亚马逊 Kiva 机器人类似;而在无二维码区,则是利用陀螺仪与里程计等惯性导航装置实现自动行驶。机器人调度系统根据算法优化为每个机器人安排最优路径进行包裹投递,系统根据实时道路运行状况使分拣机器人完成自动避障、自动排队等动作。

4）投货

当机器人运行到目的投递口时,会停止运行并自动翻转顶部托盘机构将包裹倒入投递口,包裹顺着滑道进入一层集包区域。投递口可以按照城市设置,随着业务量的增加,可以灵活配置投递口的数量,甚至一个城市配有多个投递口。

3.3.3 无人配送车

1. 无人配送车的定义

无人配送车,就是无须人工介入即可完成配送的运输车辆(图 3-18)。

无人配送车在抵达投送点前会提前通知用户,用户获知快递信息后,前往无人配送车所在地点,无人配送车通过用户输入的提货码或人脸识别等方式对取件人进行身份确认,确认无误后,无人配送车的舱门将自动开启,用户自行取走快递。

2. 无人配送车的核心技术

1）智能路线规划

作为短途自主配送机器人,路线规划自然是一项必备技能。除了由操作人员预先设定的简单方式之外,新型的无人配送车可以准确按照卫星导航系统和地理信息系统,实时根据行驶过程中环境的变化,智能改变行走路线。例如,阿里菜鸟的小 G 就可

图 3-18　无人配送车

以根据景物识别结果和地图定位情况,根据内置算法变更已有路线,还能根据目标配送点的分布情况,灵活调整配送顺序,以达到最高效、快速的配送。

2）自动驾驶

自动驾驶技术主要包括定位导航、环境感知和规划控制三大系统,以及专用通信与网

络、运动估计及风险规避、驾驶主体切换等新兴技术。目前，在低速封闭场景下实现自动驾驶的技术已较为成熟。相比之下，开发面向城市开放道路复杂交通环境的高速自动驾驶技术面临更大挑战，其感知决策系统的实时性要求和安全冗余设计的技术复杂度呈指数级提升。

3）智能感知和避让

由于无人配送车需要在无人化的情况下实现短途配送，因此这类机器人必须具备智能感知和避让的能力。通常可以通过摄像头、距离传感器甚至雷达等模块，连续收集外界环境信息，通过内置的算法对这些信息进行建模和处理，形成一个对外部世界的抽象理解，构建地图，并根据自身的运行路线进行实时避让和规划。例如，京东的一款无人配送车就配备了1个16线激光雷达、3个单线雷达和双目摄像头等，能够通过生成视差图等方式构建一个三维环境，测算障碍物的大小和距离等，并对路线进行规划。其还可以通过深度学习算法智能识别环境中的车辆和行人，并利用自适应粒子滤波算法对识别出的实体进行准确的轨迹预测，然后提前进行避让。

4）智能配送货物，实时报警功能

因为无人配送车是在无人配送的情况下配送货物，所以一定要有智能配货的功能，以防乱拿、错拿。在发生货物被盗、自身故障的情况下，要能实时地发出报警信号。例如，京东的无人配送车就可以通过总控台的实时监控和位置查询保证安全。

3. 无人配送车的特点

1）无人配送车的优点

（1）提高配送效率。对于人流特别密集的地区，如小区、办公楼、楼下便利店等区域，无人配送车的出现极大地代替了人力，提高了配送效率的同时还提升了员工的幸福感，使其把精力用在该用的地方。

（2）提升用户体验。随着京东物流事业的进一步扩大，其一直以"减少货物搬运次数"为目的，同城快递的配送速度有着很大的优势。无人配送车的出现，也会在一定程度上满足部分用户"求鲜"的心理，提升其体验。

2）无人配送车的问题

（1）成本高。开始时投入比较高的难题阻止了无人配送车大规模投入生产。早期的无人配送车成本甚至高达60万元，而且后期维护费用也不菲，这显然不是一般企业能够承受的。

（2）安全性低。无人配送车主要在城市区域内行驶，通信和卫星导航信号容易受到遮挡或干扰，从而造成通信和定位失败，可能引起交通意外。市区交通路况复杂，行人和非机动车行走的随意性大，如何对目标进行准确、有效的筛选并进行碰撞预警，是无人配送车的自动驾驶算法需解决的重要问题。同时，无人配送车还要在高温、严寒、大风、雨雪、雾霾等恶劣天气中保持自己运作的稳定性。

（3）政策支持问题。无人配送和无人驾驶技术一样，都面临政策支持的问题。或者说无人配送在某种程度上等同于无人驾驶，会带来很多问题。比如，无人配送车合法上路的问题；当出现交通事故时，如何确定相关的责任归属问题。现阶段的法律政策还很模糊，这就成为不可预估的政策风险。

（4）用户接受程度低。人们已习惯传统的快递配送方式，在遇到物流配送这种问题的时候可以致电配送员,灵活配送。但是使用物流配送小车,面临的是怎样的一种局面,大多数人无从得知。而且人们可能会担心配送错误、配送丢失这种问题,所以其习惯、接受度还得慢慢培养。

3.3.4 无人机配送

1. 无人机配送的定义

无人机配送,即利用无线电遥控设备和无人驾驶的低空飞行器,由程序自动化控制将包裹运送至目的地,如图 3-19 所示。

图 3-19 无人机配送

2. 无人机配送系统的构成

1) 快递无人机

快递无人机一般采用多旋翼飞行器,装备无线信号收发装置、各种类型的传感器(如三轴陀螺仪、三轴加速度计、磁力计、气压高度计等)、GPS、iGPS 接收器(indoor GPS,也被称为室内 GPS,依靠激光发射器精确定位)。快递无人机还具有失控保护功能,当进入失控状态时,快递无人机能够自动保持精确悬停,如果失控超时,就会飞往最近的快递集散点。通过无线电通信遥感技术和 4G(第四代移动通信技术)/5G(5th Generation Mobile Networks,第五代移动通信技术)网络,无人机就能向调度中心和快递柜传输数据,并向调度中心实时发送地理坐标和状态信息,同时接收调度中心的指令。

2) 自助快递柜

自助快递柜配备快递管理系统、iGPS、装卸快递停机台、无人机排队决策系统、着陆引导系统、机械传送系统等。当无人机向快递柜发出着陆请求时,快递柜将经过识别的无人机信息传送到系统,由排队决策系统向无人机分配停机平台,再由着陆引导系统引导无人机降落,或者向无人机发出等待悬停排队的指令。无人机收到快递柜发来的着陆指令后,会把本机编号和 iGPS 接收器接收的激光定位信号传递给快递柜,快递柜就能精确掌握无人机的坐标信息,并精准引导无人机着陆。当无人机队列出现拥挤时,无人机会向调度中心发送拥挤报告,调度中心将向无人机发送停止装卸指令。

3) 快递集散中心

快递集散中心负责各个区域快递的集散,同时还承担无人机的维修和维护任务,具有无人机临时停放、快速充电等功能。

4) 区域调度中心

区域调度中心统一负责本区域内所有快递的接收与投放,并对无人机进行调度管理。区域调度中心同时监测自助快递柜和无人机的运行状态,及时发现拥塞或异常状况,根据策略发出相应指令。

3. 无人机配送的特点

1) 无人机配送的优点

(1) 不受地形限制。在交通不便的地区,无人机更能显现出优势。比如在山区,住户居住较为分散,而且山路崎岖、交通不便,如果靠快递员人工配送,大量的人力和物力会浪费在配送途中。而无人机可以在任何地形上方直线飞行,20 分钟的山路靠无人机飞行完成仅需要 5 分钟的时间,大大节省了人力成本和时间成本。

(2) 不受交通限制。在城市配送中,经常会遇到堵车和交通管制等不可抗力因素,如果使用无人机配送,可以有效避免这些交通问题。

(3) 不受时间限制。由于无人机依靠红外扫描和雷达扫描方式识别障碍物,识别过程不受可见光的影响,白天和夜晚的运行标准一致,因此无人机可以做到 24 小时运行。相对于人工配送方式,无人机配送每天可运行的时间更长、受限制更少。

2) 无人机配送的问题

(1) 政策障碍。2024 年 1 月 1 日起施行的《民用无人驾驶航空器运行安全管理规则》,已明确支持无人机在商业领域的应用,并优化了航线审批流程,为无人机大规模商用提供了政策支持,但无人机大规模商用仍需申请大量航线,审批程序复杂且耗时,实际操作中仍面临较大阻力。新规放宽了无人机的重量限制,允许最大起飞重量超过 7 千克的无人机在特定条件下运行,并取消了只能在白天飞行的限制,允许夜间飞行,前提是配备必要的导航和避障设备,增加了运营成本。同时,视距内飞行的限制也有所调整,无人机可以在高度 120 米以上、距离超过 500 米的范围内飞行,但需通过远程监控技术和自动化系统确保飞行安全。这些政策调整在一定程度上为无人机配送的广泛应用创造了条件,但各地对无人机的管理政策尚未完全统一,地方性法规和空域管理要求的差异进一步增加了跨区域运营的难度。

(2) 技术问题。在技术上,无人机配送正处于试验阶段,其可靠性与安全性还有待验证。无人机的载重量一般不超过 3 千克,续航时间为 20 分钟上下,其最远也不超过 10 千米,使其实用性大打折扣;同时无人机的空中障碍规避问题也需要解决,如果无人机配送大规模应用,那么低空领域将出现大量无人机,空中规避障碍技术不像地面避障那么成熟,各公司的解决方案也并不一致,那么很可能导致无人机相撞坠毁。因此,关键问题是要提升人工智能的可靠性,目前国内外这些技术与大规模应用都还有一定距离。

(3) 安全问题。安全问题包括无人机的自身安全问题以及地面人员的安全问题。一旦遇到恶劣天气如狂风暴雨,无人机几乎只有坠毁一个结局;如果无人机受到电磁干扰而失去控制,也只能面临坠毁;无人机一旦坠毁,本身也存在一定伤人的概率;无人机的商用将使恐怖袭击安全隐患加大。无人机在这些安全问题得到解决以前很难大规模商用。

(4) 使用监管问题。无人机是在低空空域飞行,小范围内试验性运行并无大碍,但当无人机配送普及的时候,就会在低空形成比较密集的交通流,这时候就需要对低空飞行进行管制。目前在技术上很难用雷达探测和联络到微型飞行器,管理部门也缺少低空和超低空空域的管制与管理经验。

3.3.5 自动分拣和无人配送技术在电子商务物流中的应用

1. 自动分拣系统的应用

2017 年 8 月,京东昆山无人分拣中心正式建成,其最大的特点是从供包到装车,全流程无人操作。在目前的物流行业内,某一单一环节的"无人"模式已经逐渐成熟并投入使用,而京东昆山无人分拣中心实现了整个分拣大环节的全流程无人操作。相比传统的自动分拣系统,京东昆山无人分拣中心智能化程度更高,场内自动化设备覆盖率达到100%。以目前业内常见的交叉带自动分拣机为例,供包(将包裹放入自动分拣设备供包台上)环节仍然需要人工操作,但在京东昆山无人分拣中心,已经实现自动供包并对包裹进行六面扫描,保证面单信息被快速识别,由分拣系统获取使用,进而实现即时、有效的分拣。目前,京东昆山无人分拣中心的分拣能力已经达到 9 000 件/小时,在同等场地规模和分拣货量的前提下,据测算,每个场地可以节省 180 人。

2. Kiva 机器人的应用

Kiva 机器人的分拣方式是货至人前。其核心思路是,取消分拣人员,直接利用 Kiva 机器人将货架搬到工作人员旁边,由工作人员完成拣选、二次分拣和打包复核三项工作。这就把工作人员的数量压缩到最低,同时取消了原来输送线完成的位移动作。Kiva 机器人的准确率达到了 99.99%,工作人员每小时可拣选、扫描 300 件商品,效率是以前的 3 倍。Kiva 机器人与机械臂等组成的系统可在 30 分钟内卸载和接收一拖车的货物,比之前的效率提升了几倍。亚马逊通过在配送中心装备 Kiva 机器人,每件商品的物流成本减少了 21.3 美分,占到物流成本的 48%,估计每年为公司节约约 9 亿美元的员工支出。

3. 分拣机器人的应用

以京东亚洲一号 2 000 平方米的拣货平台为例,300 多个分拣机器人每小时可分拣1.8 万个包裹,分拣效率是人工分拣的 3~4 倍。分拣员工从 300 多个减少到 40 多个,减少了 86% 的人工,货物分拣更及时、准确,分拣精准率能够达到 99.9% 以上。同时,分拣环节从 6 个减少到 3 个,货物搬运次数相应减少,降低了包裹破损率,使货物更有安全保障。

4. 无人配送车的应用

无人配送车根据调度平台发出的命令,对目的地进行路径的自主规划,寻找最短线路并能规避拥堵路段。无人配送车在行驶过程中如果遇到车辆、行人等障碍物,可以做到主动停车或避开障碍物绕路行驶。无人配送车也可以识别交通信号,在十字路口能够判断红绿灯并作出相应决策。在即将到达目的地时,无人配送车会通过手机短信、手机 App 等方式通知用户收货,用户到达无人配送车前输入提货码就能打开货仓取走包裹。

5. 无人机配送的应用

2018 年 5 月 29 日,饿了么在上海宣布获准开辟中国第一批无人机即时配送航线,将送餐无人机正式投入商业运营。饿了么本次获准飞行的无人机航线共有 17 条,均在上海金山工业园区内,这些航线的平均路程为 2.2 千米,每条航线每天飞行 3~4 个架次,覆盖的配送面积为 58 平方千米,可以服务 100 多家外卖商家。这一批投入使用的无人机由合作方提供硬件,最高飞行速度为 65 千米/小时,最大载重可达 10 千克,满载续航距离最远为 20 千米。

用户并不会直接从无人机上接过外卖,目前这些无人机主要承担集散点之间的干线运输任务。无人机外卖配送的流程是这样的:首先一名骑手负责将外卖送到 A 集散点,并将其放入无人机的保温箱内;然后无人机起飞,将外卖从 A 集散点送至 B 集散点;最后另一名骑手在 B 集散点将外卖取出,送达下单的用户手中。

在金山工业园的试运营期间,用户从下单到收到外卖,平均用时为 20 分钟。在配送过程中,无人机飞行距离约占配送全程的 70%。可以说,饿了么在即时配送行业采用更多技术,开始通过人机协同来完成配送,而不是大规模依赖人力。这对企业的运力组织和人机调度也有一定的要求。

案例 3-1:RFID+AGV 在迪卡侬上的首次应用,实现上架、拣选准确率高达 100%

3.4 GPS、BDS、GIS 技术

3.4.1 GPS 技术

1. GPS 的概念

GPS 是 20 世纪 70 年代由美国陆、海、空三军联合研制的新一代空间卫星导航定位系统,其主要目的是为陆、海、空三大领域提供实时、全天候和全球性的导航服务,并实现情报收集、核爆监测和应急通信等一些军事目的。GPS 计划始于 1973 年,1994 年全面建成,耗资 300 亿美元。2000 年 5 月 1 日,美国政府向全世界用户免费开放 GPS。

2. GPS 的基本构成

GPS 由三大部分构成:空间部分、地面监控部分、用户设备部分。

(1) 空间部分。空间部分由均匀分布在 6 个轨道平面上的 24 颗卫星构成。轨道高度为 20 200 千米,各轨道平面相对于赤道平面的倾角为 55°,各个轨道平面之间相距 60°。卫星的布局使得在全球任何地点、任何时间都能连续、同步地观测到至少 4 颗卫星,这样进行定位。

(2) 地面监控部分。地面监控部分由均匀分布在美国本土和三大洋的美军基地上的 5 个监控站、1 个主控站和 3 个数据注入站构成。5 个监控站均为无人值守的数据采集中心,负责接收卫星信号,监控卫星的工作状态,并将观测数据传送给主控站;主控站是整个 GPS 的核心,为全系统提供时间基准,负责收集信息。

(3) 用户设备部分。用户设备部分就是 GPS 信号接收机,它的主要功能是跟踪和接收卫星信号。GPS 信号接收机接收到 GPS 卫星信号后,就可以计算出用户所在地理位置的经纬度、高度、速度、时间等信息。一套完整的 GPS 信号接收机包括接收机硬件、软件以及 GPS 数据处理软件包。

3.4.2 BDS 技术

1. 北斗卫星导航系统的定义

北斗卫星导航系统(BDS)是我国自行研制的卫星导航系统,北斗七星在我国自古就有指引方向的作用。我国的北斗卫星导航系统是继美国的 GPS、俄罗斯的 GLONASS (格洛纳斯)、欧盟的 GALILEO(伽利略)之后,全球第四个成熟的卫星导航系统。

从 20 世纪 80 年代开始,我国探索适合国情的卫星导航系统发展道路,逐步形成了三步走的发展战略:第一步,到 2000 年底,建成北斗一号系统,向中国提供服务;第二步,到 2012 年底,建成北斗二号系统,向亚太地区提供服务;第三步,在 2020 年前后,建成北斗全球系统,向全球提供服务。2024 年 9 月 19 日,我国在西昌卫星发射中心用长征三号乙运载火箭与远征一号上面级,成功发射第 59 颗、60 颗北斗导航卫星。这标志着北斗三号系统工程正式收官。当前,北斗卫星导航系统已形成"核心器部件 100%国产化,服务覆盖 200 余个国家和地区,日定位量超 3 600 亿次"的产业生态,其定位导航授时(PNT)服务在智能交通、精准农业等领域的应用深度持续拓展。

2. 北斗卫星导航系统的构成

北斗卫星导航系统由空间段、地面段和用户段三部分构成。

(1) 空间段。由若干地球静止轨道卫星、倾斜地球同步轨道卫星和中圆地球轨道卫星三种轨道卫星组成混合导航星座。2019 年 6 月 25 日,我国在西昌卫星发射中心成功发射第 46 颗北斗导航卫星,该卫星是北斗三号系统的第 21 颗组网卫星、第 2 颗倾斜地球同步轨道卫星。

(2) 地面段。地面段包括主控站、时间同步/注入站和监测站等若干地面站,以及星间链路运行管理设施。

(3) 用户段。用户段包括北斗及兼容其他卫星导航系统的芯片、模块、天线等基础产品,以及终端设备、应用系统与应用服务等。

3. 北斗卫星导航系统的特点

1) 三频信号

美国的 GPS 使用的是双频信号,我国的北斗卫星导航系统使用的是三频信号,具有后发优势。三频信号可以更好地消除高阶电离层带来的延迟影响,提高定位的可靠性,增强数据的预处理能力,大幅提高模糊度的固定效率。而且如果一个频率信号出现问题,可使用传统方法利用另外两个频率进行定位,提升了定位的可靠性和抗干扰能力。北斗卫星导航系统是全球第一个提供三频信号服务的卫星导航系统。

2) 两种定位方式

北斗卫星导航系统的定位方式分为有源和无源两种,有源定位需要接收机自己发射信号与卫星通信,无源定位则不需要。北斗一号系统采用了有源定位技术,只要两颗卫星就可以完成定位,但需要信息中心 DEM(数字高程模型)数据库支持并参与解算。北斗二号系统则是以无源定位技术为主、有源定位技术为辅。无源定位和 GPS 类似,定位时不需要信息中心参与解算。

3) 短报文通信服务

北斗卫星导航系统提供了其他导航系统不具备的短报文功能,在没有电信地面基站的地方,通过北斗卫星导航系统就可以收发短报文,每次可提供最多 120 个汉字或 1 680 比特的通信服务,这是北斗卫星导航系统的独有功能。2008 年汶川地震时,GPS 信号中断,电信基站全部被毁,灾区唯一的通信方式就是北斗一号系统,这个特色功能一直保留到现在。但是由于容量的限制,这个功能并不适合作为日常通信,而是作为紧急通信比较合适。北斗三号系统建成后,中国及周边地区的短报文通信容量提高 10 倍,单次通信能力达到 1 000 汉字(14 000 比特),用户机发射功率降低到原来的 1/10;全球短报文通信服务,单次通信能力可达 40 个汉字(560 比特)。

4) 境内监控

美国的 GPS 在全球建有多个监控站、主控站和注入站,这些站点均匀分布在全球各地。我国无法在全球范围内建设监控站,地面监控部分不得不建在我国境内。这本来是北斗卫星导航系统在技术上的劣势,但由于不用受制于其他国家,在安全方面反倒成了优势。

5) 定位精度

北斗三号系统的空间信号精度优于 0.5 米;全球定位精度优于 10 米,测速精度优于 0.2 米/秒,授时精度优于 20 纳秒;亚太地区定位精度优于 5 米,测速精度优于 0.1 米/秒,授时精度优于 10 纳秒。在中国及周边地区,目前北斗卫星导航系统的性能与 GPS 相当。

3.4.3　GIS 技术

1. GIS 的定义

地理信息系统(GIS)是在计算机软硬件系统支持下,对整个或部分地球表层(包括大气层)空间中的有关地理分布数据进行采集、储存、管理、运算、分析、显示和描述的计算机系统。GIS 是一门综合性学科,它结合了地理学、地图学、遥感和计算机技术。GIS 技术把电子地图与数据库集成在一起,能对空间信息进行分析和处理。单独的经纬度坐标很难被用户理解,只有将其置于特定的地理信息中,才会被用户识别,如代表某个地点、道路、建筑等,从而为决策提供信息支持和服务。

2. 地理信息系统的功能

地理信息系统具有数据采集与编辑、数据处理与存储管理、图形显示、电子地图制作以及空间查询与分析等功能。

1) 数据采集与编辑

数据采集与编辑是 GIS 的基本功能,主要用于获取数据,保证地理数据在内容与空间上的完整性、数值逻辑一致性与正确性等。

2) 数据处理与存储管理

初步的数据处理主要包括数据格式化、转换和综合。存储管理是一个数据集成的过程,也是建立 GIS 数据库的关键步骤,主要提供空间数据与非空间数据的存储、查询检索、修改和更新服务。

3）图形显示

GIS 和电子地图密不可分，它的一个基本功能就是通过对数据的提取和分析，以图形的方式显示出来。当在地图上描绘 GIS 数据时，信息就很容易被用户理解。GIS 不只是管理地理数据，更重要的是以可视化的形式将地理信息展示出来，方便用户通过图形认识地理空间实体和现象及其相互关系。

4）电子地图制作

GIS 电子地图的制作依靠计算机辅助设计（CAD），CAD 是电子地图（矢量化地图）制作的重要工具，其特点是对空间数据进行各种渲染，高效、高性能、高度自动化处理。利用 CAD 技术就可以将地理数据矢量化，从而将各种地理数据叠加到电子地图上。

5）空间查询与分析

GIS 广泛应用的一个重要原因，就是其对地理信息的查询与分析功能。通过这项功能，用户可以从现有的地理信息中分析出结果，将其应用到物流中心选址、物流路径规划、城市建设规划、抢险救灾等众多领域。

3.4.4 北斗卫星导航系统和 GIS 在电子商务物流中的应用

1. 北斗卫星导航系统的应用

1）集装箱运输监控

北斗卫星导航系统已经被国际民用航空组织和国际海事组织纳入全球标准，这样在电子商务物流中就可以应用北斗卫星导航系统。集装箱运输是电子商务物流最重要的货运手段，在集装箱上安装北斗终端以及各种传感器（如温度、湿度、振动、烟雾、开关箱门信号等），就能实时获取集装箱的位置和相关信息数据。一旦集装箱内的环境（如温湿度、振动、开门等）出现异常，北斗卫星导航系统就会发出信号，通过短报文功能将信息及时发送到用户的终端上，从而实现集装箱的实时动态监控，提升了电子商务物流的安全性。

2）海关监管

我国海关利用北斗卫星导航系统实现对车辆、货物的监管，更能体现出北斗卫星导航系统的优势。如云南瑞丽海关在 2017 年启用的"瑞丽口岸跨境运输车辆监控平台"，就利用了北斗卫星导航系统。利用该系统，海关关员可随时查看高风险小卡车辆的运行轨迹，核查车辆放行后是否按海关指定道路行驶、运输过程中有无停留等情况，同时可以对其一个月的行驶轨迹进行回放查看，实现小卡车辆的"覆盖式、无缝式、全链条式"监管。瑞丽海关通过对北斗卫星导航系统的应用，成功改变了过去人工监管押运出境的方式，能够做到有效管控风险、提升通关效能，进一步完善了海关监管链条。

2. GIS 的应用

1）物流路径规划

在物流领域，可以利用 GIS 做更详细、更科学的路径规划，这对于现代物流有着重要的现实意义。如超大、超宽的物流运输车辆在做路径规划时，必须知道详细的地理数据,包括涵洞的高度和宽度、桥梁的限高和限重、道路的宽度和转弯半径等,这些数据单独依靠 GPS 是无法完成的,只能依靠 GIS 科学规划路径,才能保证运输车辆顺利到达目的地。

2) 物流实时调度

物流运输车辆上都装有 GIS 终端设备,车辆的位置、型号、载重量等各种信息就可以在调度系统中精确地显示出来。调度系统根据货物的运送地点,结合客户对货车的需求,就近通知符合要求的货车司机取货或送货,做到科学地实时调度。

3.5   物联网技术

3.5.1   物联网概述

1. 物联网的定义

物联网是指通过各种信息传感设备,将任何物体与互联网相连而形成的一个巨大网络,实现在任何时间、任何地点,人、机、物的互联互通。

物联网被称为“物物相连的互联网”。这有两层意思:第一,物联网以互联网为核心和基础,物联网是在互联网基础上的延伸和扩展;第二,物联网的对象延伸和扩展到了任何物品与物品之间。物联网必须通过 RFID、红外感应器、全球定位系统、激光扫描器等信息传感设备,把任何物品与互联网连接起来,进行信息交换和通信,以实现对物品的智能化识别、定位、跟踪、监控和管理。

2. 物联网的特征

(1) 整体感知。利用射频识别、条码、智能传感器等设备感知获取物品的各类信息。

(2) 可靠传输。通过对互联网、无线网络的融合,将物品的信息实时、准确地传送,以便信息交流、分享。

(3) 智能处理。使用各种智能技术,对感知和传送到的信息自动进行分析、处理,做到监测与控制的智能化。

3.5.2   物联网的关键技术

物联网的核心是物与物以及人与物之间的信息交互。传统的物联网体系架构分为三层:①感知层。感知层如同人的各种感觉器官,由各种各样的传感器设备组成,用来感知外界环境的温/湿度、压强、光照、气压、受力情况等信息。②网络层。网络层相当于人的神经系统,由各种异构网络组成,将来自感知层的各类信息通过网络传输到应用层。③应用层。应用层是用户和物联网间的桥梁,通过云计算、大数据、中间件等技术,为不同行业提供应用方案。

智能互联网以智能信息的高效、实时处理为中心,随着边缘计算和边缘智能的引入,将形成云端协同的智能互联网体系结构。如图 3-20 所示,智能互联网系统分为三层。

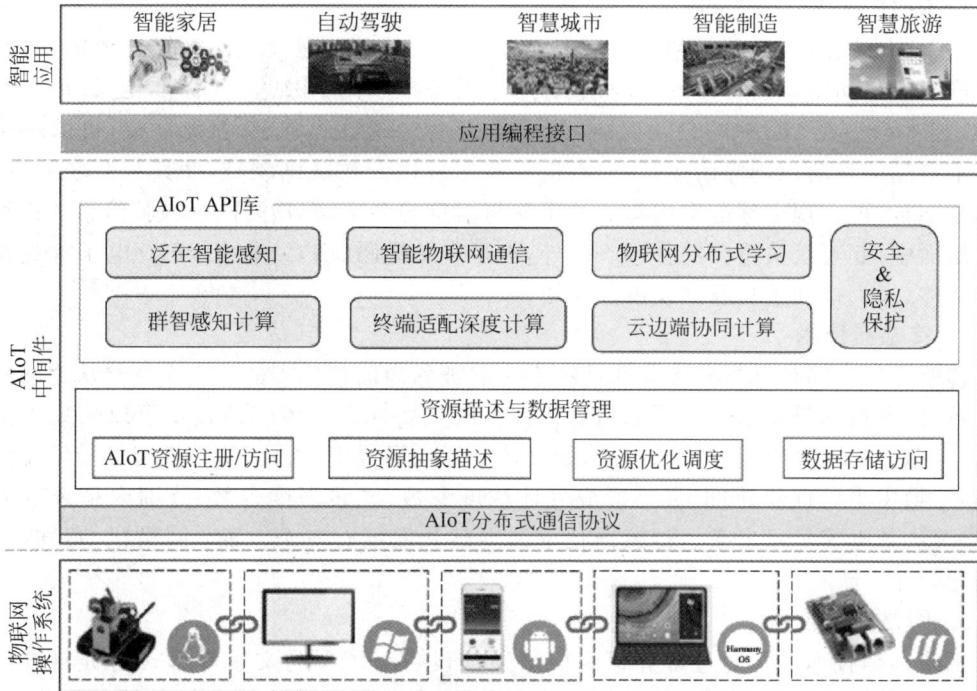

图 3-20　智能互联网系统软件平台

智能物联网有人机物融合、泛在计算、分布式智能、云边端协同等特征,其关键技术如图 3-21 所示。

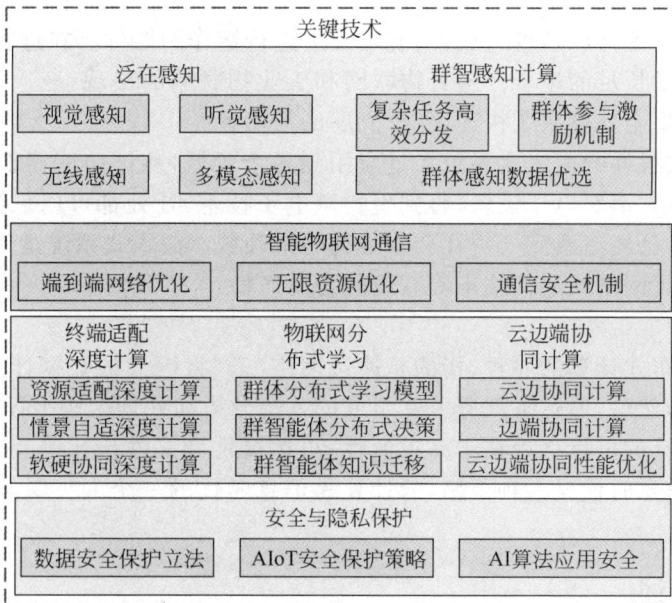

图 3-21　智能互联网关键技术

1. RFID 技术

RFID 技术是一种无接触的自动识别技术,利用射频信号及其空间耦合传输特性,实现对静态或移动待识别物体的自动识别,用于对采集点的信息进行"标准化"标识。鉴于 RFID 技术可实现无接触的自动识别,全天候、识别穿透能力强、无接触磨损,可同时实现对多个物品的自动识别等诸多特点,将这一技术应用到物联网领域,使其与互联网、通信技术相结合,可实现全球范围内物品的跟踪与信息的共享,在物联网"识别"信息和近程通信的层面中,起着至关重要的作用。另外,电子产品代码(EPC)采用 RFID 电子标签技术作为载体,大大推动了物联网发展和应用。

2. 传感器技术

传感器技术同计算机技术与通信技术一起被称为信息技术的三大支柱。从物联网角度看,传感器技术是衡量一个国家信息化程度的重要标志。传感器技术可以采集大量信息,可以感知周围环境或者特殊物质,如气体、光线、温湿度、人体等,把模拟信号转化成数字信号,给中央处理器处理,最终形成气体浓度参数、光线强度参数、范围内是否有人探测、温湿度数据等显示出来。传感器技术的突破和发展有三个方面:网络化、感知信息、智能化。

3. 网络通信技术

网络通信技术是指通过计算机和网络通信设备对图形与文字等形式的资料进行采集、存储及传输等,使信息资源达到充分共享的技术。网络通信技术包含很多重要技术,其中 M2M(机器对机器)技术最为关键,该技术应用广泛,不仅能与远距离技术相衔接,而且能与近距离技术相衔接。现在的 M2M 技术以机器对机器通信为核心,未来将应用于建筑学、航空航天、医学、农业等行业。

4. 嵌入式系统技术

嵌入式系统由硬件和软件组成,是能够独立进行运作的器件。在过去的几年中,嵌入式系统市场取得了长足的进步。随着物联网和工业物联网的出现,嵌入式系统技术已成为智能和物联网生态环境系统快速、经济发展的推动者。

近年来,各式各样的嵌入式系统大量应用到各个领域,从国防武器设备、网络通信设备到智能仪器、日常消费电子设备,再到生物微电子技术,处处都可以见到嵌入式系统的身影,嵌入式产品已经渗透到人类社会生活的各个领域。嵌入式系统是计算机技术、自动控制技术以及现代网络与通信技术等高度融合的产物。

5. 云计算

云计算是分布式计算的一种,指的是通过网络"云"将巨大的数据计算处理程序分解成无数个小程序,然后,通过多部服务器组成的系统分析和处理这些小程序得到结果并返回给用户。云计算的可贵之处在于高灵活性、可扩展性和高性价比等。云计算是继互联网、计算机后在信息时代又一种革新,云计算是信息时代的一个大飞跃,未来的时代可能是云计算的时代。

3.5.3　5G 概述

1. 5G 的定义

5G 是目前广泛应用的新一代蜂窝移动通信技术,是 4G 的延伸。与 4G 网络相比,5G

网络理论上的传输速度能够达到每秒数十 GB,并且功能更加强大。2019 年 6 月 6 日,工业和信息化部正式向中国电信、中国移动、中国联通、中国广电发放 5G 商用牌照,中国正式进入 5G 商用元年,也是全球唯一的 5G 商用化国家。

2. 5G 的优势

1) 更高的传输速度

5G 是当前世界上最先进的网络通信技术之一,与 4G 相比,5G 的传输速率增大 10～100 倍,达到 10 Gbps。在文件的传输过程中,5G 网络传输速度的提高会大大缩短传输时间,对于提高工作效率有非常重要的作用。在实际条件下,浏览和下载速度能够提高 10～20 倍,大约 1 分钟就可以下载一部高清电影,即便是看 4K 高清视频、360 度全景视频以及虚拟现实体验,都不会出现卡顿的情况。5G 的应用会大大加快人类社会的发展。

2) 更低的网络延迟

5G 的网络延迟低。更低的网络延迟意味着更短的响应时间,可以让 5G 帮助人们解决以往无法解决的问题,包括工业物联网、无人驾驶汽车、商用无人机等。5G 将帮助无人驾驶的车辆安全改变车道、识别信号、创建准确的地图,并交流有关潜在或即将发生的交通事故、交通堵塞和天气情况等信息。

3) 更高的吞吐量

5G 的数据吞吐量每平方千米可达 100 万,是 4G 的几十倍到上百倍,这为物联网的应用提供了技术支持。物联网将是 5G 发展的主要动力,也有人认为 5G 是为万物互联设计的。通过 5G 网络实现人与物、物与物等的连接,使城市设施、家居生活、物流状态等融为一体。未来若干年,5G 连接的物联网对象将扩展至各行各业,终端数量将大幅激增,应用无所不在。

3.5.4 物联网技术在电子商务物流中的应用

1. 物联网的应用

1) 智能交通

物联网在智能交通方面的应用起步较早,也比较成熟。前面提到的不停车收费系统就属于物联网的应用。手机上的导航软件也是物联网的应用之一,当用户使用导航软件时,车辆的位置、速度、等待时间等信息会同步传递给服务器,当同一路段上车辆的信息数据达到一定标准时,就自动判定为道路拥堵,导航软件会智能提示用户选择新路径,并将拥堵信息同步传递给交通管理部门。公交车上安装定位系统,相关信息会同步传递给调度中心,乘客也能通过手机 App 及时了解公交车的行驶位置和到站时间,以便安排行程。很多城市推出的智慧停车管理系统也属于物联网的应用,驾驶员通过手机 App 可以查询到云计算平台上的车位资源,并能预订车位和通过手机交费,在很大程度上解决了停车难的问题。

2) 共享单车

共享单车则是结合了物联网技术的一种智能共享出行模式,其特点就是扫码即可解锁骑车。共享单车的物联网原理主要是采用了"手机端—云端—单车端"的架构。云端就是服务器端,是整个共享单车系统的控制台,它可以与所有的单车进行数据通信,收集信息指令,响应用户和管理员的操作;通过手机端的 App 可以查看附近的单车,充值、预约开锁等;单车端负责收集信息与执行命令,如卫星定位、开锁等。共享单车的核心设备就是基于物联网的智能锁。一把智能锁的结构包括机械部分、电子部分,其中电子部分主要由锁芯、电机、传感器、显示屏等主要部件构成。

2. 5G 在物联网中的应用

1) 无人驾驶

无人驾驶技术也是目前世界热门的研究方向,这项技术要求毫秒级延时。实验表明,如果提前 0.5 秒示警驾驶员,可以避免 60% 的追尾事故;若驾驶员提前 1.5 秒得到示警并采取措施,则可以避免 90% 的追尾撞车事故。4G 的网络延迟大概是 50 毫秒,而 5G 网络延迟仅为 1 毫秒,4G 的网络速度将无法满足无人驾驶汽车所需要的响应时间。比如,一辆无人驾驶汽车以 100 千米/小时的速度在高速路上飞奔,50 毫秒的时间大概行驶近 2 米距离。这可能是生死的差距。而 5G 网络低至 1 毫秒的延迟,让自动驾驶汽车的实时分析决策响应成为可能。因此,5G 对于自动驾驶来说至关重要,甚至可以说是必不可少的一环。当 5G 和自动驾驶结合,自动驾驶能够更及时、更快速地获得相应的路况变化以及指令改变,将会大大降低事故风险以及保障行车的安全性。基于 AI 技术的车载电脑能够整合来自车载传感器、路边基础设施单元以及其他车辆的数据,并借助 5G 网络将这些数据传输至云服务器进行深度分析,帮助汽车精准识别周边环境,及时处理突发情况。

2) 交通监测系统

利用 5G 网络低延迟的特性,道路使用者和基础设施可以及时分享路况信息,如汽车、自行车和行人的位置与速度、路面条件、道路障碍、交通拥堵情况等。智能交通监测系统和车载电脑会通过 AI 技术为司机提供指导,如及时提醒司机避免意外交通事故,或是动态规划前往目的地的最佳路线。

3) AR/VR 的应用

AR(augmented reality)即增强现实技术,VR(virtual reality)即虚拟现实技术。目前 AR/VR 的体验还比较差,如模拟场景不够精细、用户体验不够真实等。随着 5G 的来临,其高带宽、低时延的特性将帮助高端 VR 设备摆脱数据传输线的束缚,5G 引入的边沿计算技术结合高带宽的特点,不但提高内容的渲染质量,而且大大降低 VR 的硬件成本。同时,5G 带来的毫秒级的时延将会较好地解决 VR 头戴设备的晕眩感问题,大大增强用户的体验感。

本 章 小 结

本章主要介绍了电子商务物流技术的基础,涵盖自动识别技术(条码技术、无线射频识别技术、生物识别技术)、自动化立体仓库和自动导引车的应用。这些技术在电子商务物流中通过自动化和智能化手段提升了供应链的效率与协同能力,降低了物流运营成本,优化了资源利用,提高了物流服务的响应速度和准确性。

思 考 题

1. RFID 技术和条码技术的工作原理有哪些不同?
2. 自动化立体仓库如何通过技术提升仓储管理效率?
3. RFID 技术在物流系统中有哪些应用场景?其主要优点是什么?
4. 生物识别技术在电子商务物流中的应用如何提升安全性?
5. AGV 在电子商务物流中的作用是什么?如何提高配送效率?
6. 自动化立体仓库有哪些主要构成部分?各自的功能是什么?

案 例 分 析

顺丰的无人机物流布局:丰翼

即 测 即 练

第4章

电子商务物流信息平台

电子商务企业信息化是提升物流管理层次的前提,是发展并适应物流体系的先决条件。本章介绍了电子商务物流信息的结构、原理与开发流程,并扩展讨论了智慧化电子商务物流信息系统和应用案例。通过物流信息平台连接了电子商务的供需两端,极大地提高了物流效率和服务质量。

4.1 电子商务物流信息系统概述

4.1.1 物流信息

1. 物流信息的定义

物流信息是反映物流各种活动内容的知识、资料、图像、数据以及文件的总称。物流信息会随着从生产到消费的物流活动而产生,与物流的各种活动如运输、保管、装卸、配送等有机结合在一起,是保证整个物流活动顺利进行所不可缺少的条件。

狭义上,物流信息是指与物流各个基本活动相关的信息,对运输管理、库存管理、订单管理等物流活动具有支持、保障的功能。广义上,物流信息不仅指与物流活动有关的信息,而且包含与其他流通活动有关的信息,如商品交易信息、市场信息等,具有连接整个物流系统和使整个物流系统效率化等功能,可以用于有效地协调、控制和管理供应链中的各个企业。图 4-1 为物流信息的活动。

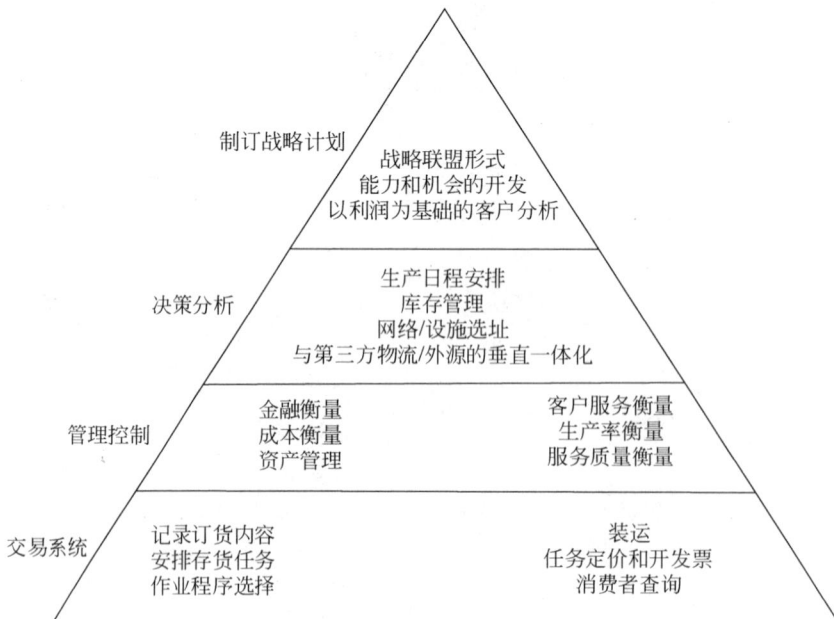

图 4-1 物流信息的活动

2．物流信息的特点

1）数据量大

现代物流是大数据的一种重要来源，也是大数据应用的一个重要领域。更为重要的是，电子商务物流系统中往往一端面向的是大量的、分散的消费者以及由此产生的数量庞大、品类纷杂的商品需求，另一端则是运输中为降低成本而通常采用的集中、大规模物流运输方式，这两者的结合与过渡本身也会产生海量的待处理信息。

2）数据更新快

物流活动涉及的物品种类繁多，不同种类数量变化快，当前各种电子信息化手段更是加速了这种变化。另外，物联网传感器实时、持续的信息发送与收集等，都在促使物流信息快速更迭。

3）数据呈现多源性

电子商务物流信息的来源正在不断扩张、蔓延，如不再局限在单一单位中，而是开始向国家、区域、企业间的物流信息、与其密切相关的信息以及物流活动中物联网信息（各种传感器信息、位置信息、轨迹信息等）转变，且迅速成为物流信息的主要来源。这些信息形式多样，既包含结构化的数据（如各种订单、支付信息等），也包含非结构化信息（如在物流中日益得到重视的实时视频监控、图像识别应用中产生的视频、图像等），因此处理这些信息需要有专门的方法和系统作为支撑。

4.1.2　物流信息系统

物流信息系统是指由人员、设备和程序组成的，为物流管理者执行计划、实施、控制等职能提供信息的交互系统。物流信息系统是信息系统中的一种，与普通管理信息系统不同之处在于系统处理的信息来自物流体系，因此无论是仓库管理还是物流平台，无论其规模、功能复杂度如何，都通称为物流信息系统。

（1）信息的输入。物流信息系统通过各种输入方式和输入设备获取相应的信息，这些信息是系统运行必需的。其中，一部分可能是依赖于人工通过鼠标、键盘、扫描仪以及非接触传感设备等进行的信息输入；另一部分则可能来源于其他系统或者数据源，通过物流信息系统的接口以及其他I/O方式实现对数据的输入，这往往称为数据收集。这一部分功能除了实现最基本的数据获取和信息输入之外，往往还需要负责对数据进行一些最简单的初步判断，确保数据的完整性、准确性。

（2）信息的存储。信息进入系统后，往往不会仅仅做一个"匆匆过客"，物流信息系统一般根据需要对输入的信息进行暂时或者永久保留，从而为后续数据信息的处理和应用做好准备。这就需要物流信息系统一方面充分考虑物流应用的具体需求；另一方面基于数据信息的本身特征，从数据容量、数据格式、成本、安全等诸多方面设计并实现信息的存储。

（3）信息的传输。信息需要共享和流动，这是当前互联网时代对信息的基本要求，同时也是物流信息系统自身业务特点所决定的。尤其是物流信息系统，随着空间障碍被不断放大，及时、准确的信息传输将是物流数字化和信息化的关键所在。

（4）信息的处理。信息的处理是物流信息系统最为核心的部分和组件。只有经过信息处理,系统中输入和存储的原始信息才能满足物流运行的需要,才能体现其真正的价值,用于控制、管理和决策中。

(5) 信息的输出。无论是信息的输入、存储、传输还是处理,都不是信息在物流信息系统的终点,因为信息系统的终点是为人服务的,这就需要系统将信息以一定的形式输出,如以人更容易理解的可视化方法输出,包括图、表等。当然也可以以其他系统或者物流基础设施、硬件设备更容易理解的方式输出,如控制分拣机器手臂、传送带、自动装配线等。

4.1.3　电子商务物流信息系统现状

1. 全球化

随着时代的发展,经济一体化、贸易全球化的趋势愈加显著。在这样的背景下,物流行业要顺应这一趋势,不断降低跨境物流的成本,提升跨境物流效率,促进不同国家、区域之间物流体系的接轨和相互的无缝连接,从而推动物流的发展,使之进入新的、更高级的阶段。

2. 标准化

标准化一直是保障系统顺利运行的重要手段。首先,电子商务物流本身的业务流程变得日趋复杂,为完成一次物流操作涉及的环节也越来越多,诸如海关安检、通关手续、装配、路线选择和优化等,这些环节要协作和衔接,就必须遵循相同的科学原则和方法,使相关流程标准化。其次,物流信息系统与其他系统之间的关系也越来越紧密,如生产企业自身的信息管理系统、采购系统等,都需要物流信息系统甚至所有相关信息系统采用统一的信息传输、信息交互的机制,实现更大范围的标准化。最后,标准化还是实现物流体系自动化和数字的必要条件,缺乏统一的标准,物流信息系统将无法具备良好的实用性和健壮性,会导致其设计、开发成本升高。

3. 智能化

物流作业涉及大量的智能决策与管理,这需要系统从规模庞大的数据集和复杂的特征参数信息中获取有价值的知识。要满足此需求,一方面需要较强的计算和逻辑处理能力,另一方面还必须具备较快的处理速度。前者是由物流信息系统庞大的数据量和复杂的模型、问题规模(如全球规模路径优化和商品配送策略等)所决定的,后者则是因为物流信息具有的持续、高速动态变化的特性。显然,人类必须借助相关技术和工具才能实现此种情况下的物流管理与决策。人工智能等相关技术近年来长足进步,已经可以承担起物流信息系统中大部分智能化处理和数据挖掘的任务。在实践中,机器学习、智能决策、大数据挖掘和物流机器人等相关技术在物流信息系统中已经得到了初步、较好的应用,而随着这种应用的深入和相关技术、模式的发展,物流智能化必然会得到进一步的提升。

4.1.4　电子商务物流信息系统构成

电子商务物流信息系统主要包括硬件设备、软件系统、网络设备和外部环境中的人员。

1. 硬件设备

硬件设备主要包括用于计算和系统运行的服务器节点,这是物流信息系统的基础设施平台之一。随着移动网络、物联网和人工智能等IT新技术的不断成熟与发展,各种移动终端、物联网传感器、安全探测、非接触探测等硬件物理设备也成为物流信息系统的核心硬件组成之一,尤其是在电子商务物流信息系统中,由于涉及检疫、海关等重要物流流程,上述安全探测等硬件设备也显得日趋重要。

2. 软件系统

软件系统包括支持物流信息系统的系统软件、中间件和信息系统应用软件本身。系统软件包括操作系统、数据库等;中间件则是位于系统软件之上、应用软件(信息系统本身)之下的软件系统,如交易中间件、通信中间件等,它们具有屏蔽底层复杂性和异构性的作用;信息系统应用软件本身主要包括与电子商务物流业务密切相关的各种功能。

3. 网络设备

网络设备负责物流信息系统中数据信息的共享与传输。除此之外,物流信息系统中的网络设备还应该包含物流网络中的一些特殊网络终端和网络节点设备与软件。

4. 人员

人员主要包含以下三类:一类是物流业务的从业和管理人员,他们负责操作和使用信息系统,并通过与信息系统的交互完成各种复杂的物流业务;另一类是物流信息系统的维护、管理人员,主要负责对信息系统本身的运行进行维护和管理;最后一类是物流信息系统在设计、开发阶段的相关人员,他们进行物流信息系统的规划、分析、设计、开发、测试等相关工作,一般而言,在信息系统的后期运营与维护过程中,此类人员也会以提供服务等方式参与进去。

4.2 电子商务物流信息系统原理与开发流程

4.2.1 电子商务物流信息系统总体结构

实时数据处理的要求使电子商务物流信息系统只能是集中制数据存储管理模式。集中制数据存储管理一般可通过两种结构模式实现,即C/S(Client/Server)模式和B/S(Browser/Server)模式。随着应用需求和客户端数量的激增,C/S模式面临许多难以解决的问题,如客户端整体拥有成本上升,数据散乱、难以控制,系统维护成本高、不方便等。基于互联网技术的B/S模式作为新型的企业管理信息系统的结构范式,将桌面端繁杂的工作完完全全转移到集中管理的服务器上,终端用户只需要浏览器即可轻松访问所有的应用。同时,由于终端采用的浏览器是标准软件,因而大大降低了维护和培训需求,从而也相应地降低了系统的整体建设、维护成本。在互联网集成环境下,电子商务物流信息系统总体结构如图4-2所示。

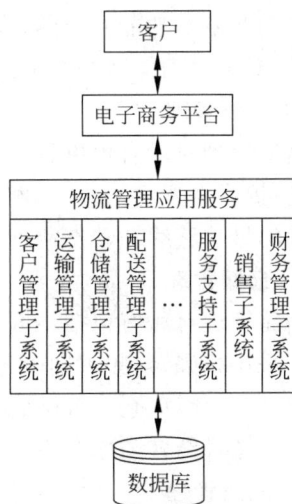

图 4-2 电子商务物流信息系统总体结构

4.2.2　电子商务物流信息系统逻辑结构

电子商务物流信息系统逻辑结构可以分成五个核心组成部分,分别是信息源、信息处理器、信息变换整合、信息使用者和信息管理者,这五个部分也可以理解为一个完整的电子商务物流信息系统中的五个核心的逻辑角色,如图 4-3 所示。

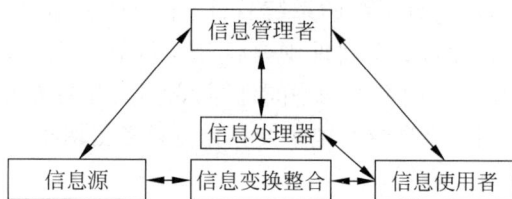

图 4-3　电子商务物流信息系统逻辑结构

信息源是指原始数据的产生地,也是电子商务物流信息系统的基础。信息处理器利用计算机软硬件对原始数据进行收集、加工、整理和存储,把它转化为有用的信息,再将信息传输给信息使用者。信息变换整合是电子商务物流信息系统非常重要的一个逻辑组成部分,负责对不同来源、不同格式的数据进行整合和转换,包括数据的清洗、格式化、标准化等,确保数据的一致性和准确性。信息使用者是信息的用户,不同的信息使用者根据收到的信息进行决策。信息管理者负责管理电子商务物流信息系统的设计和维护工作,并通过对系统的各个子系统和组成部分进行协调,确保电子商务物流信息系统正常运行和使用。电子商务物流信息系统越复杂,信息管理者就越重要。

4.2.3　电子商务物流信息系统基础业务结构

一般而言,电子商务物流信息系统应具有运输管理、仓储管理、配送管理、客户关系管理、资源管理、货代管理、决策支持、数据交换、统计管理、结算管理、报关管理、财务管理、合同管理等基本功能。当然,在实际的物流管理中可视对系统的具体要求明确具体的功能需求,对上述功能适当选取或酌情增加。

1. 运输管理

运输管理对所有可以调度的运输工具,包括自有的和协作的,以及临时的车辆进行调度管理,提供对货物的分析、配载计算以及最佳运输路线的选择,并支持 GPS 和 GIS,实现运输的最佳路线和动态调配,实时跟踪。

2. 仓储管理

仓储管理对所有包括不同地域、不同属性、不同规格、不同成本的仓库资源,实现集中管理。采用条码、射频识别等先进的物流技术设备,对出入仓库的货物实现联机登录、存量检索、容积计算、仓位分配、损毁登记、状态报告、出入库与库存查询、盘点调整;此外,还可以对每月结转与库存报表等进行自动处理。

3. 配送管理

电子商务物流信息系统以最大限度地降低物流成本、提高运作效率为目的,按照实时配送原则,在多购买商并存的环境中,通过在购买商和各自供应商之间建立实时的双向连接,构筑一条顺畅、高效的物流通道,为购买、供应双方提供高度集中、功能完善和不同模式的配送信息服务。

4. 客户关系管理

客户关系管理通过对客户资料的全方位、多层次的管理,使物流企业之间实现流通机能的整合,物流企业与客户之间实现信息分享和收益及风险共享,从而在供应链管理模式下,实现跨企业界限的整合。

5. 资源管理

系统通过建立员工和设备档案,对人力和设备资源进行综合管理,充分发挥人力和设备资源的潜力,改进劳动生产率。

6. 货代管理

电子商务物流信息系统按照资源最大化和服务最优化的原则,满足代理货物托运、接取送达、定舱配载、联运服务等多项业务需求,完成物流的全程化管理,包括代理航空运输和船务运输,实现门对门、一票到底的最佳物流方式,成为托运人和承运人之间电子化的桥梁与纽带。

7. 决策支持

决策支持可使企业及时地掌握商流、物流、资金流和信息流所产生的信息并加以科学的利用,在数据仓库技术、运筹学模型的基础上,通过数据挖掘工具对历史数据进行多角度、立体的分析,实现对企业中的人力、物力、财力、客户、市场、信息等各种资源的综合管理,为企业管理、客户管理、市场管理、资金管理等提供科学决策的依据,从而提升管理层决策的准确性和合理性。

8. 数据交换

数据交换提供 EDI 服务,通过电子商务网站,提供 EDI 表单,可以为自身的商务数据交换及客户或合作伙伴提供 Web 形式的数据交换功能。

9. 统计管理

系统以统计工作作为企业管理的基础,按照物流行业的标准,针对企业的经营管理活动情况进行统计调查、统计分析,提供统计资料,实行统计监督,从而对企业的经营活动及经营状况进行量化管理。

10. 结算管理

结算管理主要为客户提供各类业务费用信息,利用计算机处理能力大幅降低结算业务工作量,提升结算业务的准确性和及时性。

11. 报关管理

系统集报关、商检、卫检、动植物检疫等功能于一体,满足用户进出口电子报关的需求,增加联机报关功能,为客户提供全方位的报关服务。

12. 财务管理

财务管理结合成熟的财务管理理论,针对物流财务管理的特点,根据财务活动的历史资料进行财务预测,并通过专门的方法进行财务决策。运用科学的技术手段、利用有关信息、采取特定的方法进行财务预算、财务控制,并进行财务分析,最终实现企业价值最大化。

13. 合同管理

合同是业务开展的依据。系统可以通过对合同的解析，充分理解客户的需求，拟订物流服务的实施方案，并以此为依据，分配相应的资源，监控实施的效果，核算产生的费用，对双方执行合同的情况进行评估，以取得客户、信用、资金的相关信息，交给企业决策部门作为参考。

4.2.4 电子商务物流信息系统规划

1. 系统规划的因素和步骤

系统规划是物流信息系统开发生命周期中的第一个阶段，也是系统开发过程的第一步。系统规划是站在物流企业的战略角度，把企业作为一个有机的整体，全面考虑企业所处环境、企业本身的潜力、具备的条件以及企业发展的需要，勾画出企业在一定时期内所需开发的物流信息系统的应用项目，采用"自顶而下"的方式，一步一步实现建立物流信息系统的目标。

1）系统规划的因素

物流信息系统是由人、财、物以及采购、运输、仓储等诸多子系统组成的，在进行系统规划时，应对各子系统的关系进行了解，以便进一步地分析论证，并从总体上提出方案。物流信息系统的开发需要一定的投入做一个概略的预算，以便企业领导对系统开发与否作出决策，并筹集资金。在进行系统规划时，应明确系统的开发目标，并对开发系统的效果作出论证。

2）系统规划的步骤

（1）现行系统的初步调查。物流信息系统基于现行系统，现行系统的初步调查为系统规划、可行性研究提供定性和定量的依据。调查的内容包括物流企业概况、目标与任务、组织机构、存在的问题、开发条件、可利用的资源、信息需求及主要薄弱环节等。

（2）系统开发策略的确定。系统开发有自上而下和自下而上两种方法。自上而下的方法适用于系统的总体规划，将企业的管理目标转化为物流信息系统的近期目标和长远目标；自下而上的方法适用于系统分析、系统设计阶段。实际使用时，往往将以上两种方法综合起来，以发挥各自的优势。

（3）可行性研究。可行性研究是在初步调查的基础上，分析系统开发的必要性与可能性。首先，分析开发新系统的必要性；其次，从经济、技术及管理基础工作等方面，分析其可能性。

（4）可行性研究报告的编写。可行性研究报告是开发人员对现行系统的调查、分析和规划的结论，是系统开发过程中的第一个正式文档。可行性研究报告的内容包括引言（系统背景、定义、参考资料等）、可行性研究报告的前提（要求、目标、条件、方法）、对现行系统的分析（目标与任务、组织机构与管理体制、系统状况、问题等）、新系统的方案（新系统目标、功能、结构、配置、进度计划、对现行系统的影响等）、可供选择的其他方案与评价等几个方面。

2. 系统规划的方法

用于系统规划的方法很多，主要有关键成功因素（Critical Success Factors，CSF）法、战略目标集转化(Strategy Set Transformation，SST)法和企业系统规划(Bussiness System Planning，BSP)法。关于系统规划的三种方法，可参阅相关教材的介绍，此处不再详述。

CSF 法能够抓住主要矛盾，使目标的识别重点突出，易于决策者接受，但因其有一定的主观性和随意性，所以适用于半结构化的问题。SST 法从组织角度识别管理目标，反映了各种人员的要求，给出了转化为信息系统目标的措施，可以完整地描述目标，但是重点不突出。BSP 法可以支持企业过程并将其转化为系统目标，但缺乏有效的识别过程，收集、分析资料的开销较大，对复杂的 U/C 矩阵图进行分析也比较困难。

所以，在实际应用中将三种方法结合起来。先用 CSF 法确定企业目标，然后用 SST 法补充、完善企业目标，并将之转化为信息系统目标，最后用 BSP 法校正目标，确定信息系统结构。

系统规划方法的主要活动包括以下几项。

(1) 确定研究项目。

(2) 定义系统过程。

(3) 定义数据类(实体法)。实体法一般列出若干个实体以及实体的数据类并以表格显示(表 4-1)。

表 4-1　电子商务物流信息系统的实体示例

数据类	公　司	客　户	设　备	配　送	货　运	结　算	人　员
模型	物流业务	服务对象	设备能力	配送模式	模式选择	预算	司机
统计/汇总	服务类别	客户信息	运行的设备利用	选择模式	运输模式	结算	司机信息
业务	服务质量评价	用户信息管理	设备管理	配送业务	运输能力管理	总账管理	业务能力管理

(4) 定义系统的信息结构。定义系统的信息结构实质上就是系统的子系统划分，可以根据电子商务物流的不同业务过程或者阶段划分，也可以根据不同的部门职能划分，划分完成之后应该尽量遵循子系统内部高内聚、子系统之间低耦合的原则，从而减少子系统之间的信息交换、降低系统开发复杂度。

4.2.5　电子商务物流信息系统分析

1. 特点

1) 一体化

电子商务物流信息系统是通过信息的快速传递和共享，将企业和企业间的各种业务从逻辑上进行集成，使分散和独立的企业与业务流程集成为一体化的逻辑整体参与市场竞争。

2) 网络化

基于互联网的电子商务物流信息系统利用通信技术和计算机技术，把分布在世界各地的计算机及各类电子终端设备互联起来，将供应链上下游的企业与客户统一到虚拟网络中，按照一定的网络协议相互通信，从而使不同地点的客户足不出户，便能通过计算机或其他电子终端设备查找、购买、跟踪所需的商品。

3）模块化

模块化是将复杂系统分解为可更好地管理的子模块的方式。每个模块分别实现特定的子功能，所有的模块按某种方式组装起来，成为一个整体，实现整个系统所要求的功能。企业可以根据自身条件对不同的模块进行集成，既能满足企业个性化需求，又能使上下游企业容易地得到集成。

2. 作业目标

电子商务物流信息系统要求每家企业必须同时实现至少六个不同的作业目标，包括快速响应、最小变异、最低库存、整合运输、保证质量以及生命周期支持等。这些作业目标构成了物流表现的主要方面。

1）快速响应

快速响应是一种全新的业务方式，它体现了技术支持的业务管理思想，即在供应链中，为了实现共同的目标，各环节间都应进行紧密合作。对于制造商来说，将对客户需求的预测和生产规划集成到一起，准确地安排生产计划，从而缩短库存周转时间、减少存货、增加其市场份额。快速响应关系到一个企业能否及时满足客户的服务需求，信息技术的应用提升了快速响应的能力。

2）最小变异

最小变异的设计就是尽可能控制破坏系统作业的各种未预期的事件，物流系统的所有作业领域都容易遭受潜在的变异影响。这些事件包括运输过程中受到天气影响而导致客户收货的时间被延迟、存储过程中存储发生意想不到的损坏等。传统解决办法是建立安全的存货环境和使用高成本的运输方式。这两种方式都会导致物流成本过高。目前，信息技术的应用使变异降至最低限度成为可能，从而提高物流生产率。因此，整个物流表现的基本目标是使变异降到最低限度。

3）最低库存

电子商务物流信息系统设计目标中最为核心的是最低库存，涉及资产负担和周转速度。保持最低库存是要把存货配置降低到与客户服务目标一致的最低水平，以最少的存货满足客户需求，从而实现物流总成本最低。为实现这一目标，必须对整个企业的资金负担和周转速度进行把控，而不是对每一个单独的业务领域的资金负担和周转速度进行把控。

4）整合运输

整合运输重要的原因在于，运输资源种类多且分散，如果不经过整合，就不会形成强大的生产力，甚至长期维持小生产的状态。要降低运输成本，就需要整合运输，对运输资源和其他运输相关资源进行一定程度的集成，把小批量的装运聚集成具有较大批量的整合运输。通过整合为信息技术应用构建平台，使信息技术有明确的业务平台依托，从而实现理想的信息传递和交换，提高信息应用的水平。

5）保证质量

全面质量管理已成为各行业需要承担的主要义务。全面质量管理的核心是在一个企业内各个部门作出质量发展、质量保持、质量改进计划，从而以最为经济的水平进行生产与服务,使用户或者消费者获得最大的满意。物流是维持和发展全面质量管理的主要组成部分。

6) 生命周期支持

某些对产品生命周期有严格要求的行业,回收已流向客户的超值存货将构成物流作业成本的重要部分。如果不仔细审视逆向的物流需求,就无法制定良好的物流战略。

3. 总体结构

一个完善的电子商务物流信息系统,在垂直方向上,涉及交易分析、管理控制、决策分析和制订战略计划四个层次。在水平方向上,电子商务物流信息系统贯穿采购物流、企业内物流、销售物流、退货物流、回收和废弃物物流的运输、储存、装卸搬运、包装、流通加工等各个环节,如图 4-4 所示。

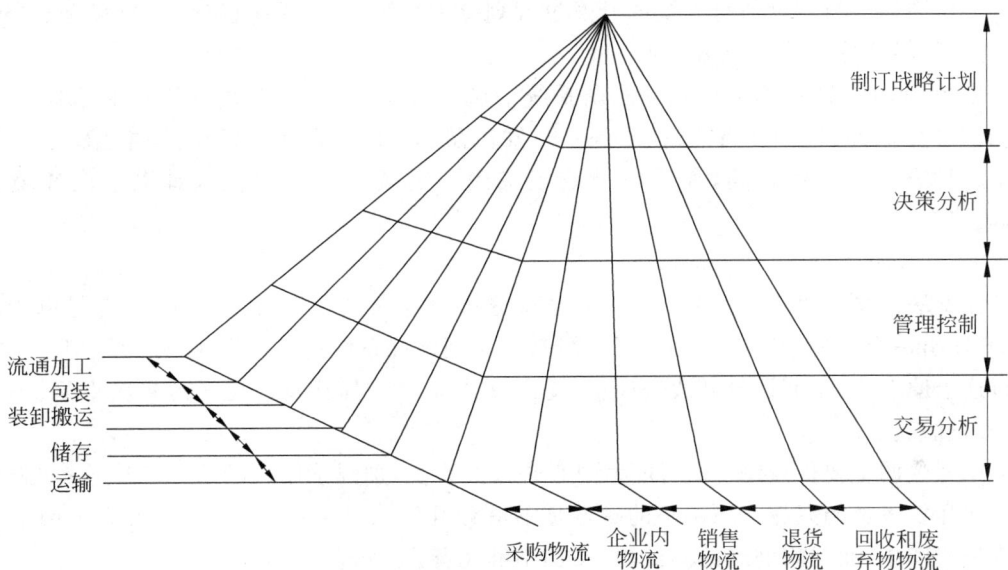

图 4-4 电子商务物流信息系统总体结构

4.2.6 电子商务物流信息系统开发

1. 系统的开发策略

系统的开发策略是指包括识别问题,明确系统设计的指导思想,选定适当的开发方法,确定系统开发过程、方式、原则等各个方面在内的一种系统开发总体方案。系统开发的任务就是根据企业管理的目标、内容、规模、性质等具体情况,从系统论的观点出发,运用系统工程的方法,按照系统发展的规律,为企业建立起计算机化的物流信息系统。其中最为核心的工作,就是开发出一套适合于现代企业管理的应用软件系统。

1) 识别问题

根据用户的需求状况、实际组织的管理现状以及具体的信息处理技术来分析和识别问题的性质、特点,以便确定应采用什么样的方式来解决。

2）可行性分析

可行性分析应该包括必要性分析和可能性分析两个方面。一般来说，没有迫切的需要，勉强开展计算机应用和其他新技术，是很难取得好效果的。可能性可以从以下几个方面去分析：从技术上讲，可能性就是分析所提出的要求，在现有技术条件下是否有可能实现。关于经济上的可能性，除了研究开发与维护新系统所需要提供的费用能否得到保证之外，还需要研究新系统将要带来的效益、开发成本与维护费用之间的关系。从社会方面进行可能性分析，由于信息系统是在社会大环境中工作的，除了技术因素与经济因素之外，还有许多社会因素对其子项目的开展起着制约的作用。

2．系统的开发方法

1）生命周期法

生命周期法将管理信息系统的开发过程划分为系统分析、系统设计、系统实施三个阶段，每个阶段又分为若干步骤。

生命周期法具有以下优点：强调系统的整体性、全局性；改进了用户和系统设计者的信息交流方式；用户满意程度高；开发风险低、成本低等。但在实践过程中也暴露出这种方法的一些缺陷，如难以准确定义用户需求、开发周期长、难以适应环境变化等。

2）原型法

原型法的基本思想是：先由用户与系统分析设计人员合作，在短期内定义用户的需求，开发出一个功能未完善、实验性的、简易的应用软件系统的基本框架，称为原型。接着运行这个原型，再不断评价和改进原型，使之逐步完善。其开发过程也是多次重复、不断演进的过程。

原型法的主要优点是：以用户为中心来开发系统，加强了用户的参与和决策；增强了用户和开发人员的兴趣。原型法的缺点是不适合开发大型系统，易导致开发人员因最终系统过快产生，而忽略彻底的测试，且文档不够完善。

3）面向对象法

面向对象法是系统开发人员根据用户的需求，找出和确定问题领域对象分类，对其进行静态的结构描述和动态的行为描述，建立解决问题领域的模型，用问题领域物流对象分类、接口对象分类、运行对象分类以及基础与实用对象分类去构成一个体系，通过不断的反复与累增，尽可能直接描述现实世界，实现模块化、可重用，完全而准确地满足用户的所有需求。

3．系统的开发方法的选择

生命周期法是目前较全面支持大、中型系统整个过程开发的方法，其他方法虽然有许多优点，但都只能作为生命周期法在局部开发环节上的补充，暂时还不能代替其在系统开发过程中的主导地位。

原型法需要软件支撑工具快速形成原型，并不断地与用户讨论、修改，最终建立系统。要将这种方法用于大型物流信息系统开发中的所有环节，是不适宜的。因此，它主要用于小型的、灵活性高的系统或局部系统的设计和实施。

面向对象法是以对象为基础,利用特定的软件工具直接完成从对象的描述到应用软件结构的转换,特别适用于小型应用软件系统的开发。

系统开发的方法随着系统开发工具的不断改进,正在逐渐完善,各种方法不是相互独立的,它们经常可以混合使用。

4. 规划完善电子商务物流信息系统的目标和效果

电子商务物流信息系统能够实现如下几个方面的目标和效果:①企业发挥在物流信息化过程中的管理和运作的促进作用。②提高企业信息化水平,提高与加大企业工作效率以及助力。③企业掌握各项业务的实时状况,实施有效监控和跟踪;通过业务信息顺畅交流,加强管理层对业务的管控能力,为企业决策提供信息数据支撑。④加强对员工的管理,分析工作量、人员信息和工作进展,合理调配企业资源。⑤信息系统使用可靠、高效,满足物流企业的管理需求。

4.2.7　电子商务物流信息系统基本流程

电子商务集信息流、资金流和物流于一体。其中,信息流包括商品信息、订单信息、采购信息、库存信息、运输信息、客户信息、供应商信息、认证信息、资金转账信息,以及各种统计、决策信息等的流转;资金流是指资金的转移和流动;物流,即通过各项具体的运输、储存、装卸、保管、包装、配送等物流活动,实现物质资料的空间位移。可见,物流是电子商务的重要组成部分。

在电子商务时代,物流的信息化是电子商务的必然要求,一个高效、拥有电子商务功能的现代物流系统的运作必须以物流信息系统的全面应用为基础。电子商务环境下的物流基本业务流程如图 4-5 所示。

1. B2C 模式中物流系统电子商务业务流程

B2C 模式的具体运作模式一般有两种:B2C 网络直销模式,B2C 亚马逊模式。前者是由商品制造商自己开设的,直接面对消费者提供购物服务的电子商务网站,戴尔公司的网上直销模式是该模式的典型实例。后者是一个购物平台,而非实物平台,它是生产者和消费者之间供求信息的沟通者,以及其他购物增值服务的提供者。无论哪种 B2C 模式,消费者都是通过电子商务网站进行购物活动的。

网上购物的参与方主要为:具有浏览器的消费者群;能处理信用卡业务并提供主页的商家;银行架构,包括发卡行和收单行;安全认证机构;物流配送中心。

2. B2B 模式中物流系统电子商务业务流程

EDI 是 B2B 模式的核心技术。图 4-6 是基于 EDI 的物流系统电子商务简单业务流程。供应商与制造商(销售商)之间通过 EDI 进行售前、售中与售后的电子商务;物流中心使用 EDI 服务与客户进行数据交换,并完成相应的物流基本活动;银行认证中心通过 EDI 技术进行安全认证、电子支付及结算等。最终消费者的购物流程与 B2C 模式中消费者与商家的网上购物流程基本相同。

```
电子商务网络公司        消费者         物流企业

提供物流需求链接 ←─────────────────┘

提供在线商品
目录主页面    ────→  浏览商品目录

服务器内容更新  ────→  网上订货

得到付款确认    ────→  付款

发货、订货确认通知 ──→ 得到订货确认

发货、送货通知 ──────────────────→ 服务器内容更新
                                    产生货物跟踪号码
                     查询              接收货物跟踪请求
                                    自动编制条形码
                                    拣货
                                    包装
                                    分类
                                    组配
                                    印制发运标签
                                    装运
得到送货确认 ←──────────────────  配送
得到收货确认 ←──── 收货 ←──────
```

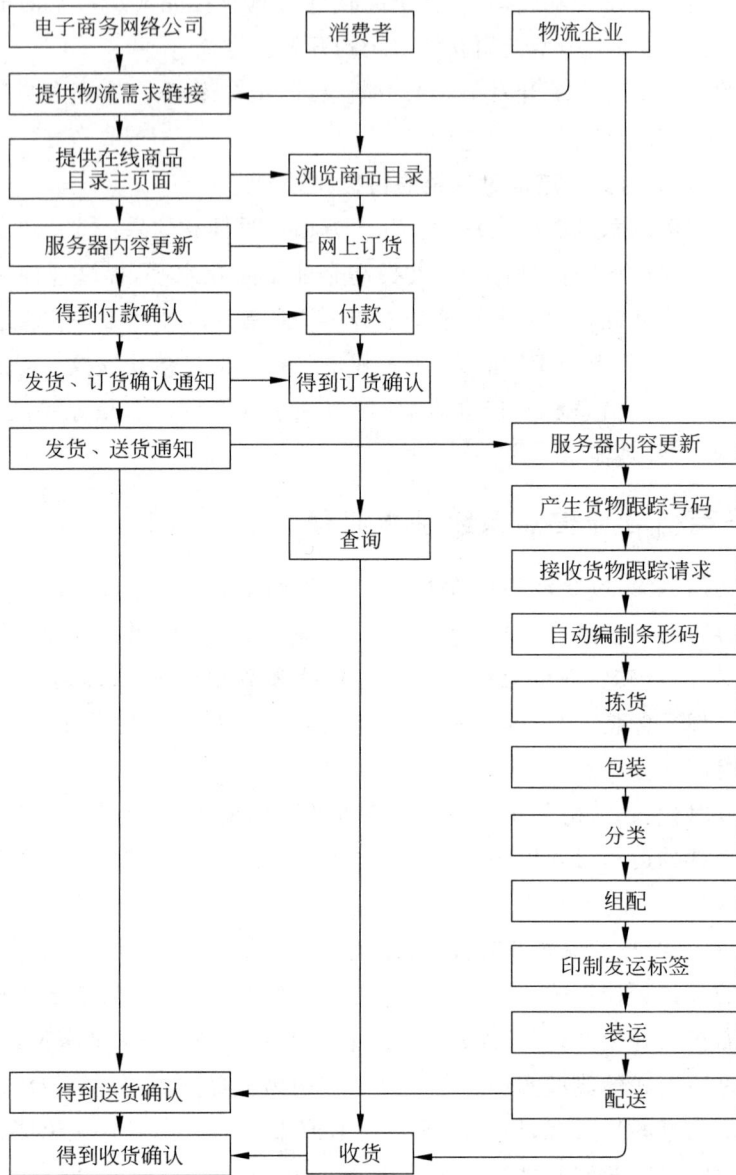

图 4-5　电子商务环境下的物流基本业务流程

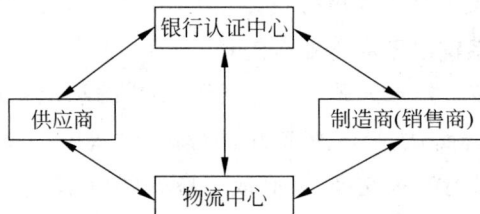

```
        银行认证中心
       ↗     ↑     ↘
  供应商    ↓    制造商(销售商)
       ↘     ↓     ↗
        物流中心
```

图 4-6　基于 EDI 的物流系统电子商务简单业务流程

4.3 智慧电子商务物流信息系统

4.3.1 智慧电子商务物流概述

智慧电子商务物流的产生是物流业发展的必然结果,智慧物流理念的出现顺应了历史潮流,符合现代物流业发展的自动化、网络化、可视化、实时化跟踪和智能监控的新趋势,也符合物联网、大数据、互联网和云计算等发展的趋势。智慧电子商务物流是在物联网、大数据、互联网和云计算等的发展背景下,满足物流业自身发展的内在要求而产生的物流智慧化结果。智慧电子商务物流本身的形成跟现代物流的发展有着密不可分的渊源,从现代物流的发展角度看,智慧电子商务物流的起源可概括为三个大的阶段:物流发展初始阶段、物流系统成熟阶段和物流智慧化发展阶段。物流发展初始阶段往往不具备数字化和信息化的能力,即便有一些软件的辅助,往往也是零散的、不系统的。在物流系统成熟阶段,更多系统化的信息系统开始出现,但这些系统信息处理的层次仍旧比较低,局限于基本业务和功能处理。物流智慧化发展阶段的突出标志是人工智能、专家系统等计算机技术在物流系统中的普遍应用。

智慧物流在出现之初,相关研究和行业就将智能化、一体化、柔性化和社会化这些特征融入其中,认为这是智慧电子商务物流的基本特征。而这些特征与现代电子商务物流的需求具有高度的一致性,因此电子商务物流的时代已经来临且环境继续高速发展,随着科技的进步,尤其是信息领域智能化技术的快速发展与成熟,智慧电子商务物流必将更加完善,并成为物流体系的核心构成部分。

总体而言,智慧电子商务物流及其赖以生存的智慧电子商务物流信息系统是以"互联网+"为核心,以物联网、云计算、大数据及"三网"(传感网、物联网与互联网)融合等为技术支撑,以物流产业自动化基础设施、智能化业务运营、信息系统辅助决策和关键配套资源为基础,通过物流各环节、各企业的信息系统无缝集成,实现物流全过程可自动感知识别、可跟踪溯源、可实时应对、可智能优化决策的物流业务形态。一般而言,电子商务物流信息系统由于其涉及内容丰富、业务逻辑复杂,更需要物流中的"智慧"支持。从这个角度来看,电子商务物流信息系统是智慧物流中最为重要的一种应用领域。

4.3.2 基于 SOA 的电子商务物流信息系统

1. SOA 的定义

Service-architecture.com 将 SOA(面向服务架构)定义为:"本质上是服务的集合。服务间彼此通信,这种通信可能是简单的数据传送,也可能是两个或更多的服务协调进行某些活动。服务间需要某些方法进行连接。所谓服务就是精确定义、封装完善、独立于其他服务所处环境和状态的函数。"

SOA 是一种应用框架,它着眼于日常的业务应用,并将它们划分为单独的业务功能和流程,即所谓服务。SOA 使用户可以构建、部署和整合这些服务,且无须依赖应用程序及其运行计算平台,从而提升业务流程的灵活性。这种业务流程的灵活性可使企业加快发展速度,降低总体拥有成本,改善对及时、准确信息的访问。SOA 有助于实现更多的资产重用、更轻松的管理和更快的开发与部署。在当今的业务环境中,变化是毫无疑问的,因此快速响应客户需求、市场机遇和外部威胁的敏捷性比以往任何时候都更显重要。

2. SOA 的特征

1) 可从企业外部访问

通常被称为业务伙伴的外部用户也能像企业内部用户一样访问相同的服务。业务伙伴采用先进的 B2B 协议(ebXML 或 RosettaNet)合作。当业务伙伴基于业务目的交换业务信息时,他们就参与了一次会话。会话是业务伙伴间一系列的一条或多条业务信息的交换。会话类型(会话复杂或简单、长或短等)取决于业务目的。

除了 B2B 协议外,外部用户还可以访问以 Web 服务方式提供的企业服务。

2) 随时可用

当有服务使用者请求服务时,SOA 要求必须有服务提供者能够响应。大多数 SOA 都能够为门户应用之类的同步应用和 B2B 之类的异步应用提供服务。

3) 粗粒度服务接口

粗粒度服务提供一项特定的业务功能,而细粒度服务代表了技术组件方法,采用粗粒度服务接口的优点在于使用者和服务层之间不必再进行多次的往复,一次往复就足够。互联网环境中有保障的 TCP/IP(传输控制协议/网际协议)会话已不再占据主导地位,建立连接的成本也过高,因此在该环境中进行应用开发时,粗粒度服务接口的优点更为明显。

4) 分级

一个关于粗粒度服务的争论是此类服务比细粒度服务的重用性差,由于粗粒度服务倾向于解决专门的业务问题,因此通用性差、重用性设计困难。解决该争论的方法之一就是允许采用不同的粗粒度等级来创建服务。这种服务分级包含粒度较细、重用性较高的服务,也包含粒度较粗、重用性较差的服务。

5) 松散耦合

SOA 具有“松散耦合”组件服务,这一点区别于大多数其他的组件架构。该方法旨在将服务使用者和服务提供者在服务实现与客户如何使用服务方面隔离开来。服务提供者和服务使用者间“松散耦合”背后的关键点是服务接口作为与服务实现分离的实体而存在,从而使服务能够在完全不影响服务使用者的情况下进行修改。

6) 可重用的服务及服务接口设计管理

如果完全按照可重用的原则设计服务,SOA 将使应用变得更为灵活。可重用服务采用通用格式提供重要的业务功能,为开发人员节约了大量时间。设计可重用服务是与数据库设计或通用数据建模类似的最有价值的工作。由于服务设计是成功的关键,因此 SOA 实施者应当寻找一种适当的方法进行服务设计过程管理。

7) 标准化的接口

近年来出现的两个重要标准 XML(可扩展标记语言)和 Web 服务增加了全新的重要功能,将 SOA 推向更高的层面,并大大提升了 SOA 的价值。尽管以往的 SOA 产品都是专有的且要求 IT 部门在其特定环境中开发所有应用,但 XML 和 Web 服务标准化的开放性使企业能够在所部署的所有技术和应用中采用 SOA。

8）支持各种消息模式

SOA 中可能存在以下消息模式。在一个 SOA 实现中，常会出现混合采用不同消息模式的服务。

（1）无状态的消息。使用者向提供者发送的每条消息都必须包含提供者处理该消息所需的全部信息。这一限定使服务提供者无须存储使用者的状态信息，从而更易扩展。

（2）有状态的消息。使用者与提供者共享使用者的特定环境信息，此信息包含在提供者和使用者交换的消息中。这一限定使提供者与使用者间的通信更加灵活，但由于提供者必须存储每个使用者的共享环境信息，因此其整体可扩展性明显减弱。该限定增强了提供者和使用者的耦合关系，加大了交换服务提供者的服务难度。

（3）等幂消息。向软件代理发送多次重复消息的效果和发送单条消息相同。这一限定使提供者和使用者能够在出现故障时简单地复制消息，从而改进服务可靠性。

3．基于 SOA 的物流信息系统集成平台

基于 SOA 的物流信息系统集成平台如图 4-7 所示。

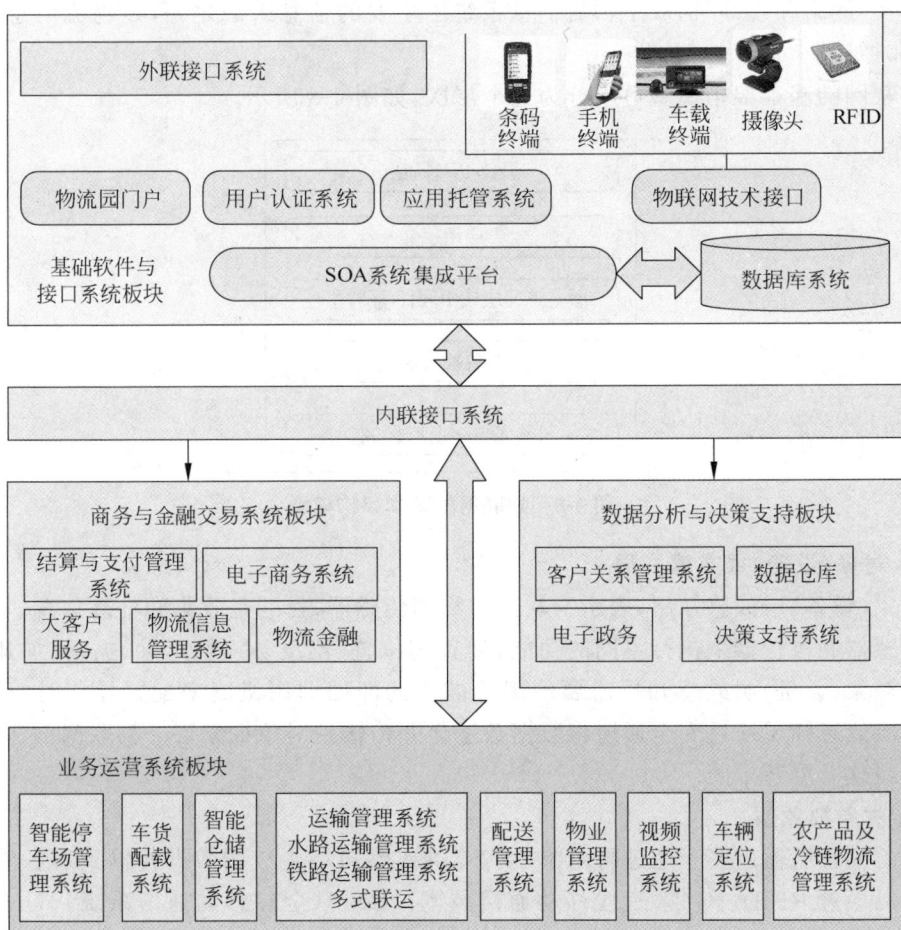

图 4-7 基于 SOA 的物流信息系统集成平台

4.3.3　物联网与电子商务物流信息系统

越来越多的物理对象正在以前所未有的速度连接到互联网,实现了物联网的概念。这类物理对象的一些例子包括恒温器和 HVAC(Heating,Ventilation,and Air Conditioning,加热、通风和空调)监控系统,这些系统使智能家居成为可能。这仅仅是物联网最为初步的应用,物联网还可以在其他领域和环境中发挥显著作用,改善我们的生活质量。这些应用包括物流、交通运输、医疗保健、工业自动化等以及对自然和人为灾害的应急响应,在这类应用中,人们面对海量的数据和错综复杂的逻辑与需求,很难作出高效、正确的决策,这需要物联网作为系统的"神经"与"血管"不断收集系统的信息,同时将"养料"输送到每个角度。物流领域是物联网技术最重要的应用领域,这是由这一特性决定的,物联网是"物物相连的互联网",这里的"物"指的是各种物理设备,诸如汽车、建筑物等嵌入式电子设备、感知器等,它们有一个共同特征就是能够使物体具有收集和交换数据的能力。当然,这些"物"在收集数据完成后,还需要通过特定的网络和规则(协议)进行数据传输与共享,这些"物"以及"网络和规则"构成了物流信息系统中主要的信息来源之一,是物流信息系统的"触角和神经"。

物联网的基本架构模型可以分为五个层次,如图 4-8 所示。

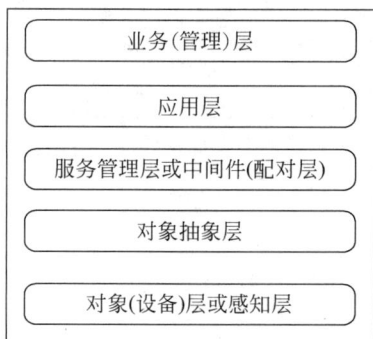

图 4-8　物联网的基本架构模型

1. 对象(设备)层或感知层

对象(设备)层或感知层,表示物联网的物理传感器,目的是收集和处理信息。这一层包括传感器和执行器来执行不同的功能,如查询位置、温度、重量、运动、振动、加速度、湿度等。对象(设备)层或感知层需要使用标准化的即插即用机制来配置异构对象。对象(设备)层或感知层通过安全通道将数据数字化并传输到对象抽象层。物联网创造的大数据就是在这一层开始的。

2. 对象抽象层

对象抽象层通过安全通道将对象(设备)层或感知层生成的数据传输到服务管理层。数据可以通过 RFID、3G(第三代移动通信技术)、GSM(全球移动通信系统)、UMTS(通用移动通信系统)、Wi-Fi、蓝牙低能、红外、ZigBee 等技术进行传输。另外,云计算、数据管理等其他功能将在这一层进行处理。

3. 服务管理层或中间件（配对）层

服务管理层或中间件（配对）层根据地址和名称将服务与其请求者进行配对。这一层允许物联网应用程序程序员在不考虑特定硬件平台的情况下使用异构对象。此外，该层处理接收的数据，作出决策，并通过网络无线协议提供所需的服务。

4. 应用层

应用层直接为客户提供所需的定制化服务。例如，它能够向用户提供温度、湿度等环境数据的实时监测与分析。这一层在物联网中的核心价值在于其能够提供高效、精准的智能化服务，充分满足客户的多样化需求。应用层的覆盖范围广，涵盖了智能家居、智能建筑、智慧交通、工业自动化、智慧医疗等多个垂直领域，为各行业的数字化转型和智能化升级提供了重要支撑。

5. 业务（管理）层

业务（管理）层管理整个物联网系统活动和服务。该层的职责是根据应用层接收的数据构建业务模型、图表、流程图等。设计、分析、实现、评估、监控、开发物联网系统相关要素。业务（管理）层使支持基于大数据分析的决策过程成为可能。此外，在这一层实现了对底下四层的监视和管理。该层对每一层的输出与预期的输出进行比较，以增强服务稳定性、保护用户隐私。

根据物联网的特征来划分，物联网主要有三大技术体系。

1）感知技术体系

感知技术体系主要有表 4-2 所示的相关系数。

表 4-2　感知技术分类

序号	物 流 活 动	主 要 技 术
1	"物"进行识别、追溯	RFID 技术、条码自动识别技术
2	"物"进行分类、拣选	RFID 技术、激光技术、红外技术、条码技术
3	"物"进行定位、追踪	GPS 技术、GIS 技术、RFID 技术、车载视频技术等
4	"物"进行监控	视频识别技术、RFID 技术、GPS 技术

2）通信与网络技术体系

通信与网络技术体系，使移动或存储中形态各异的"物"能够互联，最常采用的网络技术是局域网技术、无线局域网技术、互联网技术、4G 技术和无线移动通信技术，在物流领域中的应用如表 4-3 所示。

表 4-3　通信与网络技术在物流领域中的应用

序号	物 流 活 动	主 要 技 术
1	区域物流管理及运作的物流系统	互联网技术
2	物流运输管理	互联网技术、GPS 技术、GIS 技术
3	仓储中心信息系统	现场总线技术、无线局域网技术、局域网技术
4	网络通信	无线移动通信技术、4G/5G 技术、M2M 技术、直接连接网络通信技术

3）智能技术体系

智能技术体系常采用的智能技术主要有 ERP 技术、自动控制技术等,在物流领域中的应用如表 4-4 所示。

表 4-4 智能技术在物流领域中的应用

序号	物 流 活 动	主 要 技 术
1	社会物流运输系统	数据挖掘技术、智能调度技术、优化运筹技术
2	以仓储为核心的物流中心	自动控制技术、智能机器人技术、智能信息管理系统技术、移动计算技术、数据挖掘技术
3	以物流为核心的智能供应链综合系统、物流公共信息平台	智能计算技术、数据挖掘技术

4.3.4 云计算与电子商务物流信息系统

1. 云计算

云计算的核心技术包括虚拟化等,在云计算概念出现之前就已经得到了较好的发展,甚至某些技术已经比较成熟。而作为一种新的概念,云计算更多的是一种服务和运作模式上的创新,可以将云计算看作一种按使用付费模式,它构建了一种可配置的计算资源池(其包含从底层的硬件设施到其上的平台系统以及更上层的应用、软件和服务)为用户提供按需索取的资源服务,通过它既可以方便按需进行网络访问,也可以获取诸如硬件和软件的服务。相关的资源可以按需构建并快速交付,而无须烦琐的管理工作或与服务提供商的频繁交互。

通俗来理解,这就像一个城市的自来水公司一样,人们根据自己的需要取用自来水(云计算则提供技术设施服务、平台服务和其他软件、应用服务),只需要根据消费的水量进行付费即可。当然,云计算提供的服务类型和具体服务内容是非常丰富的,就好像幻想中的超级自来水公司一样,其不仅提供水源及基于水资源的几乎所有其他服务,用户也可以根据需要进行定制并享用,而无须为此付出额外的成本。

另外,云计算从总体上提供三种类型的服务:①基础设施即服务(IaaS),这就像要做一顿饭需要去超市购买各种成品和半成品的材料,然后经过简单的处理和加工,一顿美味佳肴就有了。②平台即服务,这个时候你可能连加工也不必做了,直接从外卖平台上点餐送到家即可。③软件即服务,这种服务更加直接,就像我们到了餐厅,不必准备餐具或者其他任何内容,只需坐下品尝即可。现在的云计算提供的服务更多地集中在第一种服务和第二种服务上。

2. 云计算在物流信息系统中的应用

现代物流行业与物流信息系统的结合日趋紧密,大量的物流信息系统应用于物流行业的各个环节和业务中,然而这些物流信息系统可能相互之间缺乏信息的共享和统一,从而在很大程度上会形成所谓"物流信息孤岛"现象。电子商务物流信息系统与传统信息系统有一个重大的区别,其特征就在于前者具有更强的多系统、多平台融合需求,这在物流信息系统的体系架构中已经说明。融合意味着数据、信息和计算逻辑上的协调与整合,云计算则恰好满足了这一需求,因此,云计算是物流信息系统的核心基础支持内容之一,云物流也是物流信息系统发展的重要方向,它同时也为物流的智慧化提供了平台和设施基础。

"云物流"是云计算与物流信息系统相结合的结果,是云计算在物流信息系统中的应用结构。云物流在运作过程中,体现了一些独有的特征。

(1)服务定制化。云计算与物流平台相结合,可以根据用户在物流活动中的具体需求提供有针对性的物流服务,实现物流服务按需提供的定制化特征。

(2)信息的统一化。云计算为物流信息系统引入虚拟化和标准化方面的技术,在电子商务物流的产业链条中,各种不同的企业、物流系统和物流环节可以基于统一云物流平台,实现物流过程乃至与之相关的电子商务和客户等方面信息共享,提升了信息的统一化和共享能力。

(3)更强的自我组织能力。尽管物流行业的产业链条越来越复杂、涉及范围越来越广,但这些企业和组织始终有着相同的利益诉求,这就需要不断提升企业内部和企业之间对于资源的整合,从而提升物流整体服务质量和水平的能力。云计算为物流企业和组织提升这种能力提供了平台与路径。

(4)更好的服务系统能力。在以客户为中心的现代市场理念中,客户的需求往往是第一位的。而客户对于物流服务的要求是它们提供一体化的服务,而不是烦琐的、碎片化的服务。这需要物流体系中的不同物流服务环节借助云计算实现更好的服务系统,整合各种物流服务的特色和优势,实现完整的、系统的、一体化的现代物流服务,以及更快的物流信息系统发展速度。云计算平台可以将客户的所有物流需求以及物流信息系统发展的各种技术需求进行整合,实现统一的需求和技术服务。通过云平台,各种智能技术、物联网技术和数据挖掘技术等IT新技术都可以更容易地融入物流信息系统中,而无须物流企业投入过多的人、财、物,这有利于物流信息系统的快速升级和发展。

4.3.5 大数据与电子商务物流信息系统

"大数据"这个词如果只从数据量的角度去探讨的话,定义仍然很模糊。它给人的印象是,在此之前数据的量总是很小,由此引发了数据量级的界定问题:究竟多大的数据可以被称为大数据? 这个问题仍然没有答案,甚至没有被正确理解。此时,使用关系数据库技术,也可以真正处理大量数据。这使得"大数据"一词不够恰当。

传统的物流系统不像今天看到的那样是由计算机和其他机器设备驱动的,变化也不像现在看到的那么频繁。一旦定义了数据仓库,用户就会使用存储库及其数据多年。因此,关系数据库技术在组织和企业应用方面处于领先地位。但是,现在涌现的数据不再遵循事先定义的结构,各种数据以各种结构出现。对于不同的应用来说,在定义的结构中容纳所有的元素既不可能、也不谨慎。

大数据不仅需要相应的支撑存储技术,还需要及时挖掘出隐藏在其中的信息。考虑到大数据的特性,这一工作是非常困难的。大数据与传统数据库系统不同的典型特征包括数量大、种类繁、速度快和价值低。各种大数据源于其数据生成源,包括传感器、物流运输设备或电子商务、物流社区网络等。这些来源的数据类型包括视频、图像、文本、音频和数据日志,它们由结构化或非结构化格式的数据组成。早期历史数据库技术主要研究、处理过去的数据,但是大数据是在时间线上不断大量涌现的数据,并且涌现的速度很快,因此数据生成的速度是大数据研究主要关注点之一。例如,运输过程中,各种货物可能每隔1秒或者数秒就有大量感知数据和状态位置数据生成,并由物联网和互联网上的网络传递。因此,除了体积,速度也是这种数据的维度,大数据的价值是指新出现原始数据中含有的隐藏信息和知识的量。而大数据之于物流信息系统的价值也在于此。

笼统而言,在物流信息系统中,大数据应用的具体技术包含以下几个方面。

1. 大数据采集技术

智慧物流系统复杂,数据繁多,数据的采集是大数据挖掘的第一环节,是其后的数据预处理、数据挖掘、管理和可视化的基础。大数据采集技术就是通过不断发展的数据收集方法及技术获取海量有价值的数据,包括普通文本、照片、视频、链接信息等。

2. 大数据预处理技术

大数据预处理技术的存在是采集到的物流原始数据其本身的复杂性、多样性造成的。物流行业是一个相对复杂的系统,从这样一个系统中通过各种各样的手段、技术和设备收集的数据格式复杂、类型繁多,这就给后续数据挖掘和应用带来了挑战,因此必须对物流大数据进行预处理,从而使得数据本身更加易用,以及后续大数据处理工作更加高效。除此之外,物流大数据由于人工误差、收集设备故障和网络传输误差等原因还会存在很多错误数据的干扰,这更需要大数据预处理技术的介入。

3. 大数据存储及管理技术

面对规模庞大却蕴含价值的数据,物流信息系统必须首先完成对大数据的有效存储及管理,以备后续环节的调用和处理。只有数据与适合的存储系统相匹配,制定管理数据的战略,才能低成本、高可靠、高效益地应对大量数据。对于物流企业而言,面临大数据首先解决的问题就是成本和时间效应问题。

4. 大数据分析及挖掘技术

大数据分析及挖掘技术有很多种类,如分类、聚类、关联规则/模式挖掘、预测等,这些技术都是物流信息系统迫切需要的。比如,配送中心的建立和选址就可以利用聚类的核心思想,商品的配送及装配就可以基于分类大数据挖掘等。

4.3.6　人工智能与电子商务物流信息系统

人工智能技术为物流信息系统中的数据挖掘和应用提供智能支撑,是物流信息系统智慧化处理、应用过程中最为核心的技术之一。尤其是2000年之后,随着深度学习、对抗网络等新的AI模型和优化方法的提出,AI技术能够以更高的效率和精确度解决更复杂的问题,因此引领技术进入更多的领域,并在自然语言理解、语言处理和图像识别等应用方面有了长足进步以至臻于成熟。

当前,针对多Agents人工智能和分布式机器学习等领域的研究得到了越来越多的关注,这与电子商务及其物流信息系统中分布式、自动化、多实体(如多运输工具、多国家、多系统等)的发展方向非常一致,从而进一步推动了人工智能在物流信息系统中的应用。

人工智能在物流信息系统中的应用已经取得了一系列的成果,也预示着这一结合必将成为物流未来发展的重要趋势和方向。比如,人工智能与物流运输设备的结合出现了诸如智能交通、智能路径优化导航等应用,而货物操作结合则出现了智能物流机器人以及自动分拣等的应用。这些应用大大提升了物流的自动化和智能化水平,提高了物流流程的效率。类似的结合与应用对于地域跨度非常大的境外保税仓等的管理尤为重要。随着智能化技术不断成熟,物流信息系统的智能水平将拉动并实现行业全面性的提升。

案例 4-1:人工智能对内部物流的影响

4.4　典型电子商务物流信息系统

4.4.1　订货处理子系统

一个企业从发出订单到收到货物的时间称为订货提前期,而对于供货方,这段时间称为订单周期。在订单周期中,供货方要相继完成订单受理、出库处理、送货结束处理等业务。在物流信息系统中,订单可能涉及不同文化背景、不同国家区域、不同法律环境的多个人或者企业等实体,因此其订单处理子系统相较于传统订单处理子系统,需要更加注意订单信息的转换和一致性,如语言转换、订单样式自动转换等。

订单处理子系统的核心功能主要包括:订单受理(从顾客那里接收订货信息,并进行数据记录的业务称为订货登记),在订单达成之后,根据订单内容进行后续的进出库操作,在某些情况下,可能还需要根据上述处理结果对客户进行反馈;在出库阶段根据订货信息进行货物拣选,利用信息系统可以实现半自动乃至全自动化的货物拣选,拣选完毕之后,可以按照订货数量拣选的情况,下达配送指示;送货结束处理,信息系统在送货完成确认之后,还需要进行费用结算,发送费用结算单据等动作。

一般的订货处理子系统包含五个基本的步骤。

1. 订单准备

订单准备是客户按照自己的需求寻求相应商品和服务的过程,一旦获取相应的内容信息,客户将进行订货处理的第一步:具体订货决定。其间,客户可能会需要了解很多关于产品或者服务的信息,如质量、价格、数量、售后等。这一步骤,物流信息系统的核心目标在于尽量减少客户作出具体决定的时间,降低客户获取和处理信息的成本。

2. 订单传递

订单传递是指通过计算机网络将订单的信息从生成者传递给处理者,一般而言,传递的方向是从消费者或者顾客到供应商。传统的订单传递还包括人员手工传递和电话、电信方式传递,但在当前物流信息系统中,尤其是电子商务物流信息系统,手工传递的成本和速度已经无法满足需求,而电话和传真等电信方法则对于传递信息的标准与复杂程度方面的支撑能力有限。因此,通过网络传递成为当前的首选。

3. 订单登录

订单登录是将生成和传递到位的订货与订单相关的信息按照一定的样式和形式生成正式的供货商订单的过程。这个过程包含一些具体步骤和任务:①通过相关手段检查信息的完整性和准确性,其中错误可能来自原始的输入数据,也可能是数据传输过程中造成的异常。②根据订单检查库存情况,确定库存内容可以满足相关订单。③根据情况,如果能够满足订单,并且具备达成订单的其他条件则进行下一步操作;否则改变订单的相应信息,如取消或者推迟。④对顾客订单进行确认和规范,按照供货商或者企业的规范要求,对顾客的订单信息进行规范化处理,从而提升物流效率。⑤根据订单准备发货单据等信息。

4. 订单供货

按照订单的要求,进行货物供给的各项操作,如拣货、包装、运输调度、发送等。这一步骤往往需要较为复杂的处理,因此是整个订单处理过程中最耗费时间的部分,也是物流信息系统着力解决的部分。

5. 订单处理状态跟踪

现代物流体系中,为了提升顾客满意度,往往还需要满足顾客随时随地了解物流状态和信息的需求,因此需要对订单和订货处理的状态进行实时的追踪,获取状态信息。

4.4.2　仓储与库存管理子系统

在电子商务物流体系中,物流链条和物流路径往往是比较长的,其中从生产企业经过销售商最后到消费者的过程中需要有存储物品的阶段,这就是仓储。而仓储管理子系统则是处理此类仓储中物品相关信息和业务的信息系统。仓储管理与运输管理不同,后者更注重物品的空间位移,而前者则专注于物品在时间上的变化。

仓储作业系统具有商品验收入库、存储保管和出库等功能。除此之外,物流信息系统在仓储管理中还应该额外关注诸如多国、多仓协同管理,多语言支持,海外换标贴标、退换货、库内分销等功能。由于涉及很多业务,同时对于时效要求较高,仓储作业系统需要完美解决分布式系统协调、系统功能覆盖、售后服务等方面的复杂问题。

库存管理顾名思义就是先准确地掌握当前库存的相关信息,然后根据库存信息按照一定规则进行库存数量的调整,这也可以称为补充订货。尽管在跨境电子商务物流(Cross-Border E-Commerce Logistics)系统中还存在诸如"保税仓"等比较特殊的库存管理需求,但其本质就是库存管理和库存控制的相应变化,物流信息系统需要与电子商务系统进行更加紧密的信息共享和协作。

库存管理需要确保实际的仓库内容数量和其他系统的相关信息保持一致,不出差错。如果任何地方都没有差错,实际库存与计算机内储存的库存数量应该是一致的。与库存控制有关的信息系统的目的是防止出现库存不足,维持正常库存量而决定补充库存的数量。在很多电子商务物流环境中,库存控制的最终决定权往往在供货商手里,如很多保税仓业务,其中商品来源于不同的国家、地区和销售商,具体是否要补货或者补货多少都由供货商决定,因此物流信息系统在该部分往往难以实现完全的自动化,但系统可以通过大数据和人工智能等技术为相应商家提供决策建议和缺货预警等服务。

仓储与库存是指一切目前闲置的、用于未来的、有经济价值的资源。其能够防止生产中断,起到稳定调节的作用,节省订货费用,改善服务质量,防止短缺。库存也有一定弊端:占用大量资金,产生一定的库存成本,掩盖了企业生产经营中存在的问题。

随着经济全球化的发展,尤其是电子商务的兴盛,仓储和库存管理的物资类型与数量日益增加,其物资和信息的变动也不断加快,关于它们的管理变得更加复杂与烦琐,传统的管理方式已经不再适用于物流的运作模式,充分考虑需求和信息化特色的仓储与库存管理子系统成为其中的关键组成部分。

仓储与库存管理子系统的应用提升了物流中的仓库管理效率、降低了物流成本。因此,仓储与库存管理子系统应该主要从以下几个方面进行分析与设计:①系统要为相关操作和过程提供自动化和智能化的管理方法与平台。②通过数据挖掘和自动化处理实现仓库空间利用的最优化,节省存储成本。③通过信息系统中信息处理的标准和计算机处理的精确性特征提升货物操作的准确性与及时性,提高对顾客的服务质量,降低物流过程因误操作等异常原因造成的损失。④提升信息获取、处理和决策的实时性,信息系统必须为仓库的各种实际操作提供更加准确、完整和实时的信息支撑。

4.4.3 配送、运输管理子系统

1. 配送子系统

物流配送管理子系统主要用于处理物流中的配送相关信息和业务,其核心功能是计算配送信息,通过人工或者自动化的方式产生并发送相关质量和信息。该子系统的核心功能主要包括配送业务的相关管理功能、库存信息的更新和盘点功能、库存信息和数据的分析挖掘功能、库存的简单管理和调整功能、各种跟随货物的标签生成和自动化管理功能。

配送子系统具有较为复杂的功能需求,是物流信息系统的重要组成部分,其优化的好坏很大程度上决定了物流过程的优劣。配送子系统要解决问题的核心在于需要配送任务与现有配送资源之间的最优组合,其目标是消耗最少的配送资源完成最高质量的配送任务。当然,在现实中这两者往往是有冲突的,需要通过各种模型和计算进行合理的平衡,而这正是配送子系统需要完成的。因此,配送子系统主要的功能和作用就集中在以下几点。

(1) 配送业务的管理。配送业务的管理是子系统的核心功能。它需要通过信息化手段,高效管理配送中的各个流程环节,诸如入库、验收、拣选等。

(2) 配送信息的统计和查询。在物流配送过程中,需要对上述业务产生的数据进行相应的统计和查询,确保相关人员及时了解配送的相关情况。

(3) 实现库存盘点。系统需要实现各种货物的盘点以及相关资料或者清单的处理,从而方便相关人员或者其他功能模块的核查与总结。

(4) 库存分析与管理。信息系统要实现对配送、库存等方面的大数据分析与挖掘,通过分析货物现状、货物变动等信息,给出短期或者中长期库存变化的模式,预测并优化库存情况。

(5) 库存货物预警。针对库存中货物的信息,如保质期、最后出库期限等进行货物预警。实际上随着物联网的应用,各种传感器设备的普及,库存预警还包含与货物本身相关的其他一些预警任务。比如,侦测到水果腐烂的气味、生鲜货物温度的异常变化等。

(6) 其他管理与操作功能。除了上述基本功能外,配送、库存子系统往往还包含货物位置的调整优化功能、货物准确定位功能、各种账目货物信息的管理以及条码、二维码等信息标签的管理与打印等。

2. 运输管理子系统

运输管理子系统是指基于互联网的、针对物流运输过程的相关信息进行获取和处理

的信息系统。一般而言,运输管理子系统的主要功能集中在对运输中的工具、人员、调度、路径等信息的决策选择与管理上。

运输管理子系统主要指利用计算机网络等现代信息技术,对运输计划、运输工具、运送人员及运输过程的跟踪、调度指挥等管理业务进行有效管理的人机系统。一般地说,运输管理子系统主要完成对运输工具和运送过程的信息管理,主要功能模块有以下几个方面:运输工具管理、运送人员管理、计划调度管理、装载接卸管理、运送过程管理等。

运输管理子系统提高了物流运输的服务水平,其具体作用表现在以下四个方面。

(1) 对正在运输的货物信息的查询。根据用户输入的查询关键信息,如发票编号、订单编号等,快速输出相关货物的基本信息。

(2) 了解货物的运输状态。物流的时效性非常重要,是客户满意度和评价服务水平的重要影响因素,顾客总是想随时随地地获知货物运输的状态信息,以及收到货物的时间节点。运输状态信息不仅可以提升用户的满意度,还可以用于运输管理,以确保货物始终处于计划范围内,提升物流管控的有效性和运输的实时性。

(3) 高效的物流运输是物流企业的核心竞争力。

(4) 有利于物流链条中信息的共享。运输管理子系统中的信息在物流系统的其他很多模块和子系统中都具有重要的作用,通过对运输信息的分析,丰富了物流链条乃至供应链条的信息资源,而且通过分享还有利于顾客预先做好接货和后续工作的准备。

4.4.4　智能运输系统

智能运输系统(Intelligent Transportation System,ITS)是物流智慧化的重要部分。其本质是将各种先进的人工智能、自动控制等 IT 技术与物流运输相结合。

智能运输系统的主要目标即为用户提供良好、高效的服务,所以体系结构中一个重要的组成部分就是服务领域,确定能为用户提供哪几大类服务。在体系结构中,通过分析用户需求来确定服务领域,因为主要有公众和系统管理者两类用户,分别对应着系统层次的需求和普通用户需求。

我国的 ITS 体系结构共分为八个服务领域,其中包含 34 项服务功能,又细分为 137个子服务功能。八个服务领域包括:①交通管理与规划;②电子收费;③出行者信息;④车辆安全与辅助驾驶;⑤紧急事件和安全;⑥运营管理;⑦综合运输;⑧自动公路。

美国 ITS 的九个服务领域包括:①智能化的交通信号控制系统;②高速公路管理系统;③公共交通管理系统;④事件和事故管理系统;⑤收费系统;⑥电子支付系统;⑦铁路平交路口系统;⑧商用车辆管理系统;⑨出行信息服务系统。

日本智能运输系统的服务领域包括:①先进的导航系统;②电子收费系统;③安全驾驶辅助;④道路交通的优化管理;⑤提高道路管理的效率;⑥公共交通支持;⑦提高商用车辆运营效益;⑧行人援助;⑨紧急车辆运营。

欧洲智能运输系统的主要服务领域包括:①需求管理;②交通和旅行信息系统;③城市综合交通管理;④城市间综合交通管理;⑤辅助驾驶;⑥货运和车队管理。

除此之外,还有诸如商品、货物追踪、物流状态实时监控等信息子系统,通过它们可以更加及时和全面地了解物流业务的状态,为其他面向物流的更复杂、更智能化处理提供依据。

4.4.5 菜鸟网络跨境电子商务物流信息系统

菜鸟网络科技有限公司(以下简称"菜鸟网络")成立于2013年,其核心理念和服务宗旨是"通过数据驱动、社会化协同,与合作伙伴搭建全球智慧物流骨干网络,提高物流运作效率,加快商家库存周转,降低社会物流成本,致力于实现中国范围内24小时送货必达、全球范围内72小时送货必达"。由此可知,菜鸟网络是一家面向跨境业务、具备全球互联协同能力的物流及信息服务公司,为全球电子商务客户提供跨境物流服务,其信息服务平台菜鸟网络跨境物流信息系统是公司的核心组成部分,是构成公司物流信息业务的核心架构和骨干平台。因此,菜鸟网络及其跨境物流信息系统具有较强的代表性,对该跨境物流信息系统本身和系统业务流程的介绍,有助于理解典型跨境物流信息系统的基本原理与相关概念,有利于彻底掌握典型跨境物流信息系统的业务特色与流程特征。

阿里巴巴出于对自身实现72小时内货物送达全球的需求考虑,帮助菜鸟网络构建了一张遍布全球的物流合作网络,如在2015年入股新加坡邮政,促使新加坡成为其海外物流中转站。据中研产业研究院《2024—2029年中国跨境物流行业市场前瞻分析与未来投资战略规划报告》可知,菜鸟"全球5日达"的服务已经覆盖英国、西班牙、荷兰、比利时、德国、美国、法国、沙特阿拉伯、日本等跨境电子商务主要市场,"全球10日达"覆盖了100多个国家和地区。

菜鸟网络所拥有的跨境物流体系规模庞大、系统高效,但这些优势的取得离不开跨境电子商务物流信息系统对相关数据和信息的高效处理与深入挖掘。为突出菜鸟网络物流信息系统的跨境特色,本节给出了菜鸟网络跨境物流业务中无忧保税服务和无忧直邮服务的流程图,简要说明其跨境电子商务物流信息系统核心部分的运作流程。图4-9给出了菜鸟网络跨境电子商务物流信息系统保税服务流程,该服务是为商家提供的跨境进口电子商务领域的一站式物流服务,系统的核心功能包括商家和商品入境前在海关和商检等部门进行备案的信息、保税仓储管理、订单履行作业、商品入境清关以及境内配送等具体内容。图4-10则给出了菜鸟网络跨境电子商务物流信息系统直邮服务流程,直邮服务

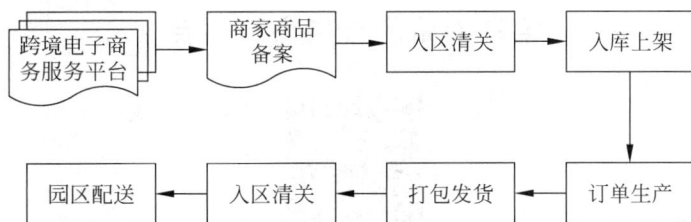

图 4-9 菜鸟网络跨境电子商务物流信息系统保税服务流程

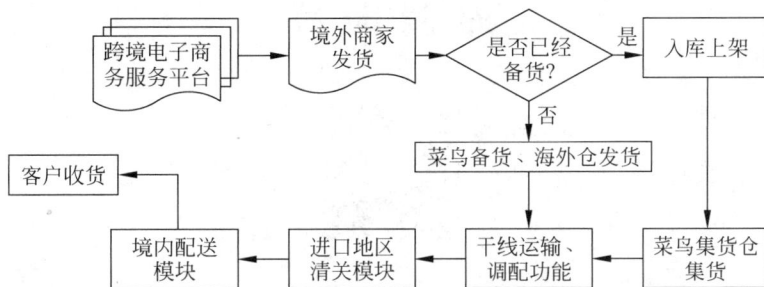

图 4-10 菜鸟网络跨境电子商务物流信息系统直邮服务流程

的特点在于商家从境外采购商品,送至菜鸟海外仓之后,菜鸟利用海外仓管理子功能,依据相关信息进行打包和分拣等处理,并以集货的方式进境,经海关清单核放、查验后进行境内配送,直至送达消费者手中。

本 章 小 结

本章主要介绍了电子商务物流信息系统的结构、开发流程和实际应用,重点介绍了物流信息的定义、特点、逻辑结构以及电子商务物流信息系统的具体业务功能。该平台通过信息的高效流转和处理,提升了物流服务的响应速度和服务质量,并为智慧物流系统的发展提供了坚实的基础。

思 考 题

1. 什么是电子商务物流信息系统?其基本构成要素有哪些?
2. 物流信息系统在电子商务中的作用是什么?
3. 智慧物流与传统物流有何区别?如何通过信息系统实现智能化?
4. 云计算技术在物流信息系统中的应用如何提高效率?
5. 电子商务物流信息系统如何帮助实现供应链的协同管理?
6. 物流信息系统的主要逻辑结构有哪些部分?
7. 如何通过物联网技术优化物流信息系统的运行?

案 例 分 析

菜鸟网络的智能物流平台

即 测 即 练

第 5 章

电子商务采购与供应链管理

在当今数字化时代,采购与供应链管理已成为企业运营的核心组成部分。随着互联网技术的飞速发展,传统的采购模式正逐渐被电子商务采购模式所取代。电子商务采购不仅提高采购效率、降低成本,还给企业带来更广阔的市场视野和更灵活的供应链管理方式。本章旨在引导学生深入理解电子商务采购的内涵,包括其概念、性质、特点和优势,以及它在供应链管理中的重要性。通过本章内容的学习,学生将掌握供应链管理的有效方法,洞察电子商务与供应链管理之间的联系,认识到目前电子商务供应链中存在的风险及对策。

5.1 采购与电子商务采购

5.1.1 采购的概念与分类

1. 采购的概念

采购是指在市场经济条件下,商品流通过程中,各企业及个人为了获取商品或服务,对获取商品或服务的渠道、价格、数量、质量、时间等进行预测、抉择,把货币资金转化为商品或服务的交易过程。采购是一个商业性质的有机体,为维持正常运转而寻求从"体外"摄入的过程。在广义的采购中,可以用直接购买的方式占有商品,也可以通过租赁、借贷、交换等方式取得商品的所有权,具有明显的商业性。

2. 采购的分类

1) 按采购范围可分为国内采购和国际采购

国内采购是指企业向国内供应商采购所需物品的一种行为。这种采购方式的优势在于沟通便捷、文化和商业习惯的一致性,以及避免国际贸易中的额外成本和时间延迟。

国际采购又称全球采购,主要是指企业向国外供应商采购所需物资的一种跨国交易行为。这种采购方式的优势在于可以拓宽供应商选择范围,获取更优质的产品或更优惠的价格。

2) 按采购时间跨度可分为长期合同采购和短期合同采购

长期合同采购是指采购时需要签订长期的采购合同,通常为多次交易,且交易关系较稳定。

短期合同采购是指通过合同实现一次交易,交易关系不稳定。

3) 按采购主体可分为个人采购、家庭采购、企业采购和政府采购

个人采购是指消费者个人为满足自身需要而发生的购买消费品的行为,一般购买对象以生活资料为主,购买量少,次数频繁。

家庭采购是指在家庭生活中,家庭成员为了家庭生活需要而发生的采购行为。

企业采购是指企业为满足生产经营所需而发生的购买行为,一般特点为购买量大、次数较少、专业化程度高。

政府采购是指政府为满足政府的活动所需而发生的采购行为,一般不以营利为目的,行使管理职能。

4)按采购特点范围可分为有形采购和无形采购

有形采购是指采购的物品是有形的,如原材料、机械设备、办公用品等。

无形采购是指采购的物品是无形的,如服务、软件许可、专利权、版权等。

5)按采购策略可分为现货采购和计划采购

现货采购是指企业根据即时需求购买商品或服务,通常不涉及长期合同。

计划采购是指企业根据长期计划和预测需求进行的采购,可能涉及长期合同和批量购买。

5.1.2　电子商务采购的概念、性质、特点和优势

1. 电子商务采购的概念

电子商务采购是指企业或个人通过互联网技术进行的采购活动。这种采购方式能够帮助企业节省成本、扩大供应商选择范围、实时获取市场信息,并实现供应链的整合。

电子商务采购的基本流程是:电子商务采购交易双方通过建立电子商务交易平台,发布采购信息,或主动在网上寻找供应商和产品,然后通过线上洽谈、比价、网上竞价实现网上订货,甚至线上支付货款,最后通过线下的物流过程进行货物的配送,完成整个交易过程,如图 5-1 所示。

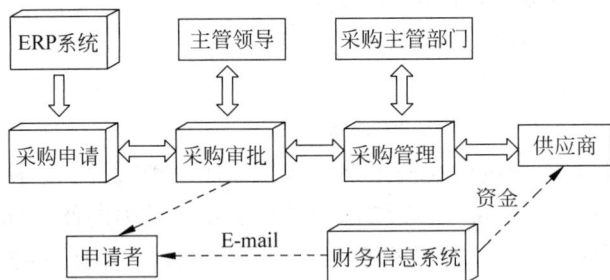

图 5-1　电子商务采购的基本流程

2. 电子商务采购的性质

电子商务采购是由采购方发起的一种采购行为,在本质上,电子商务采购比一般的电子商务和一般性采购有了更大的概念延伸,电子商务采购不仅完成采购行为,而且利用信息技术和网络技术对采购全程的各个环节进行管理,实现了采购信息的公开化,扩大采购市场范围,缩短供需距离,避免人为因素的干扰,简化采购流程,减少采购时间,降低采购成本,提高采购效率,有效降低库存,使采购交易双方易于形成战略合作伙伴关系,有效整合企业资源,帮助供求双方降低成本,提升企业核心竞争力。

3. 电子商务采购的特点

采购直接影响着企业的生产经营过程、企业效益,是构成企业竞争力的重要方面。电子商务采购是一种适应时代发展需求的先进采购模式,能使供需双方都有价值上的获得感。电子商务采购具有如下特点。

(1)公开性。电子商务采购是借助互联网平台进行的,由于采购信息在互联网上公开,全球范围内的供应商都可以参与投标,这增强了透明度和竞争性。

(2)广泛性。连接世界各地的互联网没有地域边界,采购方可以接触到更广泛的供应商资源,而供应商也有机会接触到更多的采购需求。

(3)交互性。在电子商务采购过程中,采购方与供应商利用网络平台,通过电子邮件、在线聊天等方式进行便捷的信息交流。

(4)高效率。互联网上信息传输速度快,采购方可以快速响应市场变化,提高采购效率。

4. 电子商务采购的优势

电子商务模式下,采购供应活动真正改变了原来无战略细分和供应管理的局面,实现了采购管理的5R目标,即采购供应恰当的数量、恰当的时间、恰当的地点、恰当的价格以及恰当的质量,如图5-2所示。

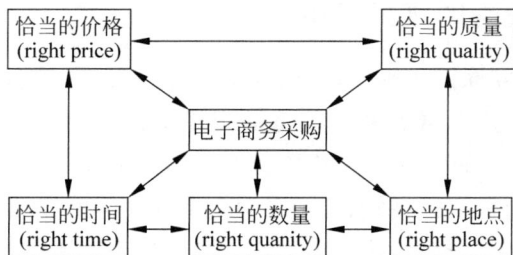

图5-2 电子商务采购的"5R"目标示意图

电子商务采购具有以下优势。

(1)有利于扩大供应商范围、降低采购成本。企业能够在全球范围内选择供应商,通过比较不同供应商的产品和服务,有效降低采购成本,同时提高采购流程效率。

(2)有利于提升采购的透明度。在线采购平台使得采购过程更加透明,减少了潜在的腐败行为,通过公开的采购信息和自动化的供应商选择流程,确保了采购的公正性。

(3)有利于实现采购业务程序标准化。电子商务采购遵循统一的流程,这有助于规范采购操作,减少人为错误,同时为供应商和采购方创造一个更加稳定和可预测的商业环境。

(4)有利于企业响应市场需求。电子商务采购支持快速响应市场变化,帮助企业实现从"库存驱动"到"订单驱动"的转变,缩短采购周期,降低库存成本,提高物流效率。

(5)有利于提升采购效率与公平性。通过在线平台,采购过程更加高效,减少了时间和资源的浪费,同时确保所有参与者在公平的环境中竞争。

(6)有利于促进供应链合作。电子商务采购模式鼓励供需双方建立长期合作关系,通过信息共享和协作,实现供应链的优化,降低整体成本,提升整条供应链的竞争力。

5.1.3 传统采购模式的不足

采购作为满足社会需求的一种重要手段,对整个社会的生产与生活产生了极其重要的影响。采购也会带来很大的经济风险,存在着所谓采购黑洞,如何控制这些采购黑洞,成了现代企业面临的一项重要任务。电子商务采购作为一种新的采购模式,充分利用了现代网络的开放性、信息的多样性、交易的快捷性和低成本等特点,可以有效地解决企业和政府所面临的这些问题。

传统采购模式存在下列问题:①采购、供应双方为了各自利益互相封锁消息,进行非对称信息博弈,采购很容易发展成为一种盲目行为;②供需关系一般为临时或短期行为,竞争多于合作,容易造成"双输"的后果;③信息交流不畅,无法对供应商的产品质量、交货期进行跟踪;④响应用户需求的能力不足,无法面对快速变化的市场;⑤利益驱动造成暗箱操作,舍好求次、舍贱求贵、舍近求远,产生腐败温床;⑥设计部门、生产部门、销售部门与采购部门关系脱节,造成"牛鞭效应",导致库存积压,占用大量流动资金。

5.2 电子商务采购的模式类型、流程与成本管理

5.2.1 电子商务采购的模式类型

电子商务采购是以互联网为媒介,以通过定制化研发的采购商的买方交易系统或供应商的卖方交易系统为基础,或者在第三方的交易平台完成采购行为的一种交易方式。它包括网上提交采购需求、网上确认采购资金和采购方式,网上发布采购信息、接受供应商网上投标报价、网上开标定标、网上公布采购结果以及网上办理结算手续等。网上采购减少了采购需要的书面文档材料,减弱了对电话传真等传统通信工具的依赖,在一定程度上避免采购过程中的人为干扰因素,使同行业之间的竞争实现多赢。

1. 按利用网络的程度分类

(1) 网上采购。一种是通过网上电子商务采购完成采购除运输配送外的全部活动;另一种是线上和线下相结合采购,即在线上完成部分采购活动,如发布采购消息、招标公告等,而其他活动(如采购谈判、供应商调查、交易支付等)在线下进行。

(2) 内部采购市场。通过把注册供应商或经过审核的贸易合作伙伴的产品目录整合在一起,合并成为单一的内部电子目录,形成内部采购市场。价格可以提前商议或由招标决定,采购人员不必在每次下订单的时候都要协商价格。通过在买家的服务器上整合供应商的产品目录,采购和管理活动变得十分简洁。

(3) 电子易货交易。该模式通过互联网平台、不使用货币和服务的物物交换,基本出发点是企业用自己的闲置物资来交换所需的商品,如交换闲置的办公设备、机械设备、物料等。交易前,需要对准备交换物资的价值进行评估,并拟定对方交换物料的范围及其相关要求,把这些信息发布到网站上,接到回复信息后,在回复的供应商中进行优选。

2. 按采购主体分类

企业通过自己建立的网站或者第三方网站,在网上进行电子商务采购活动。

1) 自营采购网站模式

世界上的大公司陆续开展了网络采购,截至 2023 年底,全球 500 家最大的公司中有 85% 已实现采购网络化。它们作为大买家,主要采用建立以自身需要为主的电子交易场所的模式,即建立自营采购网站,需求方为自身企业,而供应方为任意多个供应商。自营采购网站模式主要优势有如下两点。

(1) 企业与供应商建立了直接的一对一的联系,企业通过网络能将信息传送给满足条件的供应商,能与选定的供应商交流敏感的商品价格以及存货信息,这些涉及商业秘密的信息,一对一交流可以保证其安全。较为稳定的合作关系使双方更注重长远的互利,甚至共同控制存货、决定利润分成等,这就是供应链管理的电子化模式。同时对潜在供应商,自营网站采购模式也实现了完善的供应商发掘和管理功能,能在全球范围内寻找潜在的供应商,扩大采购选择范围。

(2) 买方市场势力增强,出现了"买方制定规则"的时代。市场势力是指影响成交价格的能力。当买主较少而供应商较多时,买方讨价还价的能力就强,市场势力就大。电子商务兴起后,企业的选择扩展到全球范围。只有做得更好,具有更高的质量、更强的合作意向、更优的服务与更合理的价格,才能被需方企业选中。

2) 中介采购网站模式

代理网上采购,即不是自己建立网站,而是利用其他企业的网站进行电子商务采购。中介采购网站模式成功的关键在于以下几个方面。

(1) 可以获取超过临界数量的买方和卖方的信息。中介采购网站不仅要以较多的需求量吸引提供此类商品的供应商在网站上发布产品信息,连通供货渠道,而且需要以全面、及时的产品内容和服务特色吸引众多买方参与。在众多中介采购网站中选择时,买方注重的是网站的供应商数量、服务质量和信息内容。所以中介网站往往有信誉效应,同类网站一般只有少数能够成功。

(2) 迅速获得信息并及时发布,提供最新信息。一般采用供应商之间管理网上信息的方式,供应商在利益的驱动下迅速更新其产品信息,以得到更多买者的青睐。它们不仅要及时上传信息,还要缴纳一定的费用以取得信息发布资格。买方企业愿意参与中介采购网站是为了更加方便、有效地获取专类的市场信息,享有众多供应商提供的多种产品信息。另外,还有第三方采购代理为企业提供了一个安全的网上采购场所,提供诸如在线投标和实时拍卖的服务,它们把技术授权给各企业使用,使其有权访问它们的供应商。

3) 采购联盟网站模式

根据国际数据集团的统计结果,在新建的 1 000 个左右的电子商务交易网站中,只有大约 100 个真正地进行交易。其中的重要原因就是,中小企业的网站集中不到足够的供应商资源。采购联盟网站模式的优势包括以下两个方面。

(1) 集中功能,产生规模效应。特别是对中小企业来说,由于采购数量少,采购信息发布往往不能引起供应商足够的关注和重视,若自建采购网站,费用难以承受,所以吸引供应商的数量不同,效果就不同。采购联盟网站却可以集中需求,集中发布信息,利用集中机制,使总需求达到相当数量,能拓宽供应商的信息选择范围,吸引供应商参与。同时,买方企业之间是战略联盟的合作关系,共同的供应商议价增强了买方的市场势力,价格谈判具有更大的优势,能取得采购批量优惠。在网站的成本投入方面,由于多家企业共同出资,成本分摊给每家企业的就较少,也分散了风险。

(2) 进一步增强了买方的市场势力。相同的需求使买方企业集中到一起,特别是当有大型企业集团参与其中时,可以相对控制需求市场。由于需求的进一步加大,这种势力比自营采购网站模式要更具优势。

3. 按网上采购的方式分类

网上采购平台按网上采购的方式,一般分为网上招标采购、竞价采购等。

1) 网上招标采购

对于一个或几个供应商都有的特殊设备或特殊品质商品,可以利用网站向供应商询问信息和开价,并接受供应商的答复,在小范围内进行采购。

招标采购又分为公开招标采购和邀请招标采购。

公开招标采购是指采购单位在网上公开发布招标公告,邀请非确定的供应商参加网上投标的采购方式。

邀请招标采购是指采购单位发送投标邀请书,邀请 5 个以上特定的供应商参加网上投标的采购方式。

网上招标采购的一般过程与步骤如下。

(1) 建立企业内部网和管理信息系统,实现业务数据的计算机管理。建立企业的电子商务网站,在电子商务网站的功能中,应当有电子商务采购的功能。

(2) 利用电子商务网站和企业内部网收集企业内部各个单位的采购申请。对企业内部的采购申请进行统计、分析,对需要进行招标采购的项目进行论证,形成招标采购任务。

(3) 对网上招标采购任务进行策划和计划。

(4) 按照既定的采购计划程序进度实施。

2) 竞价采购

竞价采购又称"逆向拍卖采购",是将招标采购和网上竞价相结合的一种采购方式,它通过供应商在线降价竞争,使采购商获得一个最优惠的价格,大幅度降低采购成本。网上竞价采购广泛运用于工业品采购、政府采购及全球采购等领域,如沃尔玛、IBM(国际商业机器公司)、微软等知名跨国企业都运用网上竞价进行全球采购。

总之,采购方式应根据企业具体情况和采购环境等诸多因素,有针对性地选定。同时,采购也要针对不同的采购对象,选用不同的采购方式。如办公用品等间接生产材料的采购一般选用竞价或直接采购;战略资源、重要的直接生产材料及技术性较复杂、非标准型产品或采购金额较大的材料一般选用招标或谈判采购;采购量相对较小的维修、服务资料的采购一般选用直接采购。

5.2.2　电子商务采购模式选择的依据

目前,采购模式正逐渐从本地化采购向全球化采购转变,由于世界经济一体化加速推进,全球化采购成为企业降低成本的一种必然选择,其基本模式就是应用电子商务进行采购。通过电子商务网站建立全球采购系统,连接国内外两个资源市场,已成为标准化的商业行为。电商采购模式选择的依据主要包括以下几方面。

1. 诸多因素的变化与关联

采购模式的选择与企业的市场势力、竞争对手的采购策略、供需双方企业规模、采购品种与方式、供应商的特征、中介网站的发展状况等各种因素密切相关,企业在选择时要综合考虑以上各种因素。当大型企业是垄断或垄断竞争型的买主时,其市场势力就会很强,这时企业往往采取自营或联盟的策略来建立采购网站,因为其市场地位决定了能够拥有足够的供应商资源,采用这两种模式可以进一步增强市场势力,获取更多的经济效益。当市场中的几家大企业之间产品差异较小,经营采取策略性的竞争行动时,企业往往不能达成战略联盟,随着建立采购网站的成本持续下降,自营采购网站模式更盛行。

2. 采购对象与采购联盟的影响力

对众多的中小企业来说,加入采购联盟网站或者中介采购网站更为合理。通常采购产品专用的原材料或零部件时,采购联盟模式能够满足企业对产品的特定需要,更为常用。采购通用的办公类产品时,加入已有的中介采购网站更为方便。如果现有的中介采购网站已经吸引了很多的买主与卖主,买方企业很可能就选择直接导入。当类似需求的买方企业已经组建采购联盟时,一般会加入采购联盟网站之中。因此,企业采购模式的选择会受到先行企业采购模式的影响。

3. 采购活动完成后的财务评估和质量评价

对于处于不同行业环境下的企业来说,在综合权衡各种因素选定采购模式之后,其工作就是要建立与供应商的联系渠道,优化其采购业务流程,充分发挥网络与电子商务环境中新采购模式的作用。一般情况下,采购部门需要对所知供应商的产品进行咨询,或利用互联网在众多电子店铺和电子商城人工搜索,既费时,又费力。作为解决方案,大型企业可以建立专门的 B2B 采购网站,邀请卖家来浏览网站并进行交易,建立自身的买方电子交易市场,利用卖家的相互竞争来降低自己的采购成本,提高采购商品的质量,实现全球范围的优质采购。总之,随着电子商务的快速发展与普及,电子商务采购模式也在不断地推陈出新,根据企业自身发展的需要,寻求更适合自身发展的采购模式。

5.2.3　电子商务采购的流程分析

采购管理流程是指有生产或消费需求的企业购买所需要的各种产品的全过程。一般来说,一个完整的采购流程大体上应该包括以下几个步骤,如图 5-3 所示。

1. 接受采购任务,制定采购单

这是采购工作的任务来源,通常是企业各个部门把任务汇总到采购部门,采购部门给各个电子商务物流采购员下达采购任务单。也有很多采购部门根据企业的生产与销售情

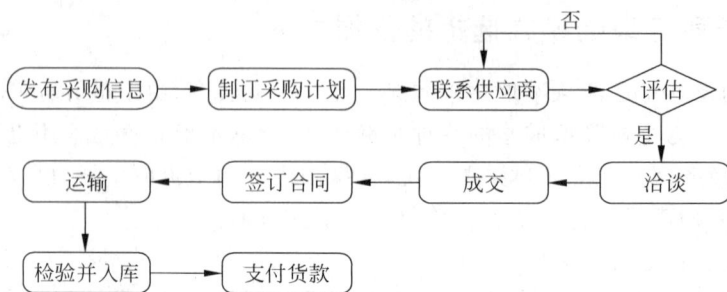

图 5-3　电子商务采购流程

况,主动安排各种物资的采购计划,给每个采购员下达采购任务单。

2．制订采购计划

采购员在接受采购任务单后,要制订具体的采购工作计划。首先要进行资源市场调查,包括对商品、价格、供应商的调查分析,选定供应商,确定采购方法、采购日程计划及运输方法、货款支付方法等。

3．联系供应商

通过各种方式,如出差、电话、E-mail 等和供应商取得联系。

4．洽谈、成交,签订合同

这是采购工作的核心步骤。要和供应商反复进行磋商谈判、讨价还价,讨论价格、质量、送货、服务及风险赔偿等各种限制条件,最后把这些限制条件用订货合同的形式规定下来。签订订货合同后,才意味着成交。

5．运输进货及进货控制

订货成交后就是履行合同,开始运输进货。运输进货可以由供应商负责,也可以交给专业的运输公司或者自己提货。无论采取哪种方式,采购员都要监督进货进程,确保按时进货。

6．到货检验、入库

采购员要监督有关人员进行包括数量和质量的检验、验收和入库。

7．支付货款

货物到达后,按照合同的规定支付货款。

5.2.4　电子商务采购的成本管理

运用科学的采购方法,可大大地降低企业的生产成本,给企业带来很高的经济效益和利润。采购成本的下降不仅直接体现在产品成本的下降、利润的增加上,而且体现在企业现金流出的减少,以及企业竞争力的增强上。运用科学的采购理论方法进行采购分析,还可以提高决策的科学性、准确性。

1．采购成本的构成

采购成本有广义和狭义之分。广义的采购成本包括两方面:物资本身的采购成本和物资采购活动的相关费用,即采购总支出。狭义的采购成本不包括物资本身的采购成本,仅包括物资采购活动的相关费用。这里讨论广义的采购成本。具体而言,采购成本由以下几个方面构成。

1）物资成本

物资成本也就是物资的价格成本。物资成本可由如下公式计算：

材料的价格成本＝采购价格×数量＋运输费＋相关手续费、税金等

通常，物资成本占采购总成本的比例是最大的。

2）订购成本

订购成本是指企业为了实现一次采购而进行的各种活动的费用支出，主要指向供应商发出采购合约订单的成本费用。订购成本包括固定成本和变动成本两部分。在订购成本中，与订购次数无关的成本称为固定成本，如常设采购机构的基本开支等；与订购次数有关的成本称为变动成本，如差旅费、邮资等。

3）持有成本

持有成本是指企业为保持物资稳定在一定的数量上而发生的成本。持有成本也可以分为变动成本和固定成本。变动成本与存货的持有数量有关，如物资资金的应计利息、物资的破损和变质损失、物资的保险费用等；固定成本与存货数量的多少无关，如仓库折旧、仓库员工的固定工资等。

4）缺货成本

缺货成本是指由于物资供应中断或采购不及时而造成的损失。缺货成本既包括停工待料损失、延迟发货损失和丧失销售机会损失，还包括商誉损失，即一旦造成客户流失，就可能对企业造成长期损失。

2. 降低采购成本的途径

降低采购成本是采购部门的一项基本职责，应着眼于供应商和供应市场。企业可以从以下几个方面来考虑。

1）优化整体供应商结构及供应配套体系来降低采购成本

优化整体供应商结构及供应配套体系主要包括：通过供应商市场调研等寻找更好的新供应商；通过市场竞争招标采购；与其他单位合作进行集中采购；减少现有原材料及零部件的规格、品种，进行大量采购；与供应商建立伙伴型合作关系取得优惠价格。

2）通过对现有供应商的改进来降低采购成本

对现有供应商的改进主要包括：促使供应商实施即时供应；改进供应商的产品质量以降低质量成本；组织供应商参与本企业的产品开发及工艺开发；降低产品与工艺成本；与供应商实行专项共同改进项目以节省费用并提高工作效率。

3）通过JIT采购降低采购成本

JIT（just in time，准时制）采购是一种准时化采购模式，可最大限度地减少浪费、降低库存，实现"零库存"。利用JIT采购可以在四个方面降低采购成本：降低库存，减少库存成本；提高质量水平，降低质量成本；减少采购环节，降低采购成本；降低采购价格，减少采购成本。

4）通过网上采购降低采购成本

随着互联网技术的普及和网络优势的发挥，电子商务的优势可以达到降低成本的目的，采购也不例外，可通过网上采购来降低采购成本。如何利用网上采购来降低采购成本

呢? 具体有五种途径: 统一订货获得折扣; 适时订购降低库存; 科学管理减少损失; 发布公开信息获取最低价格; 减少中间环节降低交易成本。

3. 降低采购成本的方法

1) 价值分析/价值工程

价值分析(value analysis,VA)是对产品或服务的功能加以研究,以最小化生命周期成本,通过剔除、简化、变更、替代等方法,来达到降低成本的目的。价值分析适用于新产品工程设计阶段。价值工程(value engineering,VE)是针对现有产品的功能或成本,做系统化的研究与分析。但如今,价值分析与价值工程已被视为同一概念。

2) 谈判

谈判(negotiation)是买卖双方为了各自目标,达成彼此认同协议的过程。谈判能力也是采购人员应具备的最基本能力之一。谈判并不只限于价格,也适用于某些特定需求。使用谈判的方式,通常所能期望达到价格降低的幅度为 3%～5%。若希望达成更大的降幅,则需运用价格与成本分析、价值分析与价值工程等方法。

3) 目标成本法(target costing)

目标成本法是一种以市场为导向的成本管理方法,其核心是通过逆向思维,从客户愿意支付的价格出发,反向推导出产品的最高允许成本,并通过设计和生产过程的优化来实现这一目标成本。其实施步骤是根据市场调研,先确定客户需求、竞争对手价格及市场可接受目标售价。然后,基于企业战略或行业平均利润率设定目标利润,再倒推出产品全生命周期的最大允许成本,计算目标成本,目标成本等于目标售价减去目标利润。该方法需要设计、工程、采购、生产等部门共同优化方案,进行跨部门协作,并进行持续改进。若当前成本高于目标,则迭代改进直至达标。

4) 早期供应商参与

早期供应商参与(early supplier involvement,ESI)是在产品设计初期,选择让具有伙伴关系的供应商参与新产品开发。通过早期供应商参与的方式,新产品开发小组对供应商提出性能规格的要求,借助供应商的专业知识来达到降低成本的目的。

5) 杠杆采购

杠杆采购(leverage purchase)避免了各自采购造成的组织内不同单位向同一个供应商采购相同零件,价格却不同且彼此并不知情,白白丧失节省采购成本机会的情形。它是通过集中增加采购量而扩大议价空间的方式,降低采购成本。

6) 联合采购

联合采购(consortium purchasing)主要发生于非营利单位的采购,如医院、学校等,统合不同采购组织的需求量,以获得较好的数量折扣价格。这也被应用于一般商业活动之中,应运而生的新兴行业有第三者采购,专门替那些 MRO(维护、修理和运营)需求量不大的企业单位服务。

7) 为便利采购而设计

为便利采购而设计(design for purchase,DFP)策略主要是在产品的设计阶段采用,利用供应商的标准流程与技术,以及使用标准零件,以方便原物料的取得。这样,不仅大大减少了自制所需的技术支援,同时也降低了生产所需的成本。

8) 价格与成本分析

价格与成本分析(cost and price analysis)是专业采购的基本工具,了解成本结构的基本要素对采购者是非常重要的。如果采购者不了解所买物品的成本结构,就不能了解所买物品的价格是否公平、合理,同时也会失去许多降低采购成本的机会。

9) 标准化

实施规格的标准化(standardization),为不同的产品项目或零件使用共同的设计或规格,或降低定制项目的数量,以规模经济量达到降低制造成本的目的。但这只是标准化的其中一环,组织应扩大标准化的范围至作业程序及制程上,以获得更大的效益。

5.2.5　跨境电子商务采购模式

跨境电子商务作为推动经济一体化、贸易全球化的商业模式,具有非常重要的战略意义。跨境电子商务不仅打破了国家(地区)间的地域障碍,使国际贸易走向无国(地区)界贸易,同时也正在推动世界经济贸易方式的巨大变革。对企业来说,跨境电子商务构建的开放、多维、立体的多边经济贸易合作模式,极大地拓宽了企业进入国际市场的路径,大大促进了多边资源的优化配置与企业间的互利共赢。对于消费者来说,跨境电子商务使他们非常容易获取其他国家和地区的信息并采购到物美价廉的境外商品。目前,跨境电子商务内生性增长动力来源于流程内各个环节的优化与改善。完整的跨境电子商务采购供应链由以下六个环节构成:采购与商品管理、支付、物流、通关商检、营销及售后服务。跨境电子商务采购环节重点在于把握消费者偏好,在此基础上保证产品适销、具备品质保证及价格竞争优势。

1. 跨境电子商务采购面临的问题

在我国,由于大部分跨境电子商务企业成立时间短,在采购环节,尚无企业形成绝对竞争优势,共性问题在于以下几个方面。

1) 招商能力差

供应商尤其是品牌供应商资源匮乏,导致货源依赖境外经销、代理商分拨,甚至频繁从商超渠道进货。商超既可以理解为商品超级市场,也就是集合了多种多样商品、品种齐全、货源丰富的大市场,也可以理解为集合多个商店的大市场,所以很多零售企业就把商场、超市等简称为"商超"。

2) 缺乏坚实的供货商基础

因为上游供应链仍需经历较长培育期,所以跨境电子商务企业目前在合作商资源上与境内电商企业仍存在较大差距。中国电子商务中心数据显示,天猫、京东、唯品会的供货商数量分别超过7万、4万、1.1万家,雄厚的供货商资源构成其在采购环节的拿货优势及定价优势。相比而言,知名度较高的兰亭集势、环球易购、蜜芽宝贝、洋码头等企业供货商数量稀少,尤其缺乏知名合作品牌,以当前水平难以支撑规模发展。

3) 跨境电子商务平台SKU问题

供应商资源匮乏也导致跨境电子商务平台SKU(最小存货单位)数量少、产品丰富度低。据统计,唯品会2024年SKU总数超过500万,京东SKU总数达2470万。在跨境电子商务企业中,兰亭集势SKU超过50万,而天猫国际、京东海外购、蜜芽宝贝、苏宁海外购等主流企业 SKU 数量仅分别约为 9.3 万、1.1 万、0.5 万和 0.2 万。优质产品资源不够丰富,从根本上导致现阶段跨境电子商务平台吸引力不足。

未来,优质供应商资源将形成采购环节竞争壁垒,跨境电子商务企业竞争焦点逐渐集中在如何获取优质供应商资源方面。采购端竞争优势依托多方面因素,如企业资金力量、消费趋势把握能力及采购团队谈判能力等。对于多数跨境电子商务企业采购而言,这些都将是严峻的挑战。

2. 跨境电子商务企业采购渠道

目前,跨境电子商务企业采购流程一般为:根据消费者订单信息或者历史销售信息决定采购品种及数量,再从供货商处进货(图 5-4)。我国跨境电子商务企业货源一般来自三类供货渠道。

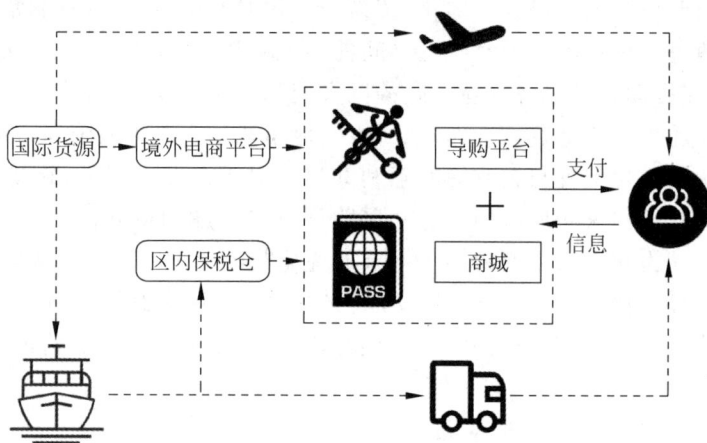

图 5-4　跨境电子商务企业采购流程

(1) 厂商直接供货。该渠道加价环节最少、定价优势大;具备厂商品牌背书,满足消费者的"正品"需求;在货物直供的同时能保证货源稳定性。

(2) 经销商/代理商供货。一般而言,境外品牌经销、代理在保证本国(地区)供给充足的情况下会分拨货物给跨境电子商务企业。该渠道定价相对于厂商直供定价偏高,有时会遭遇厂商不承认货物正品资质的情况。同时,在境外市场需求旺盛时,跨境电子商务企业有可能难以保证货物供应。

(3) 境外商超供货。在货物供给缺口较大时,企业不得不采用该类方式,即组织境外个人从当地商超批量采购。该渠道货源供给不稳定、价格优势最小,且难以获得厂商认可,因此法律风险较高。

3. 跨境电子商务采购优势

无论跨境电子商务企业采用何种采购模式,在采购活动中都会根据自身资源特点,在经济形势的大背景下扬长避短,发挥自身优势。

1) 平台优势与品牌资源对接

优秀的跨境电子商务企业利用行业平台先发优势,已积累起丰富的品牌合作资源。以亚马逊、eBay 和全球速卖通等企业为代表,在跨境电子商务企业采购环节先发优势明显。相比于其他跨境电子商务企业,三者具备深厚的行业积淀,在供应商资源方面已完成前期积累。

2) 降低产品价格效果明显

跨境电子商务企业销售渠道仅需经过工厂、在线平台、境外商人即可到达消费者,外贸净利润可能是传统贸易的数倍。未来外贸链条还可以更简化、销售渠道会更短,产品从工厂经过在线平台可以直接送到境外消费者手中。原来的中间成本,一部分变成生产商的利润,一部分成为电子商务平台的佣金,剩下的则成为消费者获得的价格优惠。若跨境电子商务企业能采用集中采购备货模式,那么和单笔邮寄相比,还能大大降低商品的采购、物流成本。

3) 对关联服务业发展有巨大辐射力

跨境电子商务企业采购业务运作活动涉及环节较多,众多的上下游企业同属现代服务业,均会获得外部经济效应。与之直接相关联的物流配送、电子支付、电子认证、IT服务、网络营销等流通环节,都属于现代服务业范畴。先进的信息技术和互联网技术,对传统的快递、配送等物流运作过程实施智能化改造,使物流活动建立在信息技术业务系统之上,商品本身不仅已经基于二维码、条码进行了物品编码,而且可以在电商平台实时查询、跟踪其流通过程,并通过网银或第三方电子支付平台进行支付。

5.3 电子商务供应链管理

5.3.1 供应链和电子商务供应链的概念

1. 供应链的概念

国家标准《物流术语》(GB/T 18354—2021)对供应链的定义为:供应链是指在生产及流通过程中,围绕核心企业的核心产品或服务,由所涉及的原材料供应商、制造商、分销商、零售商直到最终用户等所形成的网链结构。

供应链一般围绕核心企业构建,通过对信息流、物流、资金流的控制,从采购原材料开始,制成中间产品以及最终产品,最后由销售网络把产品送到消费者手中,将供应商、制造商、分销商、零售商直到最终用户连成一个集成的、动态的网链结构。

供应链按划分依据不同可以有多种类型,具体如下。

按供应链的研究对象及其范围,供应链可分为企业供应链、产品供应链和基于供应链合作伙伴关系(供应链契约)的供应链等类型。

按网状结构,供应链可分为发散型的供应链网(Y型供应链网)、会聚型的供应链网(A型供应链网)和介于上述两种模式之间的供应链网(T型供应链网)等类型。

按分布范围,供应链可分为公司内部供应链、集团供应链、扩展供应链和全球网络供应链四种类型。

按供应链的稳定性,供应链可分为稳定型供应链和动态型供应链。

按供应链的功能模式,供应链可分为市场反应性供应链和物理有效性供应链。

按生产决策的驱动力,供应链可分为推动式供应链和拉动式供应链。

2. 电子商务供应链的概念

电子商务供应链是一个利用信息技术整合管理信息流、物流和资金流的系统,覆盖了从原材料采购到最终产品交付消费者手中的全过程。它强调跨组织的合作与协调,通过电子化平台实现交易的高效与透明,同时涉及订单处理、库存管理、物流跟踪、支付处理等环节,以提升整条供应链的效率和响应速度,满足不断变化的市场需求和消费者期望。随着技术的进步,电子商务供应链持续演进,成为现代企业竞争力的关键因素之一。

与普通供应链相比,电子商务供应链具有更为广泛与复杂的管理范畴,其特点具体可概括为以下几方面。

1) 更个性化的服务

电子商务的产生打破了传统商业模式在时间与空间上的限制,使生产、运输以及消费过程变得更加协调统一。因此,电子商务供应链具有简洁、高效、灵活的特点。电商企业可通过电子商务供应链的运营,及时获取消费者的需求信息,进而提供有针对性的产品与服务。

2) 独特的管理方式

与传统企业相比,电子商务供应链成员企业的经营管理更加积极主动,可及时针对市场环境的变化作出反应,保持供应链系统的竞争优势。

3) 高度共享和集成的信息系统

电子商务是数字化、网络化的交易活动,其顺利进行需要先进的信息技术支持。由此,建设高度集成的信息系统就成为电子商务供应链管理的重要内容。这样的系统可以为成员企业提供快速、准确的信息传输服务,有效提升供应链整体的运营效益。

4) 高效的营销渠道

当前电子商务供应链成员企业在进行交易管理时,都需要建立完善的订单与库存管理系统。借助这些管理系统,电商企业可以及时发布有关产品销售的各项通知,并通过对历史数据的分析预测未来市场需求的变化趋势,准确把握市场的发展动向。

3. 供应链管理的概念

供应链管理是在现代科技条件下发展起来的管理理念,它涉及各种企业及企业管理的方方面面,是一种跨行业的管理,并且企业之间作为合作伙伴,为追求共同经济利益的最大化而合作。所以,开展电子商务必须加强对供应链的管理。

国家标准《物流术语》(GB/T 18354—2021)指出,供应链管理是指从供应链整体目标出发,对供应链中采购、生产、销售各环节的商流、物流、信息流及资金流进行统一计划、组织、协调、控制的活动和过程。供应链管理的目标在于提高用户服务水平和降低总的交易成本,并且寻求两个目标之间的均衡。实现企业供应链管理,首先要清楚供应链管理涉及的主要内容。我国著名的供应链管理专家马士华教授认为供应链管理主要涉及供应(supply)、生产计划(schedule)、传统物流(logistics,主要指运输和存储)和需求(demand)四个领域,如图5-5所示。

在以上四个领域的基础上,可以将供应链管理细分为职能领域和辅助领域。职能领域主要包括产品工程、产品技术保证、采购、生产控制、库存控制、仓储管理、分销管理。而辅助领域则主要包括客户服务、制造、设计工程、会计核算、人力资源、市场营销。由此可见,供应链管理关心的并不仅仅是物料实体在供应链中的流动,除了企业内部与企业之间

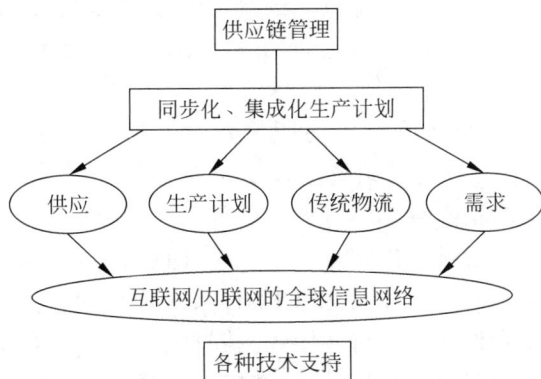

图 5-5　供应链管理领域

的运输问题和实物分销以外,供应链管理还包括以下主要内容:战略性供应商和用户合作伙伴关系管理;供应链产品的需求预测和计划;供应链的设计(节点企业、材料来源、生产设计、分销系统与能力设计、管理信息系统和物流系统设计等);企业内部和企业之间的物料供应与需求管理;基于供应链的用户服务和物流(运输、库存、包装等)管理;企业间资金流管理(汇率、成本等问题);基于互联网/内联网的供应链交互信息管理。

5.3.2　供应链管理方法

1. QR

QR(quick response),即快速反应,是美国纺织服装业发展起来的一种供应链管理方法。QR 旨在通过供应链各方的紧密合作和信息共享,快速响应市场变化和消费者需求,其核心目标是缩短交货周期、减少库存、提高客户服务水平和提升企业竞争力。

2. ECR

ECR(efficient consumer response),即"有效客户反应",它是在食品杂货业分销系统中,分销商和供应商为消除系统中不必要的成本与费用,给客户带来更大效益而进行密切合作的一种供应链管理方法。ECR 的核心目标是通过供应链中各方的紧密合作,以最低的成本,最快、最好地满足消费者需求,从而提高整条供应链的效率和加快响应速度。

3. EOS

EOS(electronic ordering system),即电子订货系统,是指将批发、零售商场所产生的订货数据输入计算机,通过计算机通信网络连接的方式即刻将资料传送至总公司、批发商、商品供货商或制造商处。EOS 不是单个的零售店与批发商组成的系统,而是许多零售店和批发商组成的大系统的整体运作方式。

4. ERP

ERP,即企业资源计划,是在 MRP Ⅱ 和 JIT 的基础上,通过反馈的物流和资金流,把客户需求和企业内部的生产活动,以及供应商的制造资源结合在一起,体现完全按用户需求制造的一种供应链管理思想的功能网链结构模式。

5. CPFR

CPFR(collaborative planning,forecasting and replenishment),即协同规划、预测和

连续补货。随着经济环境的变迁、信息技术的进一步发展以及供应链管理逐渐为全球所认同和推广，供应链管理开始更进一步地向无缝链接转化，促使供应链的整合程度进一步提高。

高度供应链整合的项目就是沃尔玛所推动的 CFAR（Collaborative Forecast and Replenishment）和 CPFR，这种新型系统不仅是对企业本身或合作企业的经营管理情况给予指导和监控，还是通过信息共享实现联动的经营管理决策。

CFAR 是利用互联网，通过零售企业与生产企业的合作，共同作出商品预测，并在此基础上实行连续补货的系统。CPFR 是在 CFAR 共同预测和补货的基础上，进一步推动共同计划的制订，即不仅合作企业实行共同预测和补货，同时原来属于各企业内部事务的计划工作（如生产计划、库存计划、配送计划、销售规划等）也由供应链各企业共同参与。

6. DRP 与 LRP

1）DRP

DRP（distribution requirement planning），即分销需求计划，是库存管理的一种方法，是 MRP 原理和技术在流通领域中的具体应用。它能够使流通领域内物流资源按照时间、数量的需求计划到位，达到有效地满足市场需要又使得配置费用最省的目的。

2）LRP

LRP（logistics resource planning），即物流资源计划，是运用物流手段进行物资资源优化配置的技术，它是在 MRP 和 DRP 的基础上形成与发展起来的，是 MRP 和 DRP 的集成应用。从市场的角度来看，LRP 是为企业生产和流通的高效运行组织资源，包括从社会和企业内部有效地组织资源、改善企业物流、提高企业效率。从社会的角度来看，LRP 是为市场需求进行经济有效的物资资源配置，满足社会的物资需求。

5.3.3　电子商务与供应链管理的关系

在供应链中，所有的节点企业基于为用户提供质量最好、价值最高的产品或服务的共同目标而相互紧密地联结在一起。松散的联结是不能增值的，不管供应链中哪一点的失误，都可能导致整条供应链出现产品或服务的质量问题，而电子商务的出现与应用，则消除了用户和供应商之间的障碍。

伴随知识经济时代的到来，信息替代劳动力和库存成为提高生产力的主要因素，而企业用于提高决策水平的信息更多地来源于电子商务。供应商通过 EDI 给其用户发出货运通知单，通知用户什么产品将于什么时候起运，用户利用这些信息提高其库存水平。而分销商把销售点和预测信息传送给它们的供应商，供应商再根据这些信息进行计划和生产。当供应链中节点企业能很好地通过电子商务达到信息共享后，企业就可以提高服务质量，为产品提供更大的附加值。

通过运用电子商务，能有效联结供应商、制造商、分销商和用户之间在供应链中的关系，而且在企业内部，电子商务也可以改善部门之间的联系，加强了用户"拉动式"机制，使用户直接从供应商那里获得产品的同时，获得有用信息，企业能以更低成本加入供应链联盟中。

电子商务与供应链管理之间呈现如下关系。

1. 电子商务使供应链管理思想得以实现

供应链管理思想强调核心企业与最杰出的企业建立战略合作关系,通过重新设计业务流程,做好本企业能创造特殊价值的、比竞争对手更擅长的关键性业务工作,这样不仅能大大地提升本企业的竞争能力,而且能使供应链上的其他企业都受益。电子商务是以管理人员为中心的人机交互式的管理信息系统。它是将先进的管理思想运用到企业内外各个层面,实施企业流程再造,借助计算机实现供应链管理的全过程。

2. 电子商务促进了供应链的发展

电子商务的应用促进了供应链的发展,也弥补了传统供应链的不足。从基础设施的角度看,传统的供应链管理一般建立在私有专用网络上,需要投入大量资金,只有一些大型的企业才有能力进行自身供应链建设,并且这种供应链缺乏柔性。而电子商务使供应链可以共享全球化网络,使中小型企业以较低的成本加入全球化供应链中。由于采用电子商务运营方式,许多核心供应链概念已经以更高效率的方法实践与应用。这些概念包括信息共享、多方合作、供应链管理设计、大规模定制的延迟、外包和合作、延伸或联合业绩度量。

3. 供应链管理是执行电子商务当中不可或缺的重要一环

供应链管理既是电子商务的一个重要部分和环节,又是企业提高业务经营管理水平的重要手段。利用电子商务的优势,企业可以及时收集信息,并在此基础上进行统计分析,生成有价值的数据,以运用到企业内部日常经营与外部上下游供应链的优化管理整合中。供应链管理提供制造商与其他企业体系间的供需联系管道,通过电子商务快速反映顾客的需要,以适时、适地、适量及优惠的价格提供客户所需的产品或服务,为客户、供应商及企业三方创造价值。

4. 供应链管理是实现电子商务的理论依据

企业建立电子商务是通过现代化的管理手段,用新的管理模式代替旧的管理模式的一场变革,实行电子商务必须以供应链管理理论为依据,在供应链管理思想指导下,实现电子商务发展目标。借助信息技术,通过网络实现企业供应链管理,提高企业竞争力是一种新的思想和方法,是一次管理革命。这是实现电子商务的基础,没有这样的基础,发展电子商务只不过是空中楼阁。基于供应链的管理思想,使原来在传统商务形式下被忽视的个别需求变成按单生产、基于模块化的大规模定制、物流服务等高附加增值活动,并在现代电子商务中得到了高度关注和实现。

5.3.4　电子商务与供应链管理的集成

集成化供应链管理成为企业进入 21 世纪后适应全球竞争的一种有效途径。电子商务与供应链的集成和整合已是大势所趋。从管理手段上观察,供应链管理是基于互联网/内联网的供应链交互的信息管理,这是以电子商务为基础的运作方式。基于互联网的信息技术的应用是供应链的基础支持系统,它包含各种功能和供应链中各组织单元的信息。供应链中的协作生产和物流集成,需要诸如订单计划、各节点存货状态、采购计划、生产计划、供应商交货预安排及储运存货情况等信息的集成共享,以有效降低供应链中为缓冲需求波动的存货的数量,同时又能保证交货的及时和高效。而电子商务的出现可以为企业实施供应链管理提供有力的信息技术支持和广阔的活动舞台。

电子商务与供应链管理的结合,使供应链的运作方式发生了改变。电子商务对供应链上的信息流、物流、商流进行优化和整合,促进了企业之间的沟通,有利于新产品的开发,提高流程效率,维持低库存、零退货。由于电子商务的介入,供应链的体系结构相应也会发生变化,如图 5-6 所示。

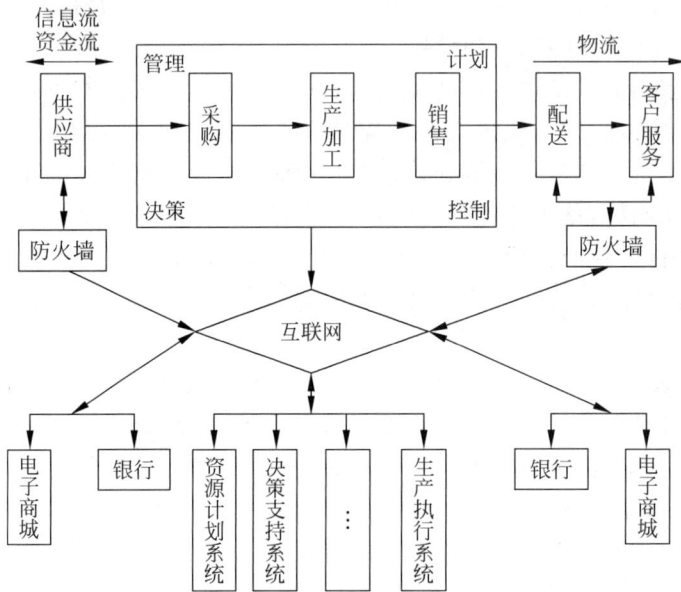

图 5-6　基于电子商务的供应链体系结构

从图 5-6 可以看出,电子商务企业的供应链采用互联网技术,实现企业内部和企业之间的信息集成与信息协作,利用互联网在国际市场进行信息流与资金流的交换。其中,企业内部的信息流和资金流的交换是利用互联网实现的,企业之间的信息流和资金流的交换是通过互联网利用电子数据交换方式实现的。在这些信息技术的全力支持下,要求其供应链上各成员围绕物流和资金流进行信息共享与经营协调,实现柔性和稳定的供需管理。

5.4　电子商务供应链风险管理

5.4.1　风险和供应链风险的概念

1. 风险的概念

早在 20 世纪 30 年代,风险管理的理念就已经产生。美国企业在 1938 年以后,即开始采用科学的管理方法对企业经营中的风险因素进行管控,并逐步积累出丰富的管理经验。到 20 世纪 50 年代,风险管理已发展成为一门独立的学科,诸多学者开始对其展开研究。1983 年,在美国纽约召开的风险和保险管理协会年会上,各国风险管理专家讨论并最终通过了《101 条风险管理准则》,标志着风险管理开始进入新的规范发展阶段。

因风险所代表的是一种较为模糊的观念,所以对于其概念,一般人并没有非常清晰的认识。风险的特征是强调未发生事件的不确定性,如果某一事件未来没有不确定性存在,则也就没有风险存在。

关于风险的定义,《韦氏英文字典》对其解释为:风险即损失的可能性或危害的结果。这一解释包括两方面的含义:一方面,风险具有容易幻化的特性和状态,缺乏肯定性;另一方面,风险是具有模糊的、无常的或未知特性的事物。我国国家标准《供应链风险管理指南》(GB/T 24420—2009)对风险的解释为:风险是指不确定性对目标实现的影响。

当前关于风险的研究主要从两种视角展开:一种为损失性视角,另一种为不确定性视角。从实际的情况看,应该将这两种视角合二为一,这样才能更全面地把握风险的本来面目。

2. 供应链风险的概念

在供应链实际管理过程中,其所面临的市场环境多是动态的,具有很强的不确定性。所谓不确定性,即当加入对时间维度的限制后,事物的特征与状态不能被准确地加以观察、确定。供应链是由多家企业组成的联合体,各企业的经营目标、发展战略、管理标准、企业文化等不可能完全一致,在实际运转过程中就充满了不确定性,而只要有不确定性存在,就会产生一定的风险,因此就需要用科学的方法对供应链中的风险进行管控,规避各种损失的产生。

关于供应链风险的定义,德勤咨询公司对其解释为:供应链风险是指对一个或多个供应链成员产生不利影响或破坏供应链正常运行的不确定因素,这些因素的存在将导致供应链管理达不到预期目的甚至会导致其运行失败。英国克兰菲尔德大学管理学院把供应链风险定义为供应链的脆弱性。我国国家标准《供应链风险管理指南》(GB/T 24420—2009)也对供应链风险进行了解释:供应链风险是指有关供应链的不确定性对目标实现的影响。

由上述分析可知,供应链风险来源于多个方面,所有影响与破坏供应链正常运转,造成其成本升高、效率降低、成员合作失败的不确定因素与意外事件都会导致供应链风险。在当今全球经济形势日趋严峻的背景下,企业要想获取竞争优势,就必须提高对供应链风险管理的重视程度,不仅要采取措施规避可能发生的各项风险,尽量降低其对供应链造成的不利影响,还要建立一套切实可行的风险管理规范,使供应链能够在受到风险事件冲击后尽快恢复到正常运行状态。

5.4.2 电子商务供应链风险的特征

除了具有一般风险的共性之外,供应链风险还具有以下几方面的特征。

1. 动态性

供应链管理目标的达成是整合各成员企业资源的过程。因不同企业所面临的风险存在差异,故这一过程会受到多项风险因素的影响。随着资源范围、经营环境以及供应链管理目标的变化,某成员企业的风险因素可能就会转化为供应链整体的风险因素。这些风险因素不会静止并保持在固定的范围内,而是会与供应链的运作相伴共存,具有很强的动态性。星星之火的小风险如果遇到合适的环境,就会发展成为有燎原之势的巨大风险。

对供应链风险的管理,需要提高对其动态性的重视,力求将各项风险隐患消除在萌芽状态。

2. 复杂性与多样性/多层次性

供应链是由多家企业组成的网络系统,其风险来源呈现出明显的复杂性、多样性特征。供应链管理不仅要面对来自单个企业的系统风险与非系统风险,还要面对成员企业之间的信息传递、文化冲突以及利润分配等方面的风险。此外,供应链的组成结构还具有较为明显的层次性特征,同样的风险对不同层次的成员企业影响程度也存在差异。

3. 传递性

供应链管理涉及开发设计、原材料采购、生产加工、运输加工等多个环节,需要由多家节点企业协同运作才能实现整体目标。在实际运营中,各成员企业是按特定的流程顺序来开展业务的。一个供应链流程可能由一家成员企业完成,也可能由几家企业共同完成。一家企业可能只参与一个供应链流程运作,也可能涉及多个流程。由此,各企业相互联结,形成彼此依赖的供应链网络,任何一个网络节点出现问题,都有可能影响供应链整体的正常运行。如上游的供应商可能通过供应链网络将风险传递给下游的销售商,销售商同样也可能通过物流、资金流、信息流等途径将风险传递给上游的供应商,"牛鞭效应"便是这种特性的典型表现。传递性是供应链风险的显著特性,会通过供应链网络对供应链整个系统造成危害,需要各级管理者予以重点关注。

4. 此消彼长性

供应链中各风险之间不是相互独立的,存在较为明显的此消彼长性,一种风险的降低可能会导致另一种风险的增加。这一方面是因为成员企业内部的风险也存在关联性,如为加强与供应商的长期互信合作,就会减少供应商数量甚至只保留单一供应商,而这又会增加供应链中断的风险;另一方面,各成员企业之间的风险也是此消彼长的,某家成员企业的风险管理政策可能会导致其他企业风险的增加,如制造商为降低自身库存风险,就会要求供应商采用 JIT 的方式进行供货,这必然会导致供应商经营风险的增加。由此,在对供应链风险进行管控时,需要科学分析各风险之间的内在关联,系统权衡各风险之间的此消彼长特性,力求使供应链的整体风险降至最低。

5.4.3 电子商务供应链风险的分析

供应链风险分析经常应用的方法有两种:一种是定性分析法,另一种是定量分析法。

1. 定性分析法

定性分析法需要对风险列表里的每一项风险都给出详细的描述,具体分析如下。

(1) 风险的性质——定性地描述风险。

(2) 风险的后果——定性地描述潜在的损失和获利。

(3) 风险的可能性——客观确定风险是否会现实发生。

(4) 风险的范围——风险发生影响的对象,如供应商、交付、成本、服务等。

(5) 风险的责任——风险发生所在的职能部门以及承担风险控制的责任方。

(6) 利益相关者——受风险影响的相关方及其预期。

(7) 风险管理的目标——通过风险管理希望实现的目标。

（8）相关风险——与其他风险的关联性。

（9）缓和风险带来的影响。

（10）企业现有风险管理的方法以及有效程度。

（11）提高风险管理水平的建议和新政策。

分析上述这些项目可以清晰地描述风险的性质，帮助供应链的管理者理解风险可能产生的影响，为其后制定风险管控对策提供帮助。但仅对这些项目进行定性分析，难以准确输出具体的数值，不足以实现有效控制供应链系统风险的目标。

2. 定量分析法

若能获得风险列表上的一些具体数值，就可以利用定量分析法精确评价风险可能会造成的不良后果，为供应链管理者的风险管控提供支持。风险管理涉及多种定量分析方法，这些方法基本需要对风险事件发生的可能性以及风险事件确实发生所造成的后果进行分析。这两个因素的重要性在于，通过它们可以计算期望值来评估风险，具体公式可表述为：事件期望值＝概率×结果。例如，当跨境进口的产品有 15％的可能性供货延迟且延迟损失是 30 000 美元时，则延迟损失的期望值＝0.15×30 000＝4 500 美元。

上述分析中所提到的期望值指的是风险多次发生后统计出的平均结果，而不是每次发生的结果。在上例中，如果一段时间内供应链不发生进口产品供货延迟，就没有实际损失产生，但如果发生供货延迟，则实际的损失就是 30 000 美元，而不是 4 500 美元。对很多风险来说，除非与其相关的风险事件明确发生，否则并不会产生实质性损失。

风险事件的期望值除了取决于发生概率与发生结果这两项因素以外，还可能会受风险管理不完美性的影响。风险管理不完美性所表现出的数值可能是管理人员发现风险并采取补救措施的概率，也有可能是风险发生的概率、正确识别风险的概率、有能力应对风险的概率、改变风险后果的概率等。这样详细地对不同风险因素进行定量分析可能会使风险管理复杂化，增加供应链风险管控的难度。

5.4.4 跨境电子商务供应链风险分析

跨境电子商务供应链是综合跨境交易、跨境物流、跨境支付以及海关通关等多环节的复杂的系统工程，涉及多个国家（地区）多家企业的物流、资金流以及信息流的运转。分析跨境电子商务供应链的风险可以从跨境物流、双方交易、网络营销以及运营环境等方面入手，通过科学的研究与探讨，实现对供应链系统风险的有效管控。

1. 跨境物流风险

跨境物流是指消费者通过跨境电子商务平台下单订货，而后境外商家或卖家通过直邮、快递等方式将产品送到消费者手中的流通过程，包括境外物流服务企业的运输、转运企业的通关以及境内物流服务企业的运输等过程。当前我国跨境电子商务物流的模式包括邮政小包、海外仓、专线速递、多式联运以及传统跨境物流五种类型。与一般境内物流相比，跨境物流因涉及多个国家（地区）多家企业的管理，且增加了通关、检验、退税、结汇以及海外仓储等业务环节，运营风险要高得多。一般可将跨境物流风险分为两类，分别为跨境物流自身的风险和海关通关风险。

1）跨境物流自身的风险

商品无论是在境内运输，还是在境外运输，都会面临物流自身所具有的风险。首先，跨境物流因需要经手多家实体，其风险也会随之增大。在实际运输过程中，跨境物流服务费用的起伏、货物运输损坏所引起的赔偿以及送货时间的延迟等因素都会给客户的消费体验带来不利影响，进而导致跨境物流企业收益受损。其次，各个国家（地区）之间政治经济环境、文化风俗、物流基础设施方面存在差异，这也会导致跨境物流管理面临较多的不确定性。最后，跨境物流信息在传递过程中也可能会被扭曲或延误，这将导致错发、错运等问题的产生，严重影响客户的满意度。跨境物流是跨境供应链管理的重要组成部分，其及时性与安全性直接关系到跨境供应链管理的成败。

2）海关通关风险

与境内电子商务相比，跨境电子商务在物流运输中又增加了通关的风险，只有在完成申报、检验、退税、结汇等操作后，才能进入下一步流程。海关的检查水平、清关效率、产品的通关成功率均存在一定的不确定性，大大增加了跨境物流运输的管理风险，给跨境供应链管理带来了新挑战。

2. 双方交易风险

在跨境电子商务管理中，交易双方信息的不对称、征信系统的不完善以及支付平台的不稳定，大大增加了其交易风险，导致失信行为时有发生。通过对跨境电子商务供应链的分析，可将其交易风险分为信用风险、支付风险和信息风险三种类型。

1）信用风险

在现代经济生活中，商品交易的买卖双方都可能面临信用风险的威胁。因跨境电子商务交易涉及主体多、范围广、流程复杂，且不同国家（地区）的征信体系存在较大差异，其信用风险问题就显得尤为突出。

2）支付风险

跨境电子商务的资金往来需要买卖双方通过电子终端设备向金融机构发出支付要求，以此完成资金的转移支付，由于金融信息系统安全性、时效性与稳定性问题的存在，跨境电子商务交易的各环节都会面临相应的支付风险。

3）信息风险

跨境电子商务管理中的信息包括产品流通过程中的信息交互、企业与顾客之间的信息交流两方面，因此其信息风险也可分为网络自身的信息风险和供应链信息风险。其中网络自身的信息风险主要来源于网络信息泄露、交互延迟以及网络安全隐患等因素。而供应链信息风险则主要产生于供应链运作过程中的信息失真以及信息不对称现象。

3. 网络营销风险

网络营销是一种新兴的销售模式，其实质是利用数字化的信息和网络的交互性来实现商家的营销目标。该模式可有效借助网络无边界、无时限的特性，快速提升产品的知名度，提高企业的市场占有率。但这种模式也存在商品差异性以及虚假营销的风险，如果实施不当，也同样会带来较大的损失。

1）商品差异性风险

部分跨境电子商务企业在产品销售中，会借助网络过度宣传其某一特性，以此提升消费者的购买意愿。但这样时常会导致顾客购买到的产品与商家宣传描述不一致，进而影响其消费者满意度。其结果不仅会降低顾客对该企业的认可度，而且整条跨境电子商务供应链的运营收益也会遭受损失。

2）虚假营销风险

当前我国电子商务管理法律法规体系还不完善，存在某些不良电子商务企业通过网络营销的方式，将不符合顾客需求的产品以次充好、以假充真的现象。这类虚假营销风险的存在，严重损害了消费者的利益，也影响了跨境电子商务供应链中其他成员企业的形象，阻碍了我国跨境电子商务市场的持续健康发展。

4. 运营环境风险

与一般供应链相比，跨境电子商务供应链所面临的外部运营环境更加复杂多变，不确定性也更高，具体包括自然环境风险、经济环境风险、法律法规风险以及行业风险四个方面。

1）自然环境风险

跨境电子商务在管理中涉及多个国家（地区）之间的交易往来，因而自然环境的变化也会对其产生不小的影响。不仅地震、海啸、火灾以及洪涝灾害的发生会给交易商品带来严重风险，而且商品本身在物流运输过程中发生的爆炸、泄漏等事故也会对自然环境造成危害。

2）经济环境风险

在当今经济全球化发展的大背景下，跨境电子商务经常需要面对因国际市场复杂多变而产生的诸多风险。不仅原材料价格、汇率以及利率的变动会增大交易风险，而且各国（地区）政治制度、文化习俗的差异也会增大跨境电子商务的不确定性。

3）法律法规风险

我国尚未建立较为健全的跨境电子商务法律法规体系，跨境交易相关的管理政策并不完善，因此就导致各种各样的风险问题，如卖家兜售客户信息导致客户信息泄露、向客户售卖假冒伪劣的产品、退换货的争议问题、偷税漏税严重、知识产权被侵犯等。

4）行业风险

在信息技术不断进步与经济全球化发展的行业背景下，跨境电子商务近年来发展迅速，已经成为跨境贸易发展的新动力。在这样的环境下，发展跨境电子商务更需要充分考虑市场的需求、规模、增长速度、竞争程度以及发展前景等方面的问题，尽可能将行业风险降至最低。

本 章 小 结

本章深入探讨了采购的核心概念、电子商务采购的优势以及供应链管理的关键因素。采购不仅是企业获取所需商品和服务的过程，也是企业成本控制和利润最大化的重要环节。通过有效的采购策略，企业能确保资源的最优配置，同时提高运营效率。电子商务采购作为现代采购模式的代表，通过互联网技术的应用，为企业提供了一个更为便捷、透明的采购平台。它不仅减少了传统采购过程中的人力和时间成本，还通过在线比价、电子订单和自动化流程等功能,提高了采购的效率和透明度。此外,电子商务采购还有助于企业建立更为广泛的供应商网络,从而在全球化的市场中寻找到更具竞争力的产品和服务。供应链管理则是确保企业采购活动顺利进行的另一关键因素。它涉及从原材料采购到产品交付给最终用户的整个流程。有效的供应链管理能够帮助企业降低库存成本、提高响应速度,并增强对市场变化的适应能力。通过采用先进的供应链管理工具和技术,如ERP系统、供应链协同平台等,企业能够实现信息的实时共享,提高库存水平,缩短交货时间,并最终提升客户满意度。综上所述,采购、电子商务采购和供应链管理是企业运营中不可或缺的组成部分。它们相互关联,共同构成了企业竞争力的重要支撑。随着技术的不断进步和市场环境的变化,这些领域的理论和实践也在不断发展,为企业提供了更多的机遇和挑战。

思　考　题

1. 简述电子商务与供应链的关系。
2. 企业为什么要实施供应链管理?
3. 简述快速反应的基本概念及其应用。
4. 电子商务供应链的特点有哪些?
5. 跨境电子商务供应链的风险主要来自哪些方面?

案 例 分 析

欧冶采购电子商务平台助力传统制造企业"互联网＋采购"转型升级

即 测 即 练

第6章

电子商务库存决策与管理

库存决策与管理一直是企业降低成本、提高收益的一个重要方面。由于网络经济的不断发展、电商行业的竞争日趋激烈,产品日渐同质化,在市场竞争中电商企业必须对成本加以控制,眼光自然聚焦在库存管理方面。然而,传统的库存控制策略不再满足电子商务企业的需求,电子商务库存逐渐从传统的管理形式向新型管理模式转变,这样有利于成本的降低和效率的提升。通过本章的学习,对电子商务库存的相应概念进行掌握,理解电子商务库存成本的构成及分类;了解 ABC 分类法、经济订货批量(economic order quantity,EOQ)、最优订货周期等相关概念,掌握定量和定期库存决策的相关方法;为了保障生产所需的物品,并保证库存资金量最小,结合实际的情况采用不同的库存管理模式。

6.1　电子商务库存概述

库存管理是电子商务企业成功销售的关键之一。本节主要介绍电子商务库存的相关概念、分类及管理方法的评价指标等基础知识。

6.1.1　库存与电子商务库存的概念

1. 库存的概念

"库存",译自英语里面的"inventory",它表示存储作为今后按预定的目的使用而处于备用或非生产状态的物品。广义的库存还包括处于制造加工状态和运输状态的物品。

2. 电子商务库存的概念

电子商务库存是指电子商务企业在运营过程中为了满足需求在各个仓库点堆积的原材料、半成品、产成品和其他物质。

6.1.2　电子商务库存的分类

库存管理是一种策略和方法,库存对于企业的重要性不言而喻,无论是供应企业、生产企业、零售企业还是物流企业,正确认识库存的分类,并制定有效的库存决策方案和管理机制,是其提高库存水平、降低运营成本、提高收益最重要的措施。考虑到物流和配送时间,在信息系统结构中,电子商务库存分为以下几类。

1. 可销售库存(S)

可销售库存(sellable inventory)是网站前台显示的库存,也是库存的最大组成部分。

当"可销售库存>0"时,这一商品可供购买,网站前台则会显示产品可销售;而一旦"可销售库存<0",网站前台则会显示商品缺货。缺货并不等于仓库没有货了,只是没有可销售库存。

2. 订单占用库存（O）

当生成订单时,可用库存数量减少,订单占用库存(order occupied inventory)数量增多,变化的数量即订单中的产品数量。

设立订单占用库存的原因在于订单的生成和库房的发货在时间上是异步的。这样做的目的是保证已经生成订单的库存,使客户可以顺利收货;若不设立订单占用库存,则会产生客户下订单后,发现没有库存、无货可发的情况。

3. 不可销售库存（U）

如果某产品由于破损无法销售,在系统中也必须有相应的状态。在实际中无法正常销售的原因很多,如包装破损、性能故障、型号标错等。

不可销售库存(unsellable inventory)在系统中的标注方法有两种:一种是使用不同的 SKU 代号来区别,例如某一正常商品的 SKU 编码是 351038,它所对应的不可销售库存的 SKU 编码则是 351038U;另一种是使用同一种 SKU,但是专门开辟一个不可销售库存区,所有不可销售的库存统一管理。

4. 锁定库存（L）

在销售中,经常会使用降价的促销方式。成功的降价促销可以在很短时间内将商品一售而空,但有时销售方并不希望这么快就将所有的库存都售出。

有时是因为所有库存全部降价促销的成本很高,有时是防止竞争对手的恶意采购,更多情况下,则是希望将这一商品的降价作为引子,带动网站的流量和整体销售,因此,需要将促销分批次进行。这时会采用锁定库存(locked inventory)的方式,库存被锁定后,无法直接销售。促销一段时间后,可用库存为 0,无法继续销售,必须在解除锁定后才能转化为可销售库存,继续进行销售。

电商库存公式:

总库存(I)＝可销售库存(S)＋订单占用库存(O)＋不可销售库存(U)＋锁定库存(L)

5. 虚库存（V）

上面四种库存是指实物在仓库中的库存,仓库的总容积量是一定的,不可能无限制地扩展。

电子商务如何将有限的仓库处理能力和无限的可销售商品联系起来呢?当仓库没有很多甚至没有某一些产品,但是可以短期内快速供货到仓库;销量少且库存管理难度大,订单产生才向供应商采购,这些不在实际库存中,但能够快速采货的都叫虚库存(virtual inventory)。虚库存的存在,是为了使网站前台的可销售数量大于实际可销售数量。当存在虚库存时,电商库存公式变为

$$可销售库存(S)＝总库存(I)－订单占用库存(O)－不可销售库存(U)－$$
$$锁定库存(L)＋虚库存(V)$$

6. 调拨占用库存（T）

很多 B2C 企业都采用分仓模式,有一个以上的仓库,一般会在客户聚集地附近设立仓库,以满足当地客户的需求。

各个仓库之间存在着库存的分派和调拨。当产生调拨计划后,调出地仓库的某一部分库存就会被占用,这部分库存被称为调拨占用库存(transport inventory)。调拨占用库

存和订单占用库存的性质相似。

7. 调拨中库存（A）

库存的调拨，会存在一段时间库存既不存在于调出仓库，也不存在于调入仓库，这一部分库存就像飘在空中一样，称为调拨中库存（air inventory），即正在调拨过程中的库存。

有效的库存管理可以帮助企业提高客户满意度，减少库存成本，提高运营效率，从而最终提升企业的盈利能力和竞争力。

6.1.3 电子商务库存管理方法的评价指标

消费者在购买商品之前通常要对销售者保质保量提供商品的能力进行调查，只有在充分相信这种能力以后才进行购买。相应地，销售者要巩固老客户、吸引新客户，就必须对库存进行良好的管理。库存管理方法的评价指标主要有以下几个方面。

1. 客户满意度

客户满意度是指客户对于销售者现在服务水平的满意程度。这个指标涉及许多内容：客户忠诚度、取消订货的频率、不能按时供货的次数、与销售渠道中经销商的密切关系等。

2. 延期交货

如果一个企业经常延期交货，不得不使用加班生产、加急运输的方法来弥补库存的不足，那么可以说，这个企业的库存管理系统运行效率很低。它的库存水平和再订货点不能保证供应，紧急生产和运输的成本很高，远远超过了正常成本。并不是要求企业一定不能有延期交货的现象，如果由降低库存水平引起的延期交货成本低于节约的库存成本，那么这种方案是可取的，它可以实现企业总成本最低的目标。

3. 库存周转次数

计算整条生产线、单个产品、某系列产品的周转次数可以反映企业的库存管理水平，库存周转次数越多，表明企业的库存控制越有效。可以通过对各个时期、销售渠道中各个环节的库存周转次数进行比较，看看周转次数的发展趋势是上升还是下降，周转的"瓶颈"是在销售渠道的哪个环节。

库存周转次数的计算公式如下：

$$库存周转次数＝年销售额÷年平均库存值$$

6.2 基于成本的电子商务库存决策

企业管理者希望在需要的时候能够及时获得原材料、零部件或产成品，同时又不希望提高库存成本，然而，这是两个相互矛盾的目标，怎样在二者之间找到平衡，成为库存决策的首要目标。从更广泛的意义上，我们认为电子商务企业可以建立下列三种库存管理的目标（图6-1）。

绝大多数的库存管理者都是在上述目标层集合决策的指导下开展工作的。如果对一些职能部门的决策进行回顾，可以发现，从整个企业战略角度考虑，有些决策是长期的，其影响长达几年；有些决策则是短暂的，其影响只能延续几天甚至几个小时。根据这些决

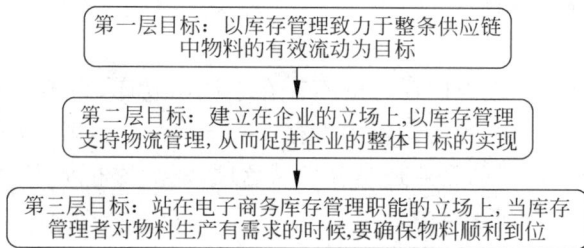

图 6-1　企业库存管理目标

策重要性的高低,这里把电子商务库存决策分为如下三类。

(1)战略性决策。战略性决策是最为重要的决策,通常由商业组织的高级管理层负责制定,涉及公司的长期发展和方向,它会在长期范围内产生影响,涉及较多资源的利用,具有较高的风险性。例如选择何种库存管理模式、是否引入新的库存管理技术等,战略性决策会为整个运作指明前进的方向,影响深远且难以改变。

(2)战术性决策。战术性决策主要关注中期战略的实施,以往由中层管理人员作出,现在,新的管理模式和技术的发展彻底改变了这一传统的做法,绝大部分决策都是通过讨论、协商一致的方法来制定的,基本上不会再出现上传下达的情况。战术性决策通常涉及具体的库存管理策略和方法,涉及的资源较少,风险性适中。例如如何进行库存预测、如何设置安全库存等,战术性决策影响范围较广,但相对容易调整。

(3)操作性决策。操作性决策主要关注短期战略的实施细节,通常由基层人员作出,涉及日常的库存管理活动,涉及的资源最少,风险最低。例如何时进行补货、如何分配库存等,操作性决策影响范围较小,但执行频率较高。

6.2.1　电子商务库存成本的构成

库存成本是在建立库存系统或采取经营措施时所造成的结果。电子商务库存成本主要包括采购成本、库存持有成本和缺货成本。

1. 采购成本

这是企业为了生产经营而采购产品所发生的费用,包括采购各个环节中所发生的人力、物力和财力成本。物流成本中采购成本的占比较大,怎样降低采购成本成为实现电子商务企业库存总成本最低化必须首先解决的问题。

1)采购成本的分类

按不同的方式可以将采购成本进行如下分类。

按成本构成,可以将采购成本分为直接成本和间接成本。直接成本是指与某一特定的生产或提供的服务直接相关的成本,如商品的购买价格、运输费用、保险费用、原材料成本等。间接成本是指在采购过程中产生的,产品或服务不能归结到一个单位的成本,如租金、折旧费用、管理费用、人力资源成本、销售和维护的费用等。

按成本性质,可以将采购成本分为固定成本和变动成本。固定成本在一个生产周期、销售周期或时间周期内(通常至少为一年)是固定不变的,如设备成本、仓库成本、管理成本等。变动成本的变化与活动和数量有密切的关系,如直接的人工成本和原材料成本。

按成本特性和用途,可以将采购成本分为共同成本和联合成本。共同成本是指同时用于两个或多个产品的生产、销售或服务,并且不能被单独合理地分配给任何一方的成本,因为它的发生与特定方案的选择无关,所以在决策中可以不予考虑,也属于比较典型的无关成本。联合成本是生成、保管或销售两个或多个不同产品的作业过程所不可避免的生产成本,这意味着多种产品的生产正在使用同一种不可分离的资源。

2) 采购成本的构成

采购成本的构成如图 6-2 所示。

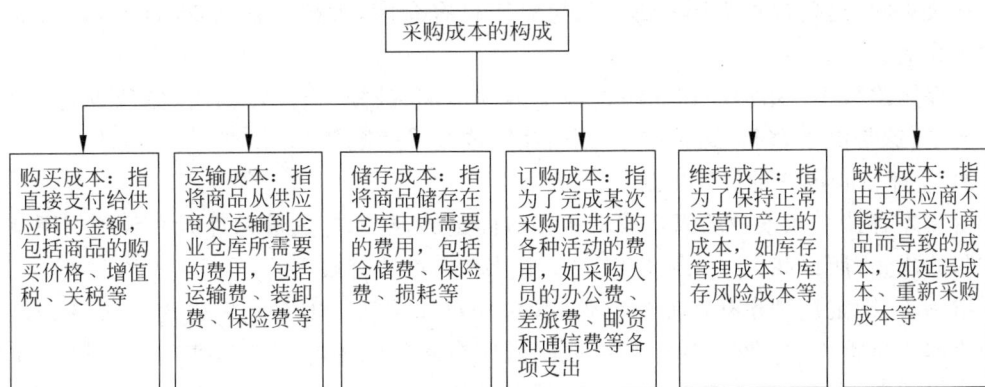

图 6-2 采购成本的构成

采购成本的构成

| 购买成本：指直接支付给供应商的金额,包括商品的购买价格、增值税、关税等 | 运输成本：指将商品从供应商处运输到企业仓库所需要的费用,包括运输费、装卸费、保险费等 | 储存成本：指将商品储存在仓库中所需要的费用,包括仓储费、保险费、损耗等 | 订购成本：指为了完成某次采购而进行的各种活动的费用,如采购人员的办公费、差旅费、邮资和通信费等各项支出 | 维持成本：指为了保持正常运营而产生的成本,如库存管理成本、库存风险成本等 | 缺料成本：指由于供应商不能按时交付商品而导致的成本,如延误成本、重新采购成本等 |

2. 库存持有成本

库存持有成本是指企业存储相应数量的物品而发生的成本,一般库存持有成本由多个方面构成,并且其在物流运营成本中占比较大。为了维持企业的正常生产经营活动,企业必须储备一定数量的库存,但是当库存占用企业资金的比例过大时,就会降低企业的获利性,因为采购、储存要发生各种费用支出,这些费用支出就构成了企业库存的持有成本。

库存持有成本可以分为固定成本和变动成本。固定成本与库存数量的多少无关,如仓库折旧、仓库职工的固定月工资等;变动成本与库存数量的多少有关,如库存占用资金的应计利息、破损和变质损失、安全费用等。

1) 库存持有成本的构成

库存持有成本包括资金占用成本、库存服务成本(相关保险和税收)、存储空间成本和库存风险成本四个主要方面。

资金占用成本:资金占用成本有时也称为利息成本或机会成本,是库存资本的隐含价值。资金占用成本反映失去的盈利能力。如果资金投入其他方面,就会要求取得投资回报,资金占用成本就是这种尚未获得的回报的费用。一般来说,资金占用成本是库存持有成本的一个最大组成部分,用持有库存的货币价值的百分比来表示,也有用企业新投资最低回报率来计算资金占用成本的。

$$资金占用成本 = 库存占用资金 \times 相关收益率$$

$$资金占用成本率 = \frac{资金占用成本}{筹集资金总额 - 资金筹集费} \times 100\%$$

库存服务成本：主要指安全成本及税金。库存服务成本由按货物实际金额计算的税金和为防止持有库存产生火灾和盗窃而购买的保险组成。通常税金会随库存水平的提高而增加，但保险费率则不随库存水平的变化而变化。当库存水平发生较大变化时，保险政策会根据预期的库存水平作出调整。

存储空间成本：是指企业为存储物品而占用存储建筑内的立体空间而发生的成本，它随库存物品数量、种类变动而变动。存储空间成本仅随库存水平的提高或降低而增加或减少。如果利用公共仓库，有关搬运及仓储的所有成本将直接随库存的数量而变化，在做库存决策时，这些成本都要考虑。如果利用自有仓库，大部分存储空间成本是固定的，如建筑物的折旧。

库存风险成本：指产品在存储过程中因为过期、破损、损耗，或者存储位置转移而产生的成本，这是由于企业无法控制的原因而造成的库存贬值。

2）库存持有成本的计算方法

由于库存持有成本中的固定成本是相对固定的，与库存数量无直接关系，它不影响库存控制的决策，所以我们可以通过以下步骤计算库存持有成本。

第一步，确定这种库存产品的价值，其中先进先出法（FIFO）、后进先出法（LIFO）和平均成本法是常用的方法。由于提高或降低库存水平与库存价值的变动成本相关，而与固定成本无关，因此，与库存决策最相关的产品价值是产品的买价或目前进入企业物流系统的产品的可变制造成本。

第二步，估算每一项存储成本占产品价值的百分比，然后将各百分比数相加，得到库存持有成本占产品价值的比例，这样存储成本就用库存价值百分比来表示，如表 6-1 所示。

表 6-1　库存持有成本的构成及占比

成 本 类 别	成本占库存价值的比例
仓储成本：仓库租金、折旧费、作业成本、税金、安全成本	6%（3%～10%）
材料处理成本：设备租金、折旧费、能源、作业	3%（1%～3.5%）
进行额外处理的劳动力成本	3%（3%～5%）
投资成本：借贷成本、税金、安全库存	11%（6%～24%）
被偷窃、积压和废旧库存	3%（2%～5%）
所有的持有成本	26%

第三步，用全部存储成本（产品价值的百分比）乘以产品价值，就可以估算出保管一定数量库存的年总成本。

3）影响库存持有成本的因素

（1）库存投资的机会成本率：影响库存持有成本的首要因素是库存投资的机会成本率。库存投资是以丧失其他投资机会为代价的，因此，必须以其他投资机会的回报率作为计算持有成本的依据。如果企业资金充足，可将银行存款用于库存投资，这种情况下，银行存款利率就是库存投资的机会成本率；如果企业资金短缺，要通过出售股票来获得资金对库存进行投资，则应以出售股票预期的利率为库存投资的机会成本率；如果通过银行贷款的方式进行库存投资,则贷款利率为库存投资的机会成本率。一般而言,企业资金越充足,库存持有成本中机会成本率越低;企业资金越短缺,库存持有成本中机会成本率越高。

（2）库存周转率:从理论上来讲,库存持有成本与库存周转率呈反比关系,库存周转率越高,库存占用资金的时间越短,库存持有成本越低。库存周转率越高,对物流系统的要求也越高,一味地提高库存周转率,可能导致批量成本、运输配送成本、缺货成本的增加大于持有成本的减少,总的成本上升。

（3）仓库的类型和存货水平的变动情况:库存所使用的仓库类型不同,库存持有成本也不一样。通常企业可以通过三种方式获取仓储空间:企业自有仓库、租赁仓库和公共仓库。在这三种类型的仓库中,企业自有仓库和租赁仓库的费用与企业的库存水平没有直接关系,而与仓库规划和仓储作业方式有关,所以应当属于仓储运作成本,而不是库存持有成本;公共仓库的收费通常按转进和转出仓库的产品数量以及存储点库存的数量来计算,所以公共仓库收费中的存储费用与库存水平有直接关系,应当属于库存持有成本中的保管成本。

3. 缺货成本

电子商务企业库存管理中的缺货成本是指由于商品供应中断而造成的相应损失,是由于外部和内部中断供应所产生的。如果发生缺货,将导致以下情况的发生。

1）延期交货

对于生产企业而言,延期交货可能使其生产或销售中止,导致生产或销售计划拖延,造成后续成本增加,如果经常缺货,客户可能就会转向其他供货商。由于延期交货经常是小规模装运,运输费率相对来说比较高。

2）失销

缺货可能会造成一些用户转向其他供应商,这就导致计划生产的产品销售不完,造成产品失销,进而造成库存积压,从而造成直接或间接的损失,对于企业来说,直接损失就是这种商品的利润损失。除了利润损失以外,失销还包括当初负责相关销售业务的销售人员所付出的努力的损失,这就是机会损失,一般很难估计一次缺货对未来销售的影响。

3）失去客户

相对于前面两种情况,失去客户对一个企业的影响是最重要的。丢失客户,企业也就失去了市场,生产的产品销售不出去,对于一个企业来说是致命的。因此,在企业库存决策中,对比分析库存造成的成本和失去客户造成的损失,确保最小的库存尽可能地满足客户需求。

6.2.2　电子商务库存中的 ABC 分类法

在定量化的电子商务库存控制决策中,ABC 分类法是一种比较简单的决策方法,也是一种最常用的决策方法。

1. ABC 分类法的基本原理

ABC 分类法是指将库存物品按照设定的分类标准和要求分为特别重要的库存(A类)、一般重要的库存(B 类)和不重要的库存(C 类)三个等级,然后针对不同等级分别进行控制的管理方法。其基本原理是在任何现实的经济管理中,都存在"关键的少数和一般的多数"这一普遍现象,在一个管理系统中,关键的少数总是对系统具有决定性的影响,但是一般的多数则影响较小或没有什么影响。库存物资中存在着少数物资占用大部分资金,而大多数物资却占用很少资金,利用库存与资金占用之间这种规律,对库存物资按其消耗数量、价值大小进行分类排队,将数量少、价值大的一类称为 A 类,将数量大、价值小的一类称为 C 类,介于 A 类与 C 类中间的为 B 类,然后分别采用不同的管理方法对其控制,即为 ABC 分类法。三类物资的库存品种数占比和资金占比如表 6-2 所示。

表 6-2　三类物资的库存品种数占比和资金占比　　　　　　　　　　%

占　　比	A 类物资	B 类物资	C 类物资
占库存总品种数比例	5～10	15～25	65～80
占库存总金额比例	65～80	15～25	5～10

2. ABC 分类法的步骤

第一步,收集数据。按照分析对象和分析内容,收集有关库存品的单位时间需求量、单价以及重要度的信息。

第二步,处理数据。对收集到的单位时间需求量、单价等数据资料进行整理,计算出各种库存品的单位时间耗用金额。

第三步,编制 ABC 分析表。把库存品按照单位时间耗用金额从大到小进行排列,同时求解每类物资在总物资中的占比,并求解其累计百分比。表格栏目包括物品名称、品目数累计、品目数累计百分数、物品单价、平均库存、平均资金占用额、平均资金占用额累计、平均资金占用额累计百分数和分类结果。

第四步,确定分类。将数据填入表格,对分类结果进行分析,根据单位时间耗用金额的占比,划分出 A 类、B 类和 C 类物资。

根据上述原理对库存品进行分类。

第五步,绘制 ABC 分析图。把已分类的库存品在曲线图上表现出来。

3. ABC 分类法的应用

例 6-1　甲企业保持有 10 种商品的库存,有关资料如表 6-3 所示,为了对这些库存商品进行有效的控制和管理,该企业打算依据商品的年耗用金额大小进行分类。请使用 ABC 分类法将这些商品分为 A、B、C 三类。

表 6-3　商品年耗用金额

商 品 编 号	年耗用金额/元
a	95 000
b	75 000
c	25 000
d	15 000
e	13 000
f	7 500
g	1 500
h	800

商 品 编 号	年耗用金额/元
i	425
j	225

解：ABC 分类法。

A 类：品种数目占库存总品种数的 5%~10%，资金占库存总金额的 65%~80%；

B 类：品种数目占库存总品种数的 15%~25%，资金占库存总金额的 15%~25%；

C 类：品种数目占库存总品种数的 65%~80%，资金占库存总金额的 5%~10%；

根据已知数据，按照商品年耗用金额从大到小的顺序排列，计算结果如表 6-4 所示。

表 6-4　计算结果

商 品 编 号	年耗用金额/元	在总商品中金额的占比/%	分 类 结 果
a	95 000	40.8	A
b	75 000	32.1	A
c	25 000	10.7	B
d	15 000	6.4	B
e	13 000	5.6	B
f	7 500	3.2	C
g	1 500	0.6	C
h	800	0.3	C
i	425	0.2	C
j	225	0.1	C
总计	233 450	100.0	

根据表 6-4 的计算结果，按照 ABC 分类法，可以对此企业的库存进行如表 6-5 所示的分类。

表 6-5　ABC 分类法分析结果

分　　类	对 应 编 号	年耗用金额/元	在总商品中金额的占比/%
A 类	a、b	170 000	72.9
B 类	c、d、e	53 000	22.7
C 类	f、g、h、i、j	10 450	4.4
总计		233 450	100.0

6.2.3　电子商务库存决策

电子商务库存决策有助于降低企业成本和风险、提高企业生产效率、提高客户满意度等，合理的库存决策可以确保商品的可销售库存充足，从而满足客户的需求。因此，电子商务企业在运营过程中应重视库存决策的制定和执行。下面针对电子商务独立需求库存管理问题的特点，简单介绍常见的定量与定期库存管理策略和方法。

1. 经济订货批量

1）库存周期

库存总成本最小的订货量称为经济订货批量。EOQ 在所有的订货策略中是最经典、最常见的。经济订货批量模型如图 6-3 所示，图中 Q 为订货量。图 6-3 描述了三个库存周期，每一周期都以 Q 个单位为开始，它是固定订货批量。刚收到订货时，库存水平为 Q 个单位，物品按斜率为负值的斜线所表示的某一固定需求率 R 出库。当库存量降至再订货点时，就按 Q 单位发出一批新的订货，经过一固定的提前期后，货物便到达入库。

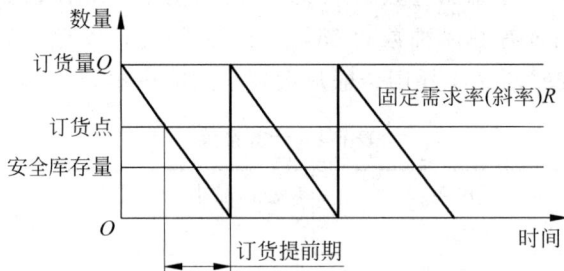

图 6-3　经济订货批量模型

2）数学描述

产品市场需求量和订货提前期被认为是求解产品订货点的两个最重要因素。假设产品的市场需求量和订货提前期都是确定的，并且不考虑缺货对企业的影响，可得企业的订货点为

$$R = \text{LT} \times \frac{D}{365} \tag{6-1}$$

式中，R 为订货点，即当库存降至此数量时订货；D 为平均日需求量，也即平均每天耗用量；LT 为订货提前期（平均运作时间），即开始订货到货物入库的时间。

在现实生活中，为了避免缺货，防止顾客流失，企业一般都设置安全库存 S，所谓安全库存，就是为应对不确定性因素而准备的缓冲库存。其具体计算公式为

安全库存 S =（单位时间最大耗用量－单位时间正常耗用量）×供货周期

考虑安全库存的情况，企业的订货点则为

$$R = \text{LT} \times \frac{D}{365} + S \tag{6-2}$$

订货批量 Q 可以根据 EOQ 来求解。一般情况下，企业的总库存成本的计算公式为

总库存成本＝购置成本＋订货成本＋保管成本＋缺货成本

假设不允许缺货的条件下：

总库存成本＝购置成本＋订货成本＋保管成本

即

$$\text{TC} = D \times P + D \times \frac{C}{Q} + \frac{QH}{2} \tag{6-3}$$

式中,TC 是总库存成本;D 是单位时间需求总量;P 是单位商品的购置成本;C 是每次订货成本,元/次;H 是单位商品年保管成本,元/年($H = P \times F$,F 为年仓储保管费用率);Q 是订货批量或订货量。

通过平衡订货成本和保管成本,实现总库存成本最低的最佳订货量称为经济订货批量。EOQ 的计算公式为

$$\text{EOQ} = \sqrt{\frac{2CD}{H}} = \sqrt{\frac{2CD}{PF}} \tag{6-4}$$

此时的最低年总库存成本:

$$\text{TC} = D \times P + H \times \text{EOQ} \tag{6-5}$$

年订货次数:

$$N = \frac{D}{\text{EOQ}} = \sqrt{\frac{DH}{2C}} \tag{6-6}$$

平均订货间隔周期:

$$T = \frac{365}{N} = 365 \times \frac{\text{EOQ}}{D} \tag{6-7}$$

若增大每次的订货批量,则有利于减少订货次数,降低订货成本,但增大订货批量通常会增加平均库存量,引起存储成本的上升。

例 6-2　某企业对甲种商品年需求量为 40 000 件,企业的订货成本为 400 元/次,保管成本为 8 元/件/年,单位商品的批发价格为 30 元/件,根据上述数据求解商品甲的 EOQ、年订货次数和年总库存成本、平均订货间隔周期。

解:经济订货批量 $\text{EOQ} = \sqrt{\dfrac{2 \times 400 \times 40\,000}{8}} = 2\,000$(个)

年总库存成本 $\text{TC} = 40\,000 \times 30 + 8 \times 2\,000 = 1\,216\,000$(元)

年订货次数 $N = \dfrac{40\,000}{2\,000} = 20$(次)

平均订货间隔周期 $T = \dfrac{365}{20} = 18.25$(天)

2. 定量订货法

定量订货法(Quantitative Order Method)是指当库存量下降到预定的最低库存量(订货点)时,按规定数量(一般以经济订货批量 EOQ 为标准)进行订货补充的一种库存控制方法。

定量订货法的计算公式为

$$\text{订货点} = \text{平均日需求量} \times \text{平均订货周期} + \text{安全量}$$

1) 定量订货法的优点

(1) 管理简便,订货时间和订货量不受人为判断的影响,保证了库存管理的准确性。

(2) 订货量一定,便于安排库内的作业活动,可节约理货费用。

(3) 便于按经济订货批量订货,节约库存总成本。

2) 定量订货法的缺点

（1）不便于对库存进行严格的管理。

（2）订货之前的各项计划比较复杂。

3) 定量订货法的适用范围

（1）单价比较低，而且不便于少量订货的物品，如螺栓、螺母等。

（2）需求预测比较困难的物品。

（3）品种数量多、库存管理事务量大的物品。

（4）消费量计算复杂的物品，即通用性强、需求总量比较稳定的物品等。

3. 定期订货法

定期订货法是指预先确定一个订货周期[一般采用经济订货周期（EOI）]和目标库存水平（即为最大库存量 S），然后按照事先设定的订货周期 t，检查库存量，发出订货单的库存管理方法。其基本原理为：预先确定一个经济订货周期 t 和最大库存量 S，周期性地检查库存，根据最大库存量、实际库存、在途订货量和待出库商品数量，计算出每次订货批量，发出订货指令，组织订货。

与 EOQ 方法比，这种方法不必严格跟踪库存水平，减少了库存登记费用和盘点次数。价值较低的商品可以大批量购买，也不必关心日常的库存量，只要定期补充就可以了。

如果需求和订货提前期是确定的，并且可以提前知道，那么使用定期订货法时，每周期的订货量是一样的；如果需求和订货提前期都不确定，那么每周期的订货量就是需求和订货提前期的函数。

这种方法的关键在于确定订货周期，订货周期是指提出订货、发出订货通知，直至收到货物的时间间隔。采用这种库存管理的方法进行订货时，需要预先掌握每个时期内订货点的库存量：

$$Q = \overline{D}(T + \overline{L}) + S - Q_0 - Q_1 \tag{6-8}$$

式中，$\overline{L}$ 表示平均订货时间；$\overline{D}$ 表示平均日需求量；T 表示订货时间间隔；S 表示安全储备量；Q_0 表示现有库存量；Q_1 表示已订未达量。

6.2.4　常见的电子商务库存决策模型

根据电子商务库存决策模型的主要参数（包括产品市场需求率、订货提前期）是否确定，可将决策模型划分为确定型库存模型和随机型库存模型。

1. 确定型库存模型

确定型库存模型的需求率 D 和订货提前期 LT 都是确定的。现实中绝对的确定型库存模型是不存在的，因为 D 和 LT 多少会有些波动，但只要参数波动性不大，就可以近似看作确定型库存模型。确定型库存模型主要包括周期性检查模型（Periodic Review Model）和连续性检查模型（Continuous Review Model）。

1) 周期性检查模型

根据实际产品是否允许缺货和产品到货时间的长短，将该模型分为如下几种：不允许缺货、瞬时到货，不允许缺货、非瞬时到货，允许缺货、瞬时到货，允许缺货、非瞬时到货，实时补货、瞬时到货，实时补货、非瞬时到货。下面我们着重介绍比较常见的前四种模型。

（1）不允许缺货、瞬时到货模型。

该模型的假设条件为：

① 缺货造成的损失较大；

② 当库存量降至零时，可以立即获得补充（即假设备货时间非常短，亦可以不考虑）；

③ 产品市场需求连续、均匀，且速率 R（单位时间的需求量）为常数；

④ 每次订货量和订购费是固定的（每次备货量不变，装配费不变）；

⑤ 单位存储费不变。

不允许缺货、瞬时到货情形下库存量随时间的变化如图 6-4 所示。该策略下库存立即得到补充，不出现缺货，不考虑缺货费用。用总平均费用来衡量库存策略的优劣：在产品市场需求率确定的前提下，若每次订货量大，则订货次数少，订购费降低。但是若每次订货量大，库存持有成本将增加。

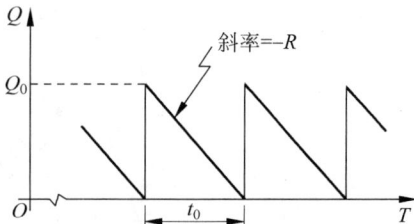

图 6-4　不允许缺货、瞬时到货情形下库存量随时间的变化

假定企业每隔 t 时间订一次货，则产品订货量应满足时间 t 内的总需求 Rt，设每次订货量为 Q，故有 $Q=Rt$，单位产品单位时间的储存费用为 H，每次订货费为 C，产品的单价为 K，则每次订货的总费用为 $C+KRt$；故单位时间 t 内的平均订货费为 $\dfrac{C}{t}+KR$。则企业在 t 时间内的平均库存量为

$$\frac{1}{t}\int_0^t RT\mathrm{d}T = \frac{1}{2}Rt \tag{6-9}$$

t 时间内所需平均存储费用为 $\dfrac{1}{2}RtH$。

因此，t 时间内总的平均费用为

$$C(t)=\frac{C}{t}+KR+\frac{1}{2}HRt \tag{6-10}$$

基于总成本最小化的原理，对上述 $C(t)$ 采用微积分方法：

$$\frac{\mathrm{d}C(t)}{\mathrm{d}t}=-\frac{C}{t^2}+\frac{1}{2}HR=0 \tag{6-11}$$

可得最优订货周期：

$$t_0=\sqrt{\frac{2C}{HR}} \tag{6-12}$$

因为 $\dfrac{\mathrm{d}^2C(t)}{\mathrm{d}t^2}>0$，故每个时间 t_0 订购一次货物可以使库存总费用最小。此时的最优订货批量为

$$Q_0=Rt_0=\sqrt{\frac{2CR}{H}} \tag{6-13}$$

而式(6-13)正是著名的经济订货批量公式。

（2）不允许缺货、非瞬时到货模型。

模型假设：该模型假设供货需要一定的时间，其他假设和模型（1）相同。设供货批量为 Q，所需供货时间为 T，则供货速率为 $P = \dfrac{Q}{T}$；已知产品的市场需求速率为 $R(R < P)$。生产的产品一部分满足市场需求，剩余部分才作为库存储存。不允许缺货、非瞬时到货情形下产品库存随时间的变化如图 6-5 所示。在区间 $[0, T]$ 内，库存以 $P - R$ 的速率增加，在区间 $[T, t]$ 内，库存以 R 的速率减少，假设时间 T 和 t 均为待定值。

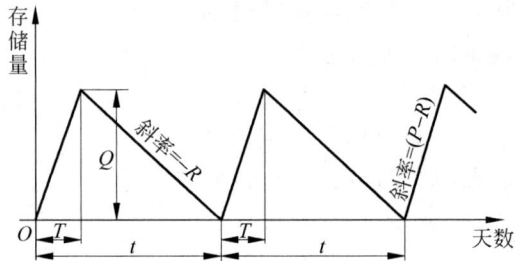

图 6-5　不允许缺货、非瞬时到货情形下产品库存随时间的变化

根据上述假设，可得如下关系：

$$(P - R)T = R(t - T)$$

也即

$$T = \frac{Rt}{P} \tag{6-14}$$

t 时间内的平均存储量为：$\dfrac{1}{2}(P - R)T$。

t 时间内所需存储费为：$\dfrac{1}{2}H(P - R)T$。

设 t 时间内所需供货附加费为 C_1，则单位时间总费用（平均费用）为

$$C(t) = \frac{1}{t}\left[\frac{1}{2}H(P - R)Tt + C_1\right] = \frac{1}{t}\left[\frac{1}{2}H(P - R)\frac{Rt^2}{P} + C_1\right] \tag{6-15}$$

同样，基于总成本最小化的原理，对上述 $C(t)$ 利用微积分方法可求得

$$t_0 = \sqrt{\frac{2C_1 P}{HR(P - R)}} \tag{6-16}$$

相应的最优订货批量为

$$Q_0 = \sqrt{\frac{2C_1 P}{H(P - R)}} \tag{6-17}$$

因此，可求出最佳供货时间：

$$T_0 = \frac{Rt_0}{P} = \sqrt{\frac{2C_1 P}{HP(P - R)}} \tag{6-18}$$

（3）允许缺货、瞬时到货模型。

设单位时间单位产品存储费用为 H，每次订购费为 C_1，缺货费为 C_2（单位缺货损失），R 为需求速率。如图 6-6 所示，最初存储量为 S，可以满足 t_1 时间的产品市场需求，t_1 时间内的平均存储量为 $S/2$，在 $t-t_1$ 时间内的库存量为零，则产品的平均缺货量为 $R(t-t_1)/2$，由于 S 仅能满足 t_1 时间内的需求 $S=Rt_1$，可得

$$t_1 = \frac{S}{R}$$

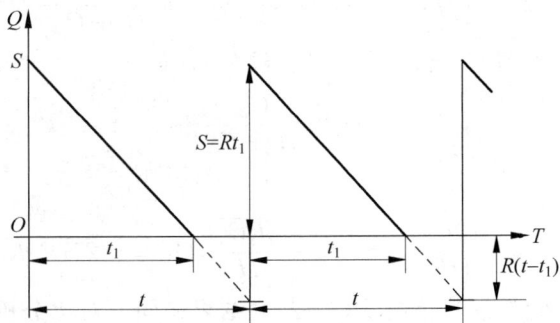

图 6-6　允许缺货、瞬时到货情形下库存量随时间的变化

在时间 t 内所需存储费：

$$H\frac{1}{2}St_1 = \frac{1}{2}H\frac{S^2}{R}$$

在时间 t 内的缺货费：

$$C_2\frac{1}{2}R(t-t_1)^2 = \frac{1}{2}C_2\frac{(Rt-S)^2}{R}$$

因此，平均总费用为

$$C(t,S) = \frac{1}{t}\left[H\frac{S^2}{2R} + C_2\frac{(Rt-S)^2}{2R} + C_1\right] \tag{6-19}$$

利用多元函数求极值的方法求总成本 $C(t,S)$ 的最小值：

$$\frac{\partial C}{\partial S} = \frac{1}{t}\left[H\frac{S}{R} - C_2\frac{Rt-S}{R}\right] = 0$$

式中，$R \neq 0, t \neq 0, HS - C_2(Rt-S) = 0$，因而可得

$$S = \frac{C_2Rt}{H+C_2} \tag{6-20}$$

求偏导数，然后取零：

$$\frac{\partial C}{\partial t} = -\frac{1}{t^2}\left[H\frac{S^2}{2R} + C_2\frac{(Rt-S)^2}{2R} + C_1\right] + \frac{1}{t}[C_2(Rt-S)] = 0$$

因 $R \neq 0, t \neq 0$，故可知

$$-C_1\frac{S^2}{2} - C_2\frac{(Rt-S)^2}{2} - C_1R + tR[C_2(Rt-S)] = 0 \tag{6-21}$$

将式（6-20）中 S 值代入式（6-21），消去 S，可得最优的订货周期为

$$t_0 = \sqrt{\frac{2C_1(H+C_2)}{HRC_2}} \tag{6-22}$$

将式(6-22)代入式(6-20)，可得最佳的初始库存水平：

$$S_0 = \sqrt{\frac{2C_1C_2R}{H(H+C_2)}} \tag{6-23}$$

将式(6-22)和式(6-23)代入式(6-19)，可得最低的库存成本：

$$\min C(t,S) = C_0(t_0,S_0) = \sqrt{\frac{2HC_1C_2R}{H+C_2}} \tag{6-24}$$

当缺货成本很大，也即 C_2 很大时（不允许缺货），

$$C_2 \to \infty,\ \frac{C_2}{H+C_2} \to 1$$

故而可得

$$t_0 \approx \sqrt{\frac{2C}{HR}},\quad S_0 \approx \sqrt{\frac{2RC_1}{H}}, C_0 \approx \sqrt{2HC_1R}$$

上式与模型(1)不允许缺货情况式(6-12)的结果相同。对比分析可以发现：

允许缺货最佳周期 t_0 为不允许缺货周期 t 的 $\sqrt{\frac{H+C_2}{C_2}} > 1$ 倍，订货间隔时间延长了；

在不允许缺货情况下，为满足 t_0 时间内的需求，订货量为

$$Q_0 = Rt_0 = \sqrt{\frac{2RC_1}{H} \times \frac{H+C_2}{C_2}}$$

在允许缺货情况下，存储量只需达到 S_0 即可：

$$S_0 = \sqrt{\frac{2C_1C_2R}{H(H+C_2)}}$$

显然，$Q_0 > S_0$，它们的差值表示在周期 t_0 内的产品的最大缺货水平：

$$Q_0 - S_0 = \sqrt{\frac{2RHC_1}{C_2(H+C_2)}}$$

通过计算获得的库存策略是每隔时间 t_0 订购一次货物，订购量为 Q_0，Q_0 除了补充所缺的货物，其余部分进入仓库存储。显而易见，在同样的时间间隔内，允许缺货策略的订货次数少于不允许缺货策略的订货次数。

（4）允许缺货、非瞬时到货模型。

该模型假设条件除允许缺货供应需一定时间外，其余皆与模型(1)相同。允许缺货、非瞬时到货情形下库存随时间的变化如图 6-7 所示。取 $[0,t]$ 为一个周期，设 t_1 时刻开始供应，经过时间 t_2 企业库存量变为零，B 表示企业的最大缺货量。$[t_1,t_2]$ 时间内除满足产品市场需求外，填补 $[0,t_1]$ 时间内的缺货量。$[t_2,t_3]$ 时间内除满足需求外，多余的产品进入库存，故单位时间库存量的增加速率为 $P-R$。S 表示库存量，t_3 时刻库存量达到最大，停止供应。$[t_3,t]$ 时间内库存量以需求速率 R 减少。

由图 6-7 可知，最大缺货量 $B = Rt_1$，或 $B = (P-R)(t_2-t_1)$；$Rt_1 = (P-R)(t_2-t_1)$，可得

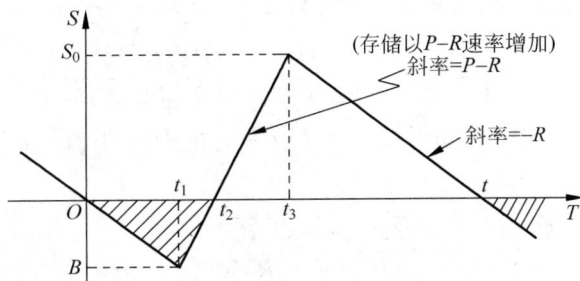

图 6-7　允许缺货、非瞬时到货情形下库存随时间的变化

$$t_1 = \frac{P-R}{P} t_2 \tag{6-25}$$

最大库存量 $S = (P-R)(t_3-t_2)$，或 $S = R(t-t_3)$，即 $(P-R)(t_3-t_2) = R(t-t_3)$，可得

$$t_3 = \frac{R}{P} t + \left(1 - \frac{R}{P}\right) t_2 \tag{6-26}$$

在时间 $[0,t]$ 内所需库存费用为

$$C = \frac{1}{2} H(P-R)(t_3-t_2)(t-t_2) \tag{6-27}$$

将式(6-26)代入式(6-27)可得

$$C = \frac{1}{2} H(P-R) \frac{R}{P} (t-t_2)^2$$

由上述公式易知，企业总缺货费用为

$$C_2^* = \frac{1}{2} C_2 R t_1 t_2 = \frac{1}{2} C_2 R \frac{P-R}{P} t_2^2 \tag{6-28}$$

在时间 $[0,t]$ 内总平均费用为

$$C(t,t_2) = \frac{1}{2} \left[\frac{1}{2} H(P-R) \frac{R}{P} (t-t_2)^2 + \frac{1}{2} H(P-R) \frac{R}{P} t_2^2 + C_1 \right] \tag{6-29}$$

对式(6-29)分别求解关于 t 和 t_2 的偏导数：

$$\frac{\partial C(t,t_2)}{\partial t} = \frac{1}{2} \frac{(P-R)R}{P} \left[H - (H+C_2) \frac{t_2^2}{t^2} \right] - \frac{C_1}{t^2} = 0 \tag{6-30}$$

$$\frac{\partial C(t,t_2)}{\partial t_2} = \frac{1}{2} \frac{(P-R)R}{P} \left[-2H + 2(H+C_2) \frac{t_2}{t} \right] = 0 \tag{6-31}$$

可得

$$t_2 = \frac{H}{H+C_2} t \tag{6-32}$$

将式(6-32)代入式(6-30)和式(6-31)中可得

$$t_2 = \sqrt{\frac{2HPC_1}{C_2 R(P-R)(H+C_2)}} \tag{6-33}$$

$$t = \sqrt{\frac{2P(H+C_2)C_1}{HC_2(P-R)R}} \tag{6-34}$$

设最优订货周期为 t_0，则由式(6-32)可得

$$t_2 = \frac{H}{H+C_2} t_0 = \frac{H}{H+C_2} \sqrt{\frac{2P(H+C_2)C_1}{HC_2(P-R)R}}$$

由数学分析的相关知识可知 $C(t,t_2)$ 在 $t=t_0$ 时有最小值，因而可得最优订货周期和最优订货量分别为

$$t_0 = \sqrt{\frac{2P(H+C_2)C_1}{HC_2(P-R)R}} \tag{6-35}$$

$$Q_0 = Rt_0 = \sqrt{\frac{2C_1PR(H+C_2)}{HC_2(P-R)}} \tag{6-36}$$

故而可得最大库存量和最大缺货量分别为

$$S_0 = R(t_0 - t_2) = \sqrt{\frac{2PRC_1C_2}{H(H+C_2)(P-R)}} \tag{6-37}$$

$$B_0 = Rt_1 = \sqrt{\frac{2RHC_1(P-R)}{PC_2(H+C_2)}} \tag{6-38}$$

从而可得库存的总最小费用：

$$\min C(t_0, t_2) = \sqrt{\frac{2C_1HC_2R(P-R)}{P(H+C_2)}}$$

2）连续性检查模型

连续性检查模型需要确定订货点和订货量两个参数。连续性检查模型亦分为六种：不允许缺货、瞬时到货，不允许缺货、非瞬时到货，允许缺货、瞬时到货，允许缺货、非瞬时到货，实时补货、瞬时到货，实时补货、非瞬时到货。最常见的连续性检查模型是不允许缺货、瞬时到货模型，此时的最佳订货批量为

$$Q^* = \sqrt{\frac{2RC_1}{H}} \tag{6-39}$$

订货点为

$$r = \text{LT} \times R \tag{6-40}$$

式中，C_1 为每次订货的费用；H 为单位时间单位产品存储费用；R 为需求率；LT 为订货提前期。

2. 随机型库存模型

为了确保供应商准时供货，生产商或者零售商的最常用做法是提前订货，或者延长订货提前期。另外，消费者需求也是不确定的、随机的，造成产品市场需求的不确定性，为了降低这种不确定性，企业需要事先统计产品的历史需求量和订货提前期的相关资料，以便拟定较为准确的安全库存量。由于供需随机波动产生的问题，确定型库存模型已不能反映，因此对这类问题必须建立一种新的模型——随机型库存模型。随机型库存模型——需求率 R、订货提前期 LT 这两者之一或全部为随机变量。尽管模型参数是不确定的，但在较长时期内，模型参数服从某种统计规律，符合某种概率分布，因而可以用随机型库存模型研究。

1）假设条件

需求率和订货提前期为已知分布的随机变量，且在不同补充周期，这种分布不变；补充订货在同一时间交付；供应过程中允许缺货，到货后所有都补上；已知年平均需求量；已知一次订货费、单位维持库存费、单位缺货损失费。

2）分时期随机型库存模型

（1）单时期的随机模型。

单时期随机需求问题中最典型的是报童问题，是指在单位时期内订货一次。

该模型假设：

在周期开始时制定订货量为 Q 的订货决策；订货后可以立即到货；假设一个固定周期内产品需求量 x 为非负随机变量，其分布函数及密度函数都已知；产品初始库存量为零，且每次固定订购成本亦为零；决策的依据是期望总费用最小化或期望总收益最大化。

下面分别就离散型与连续型两种情况进行讨论。

① 离散型随机库存模型。设在一个时期 T 内，需求量 x 是一个非负的随机变量，假设 x 的取值为 $x_1, x_2, \cdots, x_n$，相应的概率分别为 $P(x_1), P(x_2), \cdots, P(x_n)$，已知，最优库存策略的目标为使单位时间 T 内期望总成本最小化或总收益最大化。设 b 为在供过于求的情况下单位产品的总成本（包括存储成本和产品购买价格）、C_2 为供不应求的情况下单位产品的总成本（缺货成本）。

第一，总成本的期望值最小的订货量。

假设一个固定周期内的订货成本为零（或常数），单位产品的采购成本包括在 b 中。当产品市场需求为 x 时，实际出售产品的数量为 $\min\{Q, x\}$，这一阶段的缺货量为 $\max\{0, x-Q\}$，库存量为 $\max\{0, Q-x\}$。因此总费用最小的订货模型只包括上述两项费用：

$$f(Q) = b \sum_{x_i \leqslant Q} (Q - x_i) P(x_i) + C_2 \sum_{Q < x_i} (x_i - Q) P(x_i) \tag{6-41}$$

因为取 $x_i (i = 1, 2, \cdots, n)$ 为离散值，故需采用边际分析方法求解相应极值。最佳订货量 Q^* 应满足如下条件：

$f(Q^*) \leqslant f(Q)$，当 $Q^* \leqslant Q$ 时；

$f(Q^*) > f(Q)$，当 $Q^* > Q$ 时。

求解得

$$\sum_{i=1}^{r-1} P(x_i) < \frac{C_2}{C_2 + b} \leqslant \sum_{i=1}^{r} P(x_i) \tag{6-42}$$

第二，总收益期望值最大的订货量。

当订货量 $Q \geqslant x$ 时，收益为

$$\pi = Px - p_0 Q + p_1(Q - x) - b_1(Q - x)$$

式中，P 为产品的零售价格；p_1 为产品批发价格；p_0 为积压品的处理价格，并且满足 $p_1 < p_0$；b_1 为积压品仓储成本。此时，企业的期望收益为

$$\sum_{x_i \leqslant Q} [(P + b_1 - p_1) x_i - (p_0 - p_1 + b_1) Q] P(x_i)$$

当订货量 $Q < x$ 时，收益为

$$\pi = Px - p_0 Q - C_2(x - Q)$$

式中，C_2 为缺货成本，收益的期望值为

$$\sum_{Q < x_i} [(P - R)x_i - (p_0 - R)Q]P(x_i)$$

总收益期望值为

$$f(Q) = \sum_{x_i \leqslant Q} [(P + b_1 - p_1)x_i - (p_0 - p_1 + b_1)Q]P(x_i) +$$

$$\sum_{Q < x_i} [(P - R)x_i - (p_0 - R)Q]P(x_i) \tag{6-43}$$

求其最优解，与式(6-42)一样。

② 连续型随机库存模型。设需求量 x 为连续的随机变量，其概率密度为 $\varphi(x)$，此处 $x \geqslant 0$。单位产品的批发价格为 p_1，单位产品的零售价格为 P，计划期单位产品的库存成本为 b，可先不考虑缺货成本。设企业订货量为 Q，产品需求量为 x，此时产品的销量应为 $\min\{x, Q\}$。企业需支付存储费为

$$\max\{b(Q - x), 0\}$$

即只有存在库存时，才支付存储费，本阶段的盈利为

$$w(Q) = P \times \min\{x, Q\} - Qp_1 - \max\{b(Q - x), 0\}$$

盈利的期望为

$$E[w(Q)] = PE(x) - P\int_Q^\infty (x - Q)\varphi(x)\mathrm{d}x + \int_0^Q b(Q - x)\varphi(x)\mathrm{d}x + Qp_1 \tag{6-44}$$

式(6-44)后部分的期望，分别是因缺货失去销售机会出现损失、因滞销出现仓储费及购买价，而

$$\max E[w(Q)] = PE(x) - \min E[C(Q)]$$

易看出，求盈利最大与求损失期望最小是等价的。利用 $E[w(Q)]$ 是 Q 的连续、可微函数，要求 $\dfrac{\mathrm{d}E[w(Q)]}{\mathrm{d}Q} = 0$，即可得出 Q 应满足方程(6-45)：

$$\int_0^Q \varphi(x)\mathrm{d}x = \frac{P - p_1}{b + P} \tag{6-45}$$

并且可验证此为最优解。

当模型中期末的库存在当期必须处理时，最优订货量 Q 满足

$$\int_0^Q \varphi(x)\mathrm{d}x = \frac{k}{k + h} \tag{6-46}$$

如果缺货还要付出费用 $R > P$，则订货量 Q 满足

$$\int_0^Q \varphi(x)\mathrm{d}x = \frac{R - p_1}{b + R} \tag{6-47}$$

(2) 多时期库存模型。

多时期库存模型是将时间因素纳入库存决策的一种随机动态库存控制模型，对比单时期的随机模型，其每个周期的期末库存量可用于下个周期，最常用的是 (s, S) 策略。

① 随机离散的多时期 (s, S) 库存模型。模型的特点在于订货的机会是周期出现的。假设在一个阶段的开始时原有库存量为 Q_0，若供不应求，则需承担缺货损失费；若供大

于求,则多余部分仍需储存起来,供下一阶段使用。当本阶段开始时,按订货量 Q,使库存水平达到 $S=Q_0+Q$,则本阶段的总费用应是订货费、库存费和缺货损失费之和。

设产品的单位成本为 p_1,单位库存费为 b,缺货损失费为 R,每次订货费为 a,需求量为 x_i,概率分布为 $P(x_i)$,为方便,可设 $x_i < x_{i+1}$,解得

$$\sum_{i-1}^{r-2} P(x_i) < \frac{R-p_1}{R+b} \leqslant \sum_{i=1}^{r-1} P(x_1) \tag{6-48}$$

② 需求是随机连续的多时期 (s,S) 库存模型。设产品的单位成本为 p_1,单位库存费为 b,单位缺货损失费为 R,每次订货费为 a,假定滞后时间为零,需求量 x 为连续随机变量,概率密度为 $\varphi(x)$,假设产品期初库存量为 Q_0,单次订货量为 Q,基于期望总费用最小化确定最优订货量 Q。同时考虑订货费、库存费、缺货损失费等费用,解得

$$\int_0^S \varphi(x)\mathrm{d}x = \frac{R-p_1}{R+b} \tag{6-49}$$

因而称 $\dfrac{R-p_1}{R+b}$ 为临界点,由式(6-49)即可求出最大库存水平 S,由 $Q=S-Q_0$,即可确定最佳订货量。

库存决策模型对比见表 6-6。

表 6-6　库存决策模型对比

库存决策模型			订购费 (t 时间)	最优订货批量
确定型库存模型	周期性检查模型	不允许缺货、瞬时到货模型	固定	$\sqrt{\dfrac{2CR}{H}}$
		不允许缺货、非瞬时到货模型	固定	$\sqrt{\dfrac{2C_1 P}{H(P-R)}}$
		允许缺货、瞬时到货模型	固定	$\sqrt{\dfrac{2RC_1}{H} \times \dfrac{H+C_2}{C_2}}$（不缺货）
		允许缺货、非瞬时到货模型	固定	$\sqrt{\dfrac{2C_1 PR(H+C_2)}{HC_2(P-R)}}$
	连续性检查模型	不允许缺货、瞬时到货模型（常见）	固定	$\sqrt{\dfrac{2RC_1}{H}}$
随机型库存模型	单时期的随机模型	离散型随机库存模型	每次固定订货成本为零	$\sum_{i=1}^{r-1} P(x_i) < \dfrac{C_2}{C_2+b} \leqslant \sum_{i=1}^{r} P(x_i)$
		连续型随机库存模型	每次固定订货成本为零	$\int_0^Q \varphi(x)\mathrm{d}x = \dfrac{k}{k+h}$（期末库存在当期必须处理）　$\int_0^Q \varphi(x)\mathrm{d}x = \dfrac{R-p_1}{b+R}$（缺货时还要付出费用 $R>P$）
	多时期库存模型	随机离散的多时期 (s,S) 库存模型	固定	$\sum_{i-1}^{r-2} P(x_i) < \dfrac{R-p_1}{R+b} \leqslant \sum_{i=1}^{r-1} P(x_1)$
		需求是随机连续的多时期 (s,S) 库存模型	固定	$\int_0^s \varphi(x)\mathrm{d}x = \dfrac{R-p_1}{R+b}$,$Q=S-Q_0$

6.3 电子商务库存管理

电子商务库存管理（e-commerce inventory management），是指管理者对电商企业生产、经营、服务全过程的各种原材料、零部件、产成品及其他辅助资源进行管理和控制，使其库存既能满足市场需求，又能实现成本的最小化，其是电子商务企业根据市场对产品库存的要求以及采购的特点，预测、计划、执行和反馈电子商务库存的一种行为，以及采用合理、科学的方法对这种行为进行有效的管理和控制的过程。

6.3.1 电子商务库存管理概述

1. 库存管理的概念

库存管理是指在满足顾客需求的前提下，通过对企业库存水平进行有效控制，力求降低企业库存持有水平、提高库存周转效率，实现物流的合理化，以增强企业的市场竞争能力。库存管理的最终目标是提高客户服务水平和降低库存成本。然而，这两个目标呈现二律背反性，故而在当前资源约束下，企业库存管理通过两种方式实现其目标：第一，在满足设定的顾客服务水平的前提下尽可能地降低库存成本；第二，在设定的库存成本要求下，尽可能地提高客户服务水平。

2. 电子商务库存管理的概念

电子商务库存管理的实质是通过对电子商务网站销售产品进行管理、控制和优化，以期通过库存管理策略满足消费者对电子商务业务的需求。过多的库存数量将会占用资金，使得电商的流动资金较为紧张，投资回报率降低；如果库存过少则会威胁到生产连续性。

库存管理系统是电子商务企业预测、计划和实施控制的基础。该系统对企业仓库、货位、货号等账务信息进行管理，并对产品入、出库种类，入、出库单据进行管理和控制。仓库管理系统实时反馈各种产品的入库、仓储、出库等情况，为电子商务企业核算运营成本提供依据。通过库存数据分析，为管理及决策人员提供库存产品的周转率、资金占用比率、短缺、积压等信息，最后采用合适的库存管理方法实现提高服务水平、降低库存成本的目标。

案例 6-1：戴尔的库存管理模式

6.3.2 电子商务库存管理模式

作为电子商务物流管理的核心环节，库存管理的最佳状态应当是能够保障生产所需的物品，又能够保证库存资金量最小。当前电子商务库存管理模式主要有七种：传统库存管理、零库存管理（zero inventory management/zero-stock management）、供应商管理库存（vendor managed inventory，VMI）、联合库存管理（joint managed inventory，JMI）、客户管理库存（customer managed Inventory，CMI）、利用第三方物流供应商管理库存和协同式供应链库存管理。

1. 传统库存管理

传统库存管理模式是指电子商务企业在物流过程中只针对自己的库存制定管理策略,是基于交易层次、由订单驱动的一种静态的库存管理模式。为了更好地管理企业库存,在避免缺货和降低成本之间寻求平衡点,传统库存管理中常见的方法主要包含五种。

1) JIT

JIT 是一种被广泛使用的生产方式,是一种倒拉式管理即逆着生产工序,由顾客需求开始,从订单、产成品、组件、配件、零件或原材料到供应商的过程。准时制生产则是采用看板管理方式,实现生产与库存的同步化和均衡化。

JIT 的基本原理:以市场需求确定供应、生产量,即供应方根据需求方的要求(包括品种、规格、质量、数量、时间、地点等),将原材料、零部件、产成品适时、适量、适质地送往指定地点。

JIT 的工作要点:引进先进的机器设备,信息化的控制与操作已使生产准备阶段所耗时间变得很短,从而使准备耗费大幅度下降;仅选择几个可靠的供应商,且与其建立长期的订购关系,采购业务仅由电话或是传真的方式进行,由此采购费用大幅度下降;选定的供应商可按时、按量及按质将材料送到,因此企业的库存可以压低到极限,存储成本也可降到最低水平。

2) 经济订货批量法

经济订货批量法在 6.2 节有详细介绍,这里不再详述。

3) ABC 分类法

ABC 分类法在 6.2 节有详细介绍,这里不再详述。

4) 再订货点库存法

再订货点是用来明确启动补给订货策略的货品单位数。一旦存货量低于再订货点,即补给订货。当需求量或完成周期存在不确定性的时候,须使用合适的安全库存来缓冲或补偿不确定因素。

5) 库存盘点实践法

库存盘点,又称盘库,即使用清点、统计和对账等方法,检查进出仓库的物资明细,并更新仓库实际库存物资的数量和质量。

库存的管理要从库房规划开始,传统的 ERP 软件功能复杂,员工不愿意使用。专注中小企业的库存软件库管王,是一款具有 BOM(物料清单)的在线进销存软件,方便企业及时了解原材料和产成品在仓库中的动态,查商品库存,实时更新仓储数据,并可设置各种预警机制。其目标是实现"零库存",让所有企业的资金周转再也不成问题,只有如此才能更加轻松地管理好仓库仓储,也会让库房更加整洁。

2. 零库存管理

零库存管理的基本思想是通过严格管理,杜绝生产待工、多余劳动、不必要搬运、加工不合理、不良品返修等方面的浪费,达到零故障、零缺陷、零库存。

1) 零库存的概念和内涵

零库存的内涵是"在需要的时候,按需要的数量和质量,生产所需的产品",其目标是实现低库存,甚至无库存,同时满足生产要求。零库存生产方式以准时生产为出发点,对设备、人员等进行管理、调整,达到降低成本、简化计划和加强控制的目的。

2）零库存与传统库存管理方法的区别

（1）零库存试图尽可能消除供需双方多余的库存。

（2）零库存系统通过各个生产工序实现无缝衔接。

（3）零库存在合适的时间将合适数量、合适质量的产品送往合适的地点,实现了管理的高效性。

（4）零库存通过消除中间环节库存实现供应与生产、生产各道工序、生产与供应的有机结合。

（5）零库存要求供需双方相互信任,强调供需方的双赢。

零库存与传统库存对比见表6-7。

表6-7　零库存与传统库存对比

因　　素	传 统 库 存	零　库　存
库存	资产	负债
安全库存	有	无
生产时间	长	短
起始时间	计划性启动	即时性启动
批量	经济批量	小批量生产/定制化生产
排队	消除	必须
备货时间	较长	较短
质量检验	抽检	100％
供应商关系	交易	合作
供应来源	多个	单个
雇员	指令	全员参与

3. 供应商管理库存

1）供应商管理库存的基本思想

供应商管理库存是指按照双方达成的协议,由供应链的上游企业根据下游企业的需求计划、销售信息和库存量,主动对下游企业的库存进行管理和控制的库存管理方式。供应商管理库存是建立在零售商—供应商伙伴关系基础上的供应链库存管理方法,它突破了传统上"库存是由库存拥有者管理"的模式,不仅可以降低供应链的库存水平,降低成本,还能为客户提供更高水平的服务,加速资金和物资周转,使供需双方共享利益,实现双赢。

2）供应商管理库存的特点

（1）信息共享。零售商帮助供应商更有效地作出计划,供应商从零售商处获得销售点数据并使用该数据来协调其生产、库存活动以及零售商的实际销售活动。

（2）供应商完全管理和拥有库存,直到零售商将其售出,但是零售商对库存有看管义务,并对库存物品的损伤或损坏负责。

3）实施供应商管理库存的优点

（1）供应商拥有库存,对于零售商来说,可以省去多余的订货部门,去除不必要的控制步骤,使库存成本更低,服务水平更高。

(2)供应商会对库存考虑更多,并尽可能进行更为有效的管理,进一步降低总成本。

(3)供应商能按照销售时点的数据,对需求作出预测,能更准确地确定订货批量,减小预测的不确定性,从而减少安全库存量。

4)供应商管理库存的实施步骤

(1)建立顾客情报信息系统。通过建立顾客的信息库,供应商能够掌握需求变化的有关情况,把由分销商负责的需求预测与分析功能集成到供应商的系统中来。

(2)建立物流网络管理系统。供应商要很好地管理库存,必须建立起完善的物流网络管理系统,保证自己的产品需求信息和物流畅通。

(3)建立供应商与分销商的合作框架协议。供应商和分销商通过协商确定订单处理的业务流程以及库存控制的有关参数。

4.联合库存管理

1)联合库存管理的基本思想

联合库存管理是供应链成员企业共同制订库存计划,并实施库存控制的供应链库存管理模式。它旨在解决供应链系统中由于各节点企业的相互独立库存运作导致的需求放大问题。

联合库存管理和供应商管理库存不同,它强调双方同时参与,共同制订库存计划,使供应链中的每个库存管理者都从相互之间的协调性考虑,保持供应链相邻的两个节点之间对需求预期的一致性,从而消除了需求变异放大现象和库存管理"各自为政"的局面。

2)联合库存管理的实施策略

(1)建立供应链共同远景。建立联合库存管理模式,供应链各方首先要本着互惠互利的原则建立共同的合作目标;其次,要理解供需双方在市场目标中的共同之处与冲突点,通过协商形成共赢远景。

(2)建立联合库存的协调控制方法。联合库存管理中心扮演着协调供应链各方利益的角色,起协调整条供应链的作用。联合库存管理中心需要对库存优化的方法进行确定,如联合库存如何在多个需求商之间调节与分配,库存的最大量和安全库存的确定,需求量的预测,等等。

(3)建立利益的分配、激励机制。要有效运行基于联合库存管理中心的库存管理策略,必须建立一种公平的利益分配制度,并对参与联合库存管理中心的各个企业、各级供应部门进行有效的激励,以防止机会主义行为,增强协作性和协调性。

(4)建立信息沟通渠道。为了提高整条供应链的需求信息的一致性和准确性,减少由于多种预测导致的需求信息扭曲,增强供应链各方对需求信息获得的及时性和透明性,应建立一种信息沟通的渠道或系统,以保证需求信息在供应链中的畅通和准确性。

5.客户管理库存

客户管理库存是指库存管理者根据消费市场的需求情况由零售商管理库存的一种库存控制方式,因为零售商是最接近消费市场的,在了解市场需求方面最具发言权;相反,离消费市场越远的成员就越难预测消费市场需求的变化。

客户管理库存的主要内容如下。

（1）先进先出：先进入库存的货物在市场需求时先出库，避免因不合理放置造成呆料出现。

（2）警示即期品：实时监控库存货物信息，反馈即期品的相关信息（如数量、生产日期等），从而提高客户服务水平。

（3）保持前期充足度，促进进后线空仓。

（4）1.5倍安全库存法则：运用1.5倍安全库存法则争取订单既有说服力，又能防止断货，挤压客户资金，同时又不至于造成产品积压。

6. 利用第三方物流供应商管理库存

在现代化的供应链管理中，考虑市场资源供应的限制，很多企业利用第三方物流供应商来提供高效率的库存管理服务，以满足客户的需求，使供应链上的企业能够集中精力发展自己的核心业务，而不用将人力、物力投入不擅长的领域。

利用第三方物流供应商，其实质是利用企业外部资源，变物流的固定成本为变动成本，加速企业资金周转，同时还可以得到第三方物流供应商专业的物流管理和丰富的经验，来提高物流服务水平。第三方物流供应商在整条供应链中具有承上启下的作用，使供应和需求双方都消除了各自不必要的库存，进而提高了企业的整体竞争力。

利用第三方物流供应商管理库存，要建立在合作基础之上，并且要建立一种长期的战略联盟，双方通过收益共享、风险共担的方式实现长期的合作。

7. 协同式供应链库存管理

1）协同式供应链库存管理的基本思想

CPFR是一种协同式供应链库存管理技术，它应用一系列处理过程和技术模型，覆盖整条供应链合作过程，通过共同管理业务过程和共享信息来改善分销商与供应商的伙伴关系，提高预测的准确度，最终达到提高供应链效率、降低库存和提高客户满意度的目的。

VMI与JMI体现了供应链的集成，但是这种集成程度还不高，它们仅在供应链直接相关的两个环节之间作用，而未实现整体供应链的集成，并且它们没有一个适合所有贸易伙伴的业务过程。CPFR则摒弃了它们的这些缺点。CPFR首先针对各个贸易伙伴的战略和投资能力不同、市场信息来源不同的特点，构建一个方案组，方案组通过确认贸易伙伴从事关键业务的能力来决定主持核心业务活动的公司，贸易伙伴可选择多种方案来实现其业务过程。各贸易伙伴从不同角度收集不同层次的数据，通过反复交换数据和业务情报改善制订的需求计划，最后得到基于POS（销售终端）的消费者需求的单一共享需求计划。这个单一共享需求计划制订的过程，首先实现了供应链各环节需求信息的集成，在该单一共享需求计划的实施过程中，又充分整合了贸易伙伴的资源，有效地消除了贸易伙伴"各自为政"管理自己库存时存在的资源浪费现象。

2）CPFR的实施策略

我们以沃尔玛与萨拉利公司合作实施的CPFR的过程为例来说明CPFR的实施策略。两家公司实施CPFR的过程可基本分为三部分：准备阶段、实施阶段和效果评估阶段。

（1）准备阶段。组织建立CPFR的协作架构，对两家公司重复职位的人员重新进行配置，优化了结构；确定实施对象的范围；作出销售预测，确定如何识别销售预测的例外情况以及例外情况下的协作与解决方案；按照行业模型所表示的商务流程和技术格式，确认了 CPFR 实施步骤的有效性；确定效果评价标准，包括库存满足率、门店的库存天数、预测的精度、销售的机会损失。

（2）实施阶段。两家公司各个部门的成员都参加 CPFR，其中包括两家公司的信息系统部门、销售及商品补充部门的上级管理人员。两家公司没有为此项目的引进而增加人员。实施阶段的工作围绕销售预测计划展开。

（3）效果评估阶段。该项目实施 224 周之后，两家公司目标对象的销售额提高了32％，库存周转率提高了 17％，门店的库存满足率提高了 2％，门店的库存减少了 14％，效果十分明显。

总之，在供应链环境下产生的"牛鞭效应"，用传统的库存管理方法已经不能很好地解决。只有从供应链的整体出发，建立战略伙伴关系，实现信息共享，以获得整条供应链中的准确信息，使得生产按客户的实际需求进行，从而降低供应链中需求的变动性，才能有助于供应方作出更准确的预测，有效地控制"牛鞭效应"。

6.3.3 电子商务库存控制管理

1. 企业库存过高的原因

1）未形成供应链管理要求的整体观念

供应链中可能存在沟通不畅、协调不够或执行力不够的问题，同时许多供应链管理系统没有针对全局的供应链绩效评价指标，各节点企业各行其道，导致供应的整体效率低下。

2）信息传递系统效率低下

供应链库存管理强调协作和信息共享，供应链各成员企业的需求预测、库存状态、生产计划等，都是供应链库存管理的重要内容。由于缺少信息交流和共享，企业之间的信息不对称，企业无法掌握下游的真正需求和上游的供货能力，只好自行多储货物。许多企业的信息传递系统尚未建立，供应商了解到的客户信息常常是延迟的或不准确的信息，使短期生产计划实施困难，供应链上无法实现存货互通有无和转运调拨，只能各自持有高额库存。

3）供应链的不确定性

供应链库存的形成原因可分为两类：一类是出于生产运作需要建立的一般库存；另一类是为防范供应链上的不确定因素而建立的保险库存。企业在制订计划时，无法顾及不确定因素的影响，不确定因素是企业建立保险库存的主要原因。研究和追踪不确定性对库存的影响是供应链管理面临的一大挑战。

4）库存失衡

传统的销售模式一般是由供应商将商品送交销售商，其库存责任仍然归供应商，待销售完成后再进行结算，商品却由销售商掌握和调度。这就导致了销售商普遍倾向于加大订货量、掌握库存控制权，从而加剧了订货需求。

5）市场变化迅速

在快速变化的市场中，消费者偏好可能转变迅速，使原本预期会畅销的产品变得不再受欢迎。

2. 库存管理的特点

1) 信息化

电子商务企业进行库存管理的过程中通常采用先进的库存管理体系和自动化工具，以实现库存的实时监控和动态调整。信息技术的应用是推进供应链系统中信息共享的关键，改进整条供应链的信息精度、及时性和流动速度，是提高供应链绩效的必要措施。企业管理战略的一个重要内容就是构建供应运作的信息支持平台，构建企业的供应链信息集成系统。

2) 横向一体化与网络化

20世纪80年代后期，"横向一体化"的供应链思想兴起，即利用企业外部资源快速响应市场需求，企业只抓最核心的东西：产品方向和市场。"横向一体化"形成了一条从供应商到制造商再到分销商的贯穿所有企业的"链"；利用现代信息技术改造和集成业务流程、与供应商和客户建立协同的业务伙伴联盟。

3) 生产经营的敏捷柔性化

全球性市场竞争的加剧，使单个企业已经难以依靠自身的资源进行自我调整。20世纪末，美国提出了以虚拟企业或动态联盟为基础的敏捷制造模式。敏捷制造面对的是全球化激烈竞争的买方市场，采用可以快速重构的生产单元构成扁平组织，以充分自治的、分布式的协同工作代替金字塔式的多层管理结构，注重发挥人的创造性，企业之间的生产竞争关系变为"共赢"关系，强调信息的开放和共享，集成虚拟企业。电子商务的兴起为实现敏捷制造提供了可能。

4) 物流系统化、专业化

在此前的企业经营管理中，物流作为商务活动的辅助职能而存在，其本身并不构成企业管理的重要领域，其业务管理也往往是分散进行的，没有总体统一的协调。在电子商务时代，物流上升为企业经营中重要的一环，其经营的绩效直接决定了整体交易的完成和服务的水准，尤其是物流信息对于企业及时掌握市场需求和商品的流动具有举足轻重的作用，物流活动必须综合起来，进行系统化管理。在这种要求下，人们利用系统、科学的思想和方法建立物流系统，包括社会物流系统和企业物流系统，使物流活动能够全方位、全过程、纵深化地得到管理和协调。

3. 实现零库存的方式

1) 统一配送方式

统一配送方式是根据电子商务的特点，对整个物流配送体系实行统一的信息管理和调度，按照采购方订货要求，在物流基地进行理货工作，并将配好的货物送交采购方的一种物流方式。这一先进、优化的流通方式可以有效地降低企业物流成本、优化库存配置，保证及时供应，使企业实现零库存。统一配送方式作为现代物流的一种有效的组织方式，代表了现代市场营销的主方向，是网络经济时代最有发展潜力和经济效益的物资供应体系。

2) 委托保管方式

通过一定的程序，将企业所属物资交由专门的公司保管，而由企业向受托方支付一定的代管费用，使企业不再保有库存，实现零库存。这种零库存形式的优势在于：受托方利用其专业的优势,可以实现较高水平和较低费用的库存管理,企业不再设库,减去了仓库及库存管理的大量事务,可集中力量于生产经营。这种零库存方式主要是靠库存转移实现的,并不能使库存总量降低。其主要适用于需要专业保管的物资。

3)即时供应体系

在即时供应体系下,企业可以随时提出购入要求,采取需要多少就购入多少的方式,供应者以自己的库存和有效供应系统承担即时供应的责任,使采购方实现零库存。适合以这种供应形式实现零库存的物资主要是工具及标准件。这种供应体系对信息环境的要求较高,要求供求双方的业务系统是完全自动化、端到端的集成,才能最大限度地体现这种库存方式的优越性。

6.3.4 电子商务库存管理注意事项

在电子商务库存管理过程中,经常会存在一些误区,了解这些误区,掌握有效的管理策略,对于降低库存成本、提高顾客服务水平具有较大的影响。

1. 区分产品促销与库存清理

在电子商务库存管理中,人们经常混淆产品促销和库存清理。产品促销是指在某个节假日或特定时间,以较低价格销售产品,促进产品销售量的增加,以此来获取企业利润。而库存清理,其目的则是处理没有销售完或者积压的产品。两者的主要区别在于利润增加,库存清理通常利润较小或者无利润。

2. 库存物品并不是存放越久越好

极少的零售产品存放越久越好,如存放年复一年的白酒、葡萄酒等。大部分产品的生命周期都比较短,如果长时间存放在仓库里,就会造成产品过期、变质、产品包装褪色、产品表面积满灰尘等问题,这些都将降低产品的市场价值。对于换季产品或者积压产品,企业应以成本价或更低的价格清理库存,加速资金的周转,降低损失。

3. 优先将需要清理的库存推荐给老顾客

在电子商务库存管理过程中,经常会存在产品脱销或者临期产品,对于这一类产品,企业可以有针对性地发送信息给特定的客户,既处理了库存,又挽留了客户,还能让客户感受到企业对他们的关注。

4. 参与平台促销或秒杀活动

在现代化的电子商务发展中,平台促销或购物狂欢节日成为每个电子商务企业必须重视的促销方式。例如国内京东的"618"、天猫的"双 11",国外亚马逊平台的 Today's Deals 等。通过平台促销或秒杀活动,企业可以非常快速地清理库存,实践证明这也是最有效的清理库存方式。

5. 通过折扣网站或拍卖网站发布换季或清仓产品

知名品牌的建立和销售将花费企业大量的时间、资金与精力。为了减小低价清仓等促销活动对品牌声誉可能造成的负面影响,企业可以通过折扣网站或拍卖网站发布换季产品的信息。由于经常会出现清理库存产品的情况,企业可能无法收回全部产品的投入成本,但可以在不影响品牌的情况下回收部分资金。

本 章 小 结

在电子商务环境下,库存管理面临前所未有的挑战。本章对电子商务库存的概念、电子商务库存的分类以及电子商务库存管理方法的评价指标进行了详细介绍,对基于成本的电子商务库存决策进行了说明,包括电子商务库存成本的构成、ABC 分类法、电子商务库存决策及常见的电子商务库存决策模型,并对决策模型进行了对比、分析。库存作为物流的重要环节,结合当前电子商务背景,如何进行管理成为电子商务企业关心的问题之一,因此,本章对电子商务库存管理的模式、注意事项等进行了介绍,并通过相关案例进行说明。

思 考 题

1. 库存控制与管理的目标是什么?
2. 简述 ABC 分类法的使用步骤并思考其中存在的问题。
3. 比较定量订货法与定期订货法的不同和优缺点。
4. 常见的库存管理模式有哪些?
5. 库存管理的特点有哪些?
6. 常见的电子商务库存决策模型有哪些?

案 例 分 析

嘉农公司存货管理

即 测 即 练

第 7 章

电子商务物流运输与配送管理

本章全面、系统地分析了电子商务物流运输与配送管理的基本内容和理论,深入解析电子商务物流运输的含义、作用及功能,并详细介绍铁路、公路、水路及航空等主要运输方式的优缺点。同时,通过集装箱运输与多式联运的阐述,展示电商物流运输的灵活性与高效性。在物流配送方面,本章不仅分析配送的功能要素与模式,还探讨电子商务环境下配送路径与流程的优化策略,以及当前物流配送存在的问题及改进方向。这些内容对于理解电子商务物流的运作机制、提升物流效率、优化配送流程具有重要意义,为电子商务企业实现降本增效提供有力支持。

7.1 电子商务物流运输管理概述

运输是通过运输工具使物品在物流节点之间流动,它是创造物流空间价值的过程。运输是国民经济的命脉,任何跨越空间的物质实体的流动,都可称为运输。在互联网时代,电子商务物流可以给社会带来共享利益,使社会资源消耗最小、收益最大。

7.1.1 电子商务物流运输的含义

根据运输的定义,电子商务物流运输是指借助现代信息技术和互联网技术,构建货源供应企业与运输服务企业之间的信息联系和资源共享,最大限度地节约物质资源、降低运输成本,实现共享物流和绿色物流的目标。

7.1.2 运输在电子商务物流中的作用

1. 运输是物流过程的核心功能之一

物流,作为物质实体物理性运动的总称,其本质在于改变物品的时间与空间状态。其中,运输作为物流的核心功能之一,主要负责实现物品空间状态的转变。运输配合搬运、配送等活动,能够有效完成物品在空间上的移动任务。尽管现代物流理念已被广泛接受,但仍有部分观点认为运输等同于物流,这缘于运输在物流中的显著地位与作用。

2. 运输是社会物质生产的必要条件之一

在科技飞速进步、生产社会化与专业化快速发展的今天,运输在产品的生产与消费中扮演着不可或缺的角色。马克思将运输视为"第四个物质生产部门",凸显了其作为生产过程延续的重要性。运输不仅是生产的直接组成部分,也是连接生产、再生产、消费,以及国民经济各部门、各企业、城乡、不同国家和地区的桥梁。其具体表现为在生产过程中,运输是生产的直接组成部分,没有运输,生产内部的各环节就无法联结。在社会活动中,运输是生产过程的延续,衔接生产、分配、流通和消费等环节,更连接着不同国家和地区。

3. 运输可以创造"场所效用"

"场所效用"指的是同种物品因空间位置不同而表现出的不同使用价值与效益。运输通过改变物品的空间位置，能够最大限度地发挥其使用价值，提高投入产出比。因此，运输在优化资源配置、提高物品使用价值等方面发挥着重要作用。

4. 运输是"第三利润源"的主要源泉

运输作为物流活动中的重要环节，具有活动时间长、距离远、消耗大的特点。在物流费用中，运输费用占据了相当大的比重，成为影响物流费用的关键因素。因此，合理开展运输，不仅关系到物流时间占用多少，而且会影响物流费用的高低。不断降低物流运输费用，对于提高物流经济效益和社会效益都具有重要作用。物流是企业"第三利润源"，运输又是"第三利润源"的主要源泉。

7.1.3　电子商务物流运输的功能

物质产品生产的根本目标在于满足社会的多样化需求。通过深入剖析运输功能，能够更加准确地理解其在物流体系中的核心作用。从社会经济的视角来看，运输功能的充分发挥，不仅有效缩短物质的空间距离，还极大地拓展社会经济活动的疆域，并实现了在此广阔范围内价值的均衡化与合理化。物质产品唯有通过运输方能进入消费领域，进而实现其使用价值，满足社会的多元需求。基于上述分析，运输主要具备两大功能。

1. 产品转移

不论产品处于何种形态，如原材料、零部件、装配件、在制品或制成品，也不论其是在制造过程中需转移到下一生产阶段，还是更接近最终消费者，运输都扮演着至关重要的角色。其核心功能在于通过改变产品的空间位置，消除生产与消费在空间上的分离，或将产品从使用价值较低的地方转移到使用价值较高的地方，从而创造出产品的空间价值。此外，由于运输的主要目标是实现产品从原产地到目的地的快速转移，因此，运输还能确保产品在所需时间内送达，进而创造出产品的时间价值。

2. 产品储存

若转移过程中的产品需要储存，且在短时间内又将重新转移，而装卸搬运的成本费用也许会超过储存在运输工具中的费用，这时可将运输工具作为暂时的储存场所。所以，运输也具有临时的储存功能。通常以下两种情况，需要将运输工具作为临时储存场所：一是货物处于转移中，运输的目的地发生改变。二是起始地或目的地仓库储存能力有限时，将货物装上运输工具，采用迂回路线或间接路线运往目的地。对于迂回路线来说，转移时间通常多于直接路线时间。也就是说，迂回路线运输实际上是将运输工具当作产品的临时储存场所，只不过此时的产品处于移动状态，而不是处于静止状态。

7.2　电子商务物流运输的主要方式

当前，我国最基本的运输方式有五种，即铁路运输、公路运输、水路运输、航空运输和管道运输。五种运输方式采用不同的运输工具，具有不同的运输效能和适用范围。在五种基本运输方式的基础上，又有多式联运、集装箱运输等综合运输方式。因此，如何根据客户的需要,充分利用不同运输方式的特点和优势,合理选择和使用各种运输方式与运输工具,对确保商品运输的及时性和经济性具有十分重要的意义。

7.2.1 铁路运输

1. 铁路运输的概念

铁路运输,即火车运输,作为现代主要运输方式之一,在我国国民经济中发挥着举足轻重的作用。鉴于我国人口众多、地域辽阔,铁路运输在连接全国各地,特别是促进经济发达沿海地区与资源丰富的内陆地区的经济往来和货物转移方面,承担着约50%的货运量,成为国民经济的大动脉。新中国成立以来,我国大力修复和扩建铁路干线与复线,构建了以北京为中心、覆盖全国的铁路运输网络,并与公路、水路、航空、管道等运输方式形成综合运输体系,共同推动运输枢纽经济的全面发展。

2. 铁路运输的优缺点

1) 铁路运输的优点

(1) 速度快,在运输的准时性方面占据优势,运行时刻表按分钟编制,它受气候影响较小,可以全年正常不间断运行。

(2) 载运量大,运输成本较低,适合大批量低值商品运输,一组铁路列车,可运送5 000 吨左右的货物,这比航空运输、公路运输的运输量大很多。

(3) 安全性好,受自然条件限制少,较其他运输方式更为安全。

(4) 环境污染小,对环境和生态平衡的影响较小,特别是电气化铁路的影响更小。

(5) 行驶具有自动控制性。

2) 铁路运输的缺点

(1) 铁路建设项目投资较大、建设周期长。铁路铺设一般距离较远,有些长达几千千米,跨越几个省、区、市,沿途还须配备道口管理。

(2) 运输时间较长。在铁路运输过程中,需要有列车的编组、解体和中转改编等作业环节,占用时间较长,因而增加了货物的运输时间。

(3) 货损率比较高。由于铁路运输装卸次数较多,货物毁损或灭失事故通常比其他运输方式多。

(4) 不能完全实现"门到门"运输。铁路运输通常要与其他运输方式配合,才能实现"门到门"运输,完成运输任务;只有托运人和收货人均有铁路专用线,才能实现真正的"门到门"运输。

3. 铁路运输的主要组织形式

1) 按运输条件的不同划分

(1) 普通货物运输。普通货物运输是指除按特殊运输条件办理的货物以外的其他各种货物运输。

(2) 特殊货物运输。特殊货物运输主要有以下几类。

① 较大货物运输:包括超长货物、集重货物和超限货物,即一些长度大、重量大、体积大的货物的运输。

② 危险货物运输:指在铁路运输中,凡具有爆炸、易燃、毒蚀、放射性等特性,在运

输、装卸和储存保管过程中,容易造成人身伤亡和财产毁损而需要特殊防护的货物的运输。

③ 鲜活货物运输:指在铁路运输过程中需要采取制冷、加温、保温、通风、上水等特殊措施,以防止腐烂变质或死亡的货物,以及其他托运人认为须按鲜活货物运输条件办理的货物的运输。鲜活货物分为易腐货物和活动物两大类。易腐货物主要包括肉、鱼、蛋、奶、鲜水果、鲜蔬菜、鲜活植物等,活动物主要包括禽、畜、蜜蜂、活鱼、鱼苗等。

④ 罐装货物运输:指用铁路罐车的货物运输。

2) 按运输速度的不同划分

(1) 普通货物列车办理的货物运输。

(2) 快运列车办理的货物运输。

(3) 客运列车办理的货物运输。

3) 按一批货物的重量、体积、性质、形状划分

(1) 整车货物运输。按照货物的重量、体积、性质、形状,需要一辆以上货车运送的货物,可以按整车办理。整车货物运输的基本条件如下。

① 整车货物以每一货车所装货物为一批,跨装、爬装或使用游车装运的货物,以每一车组为一批。某些限按整车办理运输的货物,允许托运人将一车货物托运至两个或三个到站分卸(即整车分卸)。

② 承运人原则上应按件数和重量承运货物,但对散装、堆装货物的规格、件数过多在装卸作业中难以点清件数的货物,则只按重量承运,不计算件数。

③ 货物重量由托运人确定。

④ 按照货物运输途中的特殊需要,允许托运人派人押运。

⑤ 允许在铁路专用线、专用铁路内装车或卸车。

(2) 零担货物运输。凡不满足整车运输条件的货物,即按重量、体积、性质、形状都不需要单独使用一辆货车运输的一批货物,除可使用集装箱运输以外,也可按零担货物运输。零担货物运输相对于整车作业更为复杂,因此还要受到其他一些运输条件的限制。

① 一件零担货物的体积不得小于 0.02 立方米,但如果一件重量在 10 千克以上,可以不受此限。

② 为便于装卸作业中堆码、交接和配装,一批零担货物的件数不得超过 300 件。

③ 不易计算件数的货物、运输途中有特殊要求的货物、易于污染其他物品的货物,不得按零担办理。

④ 托运人应在每件零担货物上标明清晰的记号(即货签),以便作业中识别。

⑤ 货物的重量由铁路确定,但对于标准重量、标记重量或附有过磅清单的零担货物,允许由托运人确定重量,但铁路可进行复查和抽查。

⑥ 一般情况下不允许派押运人。

(3) 集装箱货物运输。使用集装箱装运货物或运输空集装箱,称为集装箱货物运输。集装箱货物运输适用于精密、贵重、易损的货物。凡适合集装箱运输的货物,都应按集装箱运输。集装箱货物运输条件如下。

① 每批必须是同一箱型,使用不同箱型的货物,不得按一批托运。

② 每批至少一箱,最多不得超过一辆货车装运的箱数。以上都是为了保证以一张运单托运一批集装箱货物能用一辆货车同时装运。

③ 货物重量由托运人确定。

④ 铁路按箱承运,不查点箱内货物。

4)按铁路特色货物组织方式划分

(1)快运货物运输。为加速货物运输、提高货物运输质量、适应市场经济的需要,铁路管理部门开办了快运货物运输(简称快运),在全国的主要干线上开行了快运货物列车。托运人按整车、零担、集装箱运输的货物,除不宜按快运办理的煤、焦炭、矿石、矿建等品类外,都可要求铁路按快运办理。经发送铁路局同意并切实做好快运安排,货物即可按快运货物运输。托运人按快运办理的货物,应在铁路货物运输服务订单内用红色戳记或红笔注明"快运"字样,经批准后,向车站托运货物时,须提交快运货物运单,车站填写快运单。

(2)班列运输。为了适应市场经济发展的需要,向社会提供优质服务,铁路开展了货运"五定"班列(简称班列)运输。货运"五定"班列是指铁路开行的始发站与到站间直通,运行线和车次全程不变,发到日期和时间固定,实行以列、组、车或箱为单位报价的办法,即定点、定线、定车次、定时、定价的货物列车。班列运输具有运达迅速、手续简便、运输费用透明度高等特点。

班列按其运输内容分为集装箱货物班列(简称集装箱班列)、鲜活货物班列(简称鲜活班列)、普通货物班列(简称普通班列)。班列的开行周期实行周历,按每周 N 列开行。

7.2.2 公路运输

1. 公路运输的概念

公路运输是一种主要依赖汽车并辅以其他车辆(如人力车、畜力车等)在公路上进行的货客运输方式。其技术设施主要由道路、车辆和车站构成。不同等级的公路在路面质量、路基强度、路面宽度、曲线半径、交通控制和行车速度等方面存在显著差异,这些差异对公路运输的质量和成本具有显著影响。公路运输高度的灵活性和多样化的服务,特别适用于高价值、小批量货物的门到门服务,其经济半径一般限制在 $200\sim500$ 千米。

2. 公路运输的优缺点

1)公路运输的优点

(1)速度快,无须中转,直达性强,覆盖范围广。

(2)可靠性高,对货物损伤小。

(3)机动性强,可灵活选择路线和时间,提供门到门服务,市场覆盖率高,适应性强,可单运或拖挂运输。

(4)投资少,经济效益高,固定成本低,周转速度快。

(5)操作人员培训周期短,汽车驾驶员培训半年即可,而其他运输方式则需数年。

2)公路运输的缺点

(1)变动成本相对较高。公路的建设和维修费经常是以税与收费形式向承运人征收的。

（2）运输能力较小，受容积限制，它不能像铁路运输一样运送大量不同品种和大件的货物。

（3）能耗高，环境污染比其他运输方式严重得多，劳动生产率低。

（4）土地占用较多。

3. 公路运输的主要组织形式

（1）按运输组织方法可分为零担货物运输、整批货物运输和集装箱运输三类。

① 托运人一次托运货物计费重量3吨及以下的，为零担货物运输。

② 托运人一次托运货物计费重量3吨以上或不足3吨，但其性质、体积、形状需要一辆汽车运输的，为整批货物运输。因货物的体积、重量的要求，需要大型或专用汽车运输的，为大型特型笨重物件运输。

③ 采用集装箱为容器，使用汽车运输的为集装箱运输。

（2）按运输速度可分为普通货物运输和快件货物运输。在一般公路上进行的运输称为普通货物运输，而在高速公路或等级高的汽车专用路上进行的运输则称为快件货物运输。目前，公路快件货物运输发展迅速，其服务对象为高时效货物，依托高等级公路和网络化的货运站场集散货源，使用技术先进、结构合理的车辆载运货物，并通过高效的通信技术进行管理。从服务形式上看，其又可分为零担货物快速运输和整车货物快速运输。

7.2.3 水路运输

1. 水路运输的概念

水路运输，简称水运，是指利用船舶在江、河、湖泊、人工水道和海洋中进行的货物运输和人员运输方式。在现代交通运输体系中，水路运输作为一种古老而经济的运输方式，具有其独特的优势。在铁路等现代运输方式出现之前，水路运输与人力、畜力为动力的陆上运输工具相比，在运输能力和运输成本等方面均占据显著优势。水路运输作为我国交通运输网的重要组成部分，正逐渐展现出其巨大的潜力和价值。根据航行区域的不同，水路运输大致可分为海运、江运和河运三种类型。

2. 水路运输的优缺点

1）水路运输的优点

（1）能力巨大，尤其是海上油船和内河顶推船队，运载能力远超铁路运输。

（2）成本低廉，沿海运输成本仅为铁路运输的一半甚至更低。

（3）通过能力强大，尤其海上航道几乎不受自然条件的限制。

（4）占地少，投资小，尤其是海上航道开发成本低，内河航道疏通成本也低于铁路建设。

（5）劳动生产率高，载运量大且所需劳动力相对较少。

（6）海洋运输是国际贸易和国际友好往来的重要方式。

2）水路运输的缺点

（1）运输速度慢，通常是铁路运输的1/3到1/2，导致货物在途时间长，增加货主资金占用。

（2）适应性差，受气候影响大，内河运输受限于航道条件，海洋运输受水文和气候条件限制，难以保证全年通航。

（3）货物直达性差，非航道地点需依靠其他运输方式转运，耗时、耗成本，无法实现门到门服务。

3. 水路运输的主要组织形式

（1）沿海运输：使用船舶通过大陆附近沿海航道运送客货的一种方式，一般使用中、小型船舶。

（2）近海运输：使用船舶通过大陆邻近国家海上航道运送客货的一种运输形式，视航程可使用中型船舶，也可使用小型船舶。

（3）远洋运输：使用船舶跨大洋的长途运输形式，主要依靠运量大的大型船舶通过海上航道运送货物和旅客。远洋运输是国际商品交换中最重要的运输方式之一，货物运输量占全部国际货物运输量的比例在 80% 以上，成为国际贸易的重要组成部分。

（4）内河运输：使用船舶在陆地内的江、河、湖川等水道进行运输的一种方式，主要使用中、小型船舶在江河航线之间经营客运和货运业务。它与沿海运输和远洋运输相比，船舶吨位较小。内河运输是一种古老的运输方式，是水路运输的重要组成部分，它是连接内陆腹地与沿海地区的纽带，在运输和集散进出口货物中起着重要的作用。

7.2.4 航空运输

1. 航空运输的概念

航空运输，作为利用飞机或其他航空器进行运输的一种形式，由航空港、航空线网和机群三大部分构成。近年来，我国民用航空事业蓬勃发展，形成了以北京为核心，连接全国大中城市和边远地区，并与世界各地紧密相连的现代空运网络。这一网络对于促进我国的政治、经济和文化交流具有不可替代的重要作用。

2. 航空运输的优缺点

1）航空运输的优点

（1）速度最快，通常在 800～900 千米/小时，适合长距离运输，具有明显的时间优势，适合国际市场竞争。

（2）技术进步和设施完善提升了航空运输的安全性，按单位货运周转量或单位飞行时间损失率衡量，其安全性依然很高。

（3）适合运送鲜活、易腐和季节性商品，减少货物在途时间和风险，常用于贵重物品和精密仪器。

（4）货物包装要求降低，快速和短周转期使得存货减少、资金回收加快、利息降低、仓储成本降低、货损和货差少、保险费用减少。

2）航空运输的缺点

（1）费用非常高：航空运输的不利之处在于航空货运的费用较其他运输方式更高，不适合低价值货物。

（2）可达性差：除机场附近地区外，航空运输对其他地区的覆盖能力有限，通常需要结合其他运输方式进行转运。

（3）易受气候条件限制：因飞行条件要求高，恶劣的天气情况可能会对航空运输造成极大的影响，影响送货的及时性。

（4）载运能力小：飞机的舱容有限，对大件货物或大批量货物的运输有一定的限制。

3. 航空运输的主要组织形式

1）班机运输

班机（scheduled airline）是指在既定航线上按照既定时间表进行定期航行的航班。这类航班拥有固定的始发站、目的站和途经站，为旅客和货物提供稳定的运输服务。通常，航空公司的班机使用客货混合型飞机（combination carrier），在承担旅客运输任务的同时，也运载小批量的货物。然而，为了更高效地满足货物运输需求，一些大型航空公司已在特定航线上开辟了定期的货运航班，专门使用全货机（all cargo carrier）进行货物运输。

班机运输具备"四固定"的特性，即固定的航线、固定的起降机场、固定的航期和相对固定的收费标准。这些特性使货物收发双方能够准确掌握货物的起运时间和到达时间，从而有效地进行业务安排。然而，由于班机主要服务于旅客运输，其货运舱位相对有限，难以满足大批量货物的即时运输需求，因此，往往需要采用分期、分批的方式进行运输。

2）包机运输

包机运输是指包租整架飞机进行货物运输的一种航空货运组织形式。通常情况下，包机运输又可以分为整机包机和部分包机两种形式。

整机包机，就是包租整架飞机，是航空公司根据与租用人事先商定的条件和费用，将整架飞机租给租用人，将托运人的货物装运至目的地。整机包机的优点如下。

（1）解决班机舱位不足的矛盾。

（2）货物全部由包机运出，节省了时间和减少了多次发货的手续。

（3）弥补没有直达航班的不足，且不用中转。

（4）减少货损的现象。

（5）在空运旺季缓解航班紧张状况。

（6）解决海鲜、活动物的运输问题。

部分包机则是指由几家航空货运代理公司或发货人联合包租一架飞机，或者是由包机公司把一架飞机的舱位分别租给几家航空货运代理公司的货物运输形式。

3）集中托运

集中托运是一种航空运输组织方式，其中，一个集中托运人（consolidator）将多批原本需要单独发运的货物整合成一个大批次，统一向航空公司办理航空托运手续。整个运输过程使用一份由航空公司签发的航空主运单（master air waybill，MAWB）。当货物集中运送到同一目的地后，集中托运人在该地的指定代理人会统一接收货物，并根据集中托运人签发的航空分运单（house air waybill，HAWB），将货物分拨给各个实际的收货人。这种方式有效整合了多个小批量货物的运输，提高了运输效率。集中托运具体流程如图 7-1 所示。

（1）集中托运人将不同货主的货物揽收后，出具以自己名义签发的航空分运单。航空分运单的收、发货人是实际的收、发货人。

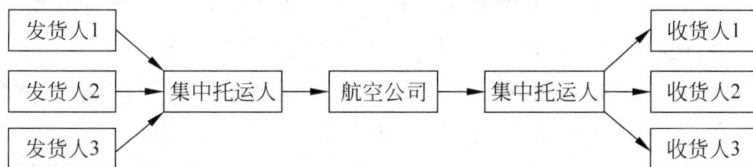

图 7-1　集中托运具体流程

（2）将所有货物区分方向，按照目的地相同的同一国家（地区）、同一城市来集中，向航空公司托运，与航空公司签订主运单。

（3）制定该航空主运单项下的货运清单（manifest）。货运清单的内容主要是该总运单项下的分运单号、件数及重量等信息，以便后期的通关、分货作业。

（4）把该主运单和货运清单作为一整票货物交给航空公司。办理托运，由航空公司负责将货物从起运地机场送至目的地机场。

（5）货物到达目的地机场后，由集中托运人在当地的代理作为主运单的收货人接货、分拨，按不同的分运单制定各自的报关单据并代为报关，为实际收货人办理有关接货、送货的相关事宜。

（6）实际收货人在分运单上签收以后，目的站货运代理公司以此向发货的货运代理公司反馈到货信息。

4）联合运输方式

联合运输方式是包括空运在内的两种以上运输方式的联合运输。其具体的做法有陆空联运（火车—飞机联合运输，train-air；卡车—飞机联合运输，truck-air，均简称为 TA）、火空陆联运（train-air-truck，TAT）等。

7.3　多式联运

7.3.1　集装箱概述

1. 集装箱的定义

集装箱是指具有一定规格和强度的专供周转使用的大型装货容器。我国台湾和香港等地称为货柜、货箱。根据目前集装箱术语的国际标准 ISO 830：2023 和我国《集装箱术语》（GB/T 1992—2023）的规定，集装箱是具备下列条件的货物运输设备。

（1）具有足够的强度，足以长期、反复使用。

（2）适合在多种运输方式之间转换，运输中途无须换装。

（3）具有快速装卸和搬运的装置，特别是便于从一种运输方式转移到另一种运输方式。

（4）便于货物装满或卸空。

（5）具有 1 立方米（35.314 7 立方英尺）以上的容积。

2. 集装箱标准

1961 年，国际标准化组织第 104 技术委员会（ISO/TC 104）开始制定国际集装箱标准。在 1964 年的汉堡会议上，通过了第一个国际集装箱标准。其中，第一系列有 6 种

（1A～1F），第二系列有 3 种。1967 年，莫斯科会议又通过第二个国际集装箱标准——第三系列（3A～3C）。至今，ISO/TC 104 共制定 18 项国际集装箱标准，主要使用的是第一系列的 A、B、C、D 箱型共 13 种规格。目前，在海上运输中，最被经常使用的是 1AA 型和 1CC 型集装箱，在实际使用中常以不同长度作为区别的标准，如 6.058 米（20 英尺）、12.192 米（40 英尺）集装箱就是指 1CC、1AA 型集装箱，也就是通常所说的 20 英尺（1 英尺＝0.304 8 米）标准箱和 40 英尺标准箱（具体请参考表 7-1）。

表 7-1　国际标准集装箱外部尺寸和额定重量

箱型号	外部尺寸						额定重量	
	长度		宽度		高度		千克	磅
	公制/毫米	英制/英尺	公制/毫米	英制/英尺	公制/毫米	英制/英尺		
1AAA	12 192	40	2 438	8	2 896	9.5	30 480	67 200
1AA					2 591	8.5		
1A					2 438	8		
1AX					＜2 438	＜8		
1BBB	9 125	29.94	2 438	8	2 896	9.5	25 400	56 000
1BB					2 591	8.5		
1B					2 438	8		
1BX					＜2 438	＜8		
1CC	6 058	19.88	2 438	8	2 591	8.5	24 000	52 900
1C					2 438	8		
1CX					＜2 438	＜8		
1D	2 991	9.81	2 438	8	2 438	8	10 160	22 400
1DX					＜2 438	＜8		

3．集装箱的分类

1）按箱体材料划分

（1）钢制集装箱：其框架与箱壁板均采用钢材制作，主要优点在于其高强度、结构稳固、焊接性与水密性优异，同时价格相对较低、易于修理、耐用性强。然而，其主要不足在于自身重量较大，且抗腐蚀性能较差，一般使用年限在 11～12 年之间。

（2）铝制集装箱：通常由铝镁合金材料制成，其显著优点在于重量轻、防腐蚀能力强、加工便捷，且使用寿命较长。然而，其造价相对较高，且由于不适合使用焊接工艺，箱体在受力后易变形。因此，在航空领域，采用铝合金材质的集装箱更为常见。

（3）玻璃钢制集装箱：由玻璃钢材料制成，具有强度高、耐腐蚀、维护方便等优点。缺点是重量大、易老化、拧螺栓处强度低。

2）按用途划分

（1）干货集装箱（dry cargo container，亦称杂货集装箱）：作为一种通用集装箱，其使用极为广泛。此类集装箱通常采用封闭式设计，并在一端或侧面设有箱门，以便货物的装卸，如图 7-2 所示。它们主要用于运输无须控制温度的各类杂货，包括但不限于文化用品、化工用品、电子机械、工艺品、日用品、纺织品以及仪器零件等。

图 7-2   干货集装箱

（2）散货集装箱（bulk container）：一种用来装载粉末状或者颗粒状等各种散装货物的专用集装箱。这种集装箱一般在箱顶部设有装货口，底部设有卸货口，以便于此类货物的装满和卸空，如图 7-3 所示。常见的散货主要有大豆、大米、麦芽、面粉、玉米、各种饲料及水泥、化学制品等散装粉末状或颗粒状货物。

图 7-3   散货集装箱

（3）罐式集装箱（tank container）：专为装运液体货物而设计的集装箱，如酒类、油类及液状化工品等。它由罐体和箱体框架两部分组成，货物通过箱顶部的装货孔进入，卸货时则通过排货孔流出或由顶部装货孔吸出，如图 7-4 所示。

（4）冷藏集装箱（reefer container）：一种附有冷藏、冷冻设备，并在内壁敷设热传导率较低的隔热材料，具有良好的隔热性能，并能维持一定的低温要求，主要用以载运冷冻、保温、保鲜货物的集装箱，如图 7-5 所示。冷藏集装箱还可以细分为保温集装箱、外置式冷藏集装箱、内藏式冷藏集装箱、液氮和干冰冷藏集装箱、冷冻板冷藏集装箱等类型。

（5）汽车集装箱（car container）：专为装运小型轿车而设计制造的集装箱。其结构特点是无侧壁，仅设有框架和箱底，可装载一层或两层小轿车，如图 7-6 所示。需要注意的是，汽车集装箱通常不属于国际标准集装箱范畴。

图 7-4　罐式集装箱

图 7-5　冷藏集装箱

图 7-6　汽车集装箱

（6）动物集装箱（pen container）：一种专门设计用来装运活体动物（主要是牲畜）的集装箱，一般设置有通风设备，还带有喂饲料和清除动物粪便的装置，如图 7-7 所示。

图 7-7　动物集装箱

（7）开顶集装箱（open top container）：这种集装箱适于装载玻璃板、钢制品、机械等重货，可以使用起重机从顶部装卸，为了使货物在运输中不发生移动，一般在箱内底板两侧各埋入索环，用以穿过绳索捆绑箱内货物，如图 7-8 所示。

图 7-8　开顶集装箱

（8）通风集装箱（ventilated container）：箱壁有通风孔，内壁涂塑料层，适宜装新鲜蔬菜和水果等怕热、怕闷的货物，如图 7-9 所示。

图 7-9　通风集装箱

3）按结构划分

集装箱按结构可划分为固定式集装箱和拆装式集装箱两类。固定式集装箱是常见的不可拆卸的集装箱类型，其结构完整且固定，无法进行拆分或重新装配。相对而言，拆装式集装箱则具备其独特之处，其主要部件可以进行拆卸和折叠，使得在回空和保管时显著缩小体积，从而提升车辆或船只的装载能力，实现更为高效的运输和储存。

4）按标准规格划分

当前集装箱的标准规格分类多样，主要涵盖国际标准、国家标准、行业标准以及企业标准等。在这些不同的标准体系下，集装箱的尺寸规格存在较大的差异性。在当前的国际贸易货物运输中，为了确保运输的便利性和标准化，最常用的是国际标准集装箱系列中的 20 英尺和 40 英尺规格的集装箱。这两种规格的集装箱在全球范围内具有高度的通用性和兼容性，成为国际贸易运输中的主力军。

7.3.2 集装箱运输的基本内容

1. 集装箱运输的定义

集装箱运输作为一种先进的现代化运输方式，主要指将货物装入标准化的集装箱内进行运输。其特点在于安全、迅速、简便、经济，有效减少了运输环节，并能通过综合利用铁路、公路、水路和航空等多种运输方式，实现多式联运和门到门运输。集装箱运输自问世以来，便因其显著的优势和强大的生命力，展现出广阔的发展前景。

2. 集装箱运输的特点

1）提升货运速度，加快运输工具及货物资金的周转

集装箱运输通过集中装载货物，提升了装卸机械化程度，缩短了装卸时间，加快了运输工具和货物资金的周转，提高了港口和仓库的吞吐能力，给货主带来经济效益。

2）减少货损、货差，提高货物运输的安全与质量水平

货物装入集装箱后，在整个运输过程中无须倒载，减少了装卸、搬运的次数，从而大大降低了货损、货差率，提高了货物的安全和质量水平。例如，采用集装箱运输玻璃器皿，破损率显著降低，大大优于传统运输方式。

3）节省货物包装费用，减少运杂费支出

集装箱简化了包装要求。此外，集装箱运输采用一次托运、一次检验的方式，减少了海关、商检等环节的拆箱检验次数，节省了时间和费用，简化了货运监管手续。同时，集装箱可露天存放，替代了部分仓库功能，节省了仓储费用。

4）减少货物运输费用

集装箱运输通过提高货物安全性、减少装卸次数和缩短运输时间，降低了船舶运费和装卸费用，减少了保险费用，显著降低了运输成本。

3. 集装箱运输的作业组织

1）集装箱货物装箱方式

（1）整箱（full container load，FCL）。整箱是指货方自行将货物装满一个或多个集装箱，并以集装箱为单位进行托运的运输方式。此方式通常在货主拥有足够货源以装满至少一个整箱时采用。除部分大型货主自备集装箱外，多数情况下，货主会向承运人或集装

箱租赁公司租用所需集装箱。集装箱在空箱状态下运送至工厂或仓库后,在海关人员的监管下,货主负责将货物装入箱内、加锁、铅封,并交付给承运人,同时获得站场收据(dock receipt)。最终,货主凭此收据换取提单或运单。

(2)拼箱(less than container load,LCL)。拼箱通常应用于小批量货物的运输,当货物量不足以装满一个集装箱时,由国际多式联运经营人或货运代理负责揽收货物。这些货物将被送至内陆或港口的集装箱货运站(container freight station,CFS),根据货物的目的地和性质进行分类整理后,再将多个托运人的货物拼装在同一个集装箱内,以便发往相同的目的地。这种集装箱运输组织形式有效地整合了小批量货物,提高了运输效率。

2)集装箱货物交接方式

(1)整箱交、整箱接(FCL/FCL):承运人以整箱为单位负责交接。货物的装箱和拆箱均由货方负责。货主在工厂或仓库把装满货后的整箱交给承运人,收货人在目的地以同样整箱接货。

(2)拼箱交、拆箱接(LCL/LCL):承运人或者货运代理将多个托运人的货物揽收后,在货运站将同一路线或方向的、性质无冲突的货物装在一个集装箱中进行运输。货物运达目的地港口后,不直接送到收货人手中,先送至目的地或卸船港附近的集装箱货运站,经承运人在目的地的分支机构或代理人,根据客户要求进行拆箱分货后,再分别交至最终收货人手中。

(3)整箱交、拆箱接(FCL/LCL):货主在工厂或仓库把装满货后的整箱交给承运人,在目的地的集装箱货运站或内陆转运站由承运人负责拆箱后,各收货人凭单接货。

(4)拼箱交、整箱接(LCL/FCL):承运人或者货运代理将多个托运人发给同一收货人的货物揽收后,在货运站配装在一个集装箱中进行运输。送至目的地的港口后,无须拆箱就直接送抵收货人手中。

上述各种交接方式中,以整箱交、整箱接效果最好,也最能发挥集装箱的优越性。

3)集装箱货物交接地点

(1)门到门(Door to Door):从发货人的工厂或仓库到收货人的工厂或仓库。

(2)门到场(Door to CY):从发货人的工厂或仓库到目的地或卸船港的集装箱堆场。

(3)门到站(Door to CFS):从发货人的工厂或仓库到目的地或卸船港附近的集装箱货运站。

(4)场到门(CY to Door):从起运地或装船港的集装箱堆场到收货人的工厂或仓库。

(5)场到场(CY to CY):从起运地或装船港的集装箱堆场到目的地或卸船港集装箱堆场。

(6)场到站(CY to CFS):从起运地或装船港的集装箱堆场到目的地或卸船港附近的集装箱货运站。

(7)站到门(CFS to Door):从起运地或装船港的集装箱货运站到收货人的工厂或仓库。

(8)站到场(CFS to CY):从起运地或装船港附近的集装箱货运站到目的地或卸船港的集装箱堆场。

(9)站到站(CFS to CFS):从起运地或装船港附近的集装箱货运站到目的地或卸船

港附近的集装箱货运站。

以上九种交接方式,进一步可归纳为以下四种方式。

(1) 门到门:在整个运输过程中,完全是集装箱运输,并无货物运输,最适宜于整箱交、整箱接。

(2) 门到场站:由门到场站为集装箱运输,由场站到门是货物运输,适宜于整箱交、拆箱接。

(3) 场站到门:由门至场站为货物运输,由场站至门是集装箱运输,适宜于拼箱交、整箱接。

(4) 场站到场站:除中间一段为集装箱运输外,两端的内陆运输均为货物运输,适宜于拼箱交、拆箱接。

注:"门"指发、收货人工厂或仓库,"场"指港口的集装箱堆场,"站"指港口的集装箱货运站。

案例 7-1:宜昌白洋港集装箱有限公司

7.3.3　国际多式联运的定义及特征

1. 国际多式联运的定义

国际多式联运(international multimodal transport)是一种实现货物整体运输最优化效益的先进联运组织形式。国际多式联运以集装箱为核心,整合铁路、公路、水路和航空等运输方式,形成一体化的货物运输体系。它遵循"一次托运、一次计费、一份单证、一次保险"的原则,实现货物全程运输的协同和统一。不同运输区段的承运人共同参与,确保货物顺畅流转。相比传统运输方式,它提高了运输效率,减少了转运次数和货损、货差,优化了运输路径和资源配置,降低了成本,为货主提供便捷、高效、经济的物流服务。因此,它在现代物流体系中扮演重要角色,对促进国际贸易和经济发展具有重要意义。根据 1980 年《联合国国际货物多式联运公约》(简称《多式联运公约》)以及 1997 年我国交通部和铁道部联合颁布的《国际集装箱多式联运管理规则》的定义,国际多式联运是指"按照多式联运合同,以至少两种不同的运输方式,由多式联运经营人将货物从一国境内接管货物的地点运至另一国境内指定地点交付的货物运输"。

2. 国际多式联运的特征

(1) 需签订国际多式联运合同,明确界定多式联运经营人与托运人之间的权利、义务及责任关系,从而确立多式联运的法律性质。

(2) 整个运输过程仅使用一份多式联运单据,此单据不仅是多式联运合同的证明,还表明多式联运经营人已接管货物,并承诺按合同条款完成货物的交付。

(3) 多式联运的核心特征在于其是至少采用两种不同运输方式的连贯运输。为履行单一方式运输合同而进行的货物接送业务(如航空运输中的陆空组合)并不构成多式联运。

(4) 需要有一个国际多式联运经营人对多式联运的全程进行协调组织,并承担全程的责任。这是多式联运的一个重要特征。由多式联运经营人去寻找各种运输方式的分段承运人,来负责各个分段的实际运输,并进行协调组织。

（5）国际多式联运必须涉及跨国境的运输，即起运地和目的地必须位于不同国家，满足跨境运输的条件。

（6）多式联运经营人在对货主承担全程运输责任的基础上，需制定从货物发运地至目的地的全程单一运费率，并以包干形式一次性向货主收取。这一举措确保了运费计算的简便与透明。

7.3.4　国际多式联运的运输组织形式

1. 海路联运

海路联运，作为国际多式联运的重要形式之一，特别是在远东与欧洲之间的货运中占据显著地位。其主要参与者包括班轮公会的三联集团、北荷、冠航、丹麦的马士基等国际航运公司，以及非班轮公会的中国远洋海运集团、中国台湾长荣海运集团等。这些公司以航运为主体，签发联运提单，与航线两端的内陆运输部门开展密切合作，提供一体化的运输服务，与大陆桥运输形成有效的竞争。

2. 陆桥运输

陆桥运输，即采用集装箱专用列车或卡车，以横贯大陆的铁路或公路作为中间桥梁，将大陆两端的集装箱海运航线与国际铁路或公路运输紧密连接，形成一种复合一贯式的运输方式。在国际多式联运体系中，陆桥运输扮演着至关重要的角色，特别是在远东至欧洲、远东至美洲的国际多式联运中占据重要地位。

3. 海空联运

海空联运，又称空桥运输，与陆桥运输在运输组织方式上有所不同。海空联运的货物在航空港需换入航空集装箱，而陆桥运输则在整个货运过程中使用同一集装箱，无须换装。然而，两者的共同目标是为客户提供低费率、快捷、可靠的运输服务。海空联运始于20世纪60年代，并在80年代得到较大发展。该运输方式结合了海运和空运的优势，运输时间较全程海运短，运输费用较全程空运低。

7.3.5　国际多式联运业务管理

1. 国际多式联运经营人的含义

国际多式联运经营人，正式称谓为国际多式联运契约承运人，是指与托运人签订国际多式联运合同，并以承运人身份承担合同所规定运输责任的自然人或法人。在集装箱运输模式下的多式联运业务中，国际多式联运经营人承担全程运输的策划、组织、协调与管理工作，确保货物自发货人仓库经海运、陆运、空运等多个运输区段后，安全送达收货人仓库。通俗地说，国际多式联运经营人是从事国际多式联运业务的企业或机构，负责全程运输的组织和管理，是确保多式联运合同下货物全程运输完成的责任主体。

在全程运输过程中，国际多式联运经营人的核心职责是与托运人签订全程运输合同，并承担合同所规定的责任。对于各运输区段的实际运输工作，国际多式联运经营人作为契约承运人，需与各运输区段的实际承运人签订分运输合同，由实际承运人负责完成各阶段的运输任务，并对契约承运人负责。通过这种方式，国际多式联运经营人实现了对全程运输的统一组织和管理。

2. 国际多式联运经营人的类型

国际多式联运经营人在运输行业中扮演着关键角色，既可以是实际承运人，也可以是无船承运人（non-vessel operating common carrier，NVOCC）。这类经营人具备在全球范围内的运输网络中，根据具体的运输需求和市场条件，选择最适宜的运输路线、运输方式以及各区段的实际承运人的能力。通过这种灵活的运营策略，国际多式联运经营人旨在实现降低运输成本、提高运输效率以及确保运输过程的合理性。这一角色的存在，对于提升国际物流行业的整体运作效率和客户满意度具有重要意义。

（1）实际承运人型。实际承运人是指在国际多式联运领域中，那些自身拥有运输工具，并具备直接承担并完成全程运输中一个或多个货物运输区段作业能力的国际多式联运企业。这类企业以自身拥有的运输工具为基础，提供多式联运服务，确保货物在不同运输方式间的高效衔接与转运。

（2）无船承运人型。无船承运人是指在国际多式联运组织过程中，那些本身不拥有运输工具，但专注于集装箱货运的揽货、装箱、拆箱以及不同运输方式间的衔接组织等工作的国际多式联运企业。这些企业通常经营或委托集装箱货运站或内陆集装箱货运站的业务，而将实际的货物运输任务交由各个运输区段的实际承运人来完成。通过高效的业务组织与管理，无船承运人型企业在国际多式联运中发挥着重要的桥梁作用。

无船承运人的主要特征如下：①是国际贸易合同的当事人。②在法律上有权订立运输合同。③本身不拥有运输工具。④有权签发提单，并受提单条款的约束。⑤因为与托运人订立运输合同，所以对货物全程运输负责。⑥具有双重身份：对货物托运人来说，是承运人或运输经营人；对实际运输货物的承运人而言，又是货物托运人。

无船承运人经营的业务范围如下：①作为承运人签发货运提单，并因签发提单而对货物托运人负责。②代表托运人承办订舱业务，根据货物托运人的要求和货物的具体情况洽订运输工具。③承办货物交接。无船承运人根据托运人的委托，在指定地点接收货物，并转交承运人或其他人，且在交接过程中为托运人办理理货、检验、报关等手续。④代办库场业务。无船承运人作为集装箱多式联运的中介，建立起了货主与船公司之间的联系和协作关系，对集装箱国际多式联运的发展起到了重要作用。

3. 国际多式联运经营人的经营方式

1）独立经营

独立经营方式允许国际多式联运经营人自主开展业务，这类企业通过在服务全程的两端及中间各转接点处设立或派遣分支机构，全面管理货物揽收、交接、运输合同签订及服务事务。

2）联营

联营方式指的是两个或多个企业合作，共同投资设立开展国际多式联运业务的联营企业，通过资源共享、优势互补和相互协作，共同进行国际多式联运业务的组织与管理。这些企业一般采用联合经营的模式，在各自的国家或地区内开展业务活动，并按照货物的流向和运输区段划分各自承担的工作职责。

3）代理

代理方式与联营方式相似,但主要区别在于在服务全程的两端和中间各衔接地点,企业会委托外地或国外的同行作为运输服务代理。这些代理负责办理或代安排全程服务中的分运工作、交接货物、签发或回收联运单证、制作相关单证、处理交换信息、代收代支费用以及处理货运事故或纠纷等。这种代理关系可以是相互的,也可以是单方面的。在大多数情况下,国际多式联运经营人会向代理人支付代理费用,而不涉及利润分配或亏损分摊。

独立经营方式一般适用于货源数量较大、线路较为稳定的货物运输,要求企业具有较强的实力和业务基础。这种方式由于全部工作由自身雇用的人员完成,工作效率较高,利润也可能较高。联营和代理(特别是代理)方式多适用于公司的经济实力不足以设立众多的办事处和分支机构,或线路的货源不够大、不太稳定,或企业开展国际物流服务业务的初期等情况,工作效率及利润率要低一些。大多数无船承运人型国际多式联运经营人均采用联营和代理方式。

7.4　电子商务物流运输方式的选择策略

不同的运输方式因其运输速度、运输能力和可靠性等方面的特性差异,导致了成本和客户服务水平的多样性。因此,在运输决策过程中,运输方式的选择成为首要考虑的问题。

运输方式的选择是指在物流活动中,当发运地与接收地之间存在多种可行的运输方式时,物流管理人员基于运输服务的需求,综合考虑不同运输工具和方式的运营特性,从运输合理化的角度出发,全面权衡各种因素,以在满足客户运输需求的同时,实现运输成本的最小化。这一决策过程旨在选择最佳的运输方式。合理选择运输方式是确保运输组织合理、保障运输质量、提高运输效益的重要环节。同时,通过选择适宜的运输方式,企业还能在激烈的市场竞争中创造具有竞争力的服务优势,进而提升整体运营效率和市场竞争力。

7.4.1　电子商务物流运输方式的定性选择策略

定性决策法也称主观决策法,指在决策过程中,决策者利用知识和经验,根据已掌握的决策相关资料和情报,在对这些信息进行综合分析的基础上,确定决策方法,并作出评价和选择的决策模式。定性决策是以定性分析为基础展开的,这里所说的定性分析是指对事物的质的方面进行分析和判断的过程。在定性分析时,要求依据决策者的经验、知识、能力,综合运用理论思维、逻辑推理,对决策方案进行综合分析、判断,从而进行决策。

1. 影响物流运输方式选择的主要因素

1）运输速度

运输速度指货物在运输过程中的平均时速。长途运输中,飞机速度最快,其后是火车、汽车和轮船。然而,短途运输中,汽车速度更快。

2）运输成本

运输成本包括线路投资和工具投资。铁路线路投资最高,水路最低,公路居中,管道初期投资高,航空线路投资较低。工具投资中,海船和飞机最贵,铁路机车次之,汽车最便宜。能耗上,飞机最高,其次是汽车,火车较低,轮船最低。综合而言,航空运输成本最高,公路次之,铁路第三,水路最低。

3）运载能力

不同运输方式运载能力各异。公路受道路限制,运载能力小;铁路运载量大,稳定性强;水路适合大宗货物,运载能力最大;航空运载能力最小。

4）灵活性

灵活性包括可达性、服务可得性和便利性。公路运输可达性最高,能实现门到门服务;航空运输也较灵活;铁路和水路多为点到点,需公路衔接。

5）安全性

运输安全性与在途时间、中转环节和运输条件有关。航空运输安全指数最高,公路相对较低。

2. 电子商务物流运输方式的定性分析

物流运输方式的定性选择策略,主要是通过综合比较不同运输方式下或某几种运输方式组合下的经济技术特征和优缺点,以及对备选的运输方式在主要评价因素上的适宜程度进行比较,来选择最佳的运输方式。在决策过程中,无论是单一运输方式的选择决策,还是多式联运模式的选择决策,都可以根据运输任务的需要,选择全部或数个评价因素来进行综合比较,最终确定运输方式。表7-2所示为不同运输方式在各评价指标上的排序,通过对待选运输方式在相关评价指标之间的比较,来选择最佳运输方式或运输方式的组合。1～5分别表示各评价指标的得分排序等级,其中1表示优秀,2表示良好,3表示中等,4表示较差,5表示极差。

表7-2　不同运输方式在各评价指标上的排序

运 输 方 式	运 输 速 度	运 输 成 本	运 载 能 力	灵 活 性	安 全 性
公路	3	3	3	1	4
铁路	2	2	2	3	2
水路	4	1	1	4	3
航空	1	4	4	2	1

7.4.2　电子商务物流运输方式的定量选择策略

1. 成本比较法

不同的运输方式会引致差异化的运输成本。在选择运输方式时,需通过综合考量运输成本与其相关联的间接库存成本之间的平衡关系来作出决策。运输的速度和可靠性对托运人与买方的库存水平以及在途库存水平具有显著影响。若选择速度慢、可靠性较低的运输服务,物流渠道中将需要维持较高的库存量。这一举措虽然有助于确保物流的连续性和稳定性,但也会因库存成本的增加而导致总成本的上升。因此,在选择运输服务方案时,需确保在满足客户需求的同时,实现总成本的最小化,这是实现物流效益最大化的关键所在。

例 7-1 某公司欲将产品从甲厂运往 Z 公司自有的仓库,年运量 D 为 700 000 件,每件产品的价格 C 为 30 元,每年的存货成本的费率 I 为产品价格的 30%,各种运输方式的服务参数见表 7-3。

表 7-3 各种运输方式的服务参数

运 输 方 式	运输费率 R/(元/件)	运输时间 T/天	平均存货量 Q/件
铁路运输	0.10	21	100 000
水路运输	0.15	14	50 000×0.93
公路运输	0.20	5	50 000×0.84
航空运输	1.40	2	25 000×0.80

在途运输的年存货成本为 $ICDT/365$,两端储存点的存货成本各为 $ICQ/2$,但其中的 C 值有差别,工厂储存点的 C 值为产品的价格,购买储存点的 C 值为产品价格和运费率之和。运输服务方案成本比较结果见表 7-4。

表 7-4 运输服务方案成本比较结果

成 本 类 型	计 算 方 法	运输方式			
		铁路运输	水路运输	公路运输	航空运输
运输费用	RD	70 000	105 000	140 000	980 000
在途存货	$ICDT/365$	362 466	241 644	86 301	34 521
工厂存货	$ICQ/2$	450 000	209 250	189 000	90 000
他库存货	$I(C+R)Q/2$	451 500	210 296	190 260	94 200
总成本		1 333 966	766 190	605 561	1 198 721

由表 7-4 可知,在四种运输方式中,公路运输的总成本最低,因此应该选择公路运输。

2. 综合评价法

基于综合评价法的运输方式选择的实施步骤如下。

(1)确定综合评价法的主要评价因素。本书选择经济性、时效性、安全性和便利性作为评价的指标。

① 经济性,主要指运输过程中所需要的费用(主要是运输费和杂费)。在运输过程中,总费用支出越少,则经济性越好。

② 时效性,指货物从发运地送达收货地所需要的时间,即货物的在途时间,其时间越短,分值越高。

③ 安全性,货物在运输过程中的破损越少,安全性能越高,通常使用送达货物的完好率来计算。货物的完好率越高,货损、货差越少,该运输方式的安全性就越好。

④ 便利性,主要指运输服务的可得性,或满足货主提出的运输要求的程度。为了便于计算,这里采用发货人仓库到起运地之间的距离。距离越近,便利性越好;反之则便利性越差。

（2）确定各主要评价因素的权重。确定权重就是通过专家打分法来确定各个评价因素的重要度，也就是权重系数。

（3）计算各备选运输方式的综合评价值，选择合理的运输方式。其具体如下。

① 计算各个评价因素的平均值。以单一运输方式选择为例，假设有四种运输方式——公路（T）、铁路（R）、水路（S）、航空（A）可供选择，确定的评价因素为经济性（F_1）、时效性（F_2）、安全性（F_3）、便利性（F_4）四个因素，这四种运输方式在经济性评价因素 C 上的因素值分别为 $C(T)$、$C(R)$、$C(S)$、$C(A)$，则可以得到该因素的平均值为

$$\bar{C} = \frac{C(T) + C(R) + C(S) + C(A)}{4}$$

② 将上式中的平均值代入下列公式，计算这四种运输方式在经济性评价因素（F_1）上的分值分别为

$$F_1(T) = \frac{C(T)}{\bar{C}}$$

$$F_1(R) = \frac{C(R)}{\bar{C}}$$

$$F_1(S) = \frac{C(S)}{\bar{C}}$$

$$F_1(A) = \frac{C(A)}{\bar{C}}$$

同理，再分别求出各种运输方式在其他三项评价因素上的分值。

③ 将各种运输方式的各评价因素的分值分别乘以相对应的权重系数 α_n，再计算各种运输方式的综合评价分值。需要注意的是，在计算过程中，由于成本指标主要表现为运输过程中消耗的费用，因此，该成本与经济性目标是成相反关系的，即成本越高，经济性越低。同理，时间与时效性目标以及距离与便利性目标也都是成相反关系的。为了统一评价标尺，凡是成相反关系的因素值，都需要取负号。也就是说，只有货物完好率与安全性目标之间是一致的。因此，这四种运输方式的综合评价分值计算公式为

$$F(T) = -\alpha_1 F_1(T) - \alpha_2 F_2(T) + \alpha_3 F_3(T) - \alpha_4 F_4(T)$$
$$F(R) = -\alpha_1 F_1(R) - \alpha_2 F_2(R) + \alpha_3 F_3(R) - \alpha_4 F_4(R)$$
$$F(S) = -\alpha_1 F_1(S) - \alpha_2 F_2(S) + \alpha_3 F_3(S) - \alpha_4 F_4(S)$$
$$F(A) = -\alpha_1 F_1(A) - \alpha_2 F_2(A) + \alpha_3 F_3(A) - \alpha_4 F_4(A)$$

④ 比较和选择。比较备选四种运输方式的综合评价分值，分值最大的即为最终选择的运输方式。

7.5   电子商务物流配送

7.5.1   电子商务物流配送概述

1. 电子商务物流配送的定义

电子商务企业受利润、市场份额的驱动，急需寻找一种方法来提高其送货服务水平、

降低送货成本,扩大自身的市场。在这一背景下,电子商务物流配送的概念逐渐丰富,包含了合理的货物配备、车辆调配、路线规划、配装及送达等一系列新的内涵。在电子商务环境下,物流配送模式具有独特内涵和广泛外延。它涉及在特定区域内按时送达商品的活动,通常包括"最初一公里"到"最后一公里"甚至"最后一百米"。物流与配送紧密相关,通常被连在一起表述。电子商务物流配送是指企业利用网络化计算机技术、现代化设备和管理策略,根据客户需求和订货指令,执行包括分类、编码、整理、配货等在内的理货作业和配送活动,目的是确保在约定时间和地点,将正确数量和规格的商品交付给用户。这种模式在流通领域引起变革,促使更多企业采用电子商务物流配送作为业务运营的关键部分。

2. 电子商务环境下物流配送的特点

随着科学技术快速发展,电子商务已逐渐成熟。在电子商务环境下,物流企业可以建立属于自身的配送网络,通过整合现有资源完善配送网络,促使物流的集成化发展。物流配送呈现出很多新的特点,主要体现在以下几个方面。

1)管理自动化

在电子商务环境下,分布在全国各地的相关企业和仓库通过互联网紧密相连,在互联网的辅助下实现企业营销与仓储管理的有机关联。物流配送系统通过互联网向仓储部门发送指令,仓储人员根据指令完成配货和装货工作,随后进入运输环节。整个物流配送流程均通过互联网进行连接和管理,实现了物流配送的自动化和高效化。

2)配送快速响应

传统物流模式中,企业设立大型仓库存储货物,但存在容量和种类限制。消费观念更新和网购增长给物流企业带来的压力,限制其发展并增加资金占用。在电子商务环境下,物流企业通过互联网技术整合仓库信息,形成网络仓库,实现资源统一管理。这种模式根据需求快速调配货物,扩大集散范围,减轻资金压力。

3)更加实时、准确

相较于传统物流配送模式对人工的高度依赖和易出现的失误,电子商务环境下的物流配送流程实现了实时监控。在配送过程中,物流企业利用物流管理系统将货物相关信息上传至网络,用户可以随时查询所购物品的配送信息,掌握配送进度。这不仅提升了物流配送的准确性,也增强了用户体验。

3. 物流配送的功能要素

物流配送的功能要素包括备货、储存、分拣及配货、配装、配送运输、送达服务和配送加工。

1)备货

备货是物流配送的起点和基础工作,包括准备货源、订货或购货、集货、进货及相关的质量检查、结算、交接等。备货的成功与否直接影响到后续配送的效率和成本。通过集中用户的需求进行备货,可以降低物流成本、提高配送效益。

2)储存

储存分为储备和暂存两种形态。储备确保配送资源,可设立专门仓库,储备数量大且结构完善,根据货源等调整周转和保险储备。暂存是配送时按分拣配货要求,临时存储少量货物,对总储存效益影响小,因此数量控制不严。

3)分拣及配货

分拣及配货是配送特有的功能要素,是关系配送成败的关键工作。通过分拣及配货,可以将不同用户的货物按照要求进行分类、搭配和整理,为后续的配送运输做好准备。所以,也可以说它是送货向高级形式发展的必然要求。有了分拣及配货,就会大大提高送货服务水平。所以,分拣及配货是决定整个配送系统水平的关键因素。

4)配装

当单个用户的配送数量不能达到车辆的有效载运负荷时,就存在如何集中和搭配不同用户的配送货物进行装载以充分利用运能、运力的问题。和一般送货的不同之处在于,配装是将不同用户的货物集中搭配,充分利用运能、运力,降低运输成本,提高配送效率。配装是现代配送区别于传统送货的重要特点。

5)配送运输

配送运输属于运输中的末端运输,它和其他运输形态的主要区别在于:其是较短距离、较小规模、较高成本的运输形式,一般使用汽车作为运输工具。

6)送达服务

配好的货物送达用户还不算配送工作的完结,这是因为送达货和用户接货往往还会出现不协调现象,使配送前功尽弃。所以送达服务还包括与用户的交接、处理相关手续和完成结算,还应讲究卸货地点、卸货方式等工作。因此,送达服务是物流配送中不可忽视的一环。

7)配送加工

配送加工虽然不具有普遍性,但在某些情况下却发挥着重要作用。通过配送加工,可以根据用户的需求对货物进行加工处理,如切割、包装等,以满足用户的特殊需求。配送加工是流通加工的一种,但配送加工有它不同于一般流通加工的特点,即配送加工一般只取决于用户要求,其加工的目的较为单一。

7.5.2　电子商务物流配送模式

1. 自营配送

自营配送是企业自行投资购置配送所需设备,并独立承担其管理与运营,是一种涵盖物流配送所有环节的自我筹建与组织的模式。在这种模式下,企业实现了物流配送的完全自主控制,形成了对企业内部及外部货物配送的全面覆盖。

自营配送模式显著地促进了企业供应链、生产和销售流程的一体化整合,其系统化程度较高。它不仅能够满足企业内部原材料、半成品以及成品的配送需求,确保生产流程的顺畅进行,同时也能够灵活响应外部市场需求,为企业拓展市场、增强竞争力提供有力支持。其优势有以下几点。

(1)控制力强。企业通过自营配送模式,强化对供应链各环节的控制,确保与生产和业务环节的紧密配合,专注于服务本企业的经营管理,保障持续、稳定的利润。在竞争激烈的市场中,自营配送有助于企业控制供应和分销渠道。

(2)整合能力强。自营配送模式通过合理规划和优化管理流程,提升物流作业效率、降低流通费用。对于规模大、产品单一的企业，自营配送确保物流、资金流、信息流、商流紧密结合，提高整体工作效率。

（3）实现零库存管理。自营配送实现原材料和零配件采购、配送及生产支持的战略一体化，通过准时采购、增加批次、减少批量、调控库存等策略，降低资金占用，减少成本，实现零库存、零距离和零营运资本的目标。

（4）反应迅速且灵活。自营配送模式因与企业经营部门紧密关联，能迅速、灵活地响应企业物流需求，特别是对于需要频繁配送的企业，自营配送能更好地满足时间和空间上的要求。

2. 共同配送

共同配送模式是指在物流配送网络与服务领域，当多个物流企业之间形成优势互补时，基于长期战略合作伙伴关系，各方在互相信任、风险共担、利益共享的框架下，通过协作性信息平台将各方的配送中心、运输部门等相关物流服务部门连接成为"虚拟联盟"，通过配送要素之间的双向或多向流动、信息共享以及一系列的决策支持技术来实现对这些物流企业配送业务的统一调度和管理。共同配送模式的另一展现形式是：多个客户联合，委托一家第三方物流服务公司来提供统一的配送服务。鉴于商品配送中品种多样化、需求多层化、流通渠道多元化的特点，共同配送能够根据不同需求进行精准配送，预计将成为城市配送领域的主导力量。

共同配送的优势有以下几点。

（1）显著增加了物流企业的规模效益。通过将人工、设备和设施费用分摊至众多共享客户，即使是小规模、零散客户的需求，也能够达到类似于大客户的业务规模，从而有效降低成本并提升服务水平。

（2）满足了客户多样化的需求。针对许多客户需求量小但商品种类多、时间要求严格的特点，共同配送模式能够整合多客户资源，提供灵活、高效的配送服务，满足不同客户的个性化要求。

（3）有利于优化资源配置。共同配送整合了所有参与客户的商品资源，整合了客户和第三方物流的车辆与库房资源，同时整合了所有参与客户的配送线路资源，解决了因交通拥堵和超市收货排队导致的装载率与送货时间矛盾，实现了资源的最大化利用。

（4）提高了运输效率。共同配送整合大量客户后，车辆的载重和车辆载货空间得到充分利用，避免了车辆不满载的浪费，显著提升了运输效率。

（5）有利于提高配送科技含量。实施共同配送，多家企业共同参与配送，不仅有助于共建信息系统与网络，实现信息共享和快速响应，还有利于在配送过程中运用射频识别技术、北斗导航、传感技术等，对配送过程进行全面监控，为客户提供更多增值服务。

（6）有利于提高社会效益。实施共同配送，大大减少了在途配送车辆，缓解了交通压力，降低了碳排放量，对环境的污染也随之减少。

3. 第三方配送

第三方配送是指生产经营企业为集中精力做好主业和节约成本，把原本属于自身处理的物流配送活动，以合同方式委托给专业物流服务企业，同时通过信息系统与物流企业保持密切联系，以达到对配送全程管理控制的一种物流运作与管理方式。

第三方配送有以下优点。

(1) 集中资源开展核心业务。将非核心的物流业务外包给专业第三方,以集中资源增强主业竞争力,避免因投资非核心业务而减少主业投资和削弱市场地位。

(2) 加速新技术应用。利用第三方物流服务,企业能更灵活地采纳新技术,降低库存和运营成本。随着科学技术的不断进步,单个制造或销售公司往往难以在短时间内更新自身的资源和技能,第三方物流公司的专业能力使其能更快、更经济地满足企业不断变化的配送和技术需求。

(3) 降低固定资产投资,提升资金周转率。采用第三方物流服务可减少企业在物流设施上的投资,避免资产占用,加快资金周转速度。第三方物流的规模效应还能降低交易成本,便于企业与零售商建立联系。

7.5.3　电子商务物流配送路径与流程优化

电子商务物流配送作为一种创新的物流服务模式,显著促进了商品流通的信息化、现代化、社会化、智能化、合理化,实现资源的优化配置和高效利用。它有效减少生产企业的库存积压,加速资金周转,提高物流效率,降低物流成本,同时激发社会需求,对社会的宏观调控产生积极影响,提升整体经济效益,推动了市场经济的高质量发展。

1. 物流配送路径优化问题概述

配送路径优化建立在一般路径优化的基础之上,由乔治·伯纳德·丹齐格(George Bernard Dantzig)和弗兰克·普兰普顿·拉姆齐(Frank Plumpton Ramsey)在 1959 年提出,被称为 Vehicle Routing Problem,简称 VRP。它是指在一定的约束下,根据已知信息,以及服务客户的网点布局、配送中心的位置、车辆的最大负荷等信息,为车队组织出适当的行车路线分送货物,使得在满足客户需求的同时,达到既定目的,实现诸如路程最短、成本最小、耗费时间最少等目标。

经过 60 多年的发展,通过国内外学者对 VRP 不断深入研究,根据约束条件的不同,VRP 形成了许多不同的分类,主要有以下几种。

(1) 按配送中心的数目,VRP 可分为单配送中心 VRP 和多配送中心 VRP 两种类型。单配送中心 VRP 表示配送车辆发车或回车只有一个配送中心;多配送中心 VRP 的配送车辆则有多个配送中心可供选择。

(2) 按车辆完成配送任务后是否回到原车场,VRP 可分为封闭式 VRP、开放式 VRP和半开放式 VRP。封闭式 VRP 的配送车辆必须回到原发车车场;开放式 VRP 的配送车辆不一定回到原发车车场,回车车场可以是指定的多个车场之一,也可以以完成最后一个配送任务为配送结束标志,不用回到车场;半开放式 VRP 发车车场与回车车场不同,但回车车场固定。

(3) 按配送的任务,VRP 可分为单纯送货问题、单纯集货问题、送集混合问题。单纯送货问题是指单纯将货物送到客户手中;单纯集货问题是指仅仅将客户手中的货回收到配送中心;送集混合问题是指不仅要考虑将货物从配送中心送到各个客户的手中,与此同时,还要考虑将客户手中的货物运回到配送中心。

(4) 按车辆类型数,VRP 可分为单车型问题(所有配送车辆的载重量相同)和多车型问题(配送车辆的载重量不完全相同)。

（5）按 VRP 的约束类型，VRP 可分为能力约束 VRP 和时间窗约束 VRP。能力约束主要考虑车辆的实行距离、载重量。时间窗约束可分为硬时间窗和软时间窗，硬时间窗即客户要求货物必须在规定的时间段送达，绝对不能早，也不能晚；软时间窗即客户要求货物尽量在规定的时间段送达，可早可晚，但早或晚送达要对负责送货的公司进行相应的惩罚。

2. 电子商务环境下配送路径优化问题考虑因素分析

随着科技的飞速发展，电子商务环境下的物流配送展现出显著的智能化、信息化和社会化特征。随着电子商务企业的激增与竞争的加剧，特别是在"最后一公里"配送服务上的竞争日趋白热化，竞争焦点已从产品价格转向物流配送服务质量。因此，探讨电子商务环境下的物流配送问题，除需考虑影响车辆路径问题（VRP）的常规要素外，还需特别关注与电子商务紧密相关的要素，如配送车辆的经济车速、城市交通条件、道路状况以及实时的天气状况等。具体而言，电子商务环境下物流配送路径优化需全面考虑以下因素。

（1）运输网络：由配送中心、客户及连接二者的运输路线构成，形成配送网络图并了解，是路径优化的基础。

（2）配送中心：作为配送的起点，其数量与选址对路径优化具有决定性影响。

（3）客户：作为配送路径的节点，其位置分布、收货时间及货物需求量均为优化时需考虑的重要因素。

（4）货物：鉴于车辆载重与容积的限制，需考虑货物的重量与体积。

（5）目标函数：VRP 的目标通常包括最小化总运输成本、最小化配送里程、最小化配送车辆数、最大化客户服务水平等。

（6）约束条件：涉及车辆能力（如载重与容积）、配送里程及客户要求的时间窗等。

（7）优化算法：VRP 为物流算法研究领域的热点，求解方法多样，分为精确算法与启发式算法。

（8）经济车速：指车辆行驶中最为经济的燃油消耗速度，需根据车辆燃油特性与实时交通状况动态调整。

（9）交通条件：城市交通拥堵对配送效率具有显著影响，需结合实时交通信息制定配送策略。

（10）道路条件：包括车道干扰、宽度、车流密度、车道数、路口数以及施工路段等因素，均对配送速度产生影响，需事先熟悉备选路径的道路状况。

（11）天气状况：对驾驶员心理与交通状况均有显著影响，需制定相应预案，以应对恶劣天气。

（12）配送时效性：电子商务环境下，消费者对配送时效性的要求日益提高，需通过优化策略确保配送效率。许多 B2C 电子商务企业已推出"次日达"和"今日达"服务，以满足消费者对时效性的高要求。

（13）客户配送点的随机性：在传统配送中，客户地址和需求量固定，路径稳定。但在电商模式下，配送需求随机，消费者分散在城市各处，只有下单后才能确定配送点。这导致电商配送点在城市内随机分布，给时效性带来挑战。因此，电商企业需制订灵活、高效的配送策略应对随机性,确保服务质量和客户满意度。

3. 电子商务环境下配送路径优化问题的目标

在电子商务环境下,配送路径优化问题的目标多样且复杂,通常包括以下几个方面。

1) 配送总成本最低

成本是企业运营的核心关注点,也是配送路径优化问题的首要目标。虽然传统上认为配送总路程与配送总成本成正比,但在实际城市配送中,由于交通拥堵的普遍存在,最短路径并不一定意味着最低成本。因此,在制定配送路径时,需综合考虑多种成本因素,确保总成本最低。

2) 配送总等待时间最短

电子商务配送对时间的要求极为严格,快捷的配送服务已成为企业竞争的关键。因此,将配送的总等待时间量化为成本,并作为优化目标,对于提升客户满意度和企业竞争力具有重要意义。

3) 物流运输所用车辆最少

车辆的使用会产生固定成本和变动成本,且不必要的车辆增加会导致运输成本大幅上升。由于增加车辆的费用通常高于增加车辆运行距离的成本,因此,减少运输车辆数量也是配送路径优化中的常见目标。

4) 客户满意度最大化

在电子商务行业,个性化配送服务对提升客户满意度至关重要。因此,将客户满意度作为优化目标,能够有效吸引和保持客户,是企业持续发展的重要保障。

5) 环境友好型配送

在低碳经济背景下,企业需兼顾经济发展与环境保护。因此,配送路径优化还需考虑配送过程中的碳排放量,力求实现节能减排和可持续发展。这要求企业在制定配送路径时,不仅考虑运输成本,还关注碳排放成本,以最低的环境影响完成配送任务。

4. 物流配送关键流程分析

不同的物流企业因其运营模式和具体业务场景的差异,导致其配送流程呈现出各自的特点。即使是同类型的物流企业,在配送流程上也会因具体情况而有所不同。但是也有物流企业的配送流程具有显著的相似性,其整体框架和主要环节基本一致。为了更深入地了解物流企业的配送流程,这里从货物流通的路径出发,结合物流配送所包含的关键作业环节,对配送过程中的重要作业流程进行详细分析。

一般情况下,物流配送流程的分析主要涵盖以下几个方面。

1) 订单处理作业流程分析

在接收客户订单的通知后,企业首要的任务是对订单进行妥善处理。订单处理作为配送流程的首要环节,其高效和准确执行对于后续环节的顺利进行至关重要。它不仅是配送业务的核心组成部分,还是确保整个配送业务顺畅进行的先决条件,其重要性是其他任何环节都无法替代的。订单处理作业流程如图 7-10 所示。

大多数物流配送中心处理订单时的作业环节如下。

(1) 订单受理阶段。当前阶段的核心任务是整理和分类订单信息。工作人员需整理客户订单,并确认无误后传至配送中心。配送中心审核确认订单信息后,为每个客户创建

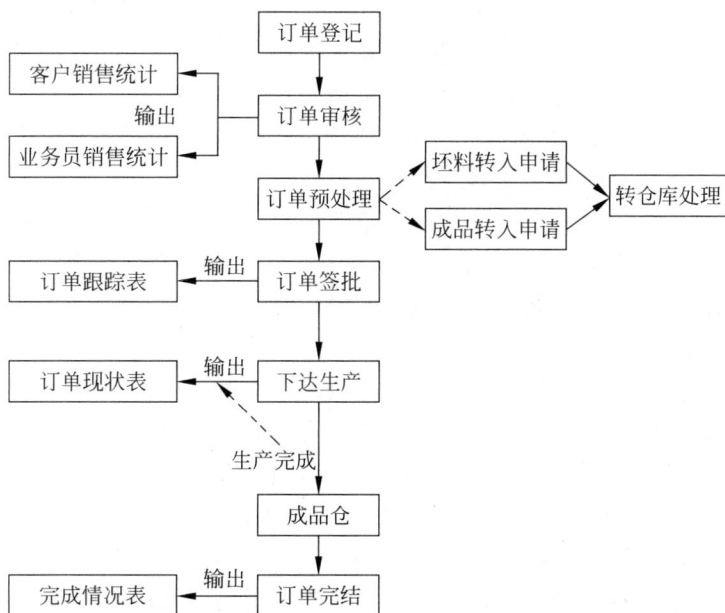

图 7-10 订单处理作业流程

订单文档记录详细信息。这些步骤确保了订单处理的高效和准确,为物流配送打下基础。传统的订单受理流程,订单处理依赖人工,效率低且易错,因而逐渐被淘汰。现代订单受理流程中,订单信息电子化并迅速传输,提高效率,降低错误率。配送中心审核确认后,根据交易类型分类订单,并设计存储形式以简化流程,减少数据重复输入。

(2)订单数据处理。订单信息被确认后,配送中心会查询相应货物的库存状况,并根据查询结果进行合理的库存分配,随后生成拣货单和出货单等必要单据。这些单据会被打印输出,作为物流作业的依据,确保出货流程顺利进行。

(3)订单状况管理。订单状况管理主要集中在两个方面:一是监控订单资料是否按照既定流程正常执行;二是确保不同工作人员在处理同一客户订单信息时保持高效对接,避免信息错漏。此外,若客户要求变更订单信息,工作人员需立即更新相关信息,并向客户确认,以防范因信息差错给企业带来潜在损失。

2)拣货作业流程分析

完成订单审核后,根据信息对货物分类并制定配送清单,安排拣货作业。工作人员需根据客户需求规划任务,尽管自动化系统提高了效率,但人工参与仍不可少,所以如何高效结合人力与自动化系统,提升拣货效率,是当前配送中心面临的挑战。拣货单位包括单品、箱、垫板和特殊品,准确的分层归类对拣货策略选择至关重要。拣货策略与订单性质紧密相关,需考虑订单量和配送时间,以及企业的长期规划和服务对象特点。

3)分拣作业流程分析

在拣货作业完成后,必须对已分类的货物进行细致检查,以确保发货数量、质量和规格的准确性,并核对分拣的货物与订单的一致性。工作人员需逐一比对核查客户订单,一旦发现货物与订单信息不符,应立即替换为正确的货物,并再次验证其一致性。确认信息无误后,方可进行装箱处理。装箱时,需根据货物类型和客户信息进行分类,并附上相应的客户及货物信息标签,以便后续的配送和卸货操作。

在分拣作业中,配送中心通常采用以下两种方式。

(1) 人工处理:该方式完全依赖于现场工作人员,根据客户订单或配送中心的配送单进行分拣,将每个客户的货物准确送达已标识的区域。

(2) 自动化处理:通过自动分类机、计算机及辨识系统对货物进行高效分拣。该方法不仅速度快,而且准确率高,尤其适用于大批量或多种类的分拣任务。分拣的正确性直接影响配送效率,错误分拣可能导致车辆调度混乱、配送成本增加。

4) 送货处理流程分析

在送货流程启动之前,工作人员必须首先核对货物的相关信息,确保信息的准确性和完整性。在确认信息无误后,方可安排具体的送货计划。若企业设有专门的运输部门,则应直接通知该部门执行送货任务;若企业未设立运输部门,则配送中心应将送货任务外包给可靠的第三方物流公司,以确保货物安全、准时送达。

在安排送货时,工作人员应灵活处理配送过程中的各种情况。例如,在货物装车阶段,考虑到车辆载重和容积的限制,可合理采用轻、重货物混装的方式进行配送,以最大化利用运输资源。完成货物配装后,需严格遵循公司既定的运输调度计划和运输路线,确保货物准时、安全地送到客户手中。

5. 配送流程优化的目标

1) 构建"流程企业"

通过精心设计和优化配送流程,物流企业应致力于转型为"流程企业",此举将极大促进企业绩效的提升和战略目标的达成。一旦物流企业成功转型为"流程企业",每个员工都将对核心流程有深入的了解,同时企业也将拥有评估这些流程的标准和方法,使企业能够进入以流程为导向的自我管理阶段。

2) 增强配送流程的有效性

在优化配送流程的过程中,物流企业应全面整合与配送流程相关的辅助流程,构建完善且系统的价值链管理体系。这一举措旨在提升企业在配送过程中的运作效率和有效性,确保企业能够迅速响应市场和顾客需求的变化。

3) 优化资源配置

为了优化配送流程,物流企业应打破传统的资源配置模式,建立调配决策分析中心。该中心将负责统一调配企业内的各种资源,确保资源得到合理分配,从而提高资源利用效率,降低成本。

4) 强化信息收集能力

为了进一步提升配送流程管理的有效性,物流企业应构建统一的信息化工作平台。该平台将实现信息和数据的共享,增强各部门的信息收集能力,加快信息反馈速度,推动整个配送流程的自动化和信息化进程。

5) 提升响应速度和服务质量

物流企业应完善客户服务流程,缩短与终端零售商的沟通、服务和反馈时间,提升服务的响应速度和质量。在配送流程优化后,企业应及时回应并解决客户提出的各种需求和投诉,确保客户满意度。

6）实现车辆实时监控

借助 BDS、GPS 和 GIS 等信息化技术,物流企业应建立完善的车辆监督和控制系统,实现对车辆的实时监控。这种实时监控不仅有助于提高车辆使用效率,还能为配送流程的持续改进提供有力支持,进一步提升配送有效性。

6. 配送流程优化的方式

配送流程是由一系列相互关联的活动和环节构成的复杂系统。为了实现对配送流程的优化,必须对这些活动或环节进行有针对性的改造。在进行配送流程优化时,建议在建立新的流程活动假设和规则的基础上,对现有业务活动进行重排、新增、合并等操作,从而设计出更为高效、合理的配送流程。

配送流程优化的核心内容包括:深入分析配送业务过程中各个活动之间的逻辑关系,判断这些逻辑关系的合理性;评估配送流程设置的科学性及适用性;细致审查配送过程的控制状态,并识别其中的异常情况。此外,还需要识别并确定那些在配送业务过程中起关键作用的活动,以便在优化过程中给予重点关注。

配送流程的优化方式主要涵盖以下几个方面。

（1）取消:对于不必要的、冗余的活动或环节进行取消,以精简流程。

（2）合并:将多个相似或相邻的活动合并为一个,以提高效率。

（3）重排:重新排列活动顺序,以改善与提高流程逻辑和效率。

（4）简化:简化复杂的活动或环节,降低操作难度,提升流程的可执行性。

（5）新增:根据实际需要,增加新的活动或环节,以完善流程或满足新的业务需求。

7.5.4 电子商务物流配送现状与改进

1. 电子商务物流配送现状

随着我国网上购物系统日益成熟,众多大型网络购物平台如天猫、京东、拼多多、唯品会等持续发展,其交易额逐年稳步增长。与此同时,抖音、快手、微信公众号等新平台逐渐崭露头角,成为商业营销的"新宠"。自 2012 年以来,我国电子商务的发展规模持续扩大,增长势头强劲。国家统计局数据显示,2023 年全国网上零售额高达 15.42 万亿元,同比增长 11%,充分展现了电子商务的蓬勃活力。

随着网上零售额的持续攀升,电子商务物流配送作为电子商务发展的重要支撑,也在逐步发展与完善。具体而言,电子商务物流配送的发展呈现出以下几个显著特点。

（1）从业人员数量持续增长。随着电子商务的迅猛发展,对物流配送的需求日益增长。因此,与电子商务紧密相关的物流配送体系吸纳的从业人员数量也呈现出逐年递增的趋势。大量劳动者涌入电商物流配送系统,从事物流配送工作,这在一定程度上对社会的就业起到积极促进作用。

（2）物流配送网点日益完善。在电子商务发展的初期,物流配送网点相对较少,导致消费者从下单到收货的等待时间较长。然而,随着电子商务的深入发展,物流配送网点逐渐增多,布局更加合理。如今,许多农村地区也已建立电子商务配送站点,使全国范围内的电子商务配送网络日趋完善,为电子商务的发展提供了强有力的支持。同时,这也使电子商务物流配送效率得到显著提升,大大缩短了消费者等待收货时间。

(3)物流配送流程日趋规范。以往,由于物流配送体系不完善,物流配送过程中存在诸多不规范现象,配送效率低下。然而,随着电子商务物流配送体系的不断完善,物流配送流程逐渐规范化、标准化。现代技术的应用,如机械设备在包裹出库和分拣中的应用,大大减少对人工操作的依赖,提高了工作效率。

2. 电子商务物流配送存在的问题

1)物流配送基础设施与管理手段的滞后

尽管电子商务物流配送已逐渐受到广泛关注,但受限于观念、制度和技术水平,我国电子商务物流配送的发展仍显缓慢,难以满足日益增长的社会需求。当前,我国高速公路网络、物流配送中心的规划与管理、现代化物流配送工具与技术的运用,以及与电子商务物流配送相适应的管理模式和经营方式等,均未能充分满足电子商务物流配送的要求。基础设施的落后、管理手段的不足以及必要的公共信息交流平台的缺失,均成为我国电子商务物流配送发展的瓶颈。

2)政策法规体系的不完善

当前,我国物流管理体制尚存在区域、部门分割管理的现象,缺乏统一的发展规划和协调运作机制。这种管理体制导致市场归口管理不一致,进而制约了电子商务物流配送效率的提升。由于缺乏一体化的物流系统支持,电子商务在突破空间限制、实现快捷交易方面的功能难以充分发挥。此外,与电子商务物流配送密切相关的财税制度、社会安全保障制度、市场准入与退出制度、纠纷解决机制等政策法规体系尚不完善,这些制度法规的缺陷成为阻碍电子商务物流配送发展的重要因素。

3)物流配送智能化、集成化管理水平的不足

电子商务物流配送之所以受到众多企业的青睐,是因为其能够满足现代顾客多样化的需求,实现网络定制化服务。然而,要实现快速响应顾客个性化需求,电子商务企业必须通过电子化、集成化物流管理整合供应链各环节。从我国实际情况来看,企业的集成化供应链管理尚处于初级阶段,具体表现在运输网络合理化水平有待提高、物流信息时效性不足等方面。这与我国物流业起步较晚、先进的物流技术设备(如全球定位系统、地理识别系统、电子数据交换技术、射频识别技术、自动跟踪技术等)应用不足有关。缺乏先进的技术设备支持,电子商务物流配送企业的集成化管理难以实现,从而降低了其运作效率。

3. 电子商务物流配送发展策略

1)营造良好的电商发展环境,完善物流配送基础设施

为了提升我国物流行业的核心竞争力,必须进一步构建和完善与电子商务物流配送相适应的基础设施。随着电子商务的全球化发展,物流业也呈现出国际化趋势。因此,推动国内物流与国际物流标准的接轨显得尤为重要,包括物流术语、条码、设备的标准化。政府及行业组织需在计量、技术、数据传输、物流作业与服务等方面制定统一标准。同时,政府应加大投入,加强高速公路网络和物流配送中心的规划与管理,确保基础设施的完善与落实。此外,建立公共信息交流平台,需要政府、企业和行业协会共同努力,以促进物流信息的共享与高效流通。

2）强化电子商务物流配送体系建设，加大政策支持力度

政府应加大对电子商务物流配送体系建设的支持力度，推动该行业快速发展。首先，应建立全国性或跨区域的物流管理协调机构，统一管理和协调物流行业的发展，打破条块分割的局面。其次，规范电子商务物流配送的产业政策，引导企业加大投资，统一规划和发展电子商务物流配送基础设施配套体系，构建完善的物流配送网络，形成全国一体化、社会化的电商物流配送系统，提高物流配送效率。

3）提升软硬件水平，实现电子化、集成化管理

电子商务物流配送的集成化管理依赖于先进的软硬件设施和管理策略。因此，必须推进物流配送手段的机械化和现代化，物流配送管理的规范化和制度化，以及物流配送过程的信息化和自动化。在此基础上，采用先进技术和管理策略，如物流信息收集的数据化和条码化、信息处理的电子化和计算机化、信息传递的标准化和实时化、信息存储的数字化等，以实现高水平的集成化和智能化管理。

4）培养高层次电子商务物流配送人才

电子商务物流配送行业的发展离不开高素质、高层次的人才支持。为了适应电子商务时代物流配送行业的新要求，必须大力培养专门从事物流理论研究与实务、电子商务理论与实务、IT与电子商务融合以及电子商务与现代物流结合的复合型人才。通过职业教育、专业教育和岗位学习等多种途径，注重理论与实践相结合，着重培养实际操作能力和创新能力。明确的方向引导、市场需求的拉动和培训途径的科学完善将有力地推动高层次电子商务物流配送人才的培养。

本 章 小 结

本章主要以电子商务物流运输与配送为切入点，系统分析了电子商务物流运输的基本概念、特点，阐述了电子商务物流运输的基本方式，详细分析了公路、铁路、水路和航空运输的概念、优缺点和主要组织形式，在此基础上从定性分析和定量分析角度给出了选择电商物流配送模式的方法，并详细介绍了集装箱运输与国际多式联运的相关知识。最后，对电商物流配送模式和路径优化问题展开了系统分析，针对电商物流配送发展现状和存在问题，提出了相应对策。

思 考 题

1. 电子商务物流运输产生的时代背景是怎样的？
2. 电子商务物流运输方式有哪些？并对比分析各自的优缺点。
3. 电子商务物流运输模式的选择方法有几种？
4. 集装箱运输和国际多式联运的联系与区别有哪些？
5. 电商物流配送问题主要有哪些？
6. 电子商务物流配送路径优化的具体流程是怎样的？

案 例 分 析

顺丰无人仓配服务为商家提供助力

即 测 即 练

第8章

电子商务物流成本与定价管理

电商物流成本与定价管理是电子商务物流的重点之一。通过本章的学习,学生了解和掌握电子商务物流服务与电商物流成本管理的基本概念及特征,掌握电商物流服务与电商物流成本之间的背反和协调关系,理解电商物流成本核算的一般原则、步骤,重点掌握电商物流服务成本核算的常用方法,掌握电商物流成本控制的原则、目的以及方法,熟悉和理解电商物流服务的定价方法以及电商配送中心物流服务定价方法与相关成本控制策略。

8.1 电子商务物流成本管理

8.1.1 电子商务物流服务的内容及特征

电子商务物流服务与传统物流服务有很大区别,它是由电子商务与物流进行资源整合而产生的一种新型物流服务模式,是指根据企业或者个人的实际需求,通过互联网满足顾客服务需求的专业化、个性化、国际化的新型物流服务模式。在电子商务一体化进程中,电商物流服务是提高顾客满意度和增强企业核心竞争力的重要手段与途径。

1. 电子商务物流服务的内容

电子商务物流服务的内容主要包括电商物流平台的订单管理与相关数据分析业务(一般包括电商物流订单的接受、分析、整理、确定等)、电商物流的仓储与分拣业务(主要根据订单信息,开展相关的分拣、包装以及装卸搬运等业务)、物流运输配送与交付业务(具体业务包括设计运输路线、满足配送需求、货物最终交付以及货物的实时跟踪与定位服务等)、逆向物流服务业务(主要承担网络渠道中货物退货管理等相关工作)以及有效的顾客满意度管理(针对顾客的有效需求,提出有针对性的解决措施等)等业务。

2. 电子商务物流服务的特征

电子商务物流服务是一种新兴服务模式,融合和具备电商及物流各自的特征,具有一定的复合性和新颖性,其特征主要有以下几点。

1) 实体性与虚拟性并存

随着 AR 技术、5G、人工智能、虚拟仿真、物联网等现代信息技术的快速发展与普及,电子商务物流服务具有虚拟化的运作特点。但是,这并不能完全取代电商物流的实体性质。由于物品的空间位置的转移必须依赖于物流设施和设备,这些物流工具是不会被"数字化"的,它们仍然具有实体的性质。

2) 远程化与现场化并存

电子商务物流服务具有远程化与现场化并存的特征,主要体现在电商物流的许多作业既可以通过电商信息平台等渠道实现远程可操作化作业,又不可避免地对实体物品实行现场化的管理与运营。

3）个性化与大众化并存

随着人民消费水平的提高和顾客需求的多元化，顾客的偏爱程度呈现个性化、多元化的需求特征。基于此，电商物流企业在提供相关服务时既要满足部分客户的 DIY（自己动手做）需求，又要满足大部分需求群体的大众化需求。订单驱动环境下的现代企业生产必须在满足顾客最大需求的条件下才能生存和发展。

4）开放性与安全性并存

现代社会是开放社会，对于电商物流企业来说，其信息服务平台必须是开放的、共享的。而面对不同市场的复杂环境，还必须考虑信息平台和物流运作的安全因素。因此，电商物流服务具有开放性与安全性的特征。

除了以上特征，绿色化、逆向化、国际化、智能化、标准化、柔性化等也是电商物流服务的特征。这些特征是电子商务物流服务区别于传统物流的主要标志。

8.1.2　电子商务物流成本概况

1. 电子商务物流成本的定义

由于不同国家对"物流成本"理解上的差异以及对物流成本数据的统计口径与计算范围等各不相同，在针对降低和控制物流成本方面所采取的技术措施与策略也表现出明显差异，本书这里主要给出日本、美国和我国对物流成本的定义，以便理解和分析。

日本通商产业省编制的《物流成本核算活用手册》将物流成本定义为：物流成本是指从有形或无形的资源的供应者到需要者的实物流动所需要的成本，具体包括包装、装卸、运输、保管以及信息处理等各种物流活动所发生的费用。

美国管理会计协会发布的《物流成本管理公告》指出：物流成本是指企业在计划、实施、控制内部和外部物流活动的过程中所发生的费用。具体而言，物流成本包括企业在采购、运输、仓储、物料和存货管理、订单处理、客户服务、预测和生产计划、相关信息系统以及其他物流支持活动中所发生的费用。

我国国家标准《物流术语》（GB/T 18354—2021）将物流成本定义为：物流活动中所消耗的物化劳动和活劳动的货币表现。这是一个从经济学角度对宏观、中观和微观物流成本都适用的定义。

由于学术界还没有关于电子商务物流成本的标准定义，本书这里给出一个定义：电子商务物流成本是指在电子商务环境下由于电商物流相关活动所消耗的显性成本和隐性成本的货币表现，具体表现为产品在电商物流活动中运输、仓储、装卸、搬运、包装、流通加工、信息处理和物流管理等过程中所耗费的人力、物力和财力的总和以及与此有关的资金占用、物品损耗、保险和税收等成本的总和。

2. 电子商务物流成本的构成

基于电子商务物流成本的构成复杂，本书这里主要从电子商务物流的成本项目、范围以及形态等三个类别展开划分。

1）按成本项目类别进行划分

根据电商物流的成本项目类别进行划分，电商物流成本主要包括电商物流功能成本和电商物流存货成本。其中,电商物流功能成本由物流活动中产生的运输、仓储、包装、装卸搬运、流通加工、信息处理以及相关管理成本构成。而电商物流存货成本主要由物流保险、税收、利息、货损等部分构成。

2）按范围类别进行划分

根据电商物流在不同阶段成本产生的范围进行划分,具体而言,主要是指在电商物流供应链过程中,即在供应物流、生产(制造)物流、销售物流、逆向回收物流以及废弃物处理物流等阶段产生的物流成本支出。

3）按形态类别进行划分

根据电商物流的成本支付形态,电商物流成本主要分为外包物流成本和企业内部物流成本。而企业内部物流成本主要包括材料费用、人工费用、维修费用、管理费用以及特别费用等部分。

3. 电子商务物流成本的特征

1）隐含性和模糊性

根据著名物流成本管理专家西泽修教授提出的物流成本的"冰山理论",企业现有的财务会计核算制度很难掌握物流成本的实际情况,人们对物流成本的理解在很大程度上还是一片空白,甚至带有很大的虚假性和模糊性,很难将实际发生的物流隐性成本统计出来。

2）复杂性和多样性

电商物流贯穿供应链的全流程,在此运作、管理过程中,既有企业的采购、生产和销售过程,又有物流的基本活动,会产生各种各样的物流成本,导致电商物流成本的构成具有多样性,又决定了电商物流成本的复杂性。

3）相对性和分散性

电商物流成本的相对性主要是指物流成本的高低是以面向服务对象的需求水平为基准分析的。在日趋激烈的竞争环境中,企业必须寻求物流成本和服务水平之间的均衡,以实现企业成本最小化和顾客满意度的最大化。电商物流管理运作具有跨边界性和开放性,电商物流成本分布在企业内部的不同职能部门,以及企业外部的不同合作伙伴之间,导致电商物流成本的分散性。

案例8-1:航运巨头马士基:中国物流成本占比居高不下

8.1.3 电子商务物流服务与成本之间的制约和协调关系

随着人们生活水平的日益提高和信息技术的快速发展,顾客对电商物流服务水平的要求越来越高。不同国家由于不同的经济实力和技术水平,对电商物流服务的需求水平也不同,考虑电商物流服务的地域性和成本性,设置满足不同顾客需求的电商物流服务水平是电商企业管理面临的一个重要问题。电商物流服务要具备三个基本因素:企业拥有顾客所期望的产品或服务,能在顾客期望的周期内提供产品或服务,能够提供顾客所期望的物流服务质量。这里的电商物流服务水平主要指物流的及时可得性、安全性、较强的作业能力和较高的质量等。

当电商企业面对顾客实际需求时,既要考虑顾客的满意度,又要考虑物流的运营成本,如何有效地提升顾客期望服务水平的同时实现物流成本的最小化是考虑的首要问题。服务水平和物流成本的最佳平衡是衡量电商物流服务水平的重要标准。而保持具有竞争优势的服务水平对电商物流企业来说是至关重要的,服务水平并不是一成不变的,最佳服务水平的确定是一个复杂而动态的过程。

当前,许多电商物流管理问题的研究是以均衡物流成本与物流服务水平两者之间的关系为出发点而展开的。研究表明,电商物流服务水平越高,表明电商企业满足顾客期望需求的服务能力越强,客户对企业的产品和服务的忠诚度也就越高。因此,企业的销售收入也就越高,但是,物流服务水平的提高也就意味着物流成本的增加。不同物流服务水平下的收入和成本之差构成了物流服务水平的利润曲线。企业可通过分析和求解利润曲线中的最大化利润的物流服务水平,来确定最佳的服务水平。

例 8-1   若某电商物流企业的目标是利润最大化,即实现销售收入与物流成本之差的最大化。已知该电商物流企业的销售额与物流服务水平的关系曲线为 $V=2\sqrt{SL}$,其中 SL 表示物流服务水平,物流成本与物流服务水平的关系曲线为 $C=1.1\times SL$,则如何确定该电商物流企业的最优物流服务水平?

解:根据题意可知,该电商物流企业的利润函数可以为

$$P=2\times\sqrt{SL}-1.1\times SL$$

根据极值定理,通过对利润函数 P 求 SL 的一阶导数,可得该企业的最优服务水平为 $SL^* = 0.826\,4$。

8.2 电子商务物流成本的核算

8.2.1 电子商务物流成本核算的一般原则

根据物流成本核算实际需求,提高电商物流成本核算质量,在进行电商物流成本核算时一般应遵循一些基本原则。

(1)合法性。合法性原则是指在核算电商物流成本时,成本支出的计入都必须符合国家法律关于成本支出范围和国家标准的相关规定。

(2)可靠性。可靠性原则主要指成本的计入必须是真实的和可核实的。它保证了成本核算信息的正确性。所谓"真实"是指成本信息与客观事实相符合,"可核实"是指由不同的会计人员按照一定原则核算可以得到相同的结果。

(3)相关性。相关性指成本核算要能为管理者提供有用的信息,并且及时地更新成本核算信息,帮助管理者进行成本管理。

(4)分期核算。成本核算的分期应与会计的分期相一致或重合,这样可方便利润等指标的计算。

(5)权责发生制。成本核算要以权责发生制为原则,对于由本期成本负担的支出,无论本期是否支付,都要计入本期的电商物流服务成本。此原则可以划分费用支出发生的时间和受益时间的界限,便于费用分摊,进而为管理者提供准确的电商物流服务成本

信息。

(6) 一致性。企业应该根据自身的经营特点和要求,确定物流服务成本核算的对象、范围和方法。物流成本核算对象一旦确定,一般不得更改。这样可以使每期的成本具有可比性,提高成本信息的可用性。

(7) 重点性。物流服务成本核算中要根据需要,有重点地核算,具有重大影响项目须重点考虑。

事实上,上述原则也是一般成本核算必须遵循的基本原则。

8.2.2　电子商务物流成本核算的一般步骤

遵照国家法律法规要求的前提下,电子商务物流成本核算的一般步骤如下。

(1) 明确电商物流服务活动范围。电商物流活动范围是指物流活动的起点和终点之间的包括供应物流、生产(制造)物流、销售物流以及逆向回收物流等的一般活动。在成本核算前要确定电商物流服务成本核算所包含的所有活动。

(2) 审核电商物流成本信息记录。费用单据的很多记录可能是不符合国家和行业规划的,需要进行审核,以保证成本核算的真实、正确和合法。

(3) 确定成本核算对象。成本核算对象是指成本费用归集和分配的对象。成本核算对象要根据经营类型的特点和管理要求来确定,而不能片面、主观地确定。

(4) 确定成本项目。成本项目实际上是物流费用或成本的归类,如直接材料费、燃料及动力费、直接人工和间接费用等。成本项目的设置要有利于成本核算和成本管理。

(5) 跨期费用分摊。本期支出需以后分摊的费用,记为待摊费用;前期支出的待摊费用在本期摊销的,记为本期费用;后期支出本期摊销的费用,记为预提费用。

(6) 成本归集和分配。将本期的各项相关费用在成本对象之间进行归集和分配,计算出按相关成本项目反映的各种成本对象的成本。

(7) 设置和登记成本明细账。为了保证成本核算结果的可靠性和可查性,成本核算过程中要保持完整的信息记录。利用成本明细账来记录这些信息,便于查询和核实。

8.2.3　电子商务物流成本核算的常用方法

1. 会计核算法

该方法主要根据会计成本核算基本步骤对电商物流服务成本进行核算,主要通过会计凭证、账户以及报表等对成本费用进行全面、系统和连续的记录、计算、报告。该方法主要包括两种基本形式:一是单轨制(是指将电商物流服务成本的核算和其他成本的核算采取相同的凭证、账户、报表);二是双轨制(是指把电商物流服务成本和其他成本区分开来核算,单独建立成本核算的凭证、账户、报表)。

2. 产品成本核算法

根据实际电商物流服务成本核算需要,这里所指的"产品"不仅包括企业实际生产的产品,还包括在电商物流服务过程中产生的各种其他服务。根据企业管理成本核算需要,产生了三种不同的产品成本核算方法。一是品种法,是指针对大批量、多步骤的电商物流服务活动,把物流服务的品种作为成本核算对象的方法;二是分批法,是指针对小批量、多步骤的物流服务活动,把一批物流服务订单作为成本核算对象的方法;三是分步法,是指主要针对大批量、多步骤的物流服务活动,把物流服务的步骤作为成本核算对象的方法。

3. 作业成本法

作业成本法(Activity Based Costing,ABC)是由美国学者罗伯特·卡普兰(Robert Kaplan)和罗宾·库珀(Robin Copper)对美国大量企业进行调研之后提出的一种新的成本核算方法。该方法主要创新之处在于为间接费用的分配提供了新的思路,使成本核算更加精确,是现代管理会计的未来发展趋势。

作业成本法是以作业为间接费用归集对象,通过对资源动因的确认、计量,归集资源费用到作业上,再通过作业动因的确认、计量,归集作业成本到成本对象上去的间接费用分配方法。这里的"资源"主要指企业所拥有的人力、物力、财力等。

根据作业成本法的基本核算思想,作业成本法分析流程基本模型如图 8-1 所示。

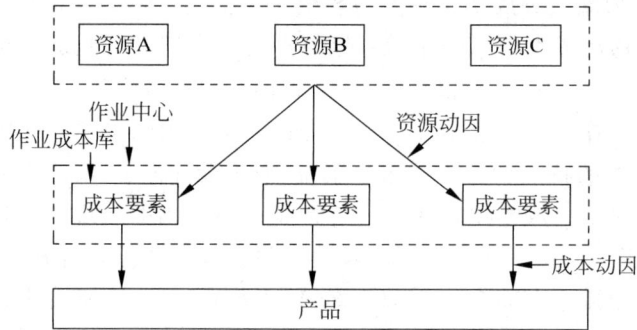

图 8-1　作业成本法分析流程基本模型

为了便于理解作业成本法,可以从横向和纵向两个维度展开,即作业成本法的二维思想,如图 8-2 所示。

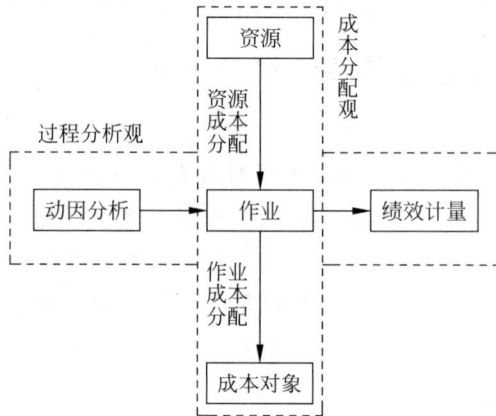

图 8-2　作业成本法的二维思想

根据作业成本法的二维思想,可以得出如下结论,见表 8-1。

表 8-1　作业成本法二维思想结论

方　　　向	思维观念类别	作　　　用
X 轴(横坐标)	过程分析观	注重过程分析,以实际业务为导向,寻找物流成本动因,重视物流绩效考核,提高顾客满意度,提升企业核心竞争力
Y 轴(纵坐标)	成本分配观	根据会计核算过程中得到的相关数据和信息,进行产品或服务的组合定价、风险管控、优化分析等决策

根据作业成本法的基本模型和思想,这里给出电商物流服务成本的作业成本法的计算步骤。

(1) 分析和确定物流作业单元,计量消耗资源。若某电商物流企业有 s 种物流产品(服务),物流服务中有 m 种作业,消耗了 n 种资源。

(2) 确认资源使用的动因,归集资源成本到不同作业并形成作业库。令 q_{ij} 表示单位作业 j 消耗资源 i 的数量($i=1,2,\cdots,n,j=1,2,\cdots,m$),$p_i$ 表示第 i 种资源的成本($i=1,2,\cdots,n$),则资源 i 的资源动因量为

$$a_i = \sum_{j=1}^{m} q_{ij} \tag{8-1}$$

资源 i 的资源动因率为

$$r_i = p_i/a_i \tag{8-2}$$

作业 j 的作业成本为

$$c_j = \sum_{i=1}^{n} r_i q_{ij} \tag{8-3}$$

(3) 划分作业单元,进行作业成本归集。假设 $w_{jk}(w_{jk}=0\text{ 或 }1)$ 表示作业 j 是否属于作业成本库($k=1,2,\cdots,q$),B_k 表示作业成本库 k 的总成本,则作业成本库的成本计算公式为

$$B_k = \sum_{j=1}^{m} c_j w_{jk} \tag{8-4}$$

(4) 确定成本动因,分配成本库成本到成本对象。令 A_k 为作业成本库 k 的作业动因量,R_k 为作业成本库 k 的作业动因率,Q_{kp} 为成本对象 $p(p=1,2,3,\cdots,s)$ 消耗作业成本库 k 的作业动因量,则对象 p 分配得到的总间接费用为

$$C_p = \sum_{k=1}^{q} R_k Q_{kp} \tag{8-5}$$

其中,$R_k = B_k/A_k$。

(5) 计算成本目标的直接成本,如直接材料费、直接人工费、专项费等。假设有 v 种直接材料费,x 种工时,令 Z_p 为成本对象 p 的专项费用;Y_u 为直接材料 $u(u=1,2,\cdots,v)$ 的单位价格,G_{up} 为成本对象 p 消耗的直接材料 u 的数量,w 为回收废料价值占全部材料费用的比例;U_α 为人工 $\alpha(\alpha=1,2,\cdots,x)$ 平均每小时工资标准,$T_{\alpha p}$ 为对象 p 消耗人工 α 的工时总数,λ 为加班等工资的百分比,则对象 p 的直接材料费用为

$$M_p = (1-w) \sum_{u=1}^{v} Y_u G_{up} \tag{8-6}$$

对象 p 的直接人工费用为

$$L_p = (1+\lambda)\sum_{a=1}^{x} U_a T_{ap} \qquad (8\text{-}7)$$

（6）计算总成本。成本对象 P 的总成本 T_p 以及所有物流产品（服务）的总成本 T 的公式分别为

$$T_p = M_p + L_p + Z_p + C_p \qquad (8\text{-}8)$$

$$T = \sum_{p=1}^{s} T_p \qquad (8\text{-}9)$$

（7）计算单位成本对象 T'_p。

$$T'_p = T_p / Q_p \qquad (8\text{-}10)$$

例8-2：河南某跨境企业采用作业成本法进行成本分析

根据作业成本法对电商物流服务过程中各作业成本的核算，可以确定各项作业的价值性和经济性，进而帮助决策者进行相关决策，增加价值高的作业，减少价值低的作业，有效降低物流成本，提高企业的经济效益和竞争力。

8.3　电子商务物流成本的控制

8.3.1　电子商务物流成本控制的概念、目标与意义

电子商务物流成本控制是指在电商环境下物流相关成本形成的过程中，对物流相关服务成本的全过程进行计划、组织、协调和管控的相关活动。其具体而言就是对整个物流活动的流程事前开展规划、组织，事中展开具体指导、控制以及监督，事后进行分析、评价和总结，采取有效的措施和对策降低物流服务成本，实现控制电商物流成本目标的一系列过程。

电商物流成本控制的最终目标是通过合理优化物流作业环节和流程，有效降低物流服务总成本，提高最终顾客满意度，增强企业核心竞争力。其具体来说体现在以下几个方面：一是通过电商物流成本的有效控制，发现企业管理过程中存在的相关问题，以便有针对性地提出改进措施；二是通过各环节物流成本控制的数据分析，能创造更多价值的增值环节需要加强，非增值环节可以弱化甚至剔除，重新优化作业流程；三是为企业进行标杆管理提供理论支撑，可以将企业的物流成本数据和该领域的标杆企业进行对比分析，发现企业存在的相关问题，有助于提升企业的整体经济效益和管理水平。

采取有效管控措施降低企业物流成本已经成为企业的"第三利润源"。因此，对企业进行有效的物流成本控制对企业可持续发展具有重要意义。这里主要从微观、中观和宏观三个角度进行阐述和分析。

1. 微观意义

进行有效的电商物流成本控制已经成为企业降低运营成本、提高经济效益的重要措施和手段。电商企业在实际运作过程中，常常面对物流成本和服务水平之间的效益背反现象，如何有效地实现二者之间的均衡发展，是企业必须考虑的重要问题，而物流成本控制为企业决策提供了基本的理论依据，进而采取有效的方法和措施进行工作流程优化，提

高企业实际运营水平。

2. 中观意义

现代企业的核心竞争力主要体现在两个层面：一是企业具有很强的研发创新能力，掌握核心技术；二是企业具有很强的供应链管理能力，能够有效协调和分配资源，实现共赢发展。而通过电商物流成本控制就有助于增强企业的核心竞争力，提高企业在该行业领域的物流管理、服务水平。物流成本的管理和控制贯穿整条供应链运作的流程，反映在采购、生产、销售和回收的各个方面，体现出企业整体成本控制的水平。在保持顾客期望服务水平的前提下，物流成本越低也就意味着企业的盈利能力越强，利润空间越大，能有效提升企业在同行业的竞争优势，有利于企业的可持续发展。

3. 宏观意义

改革开放 40 多年来，我国物流业取得了巨大发展，可是我国物流行业成本长期居高不下也是不争的事实，这里尽管存在结构性因素，可也体现出我国企业物流管理存在相关的问题。而有效的电商物流成本控制可以提高我国整体经济效益，促进国民经济的高质量发展。现代物流业贯穿社会生活的方方面面，已经成为国民经济新的增长极，科学、合理的物流规划有助于国民经济的合理布局，在经济新常态下对我国经济高质量增长、降低物流损耗、节约社会整体成本具有重要的现实意义。

8.3.2　电子商务物流服务成本控制的基本意识与全程理念

1. 电商物流服务成本控制的基本意识

根据现代企业管理的基本理论和要求，电商物流成本控制的基本意识表现在五个方面。

（1）电商物流成本控制思想和方法的创新化。在国家创新战略驱动下，企业要用变革和创新的思想进行企业管理，树立员工创新意识，让物流成本控制贯穿企业的全过程，要充分发挥广大员工的积极性和创造性。

（2）电商物流成本控制组织的重组和优化。根据实际需求，电商物流企业要定期对企业的组织结构进行重组和优化，增强优势部分，剔除非增值环节，保持动态的调整机制，优化资源配置，实现最优产出。

（3）电商物流成本控制方法合理化和科学化。对物流成本控制的信息系统要进行定期的更新，选择最新的物流成本控制方法，既要满足企业实际需求，又要科学合理，在已有基础上探索适合企业本身需求的物流成本控制方法。

（4）电商物流成本控制手段的国际化和信息化。企业管理者既要有国际视野，根据不同国家的实际需求，探索定制化、个性化的物流成本控制策略，又要采用先进的信息技术，及时保持企业信息系统与时俱进。

（5）电商物流成本控制人才的复合化和专业化。电商物流领域属于典型的复合型领域，所以企业要培养一支复合化、专业化的高素质人才队伍，而且要对员工进行定期培训，形成一个高效的学习型组织，促进企业不断创新发展。

2. 电商物流服务成本控制的全程理念

根据现代企业全程控制理论的基本要求，电商物流成本可以从事前控制、事中控制和事后控制三个阶段展开管控。

（1）事前控制。电商物流成本事前控制是指物流成本控制活动开始前,分析影响物流成本控制的主要因素,计划控制的流程以及实现控制目标的一系列活动。

（2）事中控制。电商物流成本事中控制是指在物流成本控制活动开始后,采取相应的控制措施,对物流成本进行分析、监控和实施的一系列活动。

（3）事后控制。电商物流成本事后控制指的是在电商物流成本控制之后,对该阶段实际物流成本进行核算、分析的一系列活动,根据结果分析是否实现预期目标,以便找出问题,为以后的电商物流成本控制提出积极的改进意见和措施。

8.3.3　电子商务物流成本控制遵循的基本原则和基本策略

1. 电商物流成本控制遵循的基本原则

电商物流成本控制遵循的基本原则如下。

1）总成本最小化

在保持顾客期望服务水平不变的情况下,总成本最小化是企业的不变追求。不管企业提供什么产品或服务,采用何种生产或营销形式,企业必须有效控制成本,提高利润水平,才能在激烈的竞争环境中生存下去。而有效的物流成本控制说明企业开展的物流活动是有效、合理的,增强了企业竞争力。

2）责、权、利相结合

企业的成本控制是一项复杂的系统工程,需要企业全员参与,建立有效的责任、权限和利益相结合的管控机制是十分必要的。首先,根据组织结构和责任划分,确定各部门分级责任制,明确到人;其次,给予相关责任人相应的权限,便于成本控制;最后,建立合理的奖惩机制,奖罚分明,充分调动员工工作积极性,使所有员工担负起控制和管理企业物流成本的责任。

3）目标控制

所谓目标控制是指在企业的实际经营过程中对人、财、物等指标的管控要以事前制定的目标为基础展开管理。这里对电商物流成本进行控制也要遵循这一基本原则,根据事前制定的控制目标展开相应的指导和约束,力争以最小成本实现最大利润。

4）全面控制和重点控制

现代物流系统是一个开放、复杂而又涉及多阶段、多过程、多领域的系统,从供应链上游采购开始,一直到供应链下游销售和回收结束。在整个过程中,每个环节都会产生物流成本。因此,必须对企业物流系统的全过程进行成本管控,以全过程中各环节为对象,根据不同阶段的性质和特点展开控制。但是在全过程中,又要有重点和非重点的区别,对于消耗物流成本占比较大的环节要重点监控,而占比较小的环节简单监控即可,尽可能做到全面和重点相结合,探索符合企业实际需求的管理办法。

2. 电商物流成本控制的基本策略

1）培养复合型人才,提高从业人员职业素质

随着近些年我国物流业的快速发展,物流相关从业人员大量涌入。但是现阶段我国物流从业人员素质普遍较低,导致物流企业资源消耗严重,人员管理成本普遍偏高。尤其

是在面对专业化程度要求更高的电子商务物流企业时,这种现象更加令人担忧。因此,一方面加强高校和企业的校企合作,培养既懂物流管理又懂财务管理的复合型人才;另一方面企业要加强从业人员素质的培养与提升,只有这样才能从根本上解决这一突出问题。

2) 构建动态柔性的电商物流成本核算制度

传统的物流成本核算方法很难有效地计算出间接成本的实际消耗。因此,企业要根据实际运营情况,构建适合自身发展需要的电商物流成本核算制度,比如可以借鉴作业成本法的基本思想进行构建。在这一过程中,一是要注意成本核算制度的动态调整,因为现代信息技术发展很快,要及时地将最新的方法和理念整合进来,与时俱进;二是要注意构建柔性化需求机制,既要满足企业的日常需求,又要体现出重大风险环境下的应急需求。总之,构建的动态柔性的物流成本核算制度要能够降低各活动环节以及各活动环节转换过程中的事故差错率,提高各环节间的衔接能力,提高物流服务质量,降低物流管理成本。

8.3.4 电子商务物流服务成本控制的方法

根据物流成本控制理论和企业的实际需求,电商物流服务成本控制的方法有很多,常用的方法有标准成本法、目标成本法、基于作业成本法的电商物流成本控制方法和全面成本管理方法(Total Cost Management,TCM)等。从决策者的角度可以选取不同的方法进行成本控制和管理。

1. 标准成本法

受到泰勒生产过程标准化思想的影响和启迪,20 世纪 20 年代,在美国一些生产制造企业实际生产过程中产生了标准成本法。该法主要通过核算出产品的标准成本以进行成本控制和管理,它主要由标准成本制定、核算和分析成本差异与处理成本差异三个步骤组成。

该法将成本的实际发生数分为标准成本和差异成本,主要针对成本差异进行分析,找出差异的原因,并采取及时有效的措施进行改进,消除不利差异,实现对物流成本的控制与管理。下面通过一个例题来说明该方法的使用步骤。

例 8-3 某企业准备采用标准成本法进行物流成本控制管理。已知某产品的成本费用数据如表 8-2 所示。若该企业的一个月生产能力为 11 000 小时,本月计划生产销售此产品 2 450 件,购入原材料 30 000 千克,实际成本 88 500 元,本月生产消耗原材料 25 500 千克,实际耗时 9 750 小时,人工工资为 40 000 元,实际间接费用 15 000 元,实际固定间接费用 10 000 元。试用标准成本法计算此产品的成本差异。

表 8-2 某产品的成本费用数据

成 本 项 目	标 准 价 格	标 准 数 量	标准成本/元
直接原材料	3 元/千克	10 千克	30
直接员工费用	4 元/小时	4 小时	16
变动间接费用	1.5 元/小时	4 小时	6
固定间接费用	1 元/小时	4 小时	4
单位产品标准成本	—	—	56

解：(1)直接材料成本差异。

$$直接材料成本差异 = 实际数量 \times 实际价格 - 标准数量 \times 标准价格$$
$$= 25\,500 \times (88\,500/30\,000) - 2\,450 \times 30 = 1\,725(元)$$

其中，

价格差异 = 实际数量 × (实际价格 - 标准价格) = -1\,275(元)；

数量差异 = (实际数量 - 标准数量) × 标准价格 = 3\,000(元)；

直接材料成本差异 = 价格差异 + 数量差异 = 1\,725(元)。

(2)直接人工成本差异。

$$直接人工成本差异 = 实际工人成本 - 标准人工$$
$$= 40\,000 - 2\,450 \times 16 = 800(元)$$

其中，

直接人工效率差异 = (实际工时 - 标准工时) × 标准工资率 = -200(元)；

直接人工工资率差异 = (实际工资率 - 标准工资率) × 实际工时 = 1\,000(元)；

直接人工成本差异 = 直接人工效率差异 + 直接人工工资率差异 = 800(元)。

(3)变动间接费用差异。

变动间接费用差异 = 实际间接费用 - 标准间接费用 = 15\,000 - 2\,450 \times 6 = 300(元)

其中，

变动间接费用效率差异 = (实际工时 - 标准工时) × 变动费用标准分配率 = -75(元)；

变动间接费用耗费差异 = (变动间接费用实际分配率 - 变动间接费用标准分配率) × 实际工时 = 375(元)；

变动间接费用差异 = 变动间接费用效率差异 + 变动间接费用耗费差异 = 300(元)。

(4)固定间接费用差异。

固定间接费用耗费差异 = 固定间接费用实际数 - 固定间接费用预算数
$$= 10\,000 - 11\,000 \times 1 = -1\,000(元)；$$

固定间接费用能力差异 = (生产能力 - 实际产量标准工时) × 固定间接费用标准分配率 = (11\,000 - 2\,450 \times 4) \times 1 = 1\,200(元)。

固定间接费用差异 = 固定间接费用耗费差异 + 固定间接费用能力差异 = 200(元)。

根据以上结果可知，当成本差异为负值时，表示有利差异，要继续保持和发展；当成本差异为正值时，表示实际成本高于标准成本，这些环节需要改进。要根据差异分析的结果找到原因，找到负责部门，采取有效措施，消除不利差异，实现对成本的有效控制。可是该方法属于事后控制，现代企业管理一般强调全过程的管理，更加注重事前控制，这也是该方法的局限性所在。

2. 目标成本法

目标成本法是指企业以实现目标利润为目的，根据实际调研确定预期可实现的物流营业收入，以目标成本为基本依据，对企业的物流经营活动产生的各种费用进行全面管理的一种物流成本控制管理方法。该方法强调把物流服务活动当成一个整体，注重事前和事中控制，分析成本差异，及时采取管控措施，以达到控制物流成本的目的。

采取该法进行物流成本管理，首先要确定物流服务的目标成本，其次对目标成本进行分解,最后使分解后的目标成本与各种物流服务活动相对应,以便展开差异分析。

例 8-4 某企业有 A、B 两类产品作业,根据历史经验,A 类产品的作业量为 400 个,单价为 50 元/个,纳税金额为 8 000 元;B 类产品的作业量为 500 个,单价为 40 元/个,纳税金额为 9 000 元。该产品同行业的目标营业利润率为 20%,试计算该企业的总目标成本。若该企业根据以往历史数据将 A 类产品的目标营业利润率确定为 23%,B 类产品的目标营业利润率确定为 18%,则该定位的总目标成本是否合理?

解:总目标成本=(400×50+500×40)−(8 000+9 000)−(400×50+500×40)×20%=15 000(元);

A 类产品目标成本=400×50−8 000−400×50×23%=7 400(元);

B 类产品目标成本=500×40−9 000−500×40×18%=7 400(元);

A、B 类产品总目标成本=7 400+7 400=14 800(元)<15 000(元)。

根据结果可知,尽管 A 类、B 类产品的利润率定位不同,可是两者的总目标成本之和为 14 800 元,小于企业的总目标成本 15 000 元,因而该企业确定的总目标成本是合理的,可以继续保持和改进。

3. 基于作业成本法的电商物流成本控制方法

作业成本法不仅可以用于物流成本的核算,还可以进行电商物流成本的控制。该法主要通过进行作业分析,挖掘成本产生动因,根据历史数据,分析成本产生原因,优化和改进作业方式,降低整体作业运营成本,提高全过程作业效率和作业质量,进而有计划、有目的、有重点地进行成本关键流程监管,控制物流服务成本。

基于作业成本法的电商物流成本控制方法实施的一般流程如下。

(1) 根据作业成本法的计算步骤,对物流服务成本进行核算。具体实施过程和步骤详见 8.2.3 节,这里不再赘述。

(2) 根据物流服务成本核算的信息,对物流活动中所用作业进行分析,尽可能消除物流活动中"不增值作业",采取相应有效措施,改进"增值作业"。其中,分析物流活动作业的过程又分为三个阶段:①确认物流作业的增值性;②物流作业的重构;③建立有效动态柔性的电商物流成本绩效评估系统。

4. 全面成本管理方法

传统的物流成本控制方法有些注重事后控制,有些注重事前控制和事中控制,虽然在短期内物流成本会有明显下降,但从长期经济效益看,可能不能达到预期效果。基于传统物流成本控制方法的局限性,一种物流服务成本控制的新方法——全面成本管理方法被提出。

该方法是在对传统物流成本控制方法改进的基础上提出的一种新的成本管理方法,采用系统的基本观点,从物流成本管理的整体出发,注重各个子系统的协调与控制,致力于事前、事中和事后的全方位的成本管理。其思想基础是全面质量管理,强调企业全员参与,建立完善的物流服务成本管理体系。

现代企业实施全面成本管理可以有效地规避"效益背反"现象,因为全面成本管理方法注重系统整体管理理念,是对物流活动进行统一的核算,充分协同各参与部门,优化各环节的成本费用,以降低总成本为根本目的,有效降低物流成本。企业实施该方法还可以优化各环节物流作业活动,有效统一协调物流作业的质量、成本和时间,合理处理三者之间的关系，实现物流系统整体优化的目标。

8.3.5 电子商务物流关键过程成本控制策略

根据电商物流成本控制理论和方法的一般要求，电商物流成本整体控制与优化往往要求在物流成本产生的事前、事中和事后采取相应的成本预测、计划、核算、分析、反馈以及决策等控制措施，控制的主体是整个企业物流管理组织和结构，而客体是各个物流活动中产生的物流成本。这种电商物流成本整体综合控制又不同于局部成本控制，具有整体性、战略性、复杂性和系统性等特征，要求具有较强的管理能力和较高的控制效率。

电商物流成本控制的整体策略一般从三个层面展开。

（1）事前控制。事前控制的常用方式有：①消除物流作业。根据物流成本控制方法，确定哪些环节是无价值的作业，然后予以消除，消耗成本低、产生附加值高的作业环节予以加强。②选择物流作业。根据不同的物流作业形式和渠道，选择最佳的物流作业链，在保证顾客满意度的同时，实现成本最小化。③改善物流作业。建立动态物流作业改善机制，提高相应环节的物流作业效率，降低供应链中时间和资源的消耗，使企业处于不断改善和优化的环境中，优化企业的物流价值链。

（2）事中控制。事中控制侧重于对物流成本产生的过程进行成本的分析和纠正，具体实施过程中偏重各个物流环节的管理，物流成本关键环节和过程控制策略部分有详细的论述，这里不再讨论。

（3）事后控制。事后控制侧重于对物流成本控制目标和结果的考核，应建立一套完整的物流成本绩效考核机制。若实现考核目标，应给予奖励；若未达标，应给予惩罚。同时，分析成功和失败的原因，并将结果反馈给相关责任人，便于在下一考核周期进行纠正，如此往复循环，通过不断的优化、分析和反馈，探索最优的适合企业本身发展的物流成本控制方案。

在电商物流成本控制整体优化分析的基础上，这里接下来从采购、库存、包装、运输、配送、装卸搬运以及物流相关服务等方面展开电商物流关键环节和过程成本控制策略的分析与讨论。

1. 采购成本控制策略

采购作为供应链的源头和起点，是其他物流活动开展的前提和基础。因此，采购成本的控制和管理至关重要。无论是生产制造企业，还是流通企业，采购物流都是其他生产物流、销售物流和逆向回收物流的基础。对物流成本控制源——采购成本的控制是否有效直接关系到下游物流活动甚至整个物流运营成本的高低，对后续工作会产生重大影响。如采购与运输、仓储关系密切，前者直接影响后者成本的高低，采购数量多，增加仓储成本，而采购次数多反而会增加运输成本。因此，采购成本控制策略的选择尤为重要。

常见的电商物流采购成本控制策略一般有分散采购、集中采购、联合采购、网上采购、期货采购以及招标采购等。这里对六种常见的采购策略进行简单的对比分析，以便根据不同的使用情况进行选取，见表8-3。

表 8-3　各种采购策略对比分析

采购策略	优　点	缺　点	适用范围
分散采购	产品种类和供应商可供选择多,资金占用低,产品周转快	采购批次频繁,采购费用以及运输费用等相对较高	适用于多品种、多频次、小批量、定制化等产品的采购
集中采购	具有数量优势,容易获得价格折扣,降低采购成本以及运输费用	单次采购量相对较大,造成库存和周转问题,增加库存费用	适用于大型集团企业的大批量、少品种产品的采购
联合采购	集多家中小企业的小订单为大订单,获得数量折扣,减少中间环节和流程,降低采购成本和运输成本	进行联合采购的中小企业基本上为同质化公司,互为竞争关系,一般难以达成合作	这种策略主要针对中小企业,采购同类产品或同类产品的不同型号,形成一个采购联盟
网上采购	可以快速获取采购所需产品或服务的准确信息,提高采购效率,便于采购数据的分析和决策	企业需具备完善的采购信息管理系统,能够准确选择合适的供应商,具备完善的体系结构	大型企业;具有完整的体系结构、具有集成化管理系统的公司
期货采购	保证采购价格和成本不会随经济波动而产生较大的动荡,具有一定的稳定性	单次采购量较大,造成较大的资金占用,库存成本也相应提高	适用于采购渠道单一、批量较大、需求较稳定的产品
招标采购	引入竞争机制,保证了采购的公开、公正、公平,具有较高的透明度,保证了采购质量	招标采购过程复杂、烦琐,流程较长,在一定程度上降低了采购效率	使用范围很广,一般产品或服务的采购均可以采用此方法

2. 库存成本控制策略

库存是物流活动过程中一个非常重要的环节,贯穿采购、生产、销售以及回收的全过程。库存可以有效地实现需求和供给的协调,使物流各个活动有条不紊地进行运作。而且物流服务运作总成本受库存成本的影响很大,对于一般企业物流来说,库存成本占总成本的比例达到 1/3 以上。因此,库存成本是电商物流成本控制的重点,其控制的好坏直接关系到整体物流系统功能的正常发挥,进而影响企业的顺利经营。库存成本的控制不仅受到产品本身因素的影响,而且与其他物流活动直接相关。在库存成本控制过程中,既要注意产品的分类,按照 ABC 分类法进行合理的产品分类和安置,又要注意与其他活动如采购、运输等环节的协调,实现采购、仓储和运输的统一,使之成为一个有效的系统统一体,便于从供应链优化的角度进行整体的优化和管理。库存成本控制的最终目标是在保证物品质量的基础上实现物品的合理储存,提高库存周转率,有效降低储存成本,使整体物流系统发挥最佳的功能。

根据库存管理理论,有效降低库存成本的策略主要有三点。

1) 合理进行产品分类管理,提高库存利用率

按照 ABC 分类法的要求,对仓储产品进行合理的分类,不同类型的产品采用不同的储存策略,保证相应物品的合理周转和供应。正确、合理地划分库存区域,采用适当的仓储管理系统,准确记录数据信息,提高库存的利用率和周转率。

2）有效缩短在途库存时间

随着人们生活水平的提升，顾客对时效性的要求越来越高，在物品运输和配送过程中，要有效缩短交货时间，降低在途运输库存成本，特别是生鲜冷链物流在途库存成本高昂，要选择合适的运输和配送方式，优化运输和配送路线，降低在途供应风险。

3）采用"即时供货"策略

互联网以及物联网技术的快速发展，为"即时供货"策略的实施提供了平台和基础。这种即时制管理模式建立在及时有效的供应链运作基础之上，以供需双方的需求为纽带，实现优势互补、资源共享的双赢局面。这种供应商管理库存模式是未来发展的趋势，可以有效降低供应链运营成本。

3. 包装成本控制策略

包装是物流活动中一个重要环节。包装的主要作用是保护商品、方便储运和促进销售。包装是生产物流的终点、销售物流的起点。同时包装对整体物流系统的成本和销售影响很大。因此，加强物流包装成本控制是非常重要的工作之一。根据包装相关要求，包装成本控制策略一般从以下几方面展开。

（1）建立合理的包装材料登记发放控制制度，根据需求数量，严格控制使用数量，以免资源损耗浪费。

（2）采用合适的包装材料，既要保证商品的安全，在保质期内不会造成商品的变质，且便于运输、仓储以及销售作业活动，又要注意控制包装成本，不过度包装，提高最终销售价格，注重经济效益分析，节约相关费用开支。

（3）在日益重视环境保护的今天，要采用一些对环境无害、易于自然分解的包装材料，注意包装材料的回收再利用，实现可持续发展。

（4）注意加速包装物的周转，循环使用，延长使用年限并增加使用次数，克服损失浪费现象。根据物品的特点和属性、运输和储存方式的不同，设计不同的包装材料和包装规格。根据用户需求，改进包装设计，力求包装简单化、朴素化和便利化。

4. 运输成本控制策略

运输是现代物流系统中最核心的功能，物品的时间、空间以及形态价值的实现主要依赖于运输。企业生产和顾客消费都依靠发达的运输业来实现，现代高效廉价的运输体系促进市场竞争的加剧，使规模经济效益得以实现，降低最终产品价格。一般而言，运输成本占电商物流总成本的比重可以达到40%以上，是影响电商物流总成本最重要的因素。因此，有效的运输成本控制是实现整体成本控制的关键，也是体现国家物流竞争力的重要标准，对运输成本控制策略进行研究和探讨具有重要的理论价值与实践意义。

根据运输成本控制理论，运输成本的有效控制策略主要有以下几方面。

1）提高运输工具实载率

有研究表明，我国运输空载率一直维持在30%以上，已经成为我国物流成本居高不下的一个重要因素。因此，采取有效的措施，如合并运输、零担整运、共同配送等，可有效提高运输工具的实载率，充分发挥运输工具的额定运输量，减少空载，降低运输资源的浪费，从而实现运输工具的合理化。

2）构建社会化的车货匹配信息平台，充分利用社会闲散资源

现代信息技术的快速发展，为车货信息匹配提供了基础。如运满满、冷链马甲等车货匹配信息平台都在实际运作中取得了很大成功。这种形式不仅为"车找货""货找车"提供了便利，更重要的是充分地利用社会闲散资源，整合了线上、线下的需求和资源。这种运输模式的创新极大地推动运输业发展。

3）发展直达运输

直达运输可以有效地降低中转货损和装卸搬运成本，提高运输效率，是一种合理化的运输方式。在条件允许的情况下，如两地之间具有稳定的货源和产销关系以及完善的运输系统，可以发展直达运输，提高运输合理化水平。

4）充分发挥配载运输的功能，提高运输装载量

在运输工具一定的条件下，注意运输配载的合理配置。一旦运输工具确定，也就意味着载重量和容量确定下来。配载运输要考虑运输工具的载重量和容量，根据货物的重量、体积比以及价值、重量比等指标确定合适的配载，使载重量和容量都达到最佳的使用率，提高运输的实载率。同时注意提高货物实际运输装载量，如木材、铁矿石等原材料可以在原产地加工后实施运输，有效降低运输损耗。

5）大力发展多式联运

在资源配置全球化的今天，多式联运已经成为一种有效地降低物流运输成本、提高运输效率、实现不同运输方式优势互补的合理化的运输方式。大量发展公海联运、公铁联运、公航联运、公海铁联运、公海航铁联运等形式的多式联运是实现现代运输合理化、提高整体运输效益的必然途径和未来发展趋势。

5. 配送成本控制策略

配送处于物流系统中最后一个环节，是"最后一公里"。同时，配送一直是物流管理的痛点和难点，对于电商物流来说更是如此。如何在保证顾客期望服务水平不变的情况下，实现配送成本的有效控制是摆在企业面前的一个重要问题。配送成本控制的难点在于如何实现配送成本和顾客满意度之间的均衡。根据已有研究结论，降低配送成本控制的策略主要有以下几方面。

1）混合配送

所谓混合配送策略是指物流企业根据企业自身业务特点，将一部分业务自主配送，另一部分业务外包给第三方，采用自营和第三方混合的配送模式。企业根据实际需求和产品特点，将需求稳定、连续的货物自主经营，而需求量小、不连续的货物可以外包出去，实现二者配送模式的优势互补，降低企业配送成本。

2）差异化配送

不同种类的产品对企业的重要性不同，同时顾客对不同产品的敏感度和服务水平要求也不同。根据 ABC 分类法，确定不同产品的特征，根据历史数据统计顾客对不同产品的敏感度和服务水平要求，以此确定不同的配送策略，体现出差异性，降低不必要的配送成本。

3）共同配送

从理论上来讲，共同配送是最有效地提高配送效率、降低配送成本的措施。共同配送

可以从两个层次来分析：一是配送路线和车辆的合并，二是多家企业实施共同配送。配送线路和车辆的合并，可以有效提高车辆的实载率，避免空载问题，充分利用了车辆的载重量和容积，达到最优效果。多家企业可以构建统一的共同配送信息平台，根据各家每次的实际配送量，在信息平台填写各自的需求数据，由信息平台统一指挥和调度，安排配送车辆，提供配送路线，在同一区域实现各自的配送需求。这种形式可以有效降低参与方的配送成本，提高整体配送效率。可是共同配送也存在明显的局限性，因为各自的产品特征和服务定位不同，很难达成有效的统一，而且成本如何公平合理地分摊、配送顺序的确定等问题都有待解决。

4）延迟配送

延迟配送主要有时间延迟和生产延迟两种基本形式。延迟配送可以有效地降低预测风险，在订单驱动生产模式下，生产延迟可以有效地规避市场需求风险。

5）标准化配送

标准化配送可以降低因产品种类多样化而导致的附加配送成本，在一定区域内尽可能采用标准化的零部件和仓储、运输设备。比如统一标准托盘的大小、在世界范围内统一集装箱的尺寸和标准。

6. 装卸搬运成本控制策略

装卸搬运是物流系统活动的重要组成部分，是衔接运输、仓储等环节的纽带。装卸搬运效率的高低会直接影响整个物流系统的效率。因此，注重装卸搬运成本的控制显得尤为重要。根据装卸搬运的特点，控制装卸搬运成本的策略主要有以下两点。

1）注重装卸搬运设备的合理选择

企业应根据物流作业的特点以及物品的重量、体积等特点，选择合适的装卸搬运工具。要根据物流作业的场所和技术要求，选择适合不同环境的工具，如运输、仓储、港口、货站等场所的工具差异性很大。还要对装卸搬运工具进行定期的更新换代，提高装卸搬运效率。

2）合理优化装卸搬运方式和作业流程

常见的合理的装卸搬运方式有减少装卸搬运的次数、有效缩短搬运距离、提高货物的活性指数以及提高物品的纯度等。通过有效地优化装卸搬运作业流程，提高效率，消除无效搬运，降低装卸搬运的成本。

7. 物流相关服务成本控制策略

物流服务质量和水平已经成为电商物流企业增值服务的集中体现，成为企业物流获得核心竞争优势的重要途径。随着顾客消费偏爱程度的日益多元化、个性化，企业必须转变经营理念，由传统的生产推动模式逐渐转变为市场订单拉动模式，在这一过程中顾客处在价值链的顶端，也是供应链的末端。企业提供的产品或服务必须获得最终顾客的认可，才能转变成价值。因此，注重物流服务水平管理，实现物流成本和顾客满意度的均衡发展，是企业面临的一个重要问题。

根据物流服务成本控制理论，降低控制物流服务成本的策略主要有以下几点。

1）缩短交货周期，提高交货可靠性

交货周期是指顾客从下订单开始到收到货物的时间间隔。在成本允许的范围内，要尽可能缩短交货周期,提高顾客满意度。在恰当的时间内,将顾客所需的商品,以合适的价格送到顾客手中,并保证产品质量,提高交货可靠性,否则就会增加企业额外成本,造成销售机会的丧失。

2)提供增值服务,提高服务质量

电商物流企业在提供基础物流服务的同时,更要提供增值服务,培养用户的忠诚度和黏性,不断提高服务质量和水平。现在市场竞争激烈,若想在残酷的环境中获得竞争优势,必须有同理心,树立"顾客是上帝"的服务理念,快速响应顾客需求,及时解决顾客面临的问题。只有这样,才能逐渐树立企业良好信誉,逐步扩大市场份额,获得更多利润,赢得更好发展空间。

3)提供差异性服务,提高服务的灵活性

根据企业产品定位和服务特点,针对不同的消费群体建立柔性化、差异化的服务标准,提高服务的灵活性。根据不同顾客的有效反应,企业及时作出有针对性的反应,掌握服务的灵活性,才不会增加额外服务成本,有助于企业物流服务水平的提高。

8.4 电子商务物流服务的定价

8.4.1 电子商务物流服务价格的概念和影响因素

1. 电商物流服务价格的概念

服务价格与产品价格相比,具有明显不同的特征,主要体现在顾客对服务价格的认识和理解存在一定的偏差,不同的消费者给予不同的判断。一般情况下,服务价格是服务质量的关键信号,服务价格高也就意味着较高的服务质量。其他非货币因素如等待时间对服务价格的影响也较为突出。服务价格作为调节市场需求的杠杆作用愈加明显,如通过歧视定价来平衡需求周期。顾客对服务价值的认知和理解是服务定价的重要依据,要符合顾客价值取向。因此,对服务价格的准确理解有助于服务定价,提高企业的服务价格竞争力,具有重要的理论意义和实际意义。

截至目前,学术界还没有关于电商物流服务价格的标准定义,本书这里给出一个定义:电商物流服务价格是指电商物流企业在给消费者提供整个物流服务过程中所消耗的所有与之相关的服务资源的货币体现。这里所指的物流服务价格必须是顾客在一定范围内能够接受并自愿支出的价格。

2. 电商物流服务定价的影响因素

根据服务价格的特征,一般认为影响电商物流服务定价的因素主要分为两类:一是电商物流企业自身影响因素,二是电商物流企业外部影响因素。在实际物流服务定价过程中,既要考虑企业自身的服务定位、设置的服务质量高低、物流服务运营成本等因素,也要考虑顾客接受的程度、竞争对手的定价以及不同区域消费能力差异等外部因素,需对内外部因素进行综合分析和计算,最终才能确定。下面对影响物流服务定价的内外部因素进行简要分析。

1）电商物流企业自身影响因素

（1）电商物流服务实际运作成本。对电商物流企业而言，实际运作成本即生产成本，包括人力、物力、财力等资源的投入。在物流服务定价时，理论上单位物流服务价格要高于单位运作成本，否则企业很难维持基本的运营。在物流服务刚刚投入市场时例外，在这一阶段往往不惜代价占据市场份额。

（2）电商物流服务内容及服务质量水平。在一定程度上，服务价格与服务质量成正比。企业提供的服务质量越高，也就意味着服务定价越高。但是对物流企业而言，并不是服务质量和水平越高越好，因为服务质量越高意味着成本也就越高，关键是寻求服务质量和服务成本的均衡点。

（3）企业期望利润率。一般而言，企业期望利润率与物流服务价格有直接的关系，而且受到外部竞争环境以及管理方法等因素的影响。若企业具有竞争优势或占据中高端市场，可以设置较高的利润率水平，但是企业必须提高相应的服务质量。

（4）定价策略及其他因素。企业的定价策略必须服务于企业的战略定位。若企业刚进入市场，可以设置较低的利润率，快速占领市场份额。如企业已进入发展稳定期，可以设置与之匹配的服务价格，进行综合定价。若企业进入发展瓶颈期，可以出奇制胜，制定与战略相一致的定价策略。同时，定价还会受到其他因素如企业管理水平、员工素质等的影响。

2）电商物流企业外部影响因素

（1）企业外包成本。电商物流企业一般作为电商物流服务平台的形式存在，对于多数企业来说，一般将部分业务外包出去，自营部分这里不再讨论。因此，物流服务定价受外包成本的影响很大，一般要求服务价格高于外包成本。

（2）商品对物流费用的承担能力。物流服务定价也受到商品本身价值的影响。一般来说商品价值越高，对物流费用的承担能力也就越强；反之亦然。

（3）物流市场的竞争环境。物流企业的服务定价直接受到外部物流竞争环境的影响。一般而言，处在同一竞争层次的企业考虑定价时必须参考竞争对手的定价决策，同时也要考虑不同竞争层面下的定价差异性，如低端、中端和高端市场的不同定价。

3）其他外部影响因素

除了以上分析的外部因素，其他因素如时间、淡旺季以及温度气候等因素也会影响物流服务的定价。同时，国际经济环境、国家的宏观产业政策以及国际贸易争端等宏观因素也会影响电商物流服务定价。

8.4.2　电子商务物流服务的定价方法

所谓定价方法，是指企业考虑运营成本、供求关系以及外部竞争等因素，以期望的市场定价目标为指引，有效地运用各种定价策略，对企业的产品或服务进行定价的一种方法。电子商务物流服务的定价方法有多种，这里介绍常见的三种。

1. 成本导向定价法

1）成本加成定价法

成本加成定价法是指企业以企业单位平均运营成本为基础，在此基础上加一定比例的利润率而制定物流服务价格的一种方法,该法没有按照边际效用原则而单纯追求利润最大化。该法经常用于企业的导入期,没有过多考虑其他因素,往往取得不错的效果。但随着企业运营的深入,企业的单位运营成本往往随实际物流服务量而发生变化,这时要注意服务价格的动态调整。

成本加成定价法具有明显的优势,主要体现在以下几方面:①跨境企业不受传统定价方法中保护性定价的影响,具有一定的自主权;②可以有效地保护电商物流企业免受不可预知的物流服务数量和服务水平等因素的影响;③在物流服务企业获取一定利润的同时,企业服务商也可以保持对成本的有效控制,并获取有效的需求信息。

可是成本加成定价法也有一定的局限性,该法完全忽视了价格是影响服务需求量的重要因素,当价格不能及时敏感地反映市场供需变化时,此时的定价具有一定的盲目性,没有市场竞争力,不是一种长期有效可行的定价策略,只能在企业的过渡期采用。

2)作业成本定价法

作业成本定价法在电商物流运输、仓储等领域运用较多。根据这种定价方法的步骤,生产商支付给物流服务商一定比例的报酬,以弥补其成本支出,包括相关固定成本和可变成本。该法可以准确、有效地反映出物流服务商提供了哪些产品或服务以及为这些产品或服务实际支付了多少费用。物流服务商可以有效规避其他因素带来的风险,具有一定的稳定性,而生产商也可以根据发票等记账单更准确地控制物流成本,便于成本管理。但是该法的缺点是实施起来非常复杂、烦琐,不易计算和得到精确结果。对于合作初期的外包双方关系比较难以应对,若没有相应的收益分配激励机制等措施的保障,物流服务商没有持续性地改进物流服务质量的内在驱动力。

3)基于收益共享的定价法

在物流服务商和生产商刚刚建立外包合作关系的初期,双方都处在学习曲线的高点,此时适合采用基于收益共享的定价法。此时,合作双方共享物流服务成本节约和增值活动带来的收益。基于收益共享的定价法的优势在于可以持续有效地激励物流服务商改进物流服务质量,降低服务成本,既适用于合作初期的双方关系,也适用于双方长期合作。该法的局限性在于双方长期使用的效果不太理想,主要因为随着学习曲线的下降,双方改进机会逐渐减少,双方获得的收益也逐渐减少,激励效果逐渐不太明显。当竞争因素成为定价的主要影响因素时,物流企业的目标是有效占据市场份额,保持竞争性,其定价的决策转变为根据竞争对手的价格,确定自身服务价格和成本,以此实现企业战略目标。而低成本正是获胜的法宝,也是实现低于竞争对手价格的直接保证。

2. 竞争导向定价法

所谓竞争导向定价法是指在其他因素不变的情况下以竞争对手的产品或服务的特性和价格为定价的基本依据,根据外界因素和竞争环境状况的变化来确定和调整服务价格,以形成持续竞争优势为目标的一种定价方法和策略。电商物流企业通过分析和研究竞争对手的服务质量与水平状况、价格水平等因素,根据自身的经营情况和竞争实力,根据服务成本和供求状况来制定有利于在竞争中获胜的服务价格。一般情况下,电商物流企业以低于竞争对手的价格提供与其相同或相似的物流服务,以达到获取竞争优势、占据更高市场份额的目的。

基于竞争导向的电商物流服务定价法通常有两种：随行就市定价法和边际贡献定价法。

1）随行就市定价法

电商物流服务商使自己的产品或服务价格与同行业竞争对手的一般平均水平保持一致。一般而言，在国内外市场竞争激烈、需求弹性空间相对较小、供需基本平衡的物流市场上，该法是一种比较有效、稳妥的定价策略，既降低了运营风险，又基本反映了电商物流服务的一般社会必要劳动时间，从而帮助企业获得平均利润，或通过其他途径如创新服务模式等降低成本，取得竞争优势。

2）边际贡献定价法

受宏观环境等市场因素的影响，一旦电商物流企业的供需市场发生变化，物流服务企业的产品或服务按原价就很难出售，或者企业为了获取竞争优势，此时物流服务企业可以采用边际贡献定价法。该法从根本上来说是一种变相的可变成本加成法，它暂不考虑固定成本的分摊，只考虑可变成本，算出贡献利润，再把分摊的固定成本扣除，得到物流服务企业的净利润。只要物流服务企业的生产能力有剩余，边际贡献大于零，就有利润可以获取。

3. 需求导向定价法

以成本和竞争导向的电商物流服务定价法只是以物流服务企业本身的因素和市场竞争对手的因素为出发点，作出服务定价的策略，却偏偏忽视了最终消费者的实际需求。随着消费者对服务水平和质量的要求日益提升，当前物流服务市场已经由原来的企业驱动模式转变为市场需求驱动模式。所以以上两种定价法没有考虑到顾客可能对非货币因素比较敏感和关注，而且可能单纯以服务价格来判断服务质量。而需求导向定价法恰好弥补了其他两种定价法的不足之处。

需求导向定价法是指以消费者实际需求为工作重心，根据市场实际服务需求，以消费者对物流服务企业的产品或服务的价值理解和认识程度为参考依据的一种定价策略与方法。该法根据消费者对产品或服务的需求强度和黏性，以及对产品或服务价格的敏感度和对价格的实际承受能力为基础。一般而言，服务价格定价是否合理最终需要消费者的评判和认可，只有服务价格与消费者的理解价值一致，顾客才会买单。

该定价方法有助于物流企业在竞争市场上获取最大利润，满足不同用户和消费群体的实际需求，从而实现物流企业与顾客的"发展与双赢"。在此定价决策中，一般需要物流企业的财务工作人员提供准确的服务成本信息，而服务价格的最后决策权则掌握在市场营销部门。一般来说，该方法主要有认知价值定价法、需求弹性定价法和差别定价法等几种方法。

1）认知价值定价法

认知价值定价法是根据消费者对产品价值的主观感知而非成本来进行定价的方法，主要通过市场调研了解目标客户对产品价值的认知，强化品牌、服务或产品差异化，提升消费者感知价值进行定价。该方法要与消费者心理预期相匹配，甚至略高于心理预期，以树立产品或服务的高端形象。其主要使用于品牌溢价高的一些产品，如奢侈品、科技产品等。

2）需求弹性定价法

需求弹性定价法是根据需求的价格弹性（消费者对价格变化的敏感度）进行调整定价的方法，对需求弹性高（敏感）的产品或服务（如生活必需品、竞品多的商品等）可通过小幅降价，显著提升销量。而对需求弹性低（不敏感）的商品或服务，如垄断药品、刚需服务等，通过提价对销量影响较小。该方法主要使用于市场竞争激烈或价格敏感型市场，以及需要动态调整价格的行业，如航空、酒店等领域。

3）差别定价法

差别定价法是指对同一产品针对不同客户、场景或市场制定不同的价格，主要通过对不同人群、不同时间、不同区域采用不同的定价策略，如旅游景点和电影院的成人票和学生票、药品和软件授权在发达国家和发展中国家的区域差别及滴滴打车和电价分时计价等高峰时段的定价等场景。

根据以上分析，现对上述三大类电商物流服务定价法进行对比分析，结果如表8-4所示。

表 8-4 电商物流服务定价法对比分析

定价方法	子 方 法	优 点	缺 点
成本导向定价法	成本加成定价法	保证以服务价格来补偿成本支出，并能保证物流企业的基本盈利水平，使得企业经营保持在一种相对稳定的水平，有助于企业平稳度过导入期	忽视了一些产品或服务成本估算的复杂性，如服务产品、影响成本产生的因素、成本结构不易确定；忽视了实际服务成本的动态变化过程，缺乏适应性，需要对定价经常修正；忽视了产品或服务价格的市场接受程度以及竞争者的价格变化，进而影响市场份额；忽视服务成本控制，掩盖成本浪费
	作业成本定价法		
	基于收益共享的定价法		
竞争导向定价法	随行就市定价法	面对竞争十分激烈的市场环境，能够较为准确地把握现实状况，在市场上获得主动权，运用价格差异及其他营销手段击败竞争对手，抢占市场份额	价格与成本、需求不发生直接关系，不利于反映物流企业真实成本和利润水平，为抢占市场份额而忽视了获利性；运用"价格战"而获取竞争优势，极大地压缩了综合实力相对较弱的企业的生存空间；混乱过度的"价格战"，会造成市场价格秩序混乱，影响行业健康发展
	边际贡献定价法		
需求导向定价法	认知价值定价法	以消费者实际需求为导向，遵从以顾客为中心的营销理念，能够很好地反映实际市场需求，赢得客户的认可和忠诚度	过分关注顾客对于产品或服务的价值认知以及需求特性，一味追求顾客满意度，导致企业盈利性相对较差；运用该方法定价之前需要做大量的市场调研，掌握顾客实际需求，增加了工作量和成本；消费者对于企业的产品或服务认知较为主观，存在一定的不确定性
	需求弹性定价法		
	差别定价法		

根据以上综合分析，上述三种定价方法虽然同为服务定价的方法，但是具有各自的侧重点和适用范围，彼此之间既存在相互联系又存在冲突。在实际定价过程中，物流企业切不可只遵循某一种方法或只考虑某单一因素进行定价，否则定价会偏离实际，给企业实际

运营带来问题。因此,物流企业应根据企业内部和外部的影响因素,将上述三种物流服务定价方法综合起来作为一种基础的定价思想。基于电商物流服务的特殊性,综合考虑运营成本、竞争环境、需求关系等多种因素,彼此互为补充,以求均衡,最后制定出满足实际需求的动态的电商物流服务价格,使企业获得竞争优势,实现高质量、可持续发展。

8.4.3 电子商务配送中心物流服务定价方法

根据已有文献研究成果,常见的电商配送中心物流服务定价方法有分步定价法、综合定价法、基于股份合作的定价法等。其中,分步定价法和综合定价法的理论基础与计算步骤均来自作业成本法。

1. 分步定价法

分步定价法是指电商配送中心在为客户提供电商物流服务时,按照其所提供的各物流服务环节单独计价收费。如合同中有运输服务、仓储服务、报关服务等,就相应地征收服务费用。

电商配送中心采用分步定价法,一是对传统服务和管理方法的继承与发扬,二是因为目前电商配送中心难以准确计算和掌握整体企业的电商物流服务成本。在实际操作过程中,各物流服务环节定价的依据是作业成本法,其计算步骤如下:①直接作业服务成本费用的归集;②物流服务作业的鉴定;③服务作业成本库费用的归集;④成本动因的确定;⑤成本动因费率计算;⑥作业成本库费用的分配;⑦产品或服务成本的计算。

然而,分步定价法也有相应的缺点,主要体现在实际计算过程中,由于配送中心作业的复杂性,有些环节很难准确归纳分类,成本分摊不客观,使最后计算的结果存在一定的偏差。

2. 综合定价法

综合定价法是指电商配送中心根据客户和消费者的实际要求,综合考虑电商配送中心物流服务所及的所有物流作业环节、服务水平和流程操作的复杂程度后,形成一个整体电商物流服务价格的一种定价决策方法。根据定义分析可知,该法是符合现代物流发展理念,特别适应第三方物流、第四方物流等服务模式的定价方法。电商配送中心物流服务的综合定价法是现代物流企业服务水平和管理水平发展到一定程度的体现,具有几个明显的特征:①该法是国际化、一体化物流服务在现代企业经营方式上的体现,可以得到合作双方的认可;②该法不但具体体现了电商配送中心物流服务中服务环节的作用和价值,而且体现了服务设计、组织、管理、营销等非操作环节的增值性价值;③该法在保证物流服务质量和水平的前提下给物流服务企业提供了广阔的利润空间;④该法在公平、公正、公开的环境下让消费者选择物流服务提供商,有助于提高顾客满意度。

该法是现代电商物流企业管理能力和水平的集中体现。采用该法,企业首先要获取市场准确的物流服务成本信息;其次,考虑消费者的成本差异,弥补了分步定价法的局限性;最后,在该法指引下,作业成本计算法的优势可以得到充分体现。作业成本法不但能够深入作业的各个层面,计算出作业的服务成本,而且能够计算出整体电商物流服务的成本,可以客观反映出客户(服务)的成本差异性,为电商配送中心物流服务定价决策提供准确的数据信息。

3. 基于股份合作的定价法

针对中小企业以及连锁超市经营企业而言,自建配送中心从经济角度分析显然不太可行。这些企业既可以将业务外包给专业的配送中心,也可以联合起来自建配送中心联合经营,这就导致了利益分配问题的产生。

基于股份合作制的配送中心使所有参与合作者形成了一个利益共同体,基于共同配送和集中经营的优势,降低总成本,增加总收益。如何公平合理地分配收益是各个参与者面临的一个重要问题。其中,配送中心确定的配送价格是关键影响因素,若配送价格定得偏高,则配送中心收益分配多,占股份较大的合作者分红也多,而终端零售市场销售额较少的合作者收益受损;反之则相反。因此,配送价格的确定就显得尤为重要,直接决定了各参与者的收益分配。采用基于股份合作的定价方法要恰当处理整体与局部的利益关系,兼顾公平合理性,合理协同和处理各参与方的利益诉求,提高定价管理决策水平。

本 章 小 结

本章主要以电商物流服务成本管理作为出发点,介绍了电商物流服务的基本概念、特征、存在的问题以及物流服务与物流成本之间的关系。在此基础上,详细介绍了电商物流成本核算的原则、步骤和方法,而成本核算的方法是本章的重点,特别是作业成本法,计算过程复杂,具有很广的适用范围,需要重点学习和掌握。在物流服务成本核算的基础上,展开电商物流成本的控制,详细介绍了电商物流成本控制的目的、意义、原则,重点讨论了电商物流成本控制的方法,其中全面成本管理方法是在传统成本管理方法的基础上改进和完善的一种新方法,符合现代企业管理实际需求,需要重点关注和学习。最后,根据电商物流企业实际需求,给出了基于成本导向的电商物流服务定价法(包括成本加成定价法、作业成本定价法和基于收益共享的定价法)、基于竞争导向的电商物流服务定价法(包括随行就市定价法、边际贡献定价法)以及基于需求导向的电商物流服务定价法(认知价值定价法、需求弹性定价法和差别定价法)三种定价方法,对其进行了讨论和分析,并简单介绍了电商配送中心物流服务定价方法,具体包含分步定价法、综合定价法以及基于股份合作的定价法。

思 考 题

1. 电商物流服务的内容和特征有哪些?
2. 电商物流服务存在的问题有哪些?并举例说明。
3. 电商物流服务与物流成本呈现什么关系?
4. 电商物流成本核算的一般原则和步骤是什么?
5. 电商物流成本核算的方法包括哪些?如何实施作业成本法?
6. 电商物流成本控制的目的和意义是什么?
7. 电商物流成本控制的原则和策略有哪些?
8. 电商物流成本控制的方法有哪些?

9. 电商物流服务成本定价的方法包括哪些?

案 例 分 析

库存费用在美国物流成本中的地位

即 测 即 练

第9章

跨境电子商务物流

物流作为连接买卖双方的桥梁,在跨境电子商务中扮演着至关重要的角色。跨境物流对跨境电子商务的发展起着决定性作用。本章简单介绍跨境电子商务的概念、特点和分类,着重分析跨境电子商务与物流的关系,两者互相影响、互相促进。随着跨境电子商务的发展,跨境电子商务物流也不断出现新模式。对跨境电子商务物流有基本认识后,本章介绍了跨境电子商务进出口物流模式和海外仓的基本概况。通过本章学习,读者可了解跨境电子商务物流的基本理论和模式,熟悉海外仓运营,掌握跨境电子商务物流的核心知识与实践策略。

9.1 跨境电子商务概述

9.1.1 跨境电子商务的概念

跨境电子商务脱胎于"小额外贸",所谓跨境,就是交易的主体分布在不同的关境,"商务"表明做什么,"电子"表明怎么做。跨境电子商务有狭义和广义两层含义。狭义的跨境电子商务特指跨境网络零售,实际上基本等同于跨境零售,是指分属于不同关境的交易主体,通过电子商务平台达成交易,进行跨境支付结算,通过航空小包、邮政快递等跨境物流模式送达商品、完成交易的一种国际贸易新业态。广义的跨境电子商务基本等同于外贸电子商务,是指分属不同关境的交易主体通过电子商务手段将传统进出口贸易中的展示、洽谈和成交环节电子化,并通过跨境物流送达商品、完成交易的一种国际商业活动。

跨境电子商务与传统电子商务相比,运行环境更加复杂,交易过程更加优化,是电子商务活动范围的一种延伸和补充。传统的销售、购物渠道转移到互联网,打破了国家、地区间的壁垒,消除了国际商品供给不对称现象,使得贸易不再局限于地域或者国内,通过互联网实现跨国家与地区的贸易和结算往来。

近年来,我国跨境电子商务持续向好发展,跨境电子商务成交额持续增加,增长率维持在高位,如图9-1所示。

9.1.2 跨境电子商务的特点

跨境电子商务借助互联网发展,与传统交易方式相比,网络空间具有全球性、虚拟性、即时性、交互性等特征,使得跨境电子商务具有以下几个特点。

1. 全球性和非中心化

互联网是一个没有边界的媒介体,具有全球性和非中心化的特征。因此,通过互联网进行交易的跨境电子商务也具备全球性和非中心化的特征。电子商务与传统的交易方式相比,一个重要特点在于电子商务是一种无边界交易,没有传统交易所具有的地理因素。

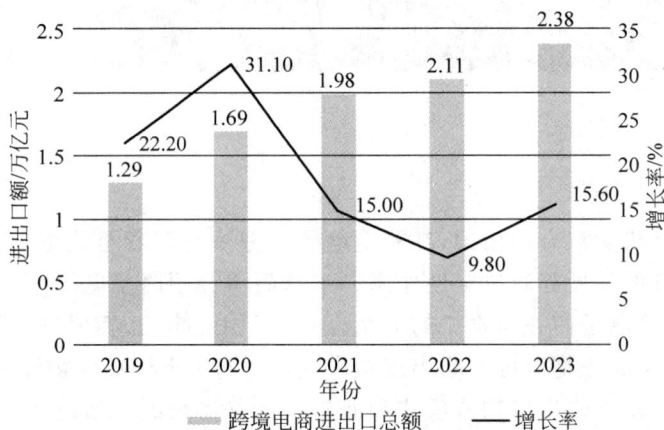

图 9-1　2019—2023 年中国跨境电子商务进出口额及增长率
资料来源：商务部官网数据。

互联网用户不需要考虑跨越国界就可以把产品，尤其是高附加值产品和服务供应到市场。网络的全球性特征带来的积极影响是信息大程度共享，消极影响是用户必须面临因文化、政治和法律的不同而产生的风险。

2. 数字化

传统的国际贸易主要是实物产品或服务交易。随着信息网络技术的深化应用，数字化产品（软件、影视、游戏等）的品类和贸易量快速增长，且通过跨境电子商务进行销售或消费的趋势更加明显。但关于"数字化"的一大挑战是，目前数字化产品的跨境贸易还没有纳入海关等政府相关部门的有效监管、贸易量统计、收缴关税的范围。

3. 多边性

传统的国际贸易主要表现为两国（地区）之间的双边贸易，即使有多边贸易，也是通过多个双边贸易实现的，呈线状结构。跨境电子商务可以通过 A 国（地区）的交易平台、B 国（地区）的支付结算平台、C 国（地区）的物流平台，实现与其他国家（地区）间的直接贸易。贸易过程相关的信息流、商流、物流、资金流由传统的双边化逐步向多边化演进，呈网状结构。

4. 直接化

传统的国际贸易主要由一国（地区）的进/出口商通过另一国（地区）的出/进口商集中进/出口大批量货物，然后通过境内流通企业的多级分销，到达有进/出口需求的企业或消费者，进出口环节多、时间长、成本高。跨境电子商务可以通过电子商务交易服务平台，实现多国（地区）企业之间、企业与最终消费者之间的直接交易，进出口环节少、时间短、成本低、效率高。

9.1.3　跨境电子商务的分类

1. 按交易模式划分

按交易模式的不同，跨境电子商务的主要交易模式包括 B2B、B2C、C2C、O2O。

（1）B2B 跨境电子商务。B2B 是指商家（泛指企业）对商家的电子商务，即分属不同关境的企业与企业之间通过专用网络或互联网进行产品、服务及信息的交换。通俗地说，B2B 是指进行电子商务交易的供需双方都是商家（企业），它们使用互联网技术或各种商务网络平台完成商务交易。

从广义层面来看，B2B 跨境电子商务指互联网化的企业对企业的跨境贸易活动，也即"互联网＋传统国际贸易"。从狭义层面来看，B2B 跨境电子商务指基于电子商务信息平台或交易平台的企业对企业的跨境贸易活动。这里谈论的 B2B，一般指狭义概念。B2B 跨境电子商务是目前跨境电子商务贸易中最主要的交易模式，采用此模式的代表网站有敦煌网、中国制造网、阿里巴巴国际站和环球资源网等。

（2）B2C 跨境电子商务。B2C 是指分属不同关境的企业通过互联网直接为消费者提供新型购物环境——网上商店，消费者在网上商店进行购物、支付，并通过跨境物流送达商品、完成交易的一种国际商业活动。

目前，B2B 和 B2C 是我国主要的跨境电子商务贸易模式，其中进口贸易以 B2C 为主。B2C 跨境电子商务出口又称外贸 B2C、小额外贸电子商务，通过跨境电子商务平台或者自建的跨境电子商务网站，采用国际航空小包和国际快递等方式将境内的产品或服务直接销售给境外消费者。它的买家主要是境外的个人消费者，卖家主要是境内的贸易商/网店主，以及部分生产商等，采用此类模式的有天猫国际、京东全球购、聚美优品等。

（3）C2C 跨境电子商务。C2C 是指一个消费者通过网络等交易方式，把商品出售给另一个消费者的交易模式，主要通过第三方交易平台实现个人对个人的电子交易活动，也有人称之为"海代"（即海外代购）。

C2C 模式下的购物流程为搜索商品、联系卖家、购买商品和服务评价。C2C 进出口平台为海淘的买卖双方提供了信息沟通和交易场景，交易模式相对更自由，是现在最能满足消费者个人需求的模式。C2C 模式的产生以 1999 年易趣网的成立为标志，是我国电子商务的最早期模式。目前采用这一模式的主要有 eBay、易趣、淘宝全球购等平台。

（4）O2O 跨境电子商务。O2O 是近年来新兴的一种电子商务模式，即将线下商务与互联网结合在一起，让互联网成为线下交易前台的模式。可以说 O2O 是线上、线下和现代智慧物流结合，服务商利用大数据、云计算等技术创造出来的新型零售业态，是以消费者体验为中心的数据驱动的交易模式。

传统企业开展 O2O 跨境电子商务模式时，可以采取以下几种运作方式：①自建官方商场＋连锁店的形式，消费者直接在门店的网络店铺下单购买，然后线下体验服务。在这一过程中，品牌商提供在线客服及在缺货情况下随时调货支持，加盟商收款发货，适合全国性连锁型企业。②借助全国布局的第三方平台，实现加盟企业和分站系统完美结合，借助第三方平台的巨大流量，迅速推广并带来客户。③建设网上商城，开展各种促销和预付款的形式，线上销售、线下服务，这种形式适合本地化服务企业。

四种跨境电子商务交易模式的主要区别见表 9-1。

表 9-1　四种跨境电子商务交易模式的主要区别

模　式	优　点	缺　点	发 展 趋 势
B2B	灵活方便,交易成本低	竞争激烈	发展主流
B2C	支付简便,交易速度快	缺乏多样性	市场规模持续扩大
C2C	门槛低,用户群体广泛	产品质量难保证	智能化、高效化
O2O	用户体验感高	供应链管理难度大	多种业务模式并存

2. 按商品流向划分

1) 进口跨境电子商务

进口跨境电子商务,又称入境电子商务,具体指境外商品或服务通过跨境电子商务平台或渠道销售到境内市场,通过电子商务平台完成商品的展示、交易、支付,并通过线下的跨境物流送达、完成商品交易的一种跨境贸易活动。进口跨境电子商务存在多种商业模式,包括 M2C(manufacturers to consumer,生产厂家对消费者)、保税自营＋直采模式、海外买手制和内容分享/社区资讯模式等。

(1) M2C,是跨境电子商务制造厂家针对消费者开展网上商品销售的商业模式,其特点是中间环节较少,生产厂家和消费者是一对一的关系,减少了中间成本,同时商家需有境外零售资质和授权,商品境外直邮,保证了商品的质量。采用这种模式的典型企业有天猫国际等。

(2) 保税自营＋直采模式,是指电子商务平台直接参与货源的组织与物流仓储买卖流程,采购商品以爆款商品为主,物流配送方面采用在保税区自建仓库的模式。但这种模式品类受限,同时还有资金压力,无论是上游供应链、物流清关时效,还是在保税区自建仓储,又或者做营销打"价格战",补贴用户提高转化复购都需要充裕的现金流支持。采用这种模式的典型企业有聚美优品等。

(3) 海外买手制,是指海外买手(个人代购)入驻平台开店,从品类看,以长尾非标品为主。该模式最大的问题是商品真假难辨,在获取消费者信任方面还有很长的路要走。采用这种模式的典型企业有淘宝全球购等。

(4) 内容分享/社区资讯模式,是指借助境外购物分享社区和用户口碑提高转化率,以内容引导消费,实现自然转化的模式。其优势是能够形成天然境外品牌培育基地,将流量转化为交易。采用这种模式的典型企业有小红书等。

2) 出口跨境电子商务

出口跨境电子商务,又称出境电子商务,是指将境内加工和制造的产品或服务借助跨境电子商务平台进行交易、完成结算,并借助跨境物流运达境外市场的一种跨境贸易活动。

(1) 基于 B2B 的信息服务平台和交易服务平台模式。信息服务平台模式通过第三方跨境电子商务平台进行信息发布或信息搜索完成交易,营利模式包括会员服务和增值服务,代表平台有阿里巴巴国际站、环球资源网等。交易服务平台模式中,买卖双方能够在跨境电子商务平台完成网上交易和在线支付,其主要营利模式包括收取佣金和展示费,代表平台有敦煌网、大龙网等。

（2）基于 B2C 的开放平台和自营平台模式。开放平台的内容包括出口电子商务商品、店铺、交易、物流、评价、仓储、营销推广等各环节和流程的业务,实现应用和平台系统化对接,并围绕平台建立自身开发者生态系统。其代表平台有亚马逊、速卖通、eBay、Wish 等。

自营平台对其经营的产品进行统一的生产或采购、产品展示、在线交易,并通过物流配送将产品投放到最终的消费者群体。其代表平台有兰亭集势、环球易购、米兰网等。

9.1.4　跨境电子商务与物流的关系

我国跨境电子商务的快速发展有效地推动了国内产品进出口多样化,帮助更多小微企业加入跨境电子商务服务行列中,反过来也增加了跨境电子商务物流业务量,推动了现代物流学科的进一步发展,促进了物流技术水平的提高。跨境电子商务与物流之间有着密不可分的关系。

1. 跨境电子商务对物流的影响与作用

（1）跨境电子商务颠覆了传统物流的运作方式。跨境电子商务使物流实现网络的实时控制,传统的物流活动在运作过程中无论是以生产为中心,还是以成本或利润为中心,其实质都是以商流为中心,从属于商流活动,因而物流是紧紧伴随着商流来运动的。而在跨境电子商务下,物流的运作是以信息为中心的,信息不仅决定了物流的运动方向,也决定着物流的运作方式。在实际运作中,通过网络上的信息传递,可以有效地实现对物流的控制,使物流合理化。而且网络对物流的实时控制是以整体物流来进行的。在传统的物流活动中,虽然也会利用计算机对物流进行实时控制,但这种控制都是以单个的运作方式来进行的。而在跨境电子商务时代,网络全球化的特点可使物流在全球范围内实施整体的实时控制。

（2）跨境电子商务改变了物流企业的经营形态。一方面,跨境电子商务会改变物流企业对物流的组织和管理。在传统经济条件下,物流往往是由某一企业来进行组织和管理的,而跨境电子商务则要求物流从社会角度来实行系统的组织和管理,以改变传统物流分散的状态。这就要求企业在组织物流的过程中,不仅考虑本企业的物流组织和管理,还考虑全社会的整体系统。另一方面,跨境电子商务会改变物流企业的竞争状态。在传统经济活动中,物流企业之间存在激烈的竞争,这种竞争往往是通过提供优质服务、降低物流费用等方面来进行的。在跨境电子商务时代,这些竞争虽然依然存在,但有效性却大大降低了,原因在于跨境电子商务需要一个全球性的物流系统来保证商品实体的合理流动,对于一个企业来说,即使它的规模再大,也难以达到这一要求。这就要求物流企业联合起来,形成一种协同竞争的状态,实现物流高效化、合理化、系统化。

（3）跨境电子商务提高了物流行业的管理水平。物流管理水平的高低直接决定物流效率的高低,也影响电子商务实现的效率。首先,跨境电子商务对物流行业提出了更高要求,促使物流企业加大对信息技术和数据分析的投入,实现供应链的数字化管理,优化运输路线和仓储布局,提升运营效率和服务质量。其次,跨境电子商务的需求特点使整个物流行业更加注重流程优化和标准化管理,引入先进的物流管理系统和技术,实现订单跟踪、库存管理、运输调度等环节的精细化管理,提高作业效率和运营透明度。跨境电子商务的快速变化也促使物流企业加强风险管理和应急预案的建立,提高危机处理能力和业务的稳定性。总体而言,跨境电子商务的发展给物流行业带来了管理模式和思维方式上的创新,促使企业加速转型升级,提高管理水平和服务品质,推动整个物流行业朝着智能化、高效化的方向发展。

2. 物流对跨境电子商务的影响与作用

(1) 物流是跨境电子商务的基本要素。跨境电子商务的实质是商品交易的全球化,而物流正是连接各个国家和地区、实现货物运输、仓储和配送的纽带。良好的物流系统能够保障商品从生产地到消费者手中的高效运输,确保交付的时效性和可靠性,提升跨境电子商务企业的竞争力,通过快速、安全、低成本的物流网络,企业可以更好地满足客户需求,提升客户满意度,打造品牌形象,从而在全球市场中获得更大的份额。此外,物流对于跨境电子商务的全球布局和市场拓展也起着决定性的作用,建立稳定、高效的国际物流渠道是企业拓展境外市场的关键因素之一。因此,可以说,物流不仅是跨境电子商务必不可少的基本要素,还是推动跨境电子商务健康发展和全球化业务拓展的关键支撑,只有不断完善物流体系、提升物流效率,才能更好地促进全球范围内的商品流通和贸易发展。

(2) 物流是跨境电子商务的重要流程。在跨境电子商务中,物流环节涉及商品从供应商处采购、仓储管理、订单处理到最终交付给消费者的全过程。物流是确保商品在不同国家和地区之间快速、安全地流通,提高交付效率,缩短交货时间,增强客户体验的重要条件之一。跨境电子商务的物流还包括国际运输、清关手续、关务合规等复杂环节,而物流服务不仅包括物流运输本身,还包括货物的报关、退税、保险等环节,这些都直接影响着商品的跨境流通和交付,专业的物流服务提供商可以协助企业处理各项事务,确保货物顺利通过海关检查并准时送达目的地。优质的物流服务不仅能够降低企业的运营成本,提高效率,还可以帮助企业拓展国际市场,实现全球化布局,增强竞争力。因此,物流作为跨境电子商务流程中的重要环节,对于促进跨境电子商务发展、提升企业竞争力和满足消费者需求具有不可替代的作用。

9.2 我国跨境电子商务物流发展概述

9.2.1 跨境电子商务物流的概念及特点

1. 跨境电子商务物流的概念

跨境电子商务物流是伴随着跨境电子商务的发展而产生的,随着跨境电子商务的发展,跨境电子商务物流迅速成长。跨境电子商务物流是指分属不同关境的交易主体通过电子商务平台达成交易,进行支付结算,并通过跨境物流送达商品、完成交易的一种国际商业活动,即通过跨境电子商务平台达成交易后,使商品完成从一国(地区)关境到另一国(地区)关境再到收货地转移的国际化服务,包括配送、包装、信息查询等。简单来说,跨境电子商务物流就是跨境电子商务运营模式下,涵盖采购、仓储、运输各个供应链管理环节的物流管理。

2. 跨境电子商务物流的特点

1) 物流反应快速化

跨境电子商务要求物流供应链上下游对物流配送需求的反应迅速,因此整个跨境电子商务物流前置时间和配送时间间隔越来越短,商品周转和物流配送也越来越快。

2)物流功能集成化

跨境电子商务将国际物流与供应链的其他环节集成,包括物流渠道与产品渠道的集成、各种类型的物流渠道之间的集成、物流环节与物流功能的集成等。

3)物流作业规范化

跨境电子商务物流强调作业流程规范化,包括物流订单的处理模板选择、物流渠道的管理标准制定等操作,使复杂的物流作业流程变成简单的、可量化的、可考核的物流操作方式。

4)物流信息电子化

跨境电子商务物流强调订单处理、信息处理的系统化和电子化,用企业资源计划信息系统功能完成标准化的物流订单处理和物流仓储管理。通过ERP信息系统对物流渠道的成本、时效、安全性进行有效的关键业绩指标(key performance indicators,KPI)考核,以及对物流仓储管理过程中的库存积压、产品延迟到货、物流配送不及时等进行有效的风险控制。

案例 9-1:河南保税物流园区"买全球、卖全球"的跨境电子商务新格局逐步形成

3. 跨境电子商务物流与传统电子商务物流的区别

1)物流环境差异

跨境电子商务物流面向全球各国、各地区,传统电子商务物流则只在境内活动。从环境上看,跨境电子商务物流更加复杂,具有国际性特点。从业务单据上看,跨境电子商务物流需要准备报关单、原产地单据、产品检验检疫等相关文件,而传统电子商务物流只需要一张快递面单。从运输货物的类型上看,跨境电子商务物流运输对于货物种类的限制较多。比如,液体、粉末等商品在传统电子商务物流运输中比较常见,但这类商品若想运输到境外,就需要提供一系列的认证、审核文件,有些国家(地区)还会直接禁止这些产品入境。

2)业务操作差异

跨境电子商务物流需要使用其他语言制作单据、佐证资料等,因此在业务操作上的复杂程度远高于传统电子商务物流。传统电子商务物流的分拣相较跨境电子商务物流简单一些,也不用考虑因产品价值产生的关税问题。跨境电子商务物流需要服务于不同的国家或地区,因此需要根据不同国家或地区的政策要求采取相应的措施。

3)信息查询沟通差异

一般电商消费者通过网络购买商品,通常使用电商自建物流或者与电商合作的第三方物流,可以在电商平台物流查询后台或者物流公司的官方平台查询物流状态,也可以打电话直接沟通物流情况。但跨境电子商务物流的信息通常需要等到货物发出两天后才能查询,且平台后台无法体现精确的物流信息,只能显示货物到达了某个港口。不同平台对物流服务商的要求不同。因此,跨境电子商务物流产品并不是在各个平台均适用。如亚马逊平台对物流服务商的认证就有要求,并不是所有物流服务商都可以对接亚马逊的后台。

4）区域分布差异

传统电子商务物流发展至今,已经形成较为全面的物流网络,除偏远地区物流需要花费较长时间外,经济发达地区的物流便利化程度已较高,如江苏、浙江、上海等省(市)。而跨境电子商务物流涉及不同国家或地区,物流网络布局建设面对不同的政治环境和法律法规的约束,难度较大,发达国家(地区)和欠发达国家(地区)间的物流水平差异亦较大。

9.2.2　跨境电子商务物流发展阶段及现状

1. 跨境电子商务物流发展阶段

传统外贸发展到外贸电子商务,再进一步发展成为跨境电子商务。跨境电子商务发展至今,也不过二三十年的时间,借助互联网技术的快速提升,跨境电子商务呈现出爆发式增长。随着跨境电子商务的发展,中国跨境电子商务物流经历了以下四个阶段。

1）起步阶段(2004—2007 年)

境外发货以国际邮包寄送为主,货值较高,货物通过国际商业快递渠道实现位置转移。伴随跨境出口电子商务平台兴起,跨境电子商务出口物流起步,部分传统货运代理公司转型成为跨境物流服务商。

2）进化阶段(2007—2015 年)

此即以邮政小包为主导的直发物流时代。中国跨境电子商务企业大量兴起,从中国直接发货到海外终端买家手中的直发类物流小包需求不断攀升,各国邮政进入中国市场。2011 年,中国邮政基于中美双边邮政协定推出国际 e 邮宝产品,获得了不错的市场口碑。同一年,中欧班列开通。

3）优化阶段(2015—2020 年)

此即直发专线与海外仓的双驱动时代。受万国邮联终端费上调及更多以直发物流和铺货模式为主的国外跨境电子商务平台进驻国内市场的影响,小包专线模式需求迅猛增长。同时亚马逊的扩大招商,也催生了一批 FBA(Fulfillment by Amazon,亚马逊物流)头程运输企业。随着整个链条服务体系的不断完善且跨境电子商务卖家的货品趋于高货值、大件品类,海外仓模式大大地提升了跨境买家的购物体验。跨境电子商务的发展也逐步呈现出本土化运营的趋势。

4）整合阶段(2020 年至今)

此即全球化跨境网络与供应链协同时代。由于跨境电子商务的服务与交付涉及不同的国家和地区,全球化的跨境物流履约服务网络体系的搭建至关重要。海外仓与直发业务的并重或成为趋势。而对于跨境电子商务物流企业来说,未来将全球化服务能力和本土化运营能力结合成为关键。从直发小包到海外仓,再到仓配一体化,最终形成跨境供应链综合解决方案,是一个由点到线再到面、体的进化过程。服务能力的延展性及供应链体系的稳定性成为未来必须面对的课题。

2. 跨境电子商务物流发展现状

(1)市场规模持续扩大。随着互联网的普及和消费者购买力的提升,跨境电子商务物流行业市场规模持续扩大,如图 9-2 所示。消费者对国际购物的需求不断增长,给物流行业带来了巨大的发展机遇。根据市场研究公司 eMarketer 的数据,全球跨境电子商务销售额预计在未来几年内将以每年两位数的速度增长。这一趋势为物流行业提供了广阔的市场空间,也推动了物流技术和服务的不断创新。

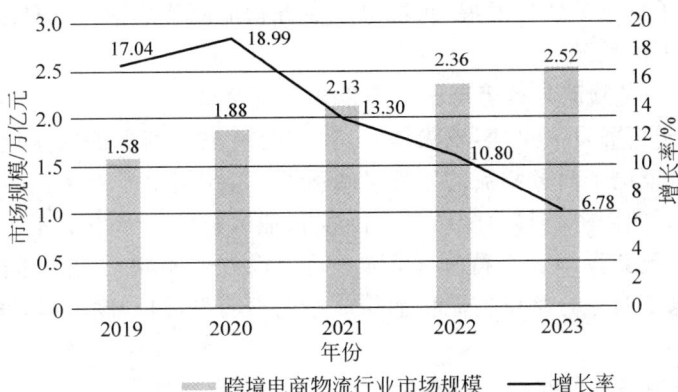

图 9-2 2019—2023 年中国跨境电子商务物流行业市场规模及增长率
资料来源:商务部官网数据。

(2)多式联运成为主流选择。随着全球贸易的不断增长,多式联运成为跨境电子商务物流的主流选择。多式联运结合了海陆空不同运输方式的优势,为企业提供了更为灵活、经济和高效的物流解决方案。例如,亚马逊的 FBA 服务就是一种典型的多式联运模式,商家将商品发送到亚马逊的仓库,由亚马逊负责存储、打包和配送,大大简化了跨境销售流程。多式联运的发展不仅提高了物流效率,还降低了运输成本,为企业提供了更多的选择。

(3)绿色物流成为行业新标准。随着全球环保意识的增强,绿色物流成为跨境电子商务物流的新标准。越来越多的物流企业开始采用环保包装材料、电动车辆和清洁能源,以减少碳排放和环境污染。例如,UPS 推出了电动车队,DHL 承诺到 2050 年实现零排放。这些举措不仅符合国际社会对环保的要求,也为企业赢得了消费者的认可和信任。绿色物流的发展不仅有助于保护环境,也给企业带来了长期的经济效益。

> 案例 9-2:上合示范区首个边境口岸仓落地,对俄物流运输时效缩短一半以上

(4)政府政策大力支持。商务部 2015 年发布的《"互联网+流通"行动计划》提出,加大对物流基地建设的政策性扶持力度,推动建设 100 个电子商务海外仓。2016 年的政府工作报告明确提出"扩大跨境电子商务试点,支持企业建设一批出口产品'海外仓'"。商务部已形成推进海外仓建设的一些工作思路,下一步将重点推进以下五项工作:一是进一步提高通关效率;二是降低物流运输成本;三是缩短营销环节;四是改善配送效率;五是帮助企业更好地融入境外流通体系。2020 年,中共中央提出"构建以国内大循环为主体、国内国际双循环相互促进的新发展格局",推动中国开放型经济向更高层次发展,重点鼓励企业和商品出海,构建支撑"双循环"的跨境物流服务体系,实现跨境物流网络高效联通。2022 年 12 月,国务院办公厅印发《"十四五"现代物流发展规划》,提出"加快国际物流网络化发展"。

9.2.3　跨境电子商务物流发展面临的问题

随着跨境电子商务的快速发展,跨境电子商务物流面临的问题也日渐突出,甚至成为跨境电子商务发展的瓶颈。

1. 跨境电子商务物流与跨境电子商务需求匹配度低

目前跨境电子商务发展迅速,发展势头良好,跨境电子商务的需求度较高,但是与之形成对比的是,跨境电子商务物流的发展频繁受阻,与跨境电子商务的发展存在脱节,无法满足其快速发展的需求。目前全球各个国家和地区物流体系发展不平衡,整体发展环境相对较差,各种配套设施还有待完善,与不同运输方式相联系的交通枢纽也较少。当前,中国的跨境电子商务与跨境物流相辅相成作用不明显,协同度不够,发展存在脱节,制约了彼此的发展。

2. 跨境电子商务物流基础设施落后

跨境电子商务物流涉及仓储、包装、运输、报检、配送等多个物流环节,而这些环节的顺利完成需要有足够的物流基础设施来支撑。我国的物流基础设施建设和发展规模均位于世界前列,但是依然没有形成完整的物流支撑体系,更没有形成相应的跨境电子商务物流支撑体系,导致跨境电子商务物流的发展受到严重阻碍。另外,世界各个国家和地区的物流基础设施建设水平不一,整体水平落后,影响了整体跨境电子商务物流发展。

3. 跨境电子商务物流信息化水平低

由于跨境电子商务物流地域范围广,运输途经国家和地区数量较多,且各个国家和地区物流发展水平差异较大,运输方式和配送方式也有所不同,物流信息系统无法对接。因此,当包裹出境之后,由于受信息水平限制,物流信息难以确保全程跟踪,消费者不能及时查到包裹的物流信息,不利于物流企业和跨境电子商务行业的发展。另外,跨境电子商务平台交易的商品种类繁多,涉及大量 SKU 商品和订单,为了节约时间以及提高消费者满意度,需要先进的智能化物流分拣系统精准、快速地对分散的货物进行分拣和派送。然而,大多数跨境电子商务企业运营时间较短,缺乏足够的经验,国际的信息化网络建设和相应的基础设施建设不够完善,因而很容易出现订单处理较慢及订单丢失等情况,影响了境外消费者的购物体验。

4. 跨境电子商务物流配送时间过长,配送成本高

与普通境内物流配送相比,跨境电子商务物流的配送至少涉及境内和境外两个运输环节,配送还需要增加仓储配送等环节,涉及多个主体,此外还要考虑报关、清关、商检和退税的时间,这些环节往往手续烦琐,使跨境电子商务物流所需时间要远远多于境内电商物流所需时间。另外,跨境电子商务涉及通关、税务等各个方面,其物流信息化设施建设成本的增加和远距离的长途运输费用,都可能会间接导致货物的配送成本增加。此外,跨境电子商务物流运输环节繁多,受到许多不可控因素影响,容易导致货物的损坏和丢失,物流配送的成本和风险较大。

5. 不同国家(地区)的物流政策存在较大差异

跨境电子商务属于国际贸易,而国际贸易就需要符合各个国家(地区)的贸易规则和相关政策,跨境电子商务物流的发展也受到各个国家(地区)相关政策的限制和制约。一是由于不同国家(地区)针对物流行业尤其是跨境电子商务物流行业的政策各不相同,因此在发展跨境电子商务物流时,有可能会因国家(地区)政策不同而产生不必要的问题和损失。二是跨境电子商务物流也与当地人民的风俗及文化等因素息息相关。不同国家(地区)的物流环境有所不同,其物流标准、物流操作流程的差异使货物在不同国家(地区)物流的衔接上出现障碍,跨境电子商务物流系统运行受阻。三是各个国家(地区)海关政策有所差异,对清关货物的要求也不尽相同,而跨境电子商务物流运送的多是小件货物,货物种类繁多,增加了跨境电子商务物流的不确定风险。

跨境电子商务物流存在的问题表明,要想从根本上解决跨境电子商务物流存在的一系列问题和挑战,就要从更加专业化的角度对跨境电子商务物流进行有效的管理,在经营和运作的过程中探寻新模式、新方法,实现物流的低成本、高质量和高效率运作,促进跨境电子商务的健康发展。

9.2.4　跨境电子商务物流发展趋势

跨境电子商务物流发展中存在的问题和困难对跨境电子商务物流管理提出了新要求与新目标,同时也是跨境电子商务物流未来的发展趋势。

1. 促进跨境电子商务物流与跨境电子商务的匹配和协调

跨境电子商务物流与跨境电子商务既相辅相成,又相互制约,形成一个动态的复合系统。跨境电子商务具有虚拟性,但交易的商品是实物,需要物流完成交易。跨境物流与跨境电子商务在资源占有和利用上交融与重叠,通过协同发展提高信息共享程度,尤其在信息交流、技术共享、供应链整合等方面。此外,跨境电子商务企业和跨境物流企业间应构建有效的 EDI 渠道,尤其在货源、仓储、客户反馈、物流线路优化等方面,形成一条信息共享的供应链系统。加强跨境物流与跨境电子商务的协同和共享,缩短运输时间、减少运输成本和降低退货率,提高客户对跨境物流的满意度。

2. 加强物流基础设施建设、现代物流技术创新

跨境电子商务和物流领域的发展需要高效、快捷、安全的物流基础设施支持,如仓储设施、运输设备、配送网络等。同时,物流基础设施建设也是物流自动化程度、智能化水平发展的关键因素。因此,在物流基础设施建设中需发挥政府部门主导、产业协会参与的作用。政府应出台相关政策,支持物流基础设施建设,鼓励企业加大投资力度。同时加强对物流基础设施的规划和建设,合理布局物流节点,提高物流网络覆盖率和连通性。此外,鼓励跨境电子商务和物流企业加强合作,共同推动物流基础设施建设,提高物流效率和质量。

随着科技的发展,新技术、新装备逐渐应用于物流的各个环节,跨境电子商务物流技术也日新月异,如条码技术,RFID 技术,自动化立体仓库和 AGV、自动分拣技术,无人配送技术,GPS、BDS、GIS 技术,物联网技术等,这就要求物流企业熟悉现代物流技术及装备的工作原理和使用方法,了解最新的现代物流技术及装备的应用领域和发展方向,顺应"互联网＋物流"新趋势,使跨境电子商务物流向智能化方向发展。

3. 加强跨境电子商务物流信息管理

跨境电子商务物流企业信息化是提升物流管理水平的前提,是发展并适应跨境物流体系的先决条件。加强跨境电子商务物流行业信息化建设,通过高效的信息技术为跨境电子商务及其客户提供高效的物流及其他增值服务。一方面,通过应用先进的信息技术和手段,使运输、装卸、仓储、包装、流通加工、配送及信息处理等活动实现全程的可视化、自动化、无纸化和智能化。另一方面,构建信息共享平台,使不同国家和地区的跨境物流企业实现信息共享,保证企业和消费者全程追踪商品物流信息,实现准确定位、实时管理,解决商品的国际物流信息在各个国家和地区不能互联互通、消费者难以追踪查询商品的实时物流信息这一痛点。

4. 推动跨境电子商务物流模式的创新

伴随着跨境电子商务的蓬勃发展,跨境电子商务物流作为跨境电子商务的关键环节,其模式不再拘泥于传统国家(地区)间的邮政包裹或国家(地区)间快递,跨境进、出口物流方式出现了以保税仓、海外仓为首的多种新型物流模式并逐渐受到关注。对于消费者来说,在境内购买到自己心仪的进口商品,节省了商品多次跨境通关商检、长途运输的成本和时间,可以大大缩短商品的配送时间,同时海外仓使跨境电子商务商品的退换货服务得以实现,消费者不必经历过多复杂的手续和退换货时间。对于跨境电子商务企业来说,货物批量运输到海外仓,可以降低商品报关、清关、商检等环节的频率,减少了办理烦琐手续的时间成本,同时规避了货物运输过程中出现的不可控风险,使跨境电子商务企业可以从中获取更多利润。

5. 优化政策法规环境

跨境电子商务与物流融合是当前全球贸易发展的重要趋势。随着技术的不断发展和全球市场的不断扩大,跨境电子商务和物流将会越来越密不可分,而政策法规环境则是促进跨境电子商务和物流融合发展的重要保障。优化政策法规环境是促进跨境电子商务与物流融合发展的关键因素,可以为跨境电子商务和物流领域提供更为清晰、明确的指导与规范,从而降低企业的运营成本,提升企业竞争力。在具体措施上,政府应该出台更为优惠的税收政策,为跨境电子商务和物流企业创造良好的营商环境,应该加强对跨境电子商务和物流领域的监管,加强知识产权保护,规范市场秩序;同时,鼓励跨境电子商务和物流企业开展合作,促进资源共享、互惠互利,并积极与国际组织、政府和企业开展合作,加强国际合作,推动跨境电子商务和物流领域的全球化发展。

9.3　跨境电子商务物流模式分析

9.3.1　跨境电子商务进口物流模式

1. 境外直邮

境外直邮是指消费者通过跨境电子商务平台直接购买境外商品,商品由跨境电子商务平台自行进口和配送。在当前跨境电子商务平台时代,直邮进口模式升级为跨境电子商务平台境外采购团队根据网购大数据在境外直接采购,消费者通过跨境电子商务平台进行跨境网络购物交易,所购买的商品不经过任何第三方中转,直接从境外运输进境,并以个人物品方式向海关管理平台申报,按照个人物品通关后在境内配送至消费者手中。

2. 集货直邮

集货直邮是指跨境进口 B2C 电商企业在货物供应国(地区)自建境外仓储中心,根据网购大数据将境内消费者所需的商品批量采购在境外仓储中心集中存储备货,当零散订单积累到一定规模后,批量配送至集货口岸经过国际物流发往境内清关。或者一些商品种类相似的跨境电子商务平台形成联盟,共同成立跨境物流运营中心,利用规模互补优势降低跨境物流成本。

3. 保税备货

保税备货是指跨境电子商务平台利用消费大数据预测商品种类和销量,通过国际(地区)货运提前将商品运输至境内保税区或自贸区仓库,消费者在跨境电子商务平台下单后,进口商品在境内保税区内完成分拣、包装,通过境内物流发货终端配送至消费者手中。

4. 第三方中转

第三方中转是指消费者在境外网站直接海淘下单时,需要查看该网站是否支持直邮运送境内,如果不支持则需要借助第三方转运公司,注册成为转运公司会员,商品由境外卖家投递到转运公司仓库,由转运公司代消费者在位于境外的转运仓地址收货,之后再通过第三方或转运公司自营的跨境物流将商品发送至中国口岸,进行报关通关,最后通过境内快递寄送到消费者手中。

四种跨境电子商务进口物流模式对比分析见表 9-2。

表 9-2　四种跨境电子商务进口物流模式对比分析

物流模式	优　　点	缺　　点	适用范围
境外直邮	中间环节少,信息透明	物流成本较高,如关税等	高价值、小批量产品
集货直邮	资金成本低,销售风险低	发货速度相对较慢	大批量、高货值产品
保税备货	物流成本低,消费体验好	对库存管理要求高,新兴货物覆盖率低	市场标品或大宗商品
第三方中转	境外海淘网站资源丰富	发货周期长、物流速度慢	安全性要求高或不能直邮的货物

9.3.2　跨境电子商务出口物流模式

1. 邮政小包

万国邮政联盟(Universal Postal Union,UPU)会员国众多,邮政网络覆盖全球 220 个国家和地区,比其他任何物流渠道的网络覆盖面都要广。邮政小包是目前中国跨境电子商务物流最主要的物流模式,其特点是覆盖面广,这也是最贴合跨境电子商务的物流模式,邮政小包覆盖全球超过 230 个国家和地区,几乎是无论世界哪个角落都可以送货。

2. 国际快递

国际快递是指在两个或两个以上国家或地区之间,货物通过国际商业快递公司实现递送的过程。目前国际快递四大巨头,即中外运敦豪航空货运公司、托马斯全球运输公司(TNT)、美国联邦快递和联合包裹运送服务公司,一般采用和目的国国内快递公司合作对接的形式,形成"主流国际快递物流＋各国国内快递物流"的全程商业快递物流模式。

3. 专线物流

专线物流具体是指在两个或两个以上国家或地区间形成的跨境物流模式,其运输线路、时间、物流起点与终点、运输工具都是固定的。跨境专线物流一般通过航空包舱、货轮包舱、列车包厢等方式将货物运输至目的国(地区),在目的国(地区)再通过合作公司进行派送。如中欧班列、中泰班列等。

4. 境外仓储

境外仓储模式指物流服务商为商家在销售目的国(地区)进行货物仓储、分拣、包装和派送的一站式管理服务。商家通过海运、空运或者快递等方式将商品集中运往境外仓储中心进行存储,并通过物流承运商的库存管理系统下达操作指令。

四种跨境电子商务出口物流模式对比分析见表9-3。

表9-3   四种跨境电子商务出口物流模式对比分析

物流模式	优　　点	缺　　点	涉及公司
邮政小包	价格便宜,退回没有费用,覆盖范围广	时效低,不能寄送大件货物	万国邮联体系下的各国邮政系统
国际快递	速度快,丢包率低,发往欧美发达国家方便	价格高,资费变化大	UPS、FedEx、DHL 等
专线物流	规模效应明显,没有清关问题,费用适中	境内揽收范围有限	各国邮政、FedEx、DHL、国际陆港等
境外仓储	物流成本低,整体派送时效相对较高	库存压力大,对供应链管理和库存管理要求高	eBay、Wish、全球速卖通(AliExpress)、UPS、FedEx 等

9.3.3　跨境电子商务进出口平台物流应用

1. 跨境进口平台物流应用

1)天猫国际

作为阿里巴巴旗下的跨境进口平台,天猫国际采用平台招商模式吸引海外品牌商零售店、免税店、大型超市、百货商店等入驻平台。天猫国际依托菜鸟物流网络为平台商家提供保税备货、集货直邮、境外直邮三种物流解决方案,商品可以以个人包裹形式直接从境外递送,也可以从中国保税区经境内物流递送至消费者手中。

(1)保税备货。保税备货是菜鸟物流为平台商家提供的跨境进口一站式物流服务,主要适用于网络热销爆款商品,根据网络销售大数据进行提前备货,物流成本低、配送时效高,一般 3~7 天可完成送货。服务功能主要包括商家和商品入境前在海关与商检备案、保税仓储及订单履行作业、行邮包裹入境清关、境内配送等物流相关服务。

(2)集货直邮。集货直邮是平台商家在境外集中采购货物送至菜鸟海外仓,由菜鸟网络统一打包以集货方式入境,经海关清单核放、查验放行后经境内物流配送至消费者手中,该种方式适用于零散销售商品。通过集货方式运输时效高、价格优,一般 7~14 天可完成配送。菜鸟跨境进口境外网络线路与斑马、日通、EMS、Hermes、4PX 等境内外物流公司合作提供集货派送服务。

(3)境外直邮。境外直邮模式是指消费者下单后商品经国际物流直接运输至消费者手中,配送时效较低。该方式主要适用于需求零散、保质期短的小件商品。

2)京东全球购

京东从 2013 年开始布局跨境电子商务业务,成立"全球购"部门,2015 年 4 月正式上线运营。京东国际物流依托自身仓储物流优势积极与境外大型第三方物流公司合作,目前京东国际物流网络已初具规模,覆盖 50 多个国家和地区,为卖家提供国际链路与境外转运中心、保税备货、集货直邮等物流服务。

(1)国际链路与境外转运中心。京东在全球范围内拥有 162 条海运链路、132 条空运链路,直达广州、上海、宁波等 12 个跨境城市口岸。近年来,京东持续加大对海外仓建设的投入力度,相继在韩国、澳大利亚、美国、欧盟、加拿大、日本等地建立了海外仓。

(2)保税备货。京东分别在宁波、杭州、广州等地开设保税区口岸服务,并在广州南沙、上海洋山建设"京东自营保税仓"。与保税区仓储服务商合作降低运营成本,并在保税仓内使用京东 WMS(仓储管理系统)以及相关的物流设备与运营流程,提高备货仓配、提高供应链效率。

(3)集货直邮。京东跨境集货直邮仓储覆盖荷兰、德国、日本、美国、英国、澳大利亚、新西兰、加拿大、韩国、泰国等国家以及我国香港和台湾。

3)网易考拉海购

网易考拉海购是网易旗下自营跨境进口电商平台,于 2014 年 9 月开始筹备,2015 年 8 月正式上线。相比于天猫第三方平台和京东"平台＋自营"混合型经营模式,网易考拉海购一上线就主打"100％自营"模式,直接与境外品牌商或经销商合作,从境外货源地直接采购,对商品的定价、仓储、销售、物流、售后有较大的自主权。网易考拉海购进口物流通过构建"保税仓资源＋物流云"系统,建设涵盖境外直邮、境外集货、境内保税进口在内的三级跨境物流仓储,形成包括境外货源整合、国际运输、海关国检、保税园区、境内派送等在内的"一条龙"服务的完整全球仓储物流产业链。

2. 跨境出口平台物流应用

1)速卖通物流

全球速卖通是阿里巴巴旗下一个面向全球的在线交易平台,被称为"国际版淘宝"。全球速卖通依托阿里菜鸟网络提供跨境物流服务,并与 17TRACK 合作提供全球物流查询服务。菜鸟网络积极与递四方、目的国(地区)邮政、国际快递、EMS 等跨境物流企业合作,提供具备全球配送能力的跨境物流解决方案。如菜鸟网络联合中外运与西班牙邮政推出的中外运——西邮标准小包,针对 2 千克以下小件物品推出的与目的国(地区)邮政合作的菜鸟超级经济快递,支持发往全球 200 多个国家和地区的中国邮政挂号小包等。目前全球速卖通物流有三种服务模式:一是通过和全球优质物流商合作搭建的官方物流平台——无忧物流。二是中国邮政、国际快递等物流商入驻,全球速卖通作为第三方平台监管的线上发货模式。三是阿里巴巴公司自建或合作的海外仓模式,提供包括经济类物流、简易类物流、快速类物流、海外仓物流等多种物流方案。

2)亚马逊物流

亚马逊公司成立于 1995 年,是最早经营电子商务的公司之一,也是美国最大的电子商务公司。其经营商品从最初的书籍扩展至现在的数百万种。亚马逊物流是指由亚马逊提供的包括仓储、分拣、包装、配送、收款、客服、退货在内的一站式高品质物流服务。FBA 仓储体系遍布全世界,物流管理经验丰富,物流仓储技术世界领先,支持多渠道配送,可满足跨平台运营的需求。亚马逊物流配送、客户服务全年无休,物流服务质量能够得到较好保障,且能提高排名,增加客户信任度。但一般而言,FBA费用比较高,适合体积小、重量轻、售价高的货品。如果遇到退换货情况,客服会无条件为买家提供退换货服务,商品退回境内算进口,还要再清算关税。FBA物流模式主要是自建仓储配送中心、智能分拣和配送物流技术、第三方物流公司配送外包。

9.4 海 外 仓

9.4.1 海外仓概述

1. 海外仓的概念

海外仓是境内企业在境外设立,面向所在国家或地区市场客户,就近提供进出口货物集并、仓储、分拣、包装和配送等服务的仓储设施。2016年《政府工作报告》首次提出,扩大跨境电子商务,支持企业建设一批出口产品"海外仓",促进外贸综合服务企业发展。在跨境电子商务中,商品往往通过大宗运输的形式运往目标市场国家(地区),境内企业在当地建立仓库、储存商品,然后再根据当地的销售订单,直接从当地仓库进行商品的分拣、发货等操作。

根据商务部的数据,我国海外仓的数量超过2500个。2024年,商务部加快推动贸易数字化和绿色发展,并继续完善海外仓布局。从海外仓地区分布特点来看,我国海外仓分布主要集中在发达国家和地区,其中美国、英国、德国、澳大利亚、日本、法国、意大利以及西班牙、加拿大等国海外仓数量占比超过80%。

海外仓得以迅速发展的主要原因有以下三点。

(1)海外仓使得运输品类大大增加,同时降低了物流费用。国际邮政小包对物品的重量、体积和价值等方面都有一定的限制,导致许多大件或者贵重的物品无法采用邮政小包运输,只能转而使用国际快递。而海外仓不仅能够突破对物品重量、体积和价值等方面的限制,而且费用要低于国际快递。

(2)海外仓能够直接从本地发货,大大缩短了货物的配送时间。跨境运输的路程较长,无法做到物流动态实时更新。但使用海外仓发货,由于当地物流一般都拥有透明的货物运输状态查询系统,也就可以实现对包裹的全程跟踪。与此同时,海外仓的头程采用传统的外贸物流方式,可以按照正常清关流程进出口,大大减少了清关方面的障碍。

(3)海外仓可以给卖家带来更大的价值。通过对大数据进行分析,卖家能够全程控制供应链,实现对海外仓内货物的控制,降低海外仓的使用成本。

2. 海外仓的分类

按照海外仓运营模式,海外仓可分为自建仓、平台仓、第三方仓。

自建仓也叫自营仓,是指由出口跨境电子商务企业建设并运营的海外仓库,仅为本企业销售的商品提供仓储、配送等物流服务的物流模式。

平台仓指电商平台提供的海外仓储服务,即卖家先把产品库存发往平台,平台仓库提供仓储和代发的服务。目前比较知名的是FBA和Wish平台的FBW(Fulfillment By

Wish)模式,使用率较高的是 FBA。

第三方仓主要指跨境电子商务企业与其他企业合作,由其负责物流配送、境外仓储、货物清关在内的配送或存储服务。三种海外仓的比较分析见表 9-4。

表 9-4 三种海外仓的比较分析

模　　式	风 险 分 担	优　　　点	缺　　　点
自建仓	卖家承担	中间环节少,风险低 灵活性高,能满足大规模仓储的需求	成本高,管理难度大 不同国家(地区)法律税务限制
平台仓	平台承担	便捷高效,服务优质 提高卖家曝光量	选品受限 产品滞留需支付仓储费
第三方仓	卖家与第三方共同承担	资金投入较低,物流效率较高 物流和仓储相对专业	服务质量难以确定 卖家对货物控制不够

据统计,平台仓依旧是海外仓首选,过半卖家正在使用 FBA 服务。但随着销售规模的扩大,平台仓储服务逐步落后于卖家需求,卖家对第三方海外仓的需求增加。数据统计显示,5 000 万~10 亿元规模的卖家对第三方海外仓的需求明显大于 FBA,且呈现出规模越大,对第三方海外仓需求越大的趋势。尤其是 1 亿~10 亿元规模的卖家,十分依赖第三方海外仓,几乎将其作为标配,如图 9-3 所示。

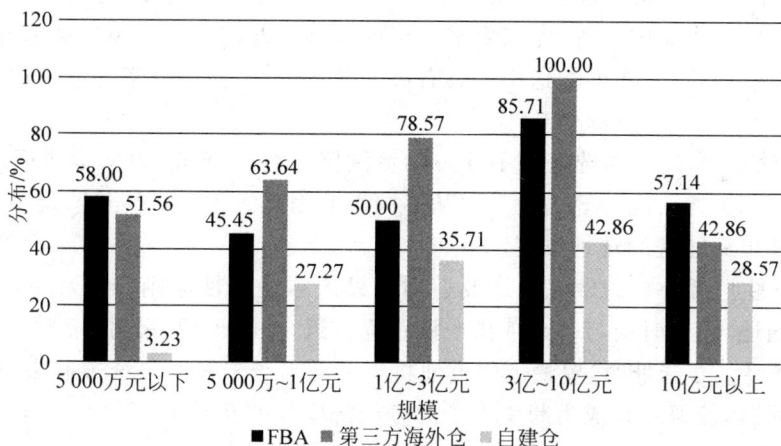

图 9-3 卖家选择的海外仓类型分布

资料来源:跨境眼观察,易仓科技.2023 海外仓蓝皮书[R].2023.

3. 海外仓的发展趋势

海外仓作为跨境电子商务物流的重要环节,有利于解决跨境电子商务物流的种种痛点,未来海外仓将在以下几个方面持续发展。

(1) 运营本土化。海外仓本土化能解决库存积压问题,通过建立海外仓联盟等方式可更好地规避货物遇到的清关障碍以及政策风险,减少货物滞销,合理控制成本,促使海外仓联盟各成员逐步实现本土化建设。

(2) 服务精细化。针对各国(地区)产品规格要求不同问题,必须按照顾客的需求研发产品,使海外仓存储更多类型的产品,满足市场需求。《2023 海外仓蓝皮书》显示,

56.94%的调研服务商表示将着重关注库内精细化管理,例如通过仓库区域划分、规范库内作业流程、制定SKU分类标准和收费标准、研发或引入仓库管理系统等手段提高海外仓的出入库、拣选和打包效率。

(3)发展集成化。积极建立海外仓联盟,促使跨境电子商务企业的海外仓间更好地共享、整合运输资源、仓储资源、人力资源。根据产品或服务属性的分类,进行集成化管理,凸显流程管理、精益管理思想。

(4)效率智能化。智慧物流赋能海外仓是未来发展一大趋势,跨境电子商务企业要紧密联系上下游合作企业,形成智慧供应链体系,利用各种智能机械、自动化设备完成货物的出入库,提高海外仓运行效率。

9.4.2　海外仓运作

1. 海外仓选址

1)海外仓选址原则

(1)系统性。海外仓的选址要具备长远战略发展眼光,最大限度地将当下与未来发展需求统筹兼顾,整合当地物流运输、仓储和系统化物流网络资源,使配送区域的基础设施能够为跨境电子商务企业的发展服务。

(2)适应性。海外仓的选址应该充分调研目的国(地区)和当地的政治环境、政策、法律因素、区域经济、人文因素等,尤其要掌握当地消费人群的特征及市场动态与潜力,结合该地区的物流资源,确保海外配送中心具有极强的适应性,使双方都能够通过海外仓实现最大收益。

(3)协调性。海外仓的选址要平衡好物流网络的各个环节,力争建成后的生产和管理能够相互协调支撑。海外仓的设计要从不同影响因素入手,通过定性、定量的分析方法或量化模型选出最适宜的选址方案。

(4)经济性。海外仓的微观选址要遵循建设成本经济性原则。通常来讲,应选在地价相对较低的地段,同时应与客户或供应商距离较近,能够形成一定的辐射。

(5)战略性。在选址时,要最大限度地将当下需求与未来发展统筹起来,用理性的大局意识考虑问题,使海外仓成为跨境电子商务经济增长的新动力。

2)海外仓选址过程

(1)收集海外仓选址所需的基本资料。要做好相关信息的收集工作,例如当地政府的政治、经济发展现状及前景,尤其要掌握当地消费人群的特征及市场动态与潜力。海外仓选址的方法一般是通过成本计算,也就是将运输费用、配送费用及物流设施费用模型化,采用约束条件及目标函数建立数学公式,从中寻求费用最小的方案。

(2)进行海外仓地址的初步筛选。结合市场适应性、购置土地条件、服务质量等条件对计算所得结果进行评价,看其是否具有现实意义及可行性。在对所取得的上述资料进行充分的整理和分析,考虑各种因素的影响并对需求进行预测后,就可以初步确定选址的范围,即确定初始候选地点。

(3)海外仓选址结果验证。分析其他影响因素,分别赋予它们一定的权重,采用加权法对选址结果进行验证。也可以利用定量分析,如为了确保物流成本性价比最高,利用层次分析法对物流方案展开对比,以量化出实际耗费最小且综合实力最为可靠稳定的选址结果。

2. 海外仓选品

海外仓选品是指卖家选择适合在海外仓内的产品,且产品符合当地买家的购物习惯及当地的市场需求。对于海外仓选品,不同的卖家有不同的策略。有的卖家倾向大尺寸、大重量的产品,有的卖家喜欢时效要求比较高的产品,还有的卖家偏向结构复杂、对售后要求比较高的产品。

但是,并不是所有的产品都适合海外仓,海外仓选品的定位主要有以下几类:一是体积大、重量大的大件物品,国内邮政小包无法运送或者费用较贵的产品,如家具、灯具、大型汽配、户外商品等。二是日用快消品,非常符合海外仓当地消费需求、需要快速送达的产品,如工具类、家居必备用品、母婴用品等。三是国内邮政小包和四大国际快递无法运送的产品,如带锂电池产品、液体类产品等。四是在境外市场热销的产品,批量运送更具优势,均摊成本,如 3C 配件、畅销服装、畅销标品类等。

3. 海外仓规划设计

1)开展全球海外仓规划布局研究

要结合国情、市场需求、交通条件及与我国经贸合作等情况,分批、分类布局海外仓。应优先重点布局枢纽海外仓,选址可有六类。

(1)全球重要自贸港,如新加坡、迪拜等。

(2)中欧班列沿线,如杜伊斯堡、马拉舍维奇、列日、马德里等。

(3)国际重要航空港,如亚特兰大、孟菲斯、安克雷奇、芝加哥、洛杉矶、迈阿密、仁川、卢森堡等。

(4)全球重要港口,如釜山、鹿特丹、安特卫普、汉堡、比雷埃夫斯等。

(5)区域性中心城市,如东京、曼谷、吉隆坡、莫斯科、伦敦、纽约、里约热内卢等。

除枢纽海外仓外,在重要交通物流节点还可考虑再布局一批 B2B 或 B2C 节点海外仓,形成主辅并重、干支结合的海外仓网络体系。

2)制定灵活的海外仓建设经营策略

由于各国国情不同,推进海外仓切忌"一刀切",必须因地制宜、因时制宜、分国施策、一国一策。要统筹发挥好国有企业和民营企业的作用,对于排斥我国国有企业投资的部分国家,可主要倚重民营企业,对于"一带一路"倡议沿线基础条件差的发展中国家,国有企业要打好头阵。要妥善处理好与东道国工会、同业企业、非政府组织等各方面的关系,采取本土化和股权多元化经营策略,国有企业、民营企业、东道国企业可捆绑形成利益共同体。可组建中国海外仓协会、中国跨境电子商务协会等组织,鼓励企业以联盟形式共同开展海外仓建设。加强建仓企业"出海"的合规教育培训,着重加强其在通关、缴税、环保、隐私保护等方面的合规意识。

3)大力推进数字海外仓建设

海外仓监管和内外联通便利化均依赖数据,可考虑建设国家级数字海外仓平台,国家认证的海外仓均需接入该平台,该平台可与国家海关、外汇、税务、商务等系统连接,监管部门通过数字海外仓平台进行贸易真实性审核,为跨境、离岸贸易和结算提供便利化监管。企业间也可通过该平台开展仓容租赁和转售业务。完善"9810"(全称"跨境电子商务企业对企业出口海外仓")贸易管理细则,依托贸易数据为"9810"贸易提供更加精准便捷的通关、退税结汇等服务,从"灰色清关"走向"阳光清关",引导企业自觉自愿采取"9810"方式开展贸易往来。要注意研究有关国家(地区)数据政策,数据跨境流动和存储要符合东道国(地区)法律法规的要求,推进与各国(地区)海关信息共享、监管互认。

4. 海外仓费用

1) 头程费用

头程费用是指卖家将货物从国内发到海外仓这段过程中所产生的运费,如航空运输、海洋运输和铁路运输等所产生的费用。

2) 处理费

处理费是指买家下单后,由第三方人员对其订单拣货打包而产生的费用,包括入库费、出库费等。

入库费:包括卸货费和上架费。卸货费是到海外仓的货物需要卸货入仓的时候收取的费用,一般分为整柜、散货带托、散货整箱三种方式。上架费是海外仓收到货物,卸货完毕清点好,将货物分配库位和指定区域时产生的费用。

出库费:包括出库的所有操作收取的费用,不含隐藏费用。

3) 仓储费

仓储费是指海外仓代替经营者负责商品的存储、分类、包装与物流运输的服务而收取的费用。

4) 尾程费用

尾程费用是指买家下单后,由海外仓服务商完成打包后指派物流公司配送至买家地址所产生的费用。

根据以上分析,海外仓运作流程如图 9-4 所示。

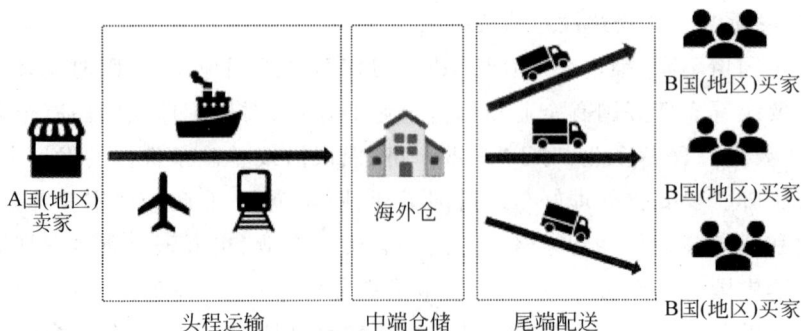

图 9-4　海外仓运作流程

9.4.3 边境仓

案例 9-3：自贸区黑河片区"多仓联动"入选经典案例

边境仓是一个衍生于海外仓的概念与模式。边境仓与海外仓的区别在于仓库所处的地理位置不同。海外仓是建设在跨境电子商务交易主体买方所在国家(地区)的仓库,边境仓则是建设在跨境电子商务交易主体卖方所在国家(地区)或邻国(相邻地区)的仓库。

边境仓具体指的是在商品输入国家(地区)的邻国(相邻地区)边境,通过租赁或建设仓库,预先将商品送达该仓库,通过跨境电子商务平台进行商品的陈列、浏览、下单、处理、支付及客服等一系列活动,通过线下物流直接从该仓库进行跨境物流运输与配送。按照仓库所处地理位置的差异,边境仓可以分为绝对边境仓与相对边境仓两类。绝对边境仓设在交易主体卖方所在国家(地区)内,该仓库所在地方与买方所在国家(地区)相邻。如中国在中俄边境的城市(如哈尔滨等)成立仓库对接与俄罗斯的跨境电子商务业务。相对边境仓指的是跨境电子商务交易主体所在国家(地区)不接壤,仓库设在交易主体买方所在国家(地区)的邻国(相邻地区)的边境城市,用于应对跨境电子商务交易所产生的跨境物流业务需求。如中国与巴西的跨境电子商务交易,在与巴西接壤的阿根廷、哥伦比亚、巴拉圭、秘鲁等国家邻近巴西的边境城市设立仓库。

中小跨境电子商务企业往往缺乏足够资金,导致物流问题较为突出,对此,边境仓模式可以很好地解决这一难题。若企业具备一定实力可以在海外设置仓库,则可以充分发挥边境仓节点作用,为货物运输提供转接点,简单来说,就是供应商可以先集中货物发往边境仓,而后再结合具体的目的国销量预测、周边国家销量预测,合理分配货物流向。此外,针对一些爆仓产品,边境仓也可以及时分担一些海外仓储负担、仓储管理成本,进而最大限度地降低跨境电子商务企业损失,助力企业逐步提高综合市场竞争力。

本 章 小 结

本章系统分析了跨境电子商务的概念、模式、发展现状及跨境电子商务物流相关的概念、进出口物流模式及发展现状、问题和发展趋势,并对各种模型进行了对比分析,详细论述了海外仓的概念、分类和发展特点,从海外仓选址、选品、规划设计和海外仓费用等角度论述了海外仓的运作流程,最后简单介绍了边境仓的发展状况以及其作用。

思 考 题

1. 跨境电子商务物流的发展历程分为几个阶段?
2. 跨境电子商务的特点及模式有哪些?
3. 跨境电子商务与物流的相互关系是什么?
4. 跨境电子商务物流的进出口模式及相应典型企业有哪些?
5. 跨境电子商务物流面临的问题及发展趋势是什么?
6. 海外仓运作的基本流程是什么?

案 例 分 析

跨境电商物流助力深圳国际物流村"货通全球"

即 测 即 练

第 10 章

农村电子商务物流

农村电子商务物流对促进农村经济发展、增加农民收入和改善消费环境具有重要推动作用。国家已出台一系列政策促进农村电子商务物流体系建设,打破城乡物流壁垒。当前,探索适合农村发展需求的电商物流模式,优化城乡资源配置,进一步提升效率和服务质量是发展农村电子商务物流的关键。本章系统分析了我国农村电子商务物流现状、挑战与机遇,并借鉴国内外成功经验,提出发展策略和建议,旨在构建高效、便捷、可持续的农村电子商务物流体系,支持乡村振兴战略,推动农村经济高质量发展。

10.1 农村电子商务物流基本概述

10.1.1 农村电子商务物流的概念

随着乡村振兴战略的持续深入和全面建成小康社会目标的实现,我国广大农村地区电子商务迅猛发展。伴随着工业品下乡、农产品进城双向流通渠道的畅通,农村电子商务的发展带动了农村电子商务物流的发展。

农村电子商务物流是农村居民通过互联网购买生产、生活用品或销售农副产品进城等经济活动而产生的运输、包装、仓储、流通加工、信息处理等一切活动的总称。农村电子商务物流运行的具体流程是在工业品或农产品双向流通过程中全方位引入电商物流系统,通过电子信息技术和网络平台,发布并收集产品价格和需求等信息,并利用互联网作为交易媒介,依托产品生产基地和物流配送体系,提升产品交易的效率和附加值。当前,农村电子商务物流主要有流入物流和流出物流两种形式。流入物流是农民通过互联网,在线购买日常生活用品、农副产品,各大电商平台主要与第三方物流公司合作,将商品配送上门。流出物流是农民通过互联网销售农产品进城,物流公司提供上门揽货服务。

近几年,政府工作报告强调要把农村电子商务的发展作为工作的重点,农村电子商务的发展不仅可以促进农村地区的经济和社会进步,还可以带动城乡经济的融合和互动,2017年中央明确指出要推动商贸、供销、邮政、电商各领域的互联互通,加强从村庄到乡镇的物流体系建设,积极推进快递下乡计划的实施。2018 年,中央发布的《中共中央 国务院关于实施乡村振兴战略的意见》中提出"加快推进农村流通现代化"等促进农村物流发展的措施。2022 年相关政府部门发布的有关电子商务与快递物流体系等政策文件均表明农村电子商务发展存在巨大潜力。2023 年 2 月,《中共中央 国务院关于做好 2023 年全面推进乡村振兴重点工作的意见》提出,要加快完善县乡村电子商务和快递物流配送体系。发展农村电子商务和快递物流配送是促进城乡生产与消费有效衔接的重要举措,是全面推进乡村振兴、构建新发展格局的客观要求。特别是我国中部平原地区,不仅是高品质农产品的主要原产地,也是国内许多粮食作物的主要种植区,地势平坦、土壤肥沃,交通便利。

因此,更应借助有利条件,推动农产品电商物流的发展。

10.1.2　我国农村电子商务物流发展现状

经历 20 多年的持续创新发展,我国已经成为世界第一大农村电子商务国。近年来,农产品网络零售额保持两位数的增长速度,取得了超出预期的好成绩。特别是 2020 年以来,农村电子商务凭借线上平台、非接触、供需快速匹配、产销高效衔接等优势,在稳产保供、复工复产和民生保障等方面的功能作用日益凸显。尤其是特色农产品电商在脱贫县持续快速发展,为脱贫攻坚取得全面胜利作出了独特的历史性贡献。

1. 农村电子商务成为活跃城乡市场的重要渠道

《2024 中国农产品电商发展报告》显示,2023 年,全国农产品网络零售额达 5 870.3 亿元,约为 2014 年的 5 倍。此外,中国农产品物流总额再创新高,2023 年物流总额超过 5.3 万亿元,同比增长 4.1%,2021—2023 年,农产品物流总额连续 3 年超过 5 万亿元。农村居民通过电商更加注重个性化、品牌化、多元化的消费体验,农村市场的消费潜力不断释放;城镇居民通过电商选择全国各地特色优质农产品,减少交易环节,同时不受地域、时间限制,方便快捷。2020 年,我国电商物流农村业务量指数保持增长态势,全年均高于电商物流指数。农村电子商务促进了农产品上行和工业品下乡,开辟出了一条方便、快捷,促进城乡商品"双向流通"的重要渠道。

2. 农村电子商务成为发展农村数字经济的突破口

电子商务从流通端切入,逐步向农业产业链上游延伸,渗透到农业生产、加工、流通等环节,推进农产品在生产、组织、管理、加工、流通、储运、销售、营销、品牌、服务等环节互联网化,提升全要素生产率,降本增效,优化资源配置,促进农业全产业链数字化转型。根据农业农村部官网信息,2020 年,全国各类返乡入乡创业创新人员达到 1 010 万人,比 2019 年增加 160 万人,同比增长 19%,是近年来增加最多、增长最快的一年,形成了农民工、大学生、退役军人、妇女四支创业队伍;1 900 多万返乡留乡人员实现了就地就近就业。据统计,返乡入乡创业项目中,55% 运用信息技术,开办网店、直播直销、无接触配送等,打造了"网红产品";85% 以上属于一二三产业融合类型,广泛涵盖产加销服、农文旅教等领域。

3. 东中西部全面发展

国家统计数据显示,从区域情况来看,2023 年,我国农产品网络零售交易总额为 5 870.3 亿元,其中东部地区占比 63.9%,西部地区占比 15.7%,中部地区占比 14.9%,东北地区占比 5.5%。从增速来看,东北地区县域农产品网络零售额增速最快,同比增长 69.8%。近年来,"网红经济"在东北地区迅速崛起,带动了直播电商、网红带货等新业态、新模式发展,并不断与特色产业、精准扶贫、县域经济等创新融合,为区域农产品电商发展提供了新动能。根据国家统计局数据,在华东、华中、东北、西北等地区,均出现了县域网络零售额正增长、零售量负增长的情况,标志着这些地区网络零售的客单价实现较高增长,居民网络消费水平不断提升。

4. 电商瓶颈不断突破

《数字中国发展报告(2020 年)》数据显示,2020 年,全国共建成县域电商公共服务中心和物流配送中心 2 120 个,村级电商服务站点 13.7 万个,物流集聚发展,进一步降低了快递成本。全国在基本实现快递网点乡镇全覆盖的基础上，直投到村比例超过50%。农村地区揽收和投递快递包裹量超过300亿件。农村地区邮政快递业务量占比高达36%，比2019年提高12个百分点，进一步解决了"最后一公里"问题。2020年消费者对于生鲜到家需求急速增长，前置仓、店仓一体化、社区拼团、门店到家、冷柜自提等新型运营模式发展态势良好，冷链物流体系进一步完善，生鲜销量呈现爆发式增长。据统计，2020年县域生鲜电商网络零售额为519.72亿元，同比增速24.5%。其中，动物类生鲜网络零售额为274.45亿元，同比增速43.5%；植物类生鲜网络零售额为245.27亿元，同比增速8.4%。

10.1.3　我国农村电子商务物流面临的问题

农村电子商务市场主体发育缓慢，但随着"三农"政策的实施，推动农村电子商务的发展变得越来越重要，它不仅可以帮助农民提升工作效率，增加农民收入，而且能有效改善"三农"政策的实施效果。根据统计数据，目前全国农村电子商务企业总量超过1 300万家，而且在持续增加，不过由于它们的分布较为零散，尤其是牵头企业的参与度不高，无法实现整体快速扩张。尽管淘宝和其他农村电子商务企业已经建立一套完善的服务体系，但由于缺乏统一的规划和协调，这些企业的业绩仍处于起步阶段，而且由于缺乏良好的管理和信息交流，这些企业的电子商务市场发展受到严重制约，甚至无法产生任何实质性影响。

1. 农村电子商务基础设施建设仍然比较薄弱

农村网络基础设施总体还不完善，布局也不均衡，电商基础设施比较薄弱，5G的覆盖率比较低，网络信息传输进村入户难以实现全面普及，部分地区网络运行稳定性较差，对电商物流发展造成一定制约。中国互联网络信息中心统计报告显示，截至2023年12月底，我国农村地区互联网普及率为66.5%，而我国整体互联网普及率为78.6%，城乡差距、中西部地区差距仍然较为突出。县、乡、村三级物流服务设施布局不平衡、不充分，物流服务网点、配送中心覆盖面不够充分，社会化服务体系不完善，企业各自为战，各类物流资源共享不足，统一仓储共同配送的物流服务模式难以普及，导致物流成本过高，"最后一公里"问题仍然突出。同时，农村地区的公路、铁路、市政等交通基础设施相对城市还比较落后，不同运输方式之间的衔接还不够顺畅，对农村电子商务物流发展造成影响。农产品冷链物流布局不够科学合理，产地冷藏保鲜设施不足，邮政、电商企业布局冷链物流的主动性不强，服务网络没有形成。城乡双向通道畅通仍然面临不少困难。

2. 农产品电商物流缺乏专业人才支持

随着电商物流的快速发展，对专业人才的需求越来越大。农产品电商物流是借助电子化、网络化、信息化和数字化的技术手段，对农产品进行宣传、展示、推广和交易。农产品电商物流的开展需要既精通网络技术又懂得农产品销售的高素质复合型专业人才。目前，专业人才缺乏是制约农村电子商务物流发展的一个重要因素。随着城镇化的加速发展，多数农村青年选择进城务工而很少选择留在农村发展。同时，受到农村地区的客观环境的影响，高校毕业生更多地会选择到城市就业，很少有人愿意去农村进行发展，这就难以吸引大量的高素质优秀人才参与农产品电商物流的实践，也进一步阻碍了农产品电商物流的快速发展。

3. 农产品电商物流体系需进一步完善

现代电商物流以高效、便捷、快速和个性化服务为重点发展方向,着力构建现代化物流运行体系,提升电商物流配送的效率,改善消费者的购买体验和满意程度。由于农产品具有保鲜期短、易变质等特征,这对电商物流的配送便提出了更高要求。目前,中西部部分农村物流基础设施建设有待完善,使农产品电商物流配送的"最后一公里"受到了制约,既延长了配送时间,也制约了配送效率,还影响消费者的购买体验和满意程度,不利于农产品电商物流的快速发展。

4. 农村电子商务农产品上行发展受阻

随着科技的飞速发展,农村电子商务已成为一种新型的营运模式,它通过先进的技术和流通渠道,把传统的农业资源转化为现代化的农业生产资料,并以更快的速度和更低的成本,向更多的消费者推广,目的是促进地方经济的增长和拓宽消费者的购买渠道。尽管中国的农业生产方式多样,但在某些地方,单种作物的数量占据优势,从整体来看,它们的出口占比较小,对于促进农村电子商务的发展并没有帮助。由于近年来农产品网络认知度的持续下降,其销售额大幅度减少。此外,农产品的质量也成为制约其高质量发展的关键性因素。许多农业企业把大部分精力放在追求数量上而忽略了质量,缺乏严格的产品规范及质量控制,使其难以满足市场需求,从而限制了其市场的持续增长,使农村的电子商务发展受到了很大的限制。

5. 电商物流扶持政策的协同性和精准性不足

各级政府部门虽然都非常重视农村电子商务发展,也出台了不少支持政策,但往往政出多门,国家层面和地方政府之间、政府部门之间的一些政策缺乏协同,难以形成合力。政府的顶层谋划推动不够,缺乏对农村电子商务物流发展的战略统筹性,一些政策的精准性、有效性不足,市场准入、资质审核、证照办理流程烦琐,束缚农村电子商务发展。政府对信息化等电商物流公共资源投入不足,电商服务中心、物流配送中心等建设力度还需加大。深入企业有针对性地帮助解决实际问题较少,市场扶持精准性不到位,对企业科技创新的引导支持力度不够,相关的财税、金融政策落地面临不少问题。电商物流与批发零售、乡村旅游、休闲娱乐等企业缺乏协同,相关信息资源难以实现共建共享共用,产业集聚效应难以发挥,电商物流企业缺乏核心竞争力,可持续发展能力受到限制。另外,农村电子商务物流中小微企业众多,一直受到融资、筹资等问题困扰,电商金融服务模式亟待创新。

10.1.4　我国农村电子商务物流的发展对策

1. 推动形成农村电子商务物流发展的良好生态

一是在部委层面建立促进电子商务发展的协同推进机制,加强顶层设计、统筹规划,以现有工程项目为抓手,促进农村电子商务基础设施和公共服务资源整合;发挥与市场投入的协同互补效应,建立健全更加长效的政企利益联结机制,合力提升农村电子商务公共服务支撑保障能力,引导农村电子商务规范、健康和高质量发展。二是加快转变农村电子商务发展思路和政策支持重点,进一步发挥市场力量打造农村电子商务服务新机制,注重由单纯的政府推动向"政府+市场"驱动转变。强化农村电子商务市场主体培育,加大对扎根农村、服务当地百姓的创新型企业的支持力度,鼓励企业做大做强,做好连接电商市场与农村需求的"连接器"和"赋能者",带动农村电子商务新业态、新模式发展,激发农村电子商务创新、创业活力。三是积极推动农村电子商务数据资源整合,探索部、省两级的农村电子商务大数据中心建设,全面提升数据传输、存储、运算、分析能力,实现与市场数据的协同共享,支持电子商务相关企业开发数据产品,拓展数据资源在农村电子商务全业务场景中的应用,释放数据要素价值。

2. 进一步完善农村电子商务物流基础设施网络体系

物流配送基础设施网络体系是推动农村电子商务物流高质量发展的关键环节。通过建设完善的电商物流配送基础设施体系,可以让物流企业更好地服务农村电子商务,服务商贸流通,提高配送效率,降低配送成本。一是加强交通基础设施建设,做好铁路、公路、水运等不同运输方式的衔接,确保物流运输顺畅有效。畅通农产品出村入城流通渠道,加快农产品冷链物流布局,建设产地冷藏保鲜设施,引导邮政快递、批发零售、电商企业等创新经营模式,整合相关资源,合理布局产品配送网络,改造提升物流配送设施,不断延伸冷链物流服务网络。二是政府加强政策引导,鼓励农产品批发市场、产业园区、农村合作社等投资公共基础设施,共享仓储资源,拓展物流服务内容。积极推动电商物流企业共享交通、商务、供销等资源,积极发展一点多能、一站多用的物流综合服务网点,加强县乡村配送网点建设,推动统一仓储共同配送,打造集约高效、便利快捷的农村电子商务物流服务体系。三是加强农村新型基础设施建设,提升农村的信息化、网络化水平,提高网络普及率。深入推进"农村电子商务物流+互联网"建设,推动电商企业与乡村旅游、休闲娱乐、新零售等模式协同发展,构建农村互联网产业生态,有力支撑农村电子商务物流持续、健康发展,满足人们的消费提档升级需求,巩固脱贫攻坚成果,推动乡村全面振兴。

3. 切实培养复合型、创新型农村电子商务物流专业人才

农产品电商物流是一个综合性、系统性工程,涉及多个部门、多个环节和各种因素,应结合现代物流和电商蓬勃发展的形势,从人才的培养和引进两方面来做谋划,逐步建立完善由现代化电商物流人才组成的现代电商物流体系,推动农产品信息化建设,促进农产品电商物流的高质量发展。从人才培养方面来看,全国大部分本科院校已经根据当前经济社会的发展需要进行了相关的专业设置,开设了电子商务、物流管理等本科专业,为电商物流输送专业型人才。同时,大部分专科院校也结合当地区域经济发展开设了电商物流专业,培养具有相应基础知识的人力资源队伍。具体而言,一是加大农村实用人才带头人、农业农村电子商务专题培训举办力度,通过培训改变农村地区专业人才缺失现状,促进资源对接、规模发展和协同进步。二是加强专业性电商服务组织建设,强化电商人才培养,鼓励各地建设专业的农村电子商务人才培训基地,建立校企合作的人才培养长效机制,培养熟悉农业以及愿意扎根农村的复合型人才、紧缺型人才。三是培育专业团队,加强实操指导,开展线下线上融合、多层次、多梯度的网络运营、美工、推广等业务指导培训。四是加大线上线下新媒体人才培训力度,培养"村红"和"农民带货主播",让群众加深对电商的认识和理解,成为能够有效提供市场信息的供给者和有效利用市场信息需求的农业生产者、创作者、传播者,引导更大范围的创业、创新。

4. 健全完善农村电子商务物流发展的扶持政策

政府在推动农村电子商务物流高质量发展方面起着重要作用,应当强化对农村电子商务物流的扶持政策。国家层面应当健全推进农村电子商务物流发展的联动机制,整合政策制定、市场监管等职能,加强顶层谋划推动,促进公共资源和基础设施融合发展与优化配置。各地方政府要结合地方实际,出台更具有针对性的政策措施,引导农村电子商务物流规范发展。只有政策有力度,农村电子商务物流发展才能更好推进。制定鼓励科技创新政策,通过科技创新引领发展,鼓励产学研合作,加速信息化与电商物流的深度融合。推进区域农村电子商务物流信息平台建设,采用现代物流网络管理技术,实现信息共享、资源共享、合作共赢,降低物流成本和提高服务质量,促进农村电子商务物流业务快速发展。加大力度扶持农村电子商务物流企业,发挥政府在企业和产品之间的桥梁纽带作用,发挥市场在资源配置中的决定性作用,支持企业不断做强做优做大,不断丰富农村电子商务新形式、新业态。同时要加强产业协同发展,鼓励电商企业、物流企业和商贸流通企业紧密合作,形成利益共同体,发挥产业集聚效应,不断赋能农村电子商务高质量发展,促进农村人口就业,增加农民收入,推进区域协调发展和乡村全面振兴。

案例 10-1:人民日报一线视角:畅通农村物流"最后一公里"

10.2 农村电子商务物流模式

10.2.1 B2B 电商物流模式

B2B 电商物流模式是指以信息技术为核心的企业间的交易模式。在 B2B 模式中,企业可以利用信息技术打破时间和空间的限制,以此来提高企业之间的交易效率,降低企业交易成本。在 B2B 电子商务模式中,农产品批发商向农民或市场批发农产品,随后将产品转移到代理商手中。这种模式的目的是为农产品批发商或零售商提供便捷的服务,以达到节约物流成本的目的,如图 10-1 所示。B2B 电子商务模式的优点是可以将农产品交付到服务平台,利用电商平台对商品进行整合,从而推动品牌的运营和市场的销售。B2B 电子商务模式具有投资压力风险小、市场连接度高等特点,有效进行农产品配送,对农产品电商物流的发展有一定的促进作用。

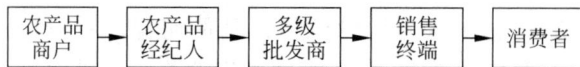

农产品商户 → 农产品经纪人 → 多级批发商 → 销售终端 → 消费者

图 10-1 B2B 电商物流模式流程

尽管迄今为止,全世界范围内在 B2B 电商领域尚未出现像亚马逊、阿里巴巴(淘宝)之类对传统行业的营商模式产生颠覆性影响的行业巨头,但不同于在 B2C 领域,传统企业表现出的更多是"被动"卷入,传统企业在 B2B 电商领域的"探索"不仅历史更悠久,而且表现出的是更为"主动"与"积极"的姿态。回顾过去 30 多年世界范围内 B2B 电子商务的发展历程,大致可划分为三个阶段,如图 10-2 所示。

B2B 电商物流的主要商业模式包括线上运营、线下撮合、线下自营。

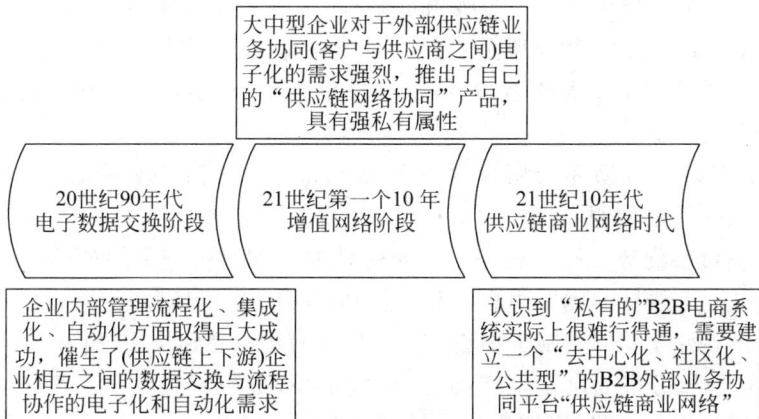

图 10-2　B2B 电子商务发展历程

1. 线上运营模式

线上运营模式包括信息共享平台型、线上交易平台型，典型企业为一亩田及惠农网等。

（1）信息共享平台型指提供平台吸引货主入驻，在线上 App 中仅展示货品以及货主联系方式，由买主自行联系并交易，交易的达成、款项支付、物流均不通过平台。

信息共享平台型优势：运营模式简单，运营成本低，平台上不进行资金支付，无须垫资或资金监管；可以通过免费的撮合服务吸引大量用户入驻，进而收集大量用户、市场和货品信息。

信息共享平台型劣势：电商平台不参与售卖环节，货品质量难以监管；无法收取服务费和佣金，盈利能力弱。

信息共享平台型电商物流流程如图 10-3 所示。其中，产地货主自行采购物流服务送出商品，入驻电商平台并发布商品信息；B 端用户自行联系货主达成交易并支付款项，从电商平台获取商品及货主信息。

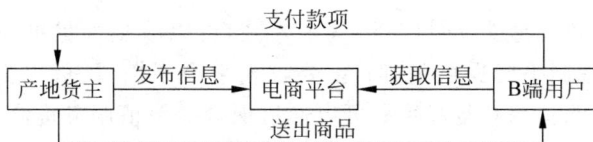

图 10-3　信息共享平台型电商物流流程

B2B 农业电商是农业产业数字化的核心环节。过去 5 年，农村电子商务、农业信息化、数字乡村等在贫困地区得到了快速的发展，农业电商扶贫在脱贫攻坚工作中发挥了重要的作用。今后，农业农村电子商务等数字经济新业态必将在巩固脱贫攻坚成果同乡村振兴的有效衔接中发挥更加重要的作用。而 B2B 农业电商是农村产品产销的重要组成部分，是统筹加强农业产业供应链的重要手段，B2B 电商网络是数字化物流网络的重要实施路径，因此发展 B2B 农业电商是农业产业数字化必由之路，将助力现代化农业产业链、供应链的建设。

（2）线上交易平台型指提供平台吸引货主入驻，线上展示货品，货主及买家可通过线上平台达成交易、支付款项，物流服务由货主自行选择，线上交易平台型的买家多为二、三线城市等下沉市场的中小型 B 端客户，线上交易平台型的 SKU 多为耐长途、耐储存的高毛利生鲜或加工食品。

此外，线上交易平台型还为用户提供各类 SaaS（software as a service，软件运营服务）、广告投放服务等增值服务。

线上交易平台型优势：收入来源主要为交易抽佣和增值服务，增值服务用户参与度较高；可以吸引一定数量的优质用户入驻，进而收集用户、市场和货品信息。

线上交易平台型劣势：受制于物流，SKU 数量有限；受到快手、抖音等新型带货平台的冲击较大；增值服务多为电销型产品，获客成本相对较高，且收入高度依赖销售团队；无法强制用户通过平台交易，可能发生飞单的情况。

线上交易平台型电商物流流程如图 10-4 所示。其中，产地货主向电商平台提供商品信息等增值服务，向电商平台收取服务费，向 B 端用户提供商品信息并送出商品；以耐运输、高毛利商品为代表的电商平台为产地货主提供入驻发布商品信息、获取订单及收款的服务，并为 B 端用户提供商品和货主信息及下单支付等功能。

图 10-4　线上交易平台型电商物流流程

2. 线下撮合模式

线下撮合模式目前主要为供应链撮合服务，即提供平台吸引产地货主、大型大宗商品采购商、一批档口入驻，平台为产地货主提供一批市场交易行情、档口推荐等信息，帮助产地货主作出卖货或发货决策。目前国内有一亩田（豆牛代卖 App）、玉米网等平台提供线下撮合服务，其中豆牛代卖主打领域为一批市场，玉米网专注提供玉米大宗交易的信息和采购需求信息。

线下撮合模式优势：通过吸引档口、货主入驻，可以收集大量批发地市场情况、产地生产情况，为建立大数据平台提供基础；主要收入来源于档口、货主服务费，通过调整产品收费模式可以提升购买率和复购率；可以通过保理等增值服务提高对客户的话语权。

线下撮合模式劣势：对档口掌控力度弱，平台难以获得产地货主的完全信任；农产品标准化有难度，难以控制货品质量；无法强制用户通过平台交易，可能发生飞单的情况。

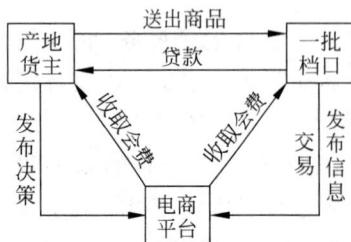

图 10-5　线下撮合模式电商物流流程

线下撮合模式电商物流流程如图 10-5 所示。其中，产地货主通过电商平台获取档口信息、市场行情并作出发货、卖货决策。对一批档口提供自行采购物流服务并送出商品，支持电商平台贷款及保理服务；一批档口向电商平台发布档口信息及市场接单行情，并上传交易和款项保理服务；电商平台向产地货主和一批档口收取会员服务费。

3. 线下自营模式

线下自营模式主要是为特定 B 端用户提供供应服务,主要特性为产地直采、分拣、自建城市仓、自营或采购第三方物流和配送服务,为特定的某行业或某几个 B 端客户供应生鲜、农产品。目前国内典型案例有美菜商城、豆牛自营等平台。其中美菜商城专注于餐厅类 B 端用户,通过自建仓储,自营物流、配送,为中小型餐馆提供蔬菜采购服务。豆牛自营目前正在试点阶段,通过产地直采分拣、自建城市仓,向单一下游生鲜电商类 B 端客户供应单一货品。

线下自营模式优势:产地直采可以对供应链整体进行严格把控,保障货品质量,提高电商在产业链上的话语权;产地分拣效率高,分拣成本控制有优势。

线下自营模式劣势:受限于下游,SKU 数量有限;自建仓储、自营物流,运营成本较高;农产品标准化有难度;绑定产地货主有难度。

线下自营模式电商物流流程如图 10-6 所示。其中,产地货主多为基地、合作社,向自营城市仓与一批档口进行标准化分拣;自营城市仓向以餐厅或电商为代表的特定 B 端进行定制化分拣配送,将饱和货物通过一批档口进行消化;以餐厅或电商为代表的特定 B 端向自营城市仓进行付款,向产地货主进行标准制定、货品采购及付款。

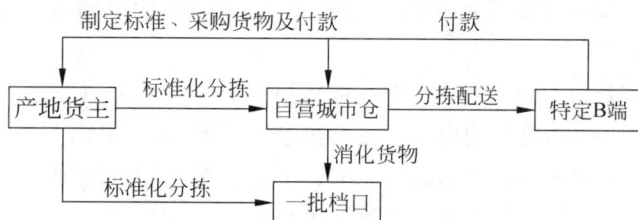

图 10-6 线下自营模式电商物流流程

10.2.2 B2C 电商物流模式

随着电子商务和物流技术的不断发展,越来越多的企业开始涉足以电商平台为主体的生鲜农产品供应链模式。B2C 电子商务企业立足于农村,服务于农民,以网上销售的模式将商品卖给农民。在这种商务销售模式下,企业通过构建网上商城,将商品以文字、图片、视频等形式呈现在商城里,农民通过互联网在商城里选择商品,然后进行网上支付或选择货到付款的方式确定购买商品。虽然当前快递业发展迅速,但是乡镇、农村的快递业还比较落后,快递配送最多到乡镇,较少到村里。如何解决好物流配送的"最后一公里"问题,是 B2C 农村电子商务企业发展的关键,直接影响着客户的满意度。物流严重影响着农村电子商务的发展。农村人口居住比较分散,导致农村物流配送的成本较高,同时农村专业的物流人才比较缺乏,这些在一定程度上影响着农村地区物流配送工作。按照物流运营活动的主体不同,现阶段 B2C 农村电子商务企业物流模式主要有自营、第三方、第四方和物流联盟四种。

1. 自营物流配送模式

在电商行业中,自营物流配送模式是指电商企业自主承担物流配送任务,完成从商品出库到消费者手中的全过程的模式。这一模式要求企业具备强大的财力和资源基础，包括建立仓库、购置运输车辆、培训经营人员，并构建高效的物流配送和管理系统。通过自营物流配送，企业可以更加精准地掌控物流过程，根据业务需求灵活调整策略，提升配送效率和服务质量。

对于农村电子商务而言，自营物流配送模式有助于解决农村地区的物流难题。由于农村地区的交通条件相对落后，物流基础设施不完善，传统的第三方物流企业在这些地区的配送能力有限。因此，一些农村电子商务企业选择采用自营物流配送模式，通过建设农村物流站点、配备专业配送人员等方式，将商品直接送达农民手中。这不仅能提高配送效率、降低物流成本，还能更好地满足农村消费者的需求，推动农村电子商务的发展。

2. 第三方物流配送模式

第三方物流配送模式是指电商企业将物流配送任务外包给专业的第三方物流企业的模式。这种模式下，电商企业可以专注于自身的核心业务，而将物流配送等烦琐环节交给专业的第三方企业来处理。对于农村电子商务而言，采用第三方物流配送模式可以充分利用第三方物流企业的专业优势和规模效应，降低物流成本，提高配送效率。

然而，由于农村地区的特殊性，第三方物流企业在农村地区的配送能力和服务质量可能存在一定的差异。因此，在选择第三方物流企业时，农村电子商务企业需要充分考虑其在农村地区的配送网络、服务质量和价格等因素，确保物流配送的可靠性和高效性。

3. 第四方物流模式

第四方物流模式是指由专业的物流服务商提供全面的物流解决方案，帮助电商企业优化供应链管理，降低成本，提高效率的模式。在农村电子商务领域，第四方物流模式的应用可以推动农村物流体系的升级和完善。通过引入先进的物流技术和管理理念，第四方物流企业可以帮助农村电子商务企业提高物流运作的效率和准确性，同时降低物流成本，提升竞争力。

此外，第四方物流企业还可以协助农村电子商务企业建立完善的物流网络，实现资源的优化配置和共享。通过整合农村地区的物流资源，提高物流资源的利用效率，降低资源浪费，推动农村电子商务的可持续发展。

4. 物流联盟模式

物流联盟模式是指电商企业与其他企业或组织通过合作的方式，共同开展物流配送业务的模式。这种模式下，各方可以共享资源、分担风险、降低成本，提高物流配送的效率和可靠性。对于农村电子商务而言，物流联盟模式有助于解决农村地区的物流难题，推动农村电子商务的发展。

通过与其他企业或组织建立物流联盟，农村电子商务企业可以共同投资建设农村物流基础设施，扩大与提高物流网络覆盖范围和配送能力。同时，各方可以共享物流信息和资源，实现资源的优化配置和共享，降低物流成本，提高服务质量。此外，物流联盟还可以促进各方之间的合作与交流，推动农村电子商务行业的协同发展。

对于 B2C 农村电子商务来说，物流对企业发展的重要性不言而喻，但是企业的规模、经济实力及管理能力决定了企业能否自营物流。"最后一公里"问题要得到很好解决，必须涉及物流成本问题。因此，B2C 农村电子商务在选择物流模式时，物流成本是考虑的重要因素。企业自建及管理物流的能力，决定了企业能否自营物流。企业从自身角度考虑成本的同时,也必须从客户的角度关注服务质量,客户对服务的评价及后续购买的可能性,决定着电子商务企业的口碑和市场份额。考虑成本与服务质量这两个因素,这里构建B2C农村电子商务物流选择模型,如图10-7所示。

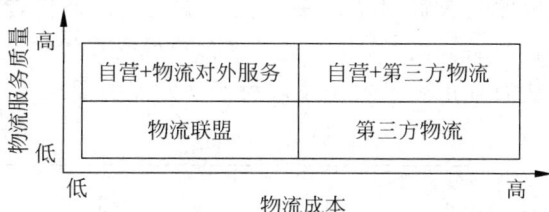

图 10-7   B2C农村电子商务物流选择模型

模型围绕物流成本与物流服务质量两个方面来建立。当把降低物流成本作为最重要的考虑因素时,如果对物流服务质量要求不高,可以选择第三方物流或物流联盟,而如果对物流服务质量要求比较高,则选择自营物流,且自营物流对外服务,增加物流收入,变相降低了自营物流的成本。如果企业把成本放在次要位置,把物流服务质量这个要素放在第一位置,则建议选择物流自营。

10.2.3   C2C 电商物流模式

农村物流业主要将 C2C 电子商务模式应用于农资内部以及农产品外销等对接方面。在"互联网＋"时代背景下,为了提升农村物流业的规范化综合管理水平,有必要使电子商务平台快速渗透到农村物流行业,加强人们对农村物流行业及电子商务交易平台的理解,准确把握农产品物流发展的条件,构建一套稳定、持续发展的农产品物流体系。我国农产品农户比例较高,与其他发达国家相比,并未形成系统性的农业经营模式,农产品生产作坊多以家庭为单位,这在一定程度上导致农产品生产与种植呈分散状态。同时,由于未对农产品实施集中化管理,农产品种类繁多,成长期和收获期各异,这在一定程度上不利于第三方物流公司实施集约化管理。C2C 电子商务模式能有效解决这些问题,它是指通过网络形式为消费者与生产者搭建一个点对点(个人对个人)的产品交易平台。农产品交易额较小,双方可直接交易。消费者还可在此平台上选择所需产品,清晰掌握交易流程,提高效率。因此,构建一套 C2C 电子商务模式的农村物流发展体系具有重要意义。然而,农民经济能力普遍较弱,承担网络通信费用较为吃力,且多数未接触现代化信息技术,思想观念守旧,对网络安全持怀疑态度,导致农村电子商务模式发展困难,阻碍了 C2C 电子商务模式下农村物流发展体系的构建。同时,农村地理环境复杂,地理位置偏远且农户分散,物流公司不愿深入开发,增加了物流配送的难度和成本。此外,农村道路交通运输基础设施建设相对落后,信息化程度不高,物流量过小,进一步制约了农村物流体系的发展。这些问题亟待解决,以推动农村物流体系的完善和发展。

因此,要加强 C2C 电子商务模式农村物流发展体系建设,具体步骤如下。

1. 建立 C2C 农村电子商务物流电子交易平台

基于 C2C 流通模式的农村物流电子交易平台如图10-8所示。目前,我国 C2C 电子商务模式主要聚焦于小额交易业务。这一模式不依赖第三方中介,而是通过互联网交易平台直接连接买家和卖家,并依靠物流体系来控制整个交易过程。构建全国性的农产品电子交易平台是农村物流体系与 C2C 电子商务模式结合的第一步。农民在交易平台中需要具有消费者与销售者的双重身份。一方面,农民要以消费者的身份在交易平台中比较农资信息,购买质优价廉的农资用品;另一方面,农民要以销售者的身份在交易平台中发布农产品信息,出售农产品。同时,电子交易平台建设需在操作简化、交易安全化、技术创新性方面不断完善,从而真正满足农民及农村经济发展的需求。

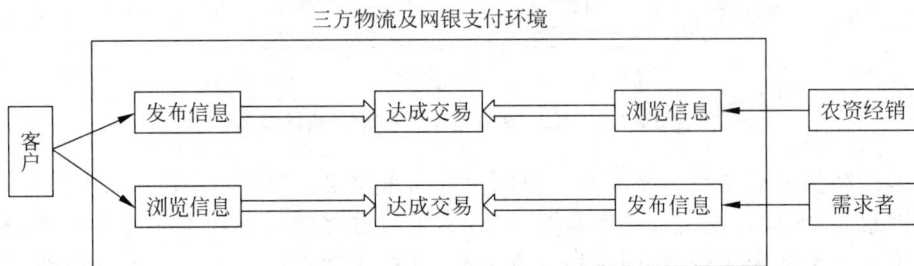

图 10-8　基于 C2C 流通模式的农村物流电子交易平台

2. 推动第三方物流外包

为加大农村物流模式的推广力度并改善当前状况,推动第三方物流外包显得尤为重要。在 C2C 电子商务平台上达成交易后,众多物流产品需外包给第三方物流公司进行寄送。然而,目前国内的第三方物流公司在农村市场的业务范围相对狭窄,渗透力不足,配送范围主要局限于城区和周边地区,导致农村物流网络不完善。这在一定程度上对农村物流配送成本产生了直接影响。因此,需要通过实施物流外包来解决这一问题。在推进第三方外包形式及内容时,必须紧密结合当地的实际情况进行决策。

3. 构建农产品电商平台

随着信息技术的迅猛发展,我国 C2C 电子商务贸易得到了飞速发展,电子商务交易平台也逐渐扩展。现有的淘宝、天猫等平台已经相对成熟。已有数据显示,这类电商交易平台蕴藏着巨大的市场潜力。在现代化环境下,越来越多的人愿意参与电商购物。若 C2C 电子商务模式的农村物流发展体系能够借助或挂靠这些专业性较强的电商平台,将在信息传播和推广方面获得极大的便利。这有利于农产品推广平台的扩张和宣传力度的增加,促使农产品更好地与市场对接。

4. 加强执法部门的监管程序

以往,第三方物流公司由于农村物流的低利润而不愿意参与其开发,而相关的违约处罚机制和制度保障也是物流公司考虑的重要因素。因此,在构建 C2C 电子商务模式的农村物流平台时,除了考虑经济效益、利益分配主体和相关战略实施外,还需要同步配备强有力的法律、法规等制度性的保障措施。这样才能消除涉农经销商、物流公司以及广大农户的顾虑,合理控制虚拟网络环境中的农资交易风险。同时,建立一套完备的农村物流诚信评价机制,严格规范税收征收标准,对交易者的道德风险和投机动机进行约束,从政策层面保障利益主体在整个交易过程中的安全性。

5. 落实优惠政策

若仅凭农产品需求、农资生产以及经销商、农户三方的自发组织来推动 C2C 电子商务模式的发展,很可能会存在诸多缺陷,因为 C2C 电子商务模式的物流体系涉及第三方物流公司、网上交易的双方以及网络交易平台三个必要条件,任何一方的缺失都难以确保该模式顺畅运行。此外,考虑到当前我国农村物流系统尚处于初级发展阶段,尚不成熟,为促进 C2C 电子商务模式深入农村,政府需要给予政策上的扶持,相关部门也需承担起农村物流基础设施的建设任务,并致力于搭建国际流通渠道,引导和帮助农村电子商务走向国际市场。

10.2.4 农产品电商物流创新模式——"一体化物流＋消费者自提"物流模式

为了保障农产品的质量和新鲜度,减少物流运作环节,提高运输效率,订单式的生产方式与第三方物流配送服务是电子商务环境下农产品物流模式的必然选择。随着我国各区域农产品生产技术不断提高,物流基础设施的不断完善,运输技术的不断提升,以及农产品生产趋势的逐渐集团化,农产品电商物流的发展首选便是一体化的农产品物流模式。

1. 一体化物流＋消费者自提物流模式概述

"一体化物流＋消费者自提"物流模式的运作依托互联网平台,消费者在网络平台上在线下单,网站一旦收到消费者的订单,会马上将消费者的订单信息传送至农场及农产品基地,农场及农产品基地会先整合订单,将其资源集中起来;第三方物流企业通过其物流运作将消费者订单运送到仓库或中转站,再配送到各个区域的终端店,然后由消费者自提。

一体化的农产品物流运作模式是随着经济与信息技术的不断发展而发展起来的。一体化的农产品物流运作模式是指农产品物流供应链中的企业通过其资本运作、建立合作联盟、实行信息共享等手段,以核心企业为中心,使农产品物流中的上下游企业间形成稳定的供应、生产、加工、销售一体化来实现农产品物流一体化发展的模式。在其他物流模式中,农产品不仅从生产到消费经过了很多环节,存在着很长的流通环节,而且在流通环节过程中,农产品的质量与新鲜度很难得到保障。因此,要想减少农产品流通环节,保证其质量与新鲜度,应该实行农产品一体化模式。

在农产品实行一体化物流过程中,专业的第三方物流公司承包了交易频率高、物流次数多的物流环节,这样使得成员发挥自身的核心竞争力,不会因物流活动而分散精力,影响其主营业务活动。第三方物流服务以结盟为基础,通过签订合同的形式,明确双方职责,由第三方来承担农产品物流服务的运作。

在"一体化物流＋消费者自提"物流模式中,农产品在流通过程中的质量与新鲜度因第三方物流企业先进的物流技术及物流设施和完善的信息平台能够得到最大限度的保障,而消费者自提物流模式不仅能降低"最后一公里"的物流环节运输成本,还能改善用户的购物体验。在传统配送模式下,消费者无法控制和了解农产品的质量,在消费者自提物流模式下,消费者通过线下终端店可以检验所选的农产品,接触实物的方式能够使消费者对农产品的品质无法控制的情况得到很大的改善。

2. 一体化物流＋消费者自提物流模式实施保障措施

1) 科学选择具备能力的农产品物流服务商是前提

根据物流的协同效应理论,在"一体化物流＋消费者自提"物流模式下,农产品电商企业和第三方物流企业是一个利益共同体,第三方物流企业的管理效率、物流成本、服务水平以及其响应速度,关系到电商企业在农产品领域的成败。因此,电商企业在一体化物流＋消费者自提物流模式下对第三方物流合作企业进行有效的选择和管理是一个关键性的问题。考虑提高物流服务水平和运营效率的目的,在合作之前,农产品电商企业需要建立一个对第三方物流提供商的最低准入门槛,以质量、成本、交付与服务并重的原则,对第三方物流合作企业的内部管理、财务管理、技术能力等状况进行综合评估,在保证第三方物流企业为电商企业服务质量的基础上,选择最合适的合作企业。

2) 构建一体化信息平台是基础

农产品配送过程会产生大量信息,反过来,这些信息对于企业的运营也极为重要。成熟的农产品物流配送网络应该是企业与消费者之间双向信息流的有机结合。在"一体化物流＋消费者自提"物流模式下,第三方物流企业的参与可能会引发企业与消费者之间的某些问题。农产品电商企业以第三方物流企业为中介,从事企业原有的业务,即农产品配送与售后服务。这可能意味着企业与消费者之间的关系将逐步弱化,因而会对企业与消费者之间建立长期稳定、密切的关系产生不利影响,甚至可能使顾客的信息被泄露。为此,可以通过建立专业物流业务信息共享中心来改善企业与客户之间的关系,进行有效的客户关系管理,从而建立二者间的密切、稳定的关系。而建立有效的信息共享模式需以以下三项原则为指导:兼收并蓄,保密与共享相平衡,协调。

3) 合理进行终端店选址是关键

终端店的选址在"一体化物流＋消费者自提"物流模式下是企业发展农产品业务所面临的重要抉择。农产品电商企业如果需要建立线下的社区终端店,最先要解决的便是终端选址问题。科学、合理地进行终端选址与否关系到一体化物流＋消费者自提物流模式的成败。因此,企业应该综合考虑各方面因素去进行合理的终端店选址。首先,应该对区域内的人口密度与消费水平进行调查和评估,人口密度不仅能反映人口数量的多少,还能在一定程度上反映相关区域的消费能力。其次,终端店的建立与维护是需要成本的,而这些成本最终都会转移到消费者身上,故在对各个区域内消费者水平与承受能力进行评估的基础上,终端店的选址应从消费者的立场出发,以总费用最小为目标进行。因终端店的辐射范围有限,为给消费者提供快捷方便的服务,终端店选址时对终端店的建设个数以及终端店的规模等方面进行全面权衡。全面考虑各方因素后,企业还必须在小范围内试点,只有当有明显效果时才能推广选址方法。

10.3   农村电子商务物流配送中心选址概述

10.3.1   农村电子商务物流配送中心选址问题简介

1. 物流配送中心的概念

物流配送中心是指从事货物配备和组织为客户送货的现代物流设施。通常物流配送中心是为该地区有物流需求但服务量没有达到一定规模的地点建立的物流节点。一般来说,物流配送中心可以承担多品种、小批量的物流配送,也可以只承担单一品种或单一物流功能,规模较小,服务的对象主要是特定范围的客户。

物流配送中心的最主要功能是为客户提供配送服务。物流配送中心在物流系统的供应链环节是一处重要的物流节点,利用物流设施、信息系统平台等在节省运输成本的同时,为下游各类客户提供高质量的配送服务。本章研究的物流配送中心为电商物流企业建立在乡镇区域,为农村地区提供电商物流配送服务的物流设施节点。

物流配送中心选址规划是指在一个包含多个供应点和需求点的经济区域内,通过科学的方法和策略,寻找一个或多个最佳位置来建立物流配送中心的过程。这个过程涉及对地理位置、交通条件、成本效益、市场需求等多个因素的综合考虑,旨在确保物流配送中心高效、经济地服务于整个区域内的供应链管理。通过对这些因素的深入分析和评估,可以确定一个或多个最优的选址方案,从而提高物流配送的效率,降低运营成本,提升客户满意度,最终实现整条供应链的优化和企业的竞争优势。

物流配送中心选址规划考虑的是根据费用或者其他选择标准寻找配送中心的最佳地址,配送中心选址受土地利用和建设费用、地方税收和保险、劳动力成本和可达性或到其他节点的运输费用的影响较大,更受区域规划中用地功能布局的深刻影响。

2. 农村电子商务物流配送中心选址基本原则

1)经济性

经济性原则是指在物流配送中心选址规划中主要考虑到相关选址的成本与规模大小问题。在这个过程中,主要涉及配送中心的建设成本与运营成本两个部分,具体包括建设成本、运输成本、仓储成本以及日常营运成本等。在确定配送中心选址规模时,也要考虑当地需求量与消费水平等因素。以此来综合分析配送中心选址的影响因素,使得物流配送中心具有更强的竞争实力为客户服务。

2)协调性

协调性原则是指在选址规划中要具有系统整体的工程思想,充分考虑到整体与部分的协调性。不仅看到各项经济成本,还应该追求规划中总体的协调发展。且要从国家物流规划政策和地方物流规划政策的大局出发,并兼顾所规划地区的实际情况(包括物流需求量、消费水平与习惯、自然环境、现有基础设施等),做到全面协调可持续发展。

3)适应性

适应性原则在物流领域尤为重要,它强调了在规划选址并建设配送中心时,必须充分考虑到一旦建成便难以轻易变动的现实情况。因此,选址过程中必须细致入微地考虑多个关键因素,包括但不限于政府制定的长远发展规划与指导方针、当地市场实际的物流需求分布现状以及复杂多变的实际交通状况等。这样做旨在确保配送中心灵活应对未来可能的变化,更好地满足人民对于更高质量、更便捷物流服务的需求,从而助力满足人民日益增长的美好生活需要。

4)前瞻性

前瞻性原则在农村电子商务物流配送中心选址中的应用,还意味着要关注可持续发展。随着环保意识的增强,绿色物流成为趋势,选址时需评估对环境的潜在影响,确保所选地址既能满足业务需求,又符合环保标准。同时,考虑到技术革新的速度,选址还应预留空间以容纳未来可能引入的自动化、智能化物流设备,提高运营效率并降低人力成本。此外,还需考虑与供应链上下游伙伴的协同性,选择便于物流网络优化的位置,以实现资源的高效整合与共享。综上所述,前瞻性原则在物流配送中心选址中的应用是多维度的,旨在为企业构建一个既适应当前需求又面向未来的物流体系。

3. 智能物流时代对农村电子商务物流配送中心选址的新要求

新物流配送中心选址优化的发展趋势正沿着一条清晰而富有前瞻性的路径演进,其核心在于共享资源、降低成本、整合共生、促进转型、推动协同、鼓励多方参与,实现自动化、智能化管理,并重点聚焦于可持续发展。这一趋势不仅深刻影响着城市物流体系,还对农村电子商务物流配送中心选址与运营提出了新的战略考量。

在新时代背景下,农村电子商务物流配送中心选址已成为推动农村物流现代化、促进乡村振兴的关键因素。在考虑传统选址逻辑的同时,创新性地采用大数据分析、物联网等现代技术手段,对选址过程进行全面优化。这要求深入分析农村地区的经济布局、人口分布、交通网络以及未来发展趋势,确保选址既能满足当前需求,又能预留发展空间,为农村物流的长远发展奠定坚实基础。与此同时,农村电子商务物流的配送方式也亟须革新。传统的配送模式难以适应新物流时代对效率、精准度和服务质量的更高要求。因此,必须打破原有物流功能的简单划分,重构信息流与配送流程,引入智能调度系统、无人配送车、自动化分拣线等先进技术,实现配送过程的智能化、自动化和高效化。这不仅能大幅提升物流效率,还能显著降低运营成本,提升用户体验。

此外,技术升级和信息化转型也是农村电子商务物流不可或缺的一环。面对信息爆炸的新时代,农村电子商务物流必须加快步伐,引入云计算、大数据、人工智能等前沿技术,构建智慧物流体系。通过建设统一的物流信息平台,实现物流信息的实时共享与智能分析,为农村电子商务、农产品上行等提供强有力的支撑。同时,加强物流从业人员的技能培训,提升其信息化素养和专业技能水平,为农村电子商务物流的智能化转型提供坚实的人才保障。

4. 农村电子商务物流配送中心选址的一般流程

农村电子商务物流配送中心选址的目标是通过整合和优化物流资源配置来降低物流成本、提高物流服务质量,最终追求经济效益的增长。在这个过程中,要根据实际情况进行相应的分析,对各个选址点进行科学的判断与决策。农村电子商务物流配送中心选址的一般流程如下。

1) 相关数据资料的全面收集与细致整理

在启动农村电子商务物流配送中心选址工作的初期,最为关键的一步便是广泛而深入地收集相关数据资料,并进行系统性的整理。这些数据资料包括该地区的人口密度分布、经济发展状况、交通网络图、土地利用规划、环境保护要求、潜在顾客分布、竞争对手位置、政策导向以及历史物流数据等。数据的完整性和准确性对于后续的分析与决策至关重要,因为任何微小的偏差都可能对定性分析的结果产生显著影响,进而波及数学模型运算的精准度,最终可能导致选址结果缺乏科学性,难以达到预期效果。因此,必须确保收集过程的严谨性,同时采用科学的分类和整理方法,确保数据的可用性和有效性。

2) 合理确定后备选址,减轻工作负担

在拥有了全面的数据资料后,接下来需要明确选址过程中的几个核心制约因素,如成本、交通、环境、政策等。基于这些因素,结合实际情况,采用定性的方法,如专家咨询、现场勘查、比较分析等手段,初步筛选出几个合理的后备选址地点。这一步骤不仅能有效排除那些明显不符合要求的地点,减轻后续工作的负担,还能使选址工作更加聚焦于那些有潜力的区域,为最终确定科学、合理的选址结果打下坚实基础。

3)构建精准适用的选址模型

为了进一步提升选址决策的科学性和准确性,构建符合实际情况的农村电子商务物流配送中心选址规划,数学模型显得尤为关键。这些模型不仅限于传统的层次分析法、整数规划、模糊综合评价和双层规划,还要借助大数据分析、机器学习算法等先进技术。大数据分析能够处理海量数据,挖掘潜在规律和趋势,为选址提供精准的数据支持。而机器学习算法则能够通过学习和优化,自动调整模型参数,进一步提高选址决策的准确性和效率。随着全球可持续发展意识的增强,选址决策还需考虑更多社会和环境因素。除了成本最小化、时间效率最大化外,还需关注社会责任、社区影响、生态平衡等方面。这种全面的考虑不仅能提升企业的社会形象,还能促进企业与社会的和谐共生。

4)运用现代工具进行模型求解

在模型构建阶段完成后,接下来的步骤是将事先收集的相关数据代入模型。为了完成这一任务,决策者需要借助一些先进的计算机软件来进行求解。这些软件不仅具备高效处理大量数据的能力,还能够进行复杂的运算和模拟分析。通过这些软件的辅助,可以得出定量分析的选址点。这一过程显著提高了求解的速度和准确性。传统的手工计算方法不仅耗时耗力,而且容易出错,而计算机软件的使用则大大减少了这些人为因素的干扰。通过软件的自动化处理,可以获得更加客观和可靠的结果。这不仅提高了工作效率,还确保了选址决策的科学性和合理性。最终,决策者能够得到一个经过严格计算和验证的选址方案,为项目的顺利进行提供了坚实的基础。

5)综合评估,确定最终选址方案

需要对模型求解得出的结果进行综合分析。由于有些情况下单一的定量分析可能无法完全反映实际情况的复杂性,因此可能还需要结合定性评价的方法,对备选址进行再次评估。在综合考虑成本、效益、风险等多个因素的基础上,选出最优的备选址作为最终的选址方案。如果在评估过程中发现选址结果不合理或存在优化空间,则需要重新进行评估与计算,直至得到最优方案。这一过程体现了选址工作的严谨性和灵活性,确保了最终选址方案的科学性和可行性。

10.3.2 农村电子商务物流配送中心选址方法及案例

1. 农村电子商务物流配送中心选址常用方法介绍

农村电子商务的迅猛发展为农村经济注入新的活力,而构建高效、合理的物流配送体系则是支撑这一发展的基石。农村电子商务物流配送中心的选择,作为物流网络构建的关键一环,其决策过程直接影响着物流效率、成本控制以及消费者的满意度。这里简单介绍几种常见的物流配送中心选址方法,考虑农村市场的独特性和复杂性,为农村电子商务企业及相关决策者选址决策提供借鉴和参考。

1)重心法

重心法(Centroid Method)作为选址决策最常见的方法,其基本原理在于权衡货物的流向与运输距离,以确定最优地理位置,实现运输成本的最小化。该方法综合考虑了货物运输、仓储、数据处理及配送等环节的成本因素,适用于具有多个供应和需求节点的复杂物流网络,为物流中心的选址提供了一个全面的决策支持。应用重心法时,必须明确所有相关货物的供应与需求节点,并依据这些节点的地理坐标及货物流量,计算出一个代表物流网络成本最低点的"重心"或"质心"。采用此方法能够有效地协调不同地点之间的货物流动,从而在成本与效率之间实现最优平衡。在实际操作中,重心法可与地理信息系统技术相结合,以更精确地分析地理位置数据;同时,结合市场分析和客户偏好研究,可以更全面地满足市场需求。

2) 层次分析法

层次分析法作为一种高效的决策工具,其优势在于能够系统地处理复杂决策问题中的模糊性和不确定性。它不仅能帮助决策者量化各因素的相对重要性,还能揭示因素之间的内在关联和相互影响。在农村电子商务物流配送中心选址的决策过程中,层次分析法可以发挥重要作用。因为它能够确保决策者全面考虑并平衡各种因素,如成本效益分析、地理位置的优越性、当地政府的政策扶持力度以及未来市场的发展趋势等。通过该方法,决策者可以更加自信地选择最合适的配送中心位置,为农村电子商务的快速发展奠定坚实的基础。

3) 混合整数线性规划

混合整数线性规划(Mixed Integer Linear Programming,MILP)模型在农村电子商务物流配送中心选址中的应用,不仅局限于成本最小化和服务水平最优化,还注重提升整体供应链的灵活性和响应速度。通过细致分析客户需求和市场趋势,MILP模型能够预测未来配送需求的变化,并据此调整配送中心的布局和配送策略。这种前瞻性的规划方法,使农村电子商务物流配送中心能够在激烈的市场竞争中保持领先地位,实现可持续发展。此外,MILP模型的应用还促进了农村地区的经济发展,通过优化配送网络,降低了农产品等商品的流通成本,提高了农民收入,推动了乡村振兴。

4) 地理信息系统

地理信息系统是一种功能强大的工具,专门用于处理和分析地理空间数据。它能够帮助用户在地图上直观地展示各种空间信息,并进行深入的分析。在农村电子商务物流配送中心的选址过程中,GIS可以发挥重要作用。通过GIS,相关人员可以绘制出详细的地图,展示农村地区的地理特征,包括地形、地貌、河流等自然要素,以及村庄、道路、居民点等人造要素。此外,GIS还可以用于分析交通网络,评估不同路线的通行效率和成本。通过对交通网络的深入分析,决策者可以了解各条路线的优劣,从而选择最佳的配送路线。这不仅有助于提高配送效率,还能降低运输成本,提升整体的物流服务水平。通过这些信息,决策者可以更好地了解农村地区的市场需求和潜在客户分布,从而选择一个能够覆盖最大市场范围的配送中心位置。

5) 多目标优化模型

多目标优化模型(Multi-objective Optimization Model,MOM)是一种专门用于处理和优化多个目标函数的数学方法。在实际应用中,尤其是在农村电子商务物流配送中心的选址问题上,决策者需要综合考虑多种因素,而不仅仅是成本和效率。除了经济因素外,环境影响、社会责任、客户满意度等多个目标也需要纳入考量。多目标优化模型通过构建一个包含所有相关目标的数学框架,使决策者能够在这些目标之间进行权衡和取舍。

通过这种方法,可以找到一个综合最优的选址方案,既满足经济上的要求,又兼顾环境保护和社会责任等其他重要目标。这种模型的应用不仅提高了决策的科学性和合理性,还能帮助企业在激烈的市场竞争中获得更大的竞争优势。

农村电子商务物流配送中心选址模型的选择需要根据实际情况和需求进行综合考虑。通过运用科学的选址模型,结合定量分析和定性评价,可以有效地提高选址的科学性和可行性,从而为农村电子商务物流配送体系的构建提供有力支持。

2. 重心法选址流程及案例分析

重心法是一种布置单个物流设施的方法。重心法把物流系统中的需求方和供给方分别看成分布在某一平面物体系统内的已知点。该方法将市场位置、运送至各市场的货物量、运输成本都加以考虑,将各点的需求量和供应量分别看成物体的重量,将物体系统的重心作为物流网点的最佳设置点,利用求物体系统重心的方法来确定物流设施的位置。由于重心法只考虑距离、运输费用等少量因素,因而求出的最优解与实际的最佳物流设施选址位置之间可能存在较大差异。例如求出的位置可能是建筑或其他不适合选址的位置。

重心法的模型基于笛卡尔坐标,水平轴标为 x 轴,垂直轴标为 y 轴,坐标的原点可任意确定,坐标比例也可随意确定。重心法选址流程如下。

1）模型假设

（1）需求量集中于某一点上。实际上需求来自分散于广阔区域内的多个需求点。

（2）不同地点物流设施的建设费用、运营费用相同。模型没有区分在不同地点建设物流设施所需要的投资成本（土地成本、建筑成本等）、经营成本（劳动力成本、库存持有成本等）之间的差别。

（3）各个需求点的运输量与运输费率是已知的,并且在长时间内保持不变或变化不大。

（4）运输线路是直线距离。实际上这样的情况很少,运输总是在一定的公路系统、铁路系统、城市道路中进行的。可以在模型中引入一个比例因子把直线距离转化为近似的公路、铁路或其他运输网络里程。例如,计算出的直线距离加上 25% 得到公路实际运输距离。

2）问题的描述及模型的建立

设在某一计划区域内,有 n 个需求点, $P_i(x_i, y_i)$ 表示现有物流需求点的位置（$i = 1, 2, \cdots, n$）,重心法坐标描述如图 10-9 所示。W_i 表示第 i 个需求点的需求量；C_i 表示第 i 个需求点的运输费率；C_0 表示待定物流设施的运输费率。

模型的求解分为初始重心法和精确重心法。

（1）初始重心法。重心法的思想是在确定的坐标中,各个物流需求点坐标位置与其相应需求量、运输费率之积的总和等于待定物流设施坐标与各需求点需求量、运输费率之积的总和。

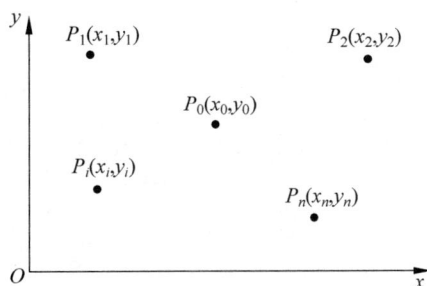

图 10-9　重心法坐标描述

$$\sum_{i=1}^{n} x_i W_i C_i = x_0 \sum_{i=1}^{n} W_i C_0$$

初始重心坐标为

$$x_0 = \frac{\displaystyle\sum_{i=1}^{n} x_i W_i C_i}{\displaystyle\sum_{i=1}^{n} W_i C_0} \quad y_0 = \frac{\displaystyle\sum_{i=1}^{n} y_i W_i C_i}{\displaystyle\sum_{i=1}^{n} W_i C_0}$$

若各需求点和待定物流设施的运输费率相等,即 $C_i = C_0$,则有

$$x_0 = \frac{\displaystyle\sum_{i=1}^{n} x_i W_i}{\displaystyle\sum_{i=1}^{n} W_i} \quad y_0 = \frac{\displaystyle\sum_{i=1}^{n} y_i W_i}{\displaystyle\sum_{i=1}^{n} W_i}$$

（2）精确重心法。

目标函数为

$$\text{TC} = \sum_{i=1}^{n} W_i C_i d_i$$

式中,TC——该区域的总物流运输成本;

W_i——第 i 个需求点的需求量;

C_i——第 i 个需求点的运输费率;

d_i——待定物流设施点到第 i 个需求点的距离。

根据两点间距离公式:

$$d_i = \sqrt{(x_0 - x_i)^2 + (y_0 - y_i)^2}$$

若要使目标函数 TC 最小,则要对 TC 关于 x_0 和 y_0 求偏导,使

$$\begin{cases} \dfrac{\partial \text{TC}}{\partial x_0} = 0 \\[2mm] \dfrac{\partial \text{TC}}{\partial y_0} = 0 \end{cases}$$

可推导求得 x_0 和 y_0 的精确重心法表达式:

$$x_0 = \frac{\displaystyle\sum_{i=1}^{n} \frac{W_i C_i x_i}{d_i}}{\displaystyle\sum_{i=1}^{n} \frac{W_i C_i}{d_i}}$$

$$y_0 = \frac{\displaystyle\sum_{i=1}^{n} \frac{W_i C_i y_i}{d_i}}{\displaystyle\sum_{i=1}^{n} \frac{W_i C_i}{d_i}}$$

上两式右边,仍剩有含未知数 x_0 和 y_0 的 d_i 项,因此一次求不出 x_0 和 y_0 的最优解。实际上,从确定初始值,一直求到使运输费最小,要反复进行迭代计算。

精确重心法求解方法如下。

第一步：初始点坐标的选取。

选取方法有两种。

① 以原点或其他坐标点为初始点。

② 以重心法公式来估算初始点。

第二步：迭代方法。

① 将初始点坐标值代入成本公式，计算出成本 TC_0。

② 将初始点坐标代入迭代公式，计算出新的坐标值并取其绝对值，再将其代入成本公式中计算成本 TC_1。

③ 将 TC_1 与 TC_0 比较，若 $TC_0 > TC_1$，则继续上述步骤，当 $TC_{n-1} \leqslant TC_n$ 时，迭代结束。

例 10-1 某农村电子商务物流配送企业拟在某乡镇选择一个物流配送中心网点，向该区域的四个物流需求点配送农产品，四个物流需求点的坐标、需求量见表 10-1，假设该区域内物流运输费用一样，试用初始重心法和精确重心法分别计算该物流配送中心的坐标值。

表 10-1 四个物流需求点的坐标、需求量

需求点	P_1	P_2	P_3	P_4
坐标	(25,80)	(100,70)	(30,30)	(80,20)
物流需求量	1 000	3 000	2 000	1 500

解： （1）代入初始重心坐标计算公式，得

$$x_0 = \frac{25 \times 1\,000 + 100 \times 3\,000 + 30 \times 2\,000 + 80 \times 1\,500}{1\,000 + 3\,000 + 2\,000 + 1\,500} \approx 67.33$$

$$y_0 = \frac{80 \times 1\,000 + 70 \times 3\,000 + 30 \times 2\,000 + 20 \times 1\,500}{1\,000 + 3\,000 + 2\,000 + 1\,500} \approx 50.67$$

则该物流配送中心的坐标为(67.33,50.67)。

（2）将初始重心法求出的初始坐标值(67.33,50.67)作为迭代的初始点。即 $x_0^{(0)} = 67.33$，$y_0^{(0)} = 50.67$。

代入成本公式，计算出 $TC_0 = 300\,496.113$。

第一次迭代：

$$d_i = \sqrt{(x_0 - x_i)^2 + (y_0 - y_i)^2}$$

$$x_0 = \frac{\displaystyle\sum_{i=1}^{n} \frac{W_i C_i x_i}{d_i}}{\displaystyle\sum_{i=1}^{n} \frac{W_i C_i}{d_i}}$$

$$y_0 = \frac{\displaystyle\sum_{i=1}^{n} \frac{W_i C_i y_i}{d_i}}{\displaystyle\sum_{i=1}^{n} \frac{W_i C_i}{d_i}}$$

将数值代入上述公式,可得：$x_0^{(1)}=70.39, y_0^{(1)}=49.32$。

将 $x_0^{(1)}=70.39, y_0^{(1)}=49.32$ 代入成本公式,可得：$TC_1=298\ 964.100$。

因为 $TC_1<TC_0$,所以要进行第二次迭代,需要重复以上运算步骤。

可得：$x_0^{(2)}=71.9, y_0^{(2)}=50.32$。

将 $x_0^{(2)}=71.9, y_0^{(2)}=50.32$ 代入成本公式,可得：$TC_2=298\ 630.400$。

因为 $TC_2<TC_1$,所以要进行第三次迭代。

可得：$x_0^{(3)}=72.92, y_0^{(3)}=51.48, TC_3=298\ 576.100$。

因为 $TC_3<TC_2$,所以要进行第四次迭代。

可得：$x_0^{(4)}=73.72, y_0^{(4)}=52.57, TC_4=298\ 674.400$。

因为 $TC_4>TC_3$,迭代结束。

所以最优解为：$x_0^{(3)}=72.92, y_0^{(3)}=51.48, TC_3=298\ 576.100$。

精确重心法得到的物流配送中心的坐标值为(72.92,51.48)。

显然精确重心法计算出的物流配送中心,其运输成本要小于根据初始重心法求出的物流配送中心所产生的运输成本,精确重心法优势更显著。

本 章 小 结

农村电子商务物流作为促进农村经济发展、增加农民收入和改善消费环境的关键因素,近年来在国家政策的大力支持下取得了显著成就。农产品网络零售额持续增长,农村电子商务成为活跃城乡市场的重要渠道,推动了农产品的上行和工业品的下乡,促进了城乡商品的双向流通。然而,农村电子商务物流仍面临基础设施薄弱、专业人才缺乏、物流体系不完善等挑战。针对这些问题,本章提出强化农村电子商务市场主体培育、完善物流基础设施网络体系、培养复合型及创新型人才、健全扶持政策等建议。通过这些措施,可以进一步推动农村电子商务物流的高质量发展,构建高效、便捷、可持续的农村电子商务物流体系,为乡村振兴战略的实施和农村经济的高质量发展提供有力支撑。

思 考 题

1. 农村电子商务物流的基本定义是什么？

2. 我国农村电子商务物流的发展现状有哪些亮点？

3. 农村电子商务物流面临的主要挑战有哪些？

4. 不同的农村电子商务物流模式(如 B2B、B2C、C2C)各有哪些特点？

5. 农村电子商务物流配送中心选址应遵循哪些基本原则？

6. 为推动农村电子商务物流的高质量发展,应采取哪些具体策略？

案 例 分 析

打造"县域物流十农村电商"模式,促进农村物流可持续发展

即 测 即 练

第 11 章

电子商务物流的新发展

绿色物流、智慧物流、逆向物流、物流金融、生鲜冷链物流等物流新发展趋势正在引领行业变革。绿色物流引领环保新风尚，智慧物流赋能高效运营，逆向物流优化资源循环，物流金融助力产业升级，生鲜冷链物流引领高品质生活。电商物流新创新发展模式融合并进，共筑物流行业绿色、智能、循环、金融、高品质新生态。

11.1 电子商务绿色物流

11.1.1 绿色物流概述

1. 绿色物流的概念

从管理学的角度讲，电子商务绿色物流是指为实现客户满意，连接绿色需求主体和绿色供给主体，打破空间和时间限制，实现有效、快速的绿色商品和服务的绿色经济管理活动过程。同时，绿色物流也是以降低对环境的污染、减少资源消耗为目标，利用先进物流技术规划和实施运输、储存、包装、装卸、流通加工的物流活动。

2. 绿色物流的构成

绿色物流由绿色运输、绿色包装及绿色流通加工三个子范畴组成。

1）绿色运输

运输过程中的燃油消耗和尾气排放，是物流活动造成环境污染的主要原因之一。因此，打造绿色物流，首先要对运输线路进行合理布局与规划，通过缩短运输路线、提高车辆装载率等措施，实现节能减排的目标。另外，还要注重对运输车辆的养护与选择，使用清洁燃料，选择新能源车辆，减少能耗及尾气排放。

2）绿色包装

包装是物流活动的一个重要环节，绿色包装可以提高包装材料的回收利用率，有效控制资源消耗，减轻环境污染。包装也是绿色物流管理的一个重要方面，白色塑料污染和过度包装造成了资源的浪费，已经引起了社会的广泛关注。如在日本，经营食品的商人放弃了塑料包装，在食品界掀起"绿色革命"，取得了较大的成效。

案例 11-1：几个典型的日本企业包装减量化的案例

3）绿色流通加工

绿色流通加工的途径主要分为两个方面：一方面是变消费者分散加工为专业集中加工，以规模作业方式提高资源利用效率，以减少环境污染；另一方面是集中处理消费品加工中产生的边角废料，以减少消费者分散加工所造成的废弃物污染。

3. 绿色物流指标体系

绿色物流指标体系适用于绿色物流的建设、评价和考核，为政府、行业管理部门、第三方评价机构以及企业绿色物流水平评估提供依据。绿色物流的绩效评价指标体系构建如表 11-1 所示。

表 11-1　绿色物流的绩效评价指标体系构建

一级指标	二级指标	三级指标	参考单位
资源指标	设施	物流节点选址	—
		容积率	—
		建筑节能率	%
		库区绿地率	%
	设备	清洁能源装卸设备占比	%
		标准化周转容器占比	%
		场库高效灯具占比	%
		新能源车或符合国家最新环保要求车辆（铁路货车/船舶/货运飞机）占比	%
	能源	场库单位容积能耗	$kgce/m^3$
		载运工具百吨（立方米/车）千米燃料消耗量	$L/(100t \cdot km)$、$L/(100m^3 \cdot km)$ 或 $L/(100 车 \cdot km)$
		使用可再生能源电量占比	%
	物流包装材料	生物降解塑料包装材料使用率	%
		可再利用包装材料使用率	%
		减量化包装材料使用率	%
	管理	物流管理体系	—
		物流运营方案	—
		物流信息化水平	—
运作指标	设施设备利用	场库单位面积（容积）吞吐量	件$/m^2$、箱$/m^2$、t$/m^2$ 或件$/m^3$、箱$/m^3$、t$/m^3$
		周转容器循环使用占比	%
		载运工具载重量（容积）利用率	%
		机械设备使用率	%
	物流作业	集装单位化运输占比	%
		共同配送占比	%
		货损率	%
		物流包装回收率	%
		不合格品（含废弃物）合规处理率	%

续表

一级指标	二级指标	三级指标	参考单位
环境指标	温室气体	单位业务量温室气体排放量	tCO_2e/件、tCO^2e/箱、tCO_2e/t
	大气污染	单位业务量载货汽车大气污染物排放量	g/件、g/箱、g/t
		单位业务量柴油叉车大气污染物排放量	g/件、g/箱、g/t
		单位业务量锅炉大气污染物排放量	g/件、g/箱、g/t
	固液体污染	单位业务量固体污染物产生量	kg/件、kg/箱、kg/t
		单位业务量液体污染物排放量	L/件、L/箱、L/t
		固液体污染物合规处理率	%
	噪声污染	噪声排放值	dB

11.1.2　电子商务绿色物流的特征

电子商务绿色物流除了具有一般物流所具有的特征外,还具有学科交叉性、多目标性、低熵性、时域性和地域性等特征。

1. 学科交叉性

电子商务绿色物流是物流管理与环境科学、生态经济学和信息技术的交叉。电子商务绿色物流在规划、实施和管理过程中要充分考虑环境因素以及经济和生态效益的平衡。因此,必须将环境科学和生态经济学相关的理论融入物流管理中。此外,电子商务绿色物流依赖于先进的信息技术来实现物流过程的智能化。物联网、大数据、云计算等技术在提高物流效率和降低物流成本方面发挥着重要作用。

2. 多目标性

电子商务绿色物流的多目标性是指企业自身经济效益、消费者利益、社会效益与生态环境效益四个指标的统一。如何取得多目标之间的平衡,是电子商务绿色物流要解决的问题。从可持续发展理论的观念看,生态环境效益的可持续发展是其他三个效益得以实现的基础。

3. 低熵性

熵,是不能再被转化做功的能量总和的测定单位。电子商务绿色物流的低熵性强调物流环节的低能耗、低污染。新能源的开发和利用,以及物流环节的合理运作均有助于减少对石油等不可再生资源的消耗,进而实现物流的绿色化和低熵化。

4. 时域性和地域性

时域性指的是电子商务绿色物流管理活动贯穿产品的生命周期全过程,包括从原材料供应,生产内部物流,产成品的分销、包装、运输,直至报废、回收的整个过程。地域性体现在两个方面:一是由于经济的全球化和信息化,物流活动呈现出跨地区、跨国界的发展趋势;二是电子商务绿色物流管理策略的实施需要供应链上所有企业的参与和响应。

11.1.3　电子商务中的绿色物流

1. 电子商务绿色物流的应用

国家在政策上大力倡导绿色物流的同时,电商物流领域的企业社会责任感日益增强,它们正在不断积极探索绿色发展模式,提高企业绿色发展能力,以京东、菜鸟、苏宁为代表的龙头电商和物流企业开展了形式多样的绿色物流应用行动,为行业树立了榜样。

案例 11-2:电子商务绿色物流的应用案例分析

2. 我国发展电子商务绿色物流的挑战

1)信息化水平不高

目前,我国已拥有电信网络干线光缆超过 30 万千米,并已基本形成以光缆为主体,以数字微波和卫星通信为辅助手段的大容量数字干线传输网络,但是我国信息技术应用水平仍然较低。企业内部物流信息管理和技术手段都还比较落后,条码及射频识别技术普及率不高,EDI、GIS、GPS 等先进技术的应用也十分有限,网络技术的应用还停留在初、中级水平。

2)缺乏复合型人才

电子商务绿色物流的研究与实施对从业人员的专业性有着较高的要求,需要同时掌握物流优化的理论性知识以及计算机和自动化等专业技术。但由于我国物流领域的研究和教育相对滞后,高等院校关于电子商务物流的建课时间并不长,目前我国相对缺乏既具有电子商务知识又具有绿色物流知识的复合型人才。

3)法律法规不健全

当前我国关于绿色物流的政策大多是指导性方针,缺乏具体的实施细则,在废物回收标准等方面没有健全的法律体系。在绿色物流的某些关键领域,如废物回收标准、回收生态保护等方面,尚未建立完善的法律体系,存在法律盲区。现有的法律法规也缺乏足够的激励政策来鼓励企业积极参与绿色物流实践,影响了企业实施绿色物流的积极性。

3. 电子商务下绿色物流实施及管理的对策

1)减少中间环节,加强采购管理

通过电子商务,物流渠道由原来的"金字塔"型转变为扁平型,买卖双方可以在网上直接交易,绕过中间商,有效地缩短采购周期,节约流通成本,同时还可避免由于多地点和多仓库存货所形成的巨额资金沉淀。

2)合理规划物流网点布局

通过电子商务系统,企业可以从全局范围了解业务运作情况、供应商和客户信息,合理规划物流网点布局,建设以城市为中心的现代化物流中心。物流网点的合理规划能够有效节约配送路程,从而减少能源及资源的浪费。

3)推动信息化建设

电子商务有效地缩短了采购周期,节约了大量流通成本。因此有关部门应当引导企业利用先进的信息技术和管理技术,加强条码、电子数据交换、北斗卫星导航系统、全球定位系统等技术的应用,推进电子物流信息和电子商务平台的建设。

4)培养复合型人才

绿色物流和电子商务的协同对营运筹划人员和各专业人员提出了层次更高的要求。相关院校和科研机构应有针对性地开展绿色物流人才的培养与训练计划;还应调动企业、大学以及科研机构合作的积极性,促进产学研的融合发展。

11.2　电子商务智慧物流

11.2.1　智慧物流概述

1. 智慧物流的定义

智慧物流是指利用集成智能化技术,使物流系统能模仿人的智能,具有思维、感知、学习、推理判断和自行解决物流中某些问题的能力。

从技术层面看,智慧物流是利用互联网、物联网、信息技术,在流通过程中获取信息,从而通过分析信息作出决策,使商品从源头被实时跟踪与管理,实现信息增值过程,即可通过 RFID、传感器、移动通信技术等使物流活动自动化、信息化和网络化。

2. 智慧物流的特征

智慧物流是物流行业的一个重要发展趋势,它通过对物流资源、要素与服务的整合,实现物流资源与要素的高效配置,提升物流服务的质量和效率。

(1)实时性:通过实时数据采集和分析,智慧物流系统能够迅速响应各种物流需求,使物流运作更加及时、高效。

(2)数据驱动:借助大数据分析和预测技术,智慧物流能够更精准地把握市场动态,优化物流路径和资源配置,提高物流运作的精准度和效率。

(3)自动化:智慧物流利用自动化设备和技术,实现物流流程的自动化和智能化操作,减少人为干预,降低错误率,提高生产效率。

(4)可视化:智慧物流系统通过数据可视化和信息共享平台,使各个环节的物流运作清晰可见,方便监控和管理,提高了物流运作的透明度。

(5)灵活性:智慧物流能够根据市场需求和客户需求快速调整与优化物流运作,更好地适应市场变化和满足客户需求。

(6)可追溯性:通过物联网技术和区块链技术,智慧物流能够实现对货物运输的全程追溯和监控,确保物流安全和质量。

3. 智慧物流绩效评价指标体系

基于智慧物流的概念和定义,从物流企业对基础设施、信息技术、人才队伍、企业运营等方面形成量表。智慧物流绩效评价指标体系构建如表 11-2 所示。

表 11-2　智慧物流绩效评价指标体系构建

一级指标	二级指标	备注
基础设施	交通运输	铁路里程数、公路里程数、航空线路数量等
	分拨搬运	AGV 小车数量、民用汽车保有量、货运量、周转量等
	仓储库位	智能快递柜数量、库存预测准确率、自动分拣覆盖率等
	资产投资	固定资产投资额等
信息技术	云计算应用水平	对系统日常故障的分析能够按程序处理等
	大数据应用水平	可满足员工之间的信息共享、沟通交流等需求
	物联网应用水平	可实现与供应商、客户等外部伙伴之间的电子化连接
人才队伍	从业人员数量	物流行业整体从业人员数量等
	专业人才比重	高等教育物流相关专业人才数量所占比重

一级指标	二级指标	备　　注
企业运营	管理模式	企业积极推动管理模式以及管理制度变革
	组织变革	企业积极推动组织变革,营造智慧化升级氛围
	客户交互	企业积极了解客户需求变化和竞争者状态
	研发投入	企业购买智能搬运设备、升级信息系统等方面的投入
	员工培训	员工进入企业后接受培训的时间、师资、频次

11.2.2　智慧物流技术

1. 智慧物流系统的技术架构

智慧物流系统的技术架构包含四层,如图 11-1 所示。最下层是数据感知层,向上依次为网络传输层、数据存储层和应用服务层。

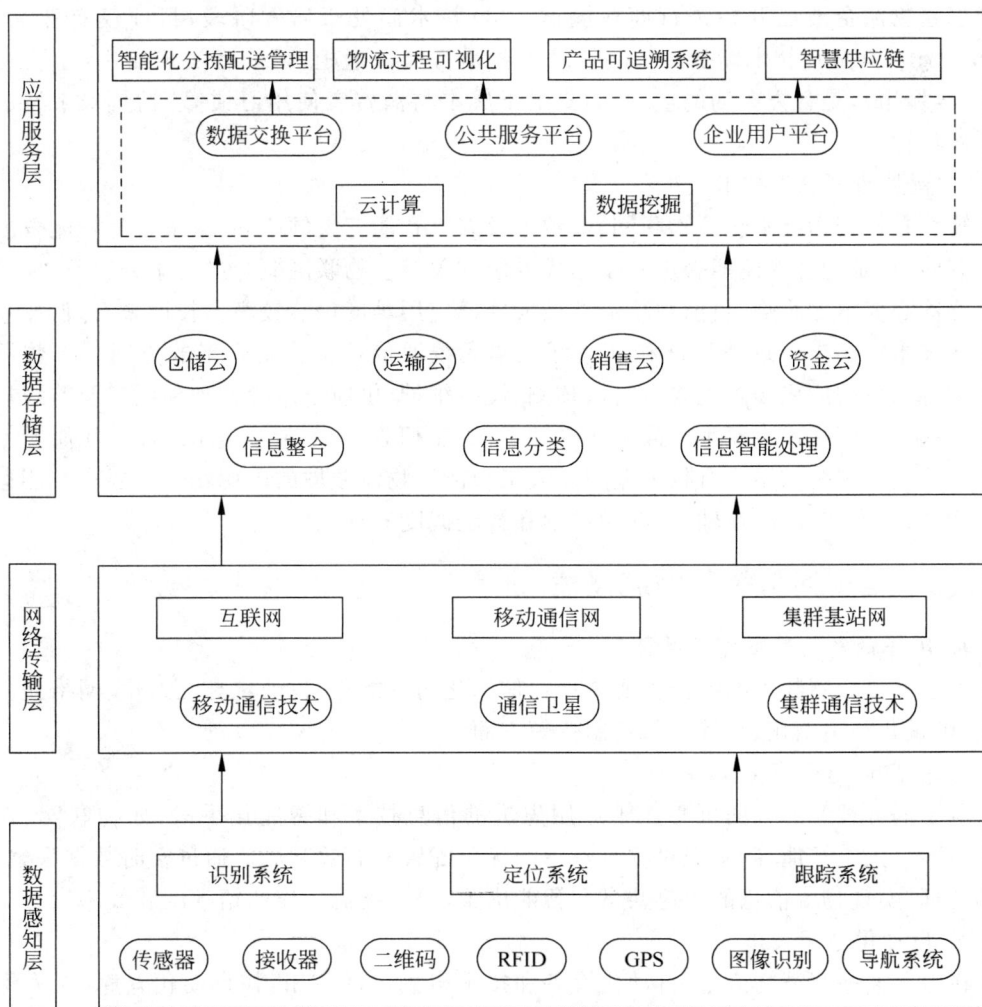

图 11-1　智慧物流系统的技术架构

数据感知层包括识别系统、定位系统和跟踪系统。网络传输层利用各种传输网络和通信技术,及时、安全地传输感知设备所收集的信息。传输介质包括互联网、移动通信网、集群基站网等。数据存储层在应用服务层和网络传输层之间,主要功能是对数据感知层获取的信息进行处理和管理。应用服务层包括数据交换平台、公共服务平台和企业用户平台,它直接为用户提供所需信息,为其决策提供数据支撑。

2. 智慧物流技术的细分领域

智慧物流技术可细分为智慧作业技术和智慧数据底盘技术两大领域。

1）智慧作业技术

智慧作业技术可细分为仓内技术、干线技术、"最后一公里"技术和末端技术四个领域。仓内技术领域主要有机器人与自动化分拣、可穿戴设备、无人驾驶叉车、货物识别四类技术。干线技术领域主要是指无人驾驶卡车技术。"最后一公里"技术领域主要包括无人机技术与3D打印技术两大类,无人机技术相对成熟,目前包括京东、顺丰、DHL等国内外多家物流企业已开始进行商业测试。3D技术尚处于研发阶段,目前仅有亚马逊、UPS等针对其进行技术储备。末端技术主要是智能快递柜,目前已实现商用(主要覆盖一、二线城市),是各方布局的重点,但受限于成本与消费者使用习惯等问题,未来发展存在不确定性。

2）智慧数据底盘技术

智慧数据底盘技术包括物联网、大数据及人工智能三大领域,是未来智慧物流发展的重要方向,也是智慧物流能否进一步迭代升级的关键。物联网概念虽已十分普及,但受终端传感器高成本的影响,目前在物流领域大规模应用难度仍然较高。长期来看,低成本的传感器技术将实现突破,RFID和其他低成本无线通信技术将是未来的方向。大数据技术在物流领域的应用场景主要有需求预测、设备维护、供应链风险管理和网络及路线规划四种。人工智能技术主要由电商平台推动,尚处于研发阶段,除图像识别外,其他人工智能技术距离大规模应用仍有较大差距。人工智能在物流领域的应用场景主要有智能运营规划管理、仓库选址、决策辅助、图像识别和智能调度五种。

11.2.3 电子商务智慧物流概述

1. 电子商务智慧物流的特征

电子商务智慧物流的特征主要体现在信息化与智能化、自动化与无人化、网络化与协同化、可视化与透明化、个性化与定制化等方面。

1）信息化与智能化

电子商务智慧物流的核心在于运用先进的信息技术和智能化手段,如物联网、大数据、云计算、人工智能等,实现对物流资源的优化配置和高效利用。通过实时数据采集、传输和处理,实现物流信息的快速共享和智能决策,提高物流运作的精准度和效率。

2）自动化与无人化

在电子商务智慧物流中,自动化设备和技术得到广泛应用,如自动化仓库、无人配送车、无人机等。这些技术的应用使得物流操作更加高效、准确,减少了人为错误和干预,提高了物流运作的效率和可靠性。智慧物流的自动化设备如图11-2所示。

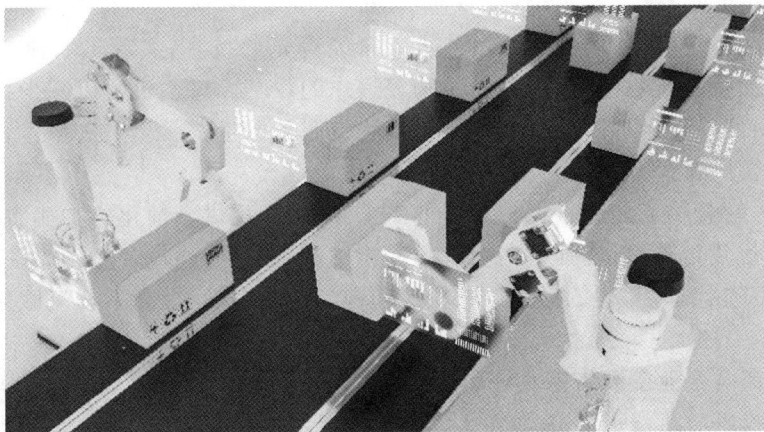

图 11-2　智慧物流的自动化设备

3）网络化与协同化

电子商务智慧物流具有高度的网络化特征,通过互联网、物联网等技术实现物流信息的实时共享和协同作业。这使不同物流环节之间能够紧密衔接,形成高效的物流网络,实现资源的优化配置和协同共享。

4）可视化与透明化

借助先进的信息技术手段,电子商务智慧物流能够实现物流过程的可视化和透明化。消费者和商家可以实时了解货物的位置、状态等信息,提高了物流运作的透明度和可信度,增强了客户体验。

5）个性化与定制化

电子商务环境下,消费者的需求呈现出多样化和个性化的特点。智慧物流能够根据消费者的需求提供个性化的物流服务,如定制化配送时间、配送方式等,满足消费者的不同需求。

2. 电子商务智慧物流的发展优势

1）高效协同与信息共享

电子商务智慧物流是将互联网技术应用到传统物流的领域中,从而实现电子商务和物流管理深度融合,协同发展的新型物流模式。通过智慧物流系统,电子商务平台上的订单信息可以实时共享给物流系统,物流系统则能及时反馈货物状态,从而实现订单处理、库存管理、运输配送等环节的协同作业。即使在特殊情况下,物流和电商的有机融合也能增强对风险的抵抗能力,从而有效地控制成本,提升客户满意度,增强客户的依赖性。

2）智能决策与优化

智慧物流系统利用大数据分析技术,对海量物流数据进行深度挖掘,帮助企业预测市场需求、优化库存布局、规划运输路线,从而降低物流成本,提高物流效率。基于数据分析结果,智慧物流系统能够为企业提供智能决策支持,如智能选仓、智能分单、智能调度等,使物流作业更加精准、高效。

3）提升物流效率

智慧物流通过应用物联网、大数据、人工智能等先进技术，实现了物流信息的实时更新和共享，从而优化了物流流程，提升了物流运作的效率。这不仅可以减少物流过程中的等待和延误时间，还可以降低物流成本，提高物流服务质量。

4）提高客户满意度

电子商务智慧物流能够根据消费者的需求和偏好，提供个性化的物流服务，如预约送货时间、指定送货地点等，增强了消费者的购物体验。此外，通过智慧物流系统，消费者可以实时追踪订单状态，了解货物的运输轨迹和预计送达时间，提高了物流服务的透明度和可信度。

3. 电子商务企业发展智慧物流的困难

1）技术投入与研发成本高

智慧物流依赖于先进的技术支持，如物联网、大数据、云计算、人工智能等，这些技术的研发和应用需要大量的资金投入。对许多电子商务企业，尤其是中小企业来说，可能难以承担如此高昂的成本。

2）数据安全与隐私保护

智慧物流涉及大量数据的收集、处理和传输，如客户信息、物流轨迹等。如何确保这些数据的安全性和隐私性，防止数据泄露和非法使用，是电子商务企业需要解决的重要问题。

3）行业标准化程度低

电子商务智慧物流的发展需要统一的行业标准和规范来指导。然而，目前智慧物流行业还缺乏统一的标准和规范体系，这可能导致不同系统之间的兼容性问题以及数据共享和交换的困难，因此电子商务企业需要积极推动和参与行业标准化工作的制定与实施。

4）传统物流模式存在一定惯性

传统物流模式在电子商务企业中已经运行多年，并形成了一定的惯性和路径依赖。要转向智慧物流模式，需要克服这种惯性，重新构建物流体系，这对绝大多数求稳发展的企业来说将是一个不小的挑战。

11.2.4 电子商务智慧物流的应用

1. 电子商务智慧物流技术的应用

1）大数据技术

大数据技术通过设备与设备之间的互联，从海量的数据库之中筛选出有效的、互联的信息为企业分析现状或者发展目标提供依据。智慧物流中的大数据技术如数据挖掘技术、分布式数据库技术等已经普遍运用到了各种系统之中，可以通过实时查询对决策进行判断，深度挖掘大量数据实现机器学习，还可以对数据进行计算等。

2）物联网技术

物联网是建立在计算机基础上的，通过传感器、数据通信等技术来构建一个覆盖面极广的网络，可以分为感知层、应用层、传输层等。物联网作为智慧物流的一个重要基础，它把新型的技术融合在传统的物理基础设施中，从而形成一个海量的资讯中心。其中

RDIF 为物联网技术中最广泛地被应用的技术,也是一种非接触式的自动识别技术,在货品入库时可直接使用读写器识别电子标签,在一定程度上减少手工输入产生的信息误差,从而提高整个仓储环节的效率。RDIF 技术流程如图 11-3 所示。

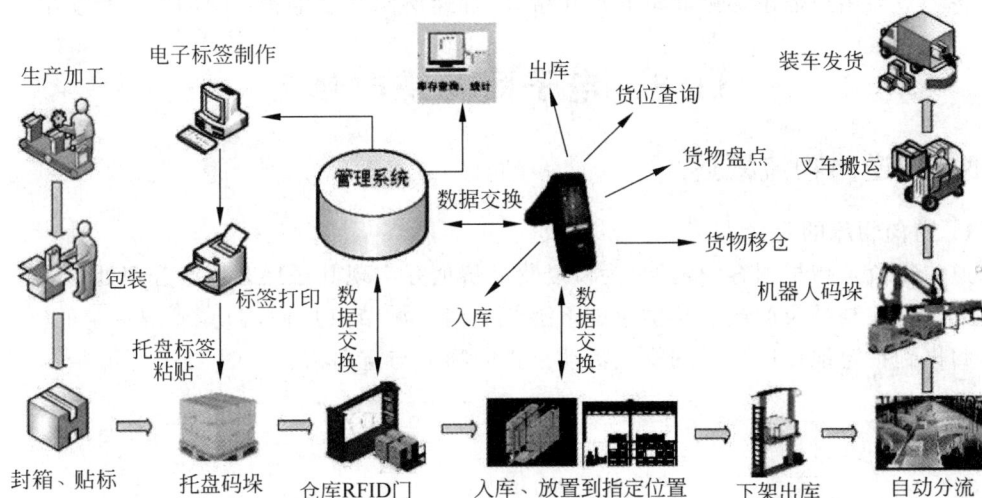

图 11-3　RDIF 技术流程

3）人工智能技术

人工智能就是试图探索各式各样的技术以达到模拟人类行为的途径,可以说是人类智能的延伸。在电子商务等新兴商业模式创新发展的需求下,物流机器人行业一路猛进。具有高度智能、柔性化的物流机器人成为提高物流企业生产效率、降低运作成本、提高设备利用率的一个利器。

2. 智慧物流在电子商务中的应用

电商物流巨头——菜鸟,通过大数据驱动的智能供应链协同平台构建智慧物流产业,增加了劳动的价值,将人从辛苦的劳作中解脱,逐渐向数字化、智能化升级进阶,使中国物流行业呈现出勃勃生机的态势。

菜鸟在智慧物流上的目标可以总结为两点:时效更高、成本更低。时效方面,菜鸟的目标是实现中国 24 小时、全球 72 小时必达;与此同时,菜鸟还要降低物流行业的损耗成本,目标是将当前物流成本占 GDP 的百分比由 14.6％降到 7％左右。菜鸟依托自身信息流、合作伙伴数据流优势,专注对物流预测,促进物流整体效率提升。从语音助手到"扫脸开柜",从电子面单到智能分单,从秒级通关到机器人仓,从"物流天眼"到无人驾驶,菜鸟的物流骨干网技术升级让快递业在大量快件下也能平稳运行,使物流的各个环节不断突破创新,通过智慧技术推动现代物流业高速发展。

电商物流先锋——京东物流于 2016 年 5 月开始布局智慧物流体系,计划用大数据、云技术、无人车、无人仓和无人机,构筑"天地一体"的智慧物流网络。其智慧物流系统主要由配送系统、仓库管理系统、运输管理系统和物流调度系统组成。

京东物流在物流自动化领域的研发和应用一直走在行业的前列,自主开发了一系列高规格、复杂的智能物流项目,如京东全自动物流中心、京东无人机、京东仓储机器人、京东自动车辆配送等。京东物流通过组合不同的黑科技,如无人仓库、无人驾驶车辆、无人机、机器人、智能封隔器、智慧物流系统等,实现了"超高效物流自由"。供应链升级智能物流将引领智能供应链的转型,凭借贴近用户的优势,推动用户深入产业链上下游,迫使产业链各环节与用户需求加强联动和深化融合,加速协同共享生态系统的形成和使用。

11.3 电子商务逆向物流

11.3.1 逆向物流概述

1. 逆向物流的定义

逆向物流是指根据客户需要,为恢复物品价值并实现其循环利用或合理处置,对原材料、零部件、在制品及产成品从供应链下游节点向上游节点反向流动,或按特定的渠道或方式归集到指定地点所开展的物流活动。正向物流与逆向物流如图 11-4 所示。

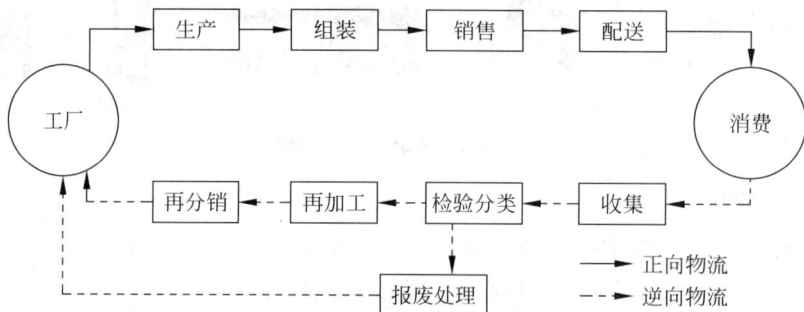

图 11-4 正向物流与逆向物流

美国物流管理委员会对逆向物流的定义是:为了重新获得价值以及合理处置废弃物,计划、实施、控制原材料、半成品、产成品等物流和相关信息流从消费地流向原产地的过程。

2. 逆向物流的特征

与正向物流相比,逆向物流的管理具有以下显著的特点。

(1)不确定性。逆向物流的不确定性来自各个方面。首先是时间的不确定,因为最终消费者的退货是随机的,企业很难预测和把握;其次是地点的不确定,废旧物资可能产生于生产领域、消费领域或流通领域,并且可能涉及任何部门和个人;除此之外,还有废旧物资数量的不确定和质量的不确定。这些共同构成了逆向物流的不确定性。

(2)复杂性。逆向物流的恢复过程和方式由于产品的生命周期、产品特点、所需资源及设备等条件的不同而复杂多样,因此比正向物流中的新产品生产过程存在更多的不确定性和复杂性。

(3)高成本性。逆向物流中的产品所涉及的成本包含广泛,而且由于产品返回的原因各有不同,对于各种回收产品要进行适当的处理后才能重新进入流通渠道,因而产生了很高的回收处理费用,这就造成了逆向物流的成本核算复杂且可控性较弱。

(4)缓慢性。逆向物流的缓慢性主要因为逆向物流具有复杂的回收产品处理过程的特性并具有产品价值恢复的缓慢性。逆向物流所收集的物品需要通过不断积聚才能形成较为大规模的物资流动。废旧物资的产生也如新产品的构建一样,需要经过产品加工或产品改制等环节,并不能立即满足人们对它重复使用的要求,这一过程需要较长的时间。

3. 逆向物流服务评价指标体系

逆向物流服务评价指标分为两级,包括一级评价指标和二级评价指标。一级评价指标包括服务质量、作业能力、信息追溯能力、环境与安全四个方面。二级评价指标共计32 项。逆向物流服务评价指标见表 11-3。

表 11-3 逆向物流服务评价指标

一级评价指标	二级评价指标
服务质量	订单响应及时率
	装车准时率
	运输货损率
	货品数量差异率
	分拣及时率
	检验及时率
	货品再利用率
	账货相符率
	出库规范率
	送达准时率
	客户有效投诉率
	投诉处理及时率
	客户满意度
作业能力	服务网点分布密度
	功能布局
	管理制度
	作业流程
	作业设施
	设备人员配置
信息追溯能力	信息管理系统
	数据采集终端
	信息系统集成
	数据安全
	信息共享
	物品追溯标识
	追溯数据保存
环境与安全	废弃物处置合规性
	污染防控
	节能设备使用
	作业人员安全防护
	危险源识别数量
	安全事故数量

11.3.2 电子商务逆向物流概述

1. 电子商务活动产生逆向物流的原因

在电子商务环境下,本章讨论的逆向物流仅指退、换货逆向物流。退、换货逆向物流基本上包括两种:一种是由于各种原因而产生的从消费者回到零售商的退货;另一种是从零售商那里返回到生产厂家的商品。在电子商务活动中产生逆向物流的主要原因如下。

(1) 信息不对称。在进行网上购物的时候,消费者往往只能看到相关商品的某一角度的平面图片或者描述性的文字说明,对于商品只有一个比较片面的直观认识,无法对购买商品有一个全面的了解,很容易发生收到的商品与在网上看到的不一致的情况,从而导致消费者产生退货行为。这种由于网络造成的信息不对称是电子商务产生逆向物流最主要的原因。

(2) 法律规范。出于保护环境、促进资源的循环利用的目的,同时为了对网站行为进行规范以及保护消费者的利益,许多国家都有立法规定电子商务网站在售后服务环节必须制定相应的退货政策。其中不仅有政府制定的法律法规,还有行业协会或者社会团体发起的一些要求规定。

(3) 消费者利益驱动。消费者利益驱动不仅在实体商务活动中存在,而且在电子商务环境中也存在。其行为主要包括:当消费者购买了自己不想购买的商品或者消费者购买商品后希望获得更好的产品而引起的退货;零售商或者分销商将积压、过季、滞销的商品退还给供应商而引起的退货。

(4) 增强竞争优势。为了吸引更多的消费者,增强自身竞争优势,各路商家竞相推出各种有利于消费者的退货条件,如"七天内无条件退货"等。虽然这些优惠措施减少了消费者购物的后顾之忧,但是也造成了不少退货逆向物流。

(5) 商品自身原因。这类退货的原因包括:商品自身质量不过关、存在瑕疵;商品已经过了供应商标明的保质期限;物流配送过程中的疏忽造成商品破损或送错商品等。

2. 电子商务逆向物流的特征

逆向物流作为电子商务价值链中特殊的一环,与正向物流相比,既有共同点,也有不同点。二者的共同点在于都具有包装、装卸、运输、储存、加工等物流功能。但是,电子商务逆向物流也有其鲜明的特性。

1) 分散性

随着电子商务的普及,相应消费者的分布也十分广泛,由此产生的逆向物流的地点、时间和数量等都是难以预见的。废旧物资可能产生于生产领域、流通领域或生活消费领域,涉及任何领域、任何部门、任何个人,在社会的每个角落日夜不停地产生。正是这种多元性使得电子商务逆向物流具有明显的分散性。

2) 不确定性

消费者在电商平台购物后,商品是否有瑕疵和质量问题,以及消费者对商品的满意程度等都具有极大的不确定性,这些都会导致退货或换货等逆向物流。与正向物流不同的是,电子商务逆向物流产生的时间、地点及回收品的质量和数量都难以预测,这就导致了逆向物流供给具有高度的不确定性。

3）复杂性

由于电子商务逆向物流的分散性和不确定性，以及相应的物品数量少、种类多，只有在不断汇集的情况下才能形成较大的流动规模。回收的产品在进入逆向物流系统时往往难以分类，因为不同种类、不同状况的废旧物资常常是混杂在一起的。逆向物流的恢复过程和方式按产品的生命周期、产品特点、所需资源及设备等条件不同而复杂多样，这些都决定了逆向物流的复杂性。

4）多变性

由于电子商务逆向物流的分散性及消费者对退货、产品召回等回收政策的滥用，有的企业很难控制产品的回收时间与空间，加之逆向物流的处理系统与方式复杂多样，逆向物流技术具有一定的特殊性，以及相对高昂的成本，这些都导致了逆向物流的多变性。

5）实施的困难性

逆向物流普遍存在于企业的各项经营活动中，从采购、配送、仓储、生产、营销到财务，需要做大量的协调和管理工作。但是逆向物流在成本、资产价值和潜在收益方面没有正向物流那么重要，因此企业分配给逆向物流的各种资源往往不足。另外，相关领域专业技术和管理人员的匮乏，缺少相应的逆向物流网络和强大的信息系统及运营管理系统的支持，这些也都成为逆向物流实施的障碍。

3. 电子商务逆向物流的分类

电子商务逆向物流可按逆向物流对象的渠道、逆向物流的退货来源及逆向物流的退货成因等标准进行分类。

1）按逆向物流对象的渠道划分

（1）退货逆向物流。退货逆向物流是指下游客户将不符合订单要求的产品退回给上游供应商的物流活动，其流程与常规产品流向正好相反。

（2）回收逆向物流。回收逆向物流是指将最终客户所持有的废旧物品回收到供应链上各节点企业的物流活动。例如，京东、苏宁易购等电商平台提供废旧物品回收业务，可以对消费者家中闲置或损坏的物品进行回收。

2）按逆向物流的退货来源划分

（1）投诉退回。此类逆向物流的形成可能是因为消费者对产品质量不满意或产品不符合客户要求，在质量保证期或维修期内需要维修保养的退回。这类物流一般发生在商品销售后的短暂时间内，客户通过电话、邮件等方式反馈所购商品情况，商家的措施通常是维修或退换货。手机、电脑等电子产品通常会通过此种方式进入回流渠道。

（2）商业退回。商业退回是指季节性产品过季、产品过期或物流过程中损坏等原因造成的产品退回。这些商品一般都具有未被使用的特点，如时装、日用品等。这类商品可通过再回收、再处理等方式，尽可能地进行价值回收。

（3）产品召回。产品设计或制造方面存在缺陷，可能导致安全及环保等问题，根据售后服务承诺条款的规定，用户可以退回给制造商。汽车行业一般通过此种方式进入回流渠道。经过制造商处理后，被召回的产品会再次回到用户手中。

（4）终端使用退回。这是指报废产品被收集后进行再利用、掩埋或焚烧。这种方式一般针对那些任意处理会对人类和环境造成严重影响的物品,如废旧电池等。

(5)包装退回。对于可重复利用的包装容器和材料,每次到达目的地之后,要回收返还,以便循环使用。随着人们环保意识的提升及环保法律的完善,包装退回正在成为电子商务逆向物流的重要类型。

3)按逆向物流的退货成因划分

(1)销售常规原因退货。这种退货一部分是因为客户通过网络购物,没有面对面的触觉和视觉感受,所以收到的实物和想象的产品有一定差距而导致的退货;还有一部分是因为受商家广告的影响盲目购物而产生的退货;再者电商企业为了扩大销售量,采用放宽退换货的规定来刺激消费而导致的退货,这形成了目前电商零售退换货的主要部分。

(2)商品出错导致退货。这通常是由于商品自身的质量或货品瑕疵而导致的退货,如服装有灰渍、掉纽扣,电器有刮痕等。

(3)物流因素导致退货。在运输途中出现丢货、商品或商品包装损坏,或者交通问题出现延期等情况,影响客户在规定时间内到货的需求导致退货。这种缺陷和不足很快可以弥补,通过再设计处理后再次投入市场以创造价值。

11.3.3 电子商务逆向物流的运作模式

1. 企业自营

企业自营模式是五种常规逆向物流模式中最简单的一种。这种模式下的电子商务企业通过自己组建物流企业的方式,处理消费者的退货和后续的环节。

它的优点在于企业自己可以掌握逆向物流的全过程,通过这个过程直接与顾客接触,能获取准确的第一手信息,消费者的需求也能及时得到处理,因而能够帮助企业建立良好的顾客关系。但是企业自营模式在某些方面也存在一定的缺陷,这种逆向物流模式需要企业投入比较大的资金,成本相对较高,管理的难度也比较大。从整体社会资源的配置角度来说,企业自营模式属于重复建设,不利于整体社会资源的优化配置。

2. 第三方逆向物流

第三方逆向物流是20世纪中期物流行业快速发展的产物,这种模式是指由专业的第三方逆向物流企业为电子商务企业提供逆向物流服务。这种逆向物流模式具有较强的成本优势,对电子商务企业资金要求不高,使电子商务企业能将主要精力和财力都专注于发展其核心业务。对于一些处于起步阶段的或流通资金比较匮乏的电子商务企业,这种模式能够解决它们的燃眉之急。但是这种模式也有弊端,由于第三方物流企业的加入,电子商务企业和客户之间直接交流的信息减少,可能会造成供需双方之间的信息偏差。因此,在这种模式下对第三方物流企业的选择尤为重要。

3. 联盟型逆向物流

联盟型逆向物流模式可以看成企业自营模式和第三方逆向物流模式相结合的升级版,具体来说就是一些电子商务企业与第三方逆向物流企业结成联盟,通过联盟内的资源优化配置来共同完成逆向物流。因此,联盟型逆向物流模式具有以上两种模式的优点。在这种模式下,各企业的资源充分共享,可以发挥出联盟中各企业在人力资源、技术力量等方面的优势,并产生"1+1>2"的效果。但是要建立这种联盟并不容易,各企业间资源的协调也不是一件简单的事情。从理论上说这种模式非常好,但是实际操作过程中必须兼顾联盟中各方的利益,难度很大。

4. 共同型逆向物流

共同型逆向物流模式是指生产企业与电子商务运营商结成战略合作伙伴,与电子商务运营商的加盟企业结成战略伙伴群,共同建立覆盖全球区域的逆向物流回收网络,共同承担风险,分享收益,共同完成逆向物流。共同建立覆盖全球区域的逆向物流回收网络有两种形式:一种是企业共享其自身逆向物流系统,与其他加盟企业共享逆向物流系统构成共同的回收网络;另一种是加盟企业共同出资,由电子商务运营商牵头兴建共同回收网络,加盟企业共同承担风险,分享收益,共同完成逆向物流。

5. 综合方案提供商

综合方案提供商(integrated solution provider,ISP)是一种物流模式,还处在起步阶段,采取这种逆向物流模式的企业比较少见,最主要的原因是这类模式完全构筑在电子商务的基础上。这种模式下,逆向物流不再是将既定实践和服务移植运用到电子商务中,而是基于电子商务的特性构建一种全新的业务活动和运作模式。综合方案提供商逆向物流模式的业务流程如图 11-5 所示。

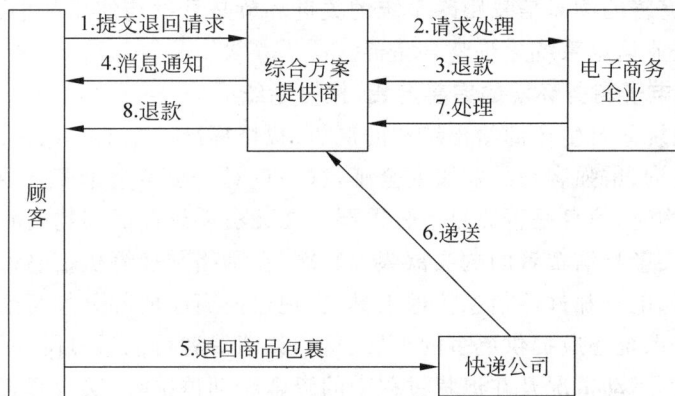

图 11-5 综合方案提供商逆向物流模式的业务流程

该逆向物流业务流程说明如下。

第一步,消费者在互联网上登录与电子商务企业签约的 ISP 的服务器,提交退货或产品返回申请,申请通过 ISP 服务器被转发给相应的电子商务企业。

第二步,如果电子商务企业同意消费者的退货申请,那么电子商务企业会把与退货商品有关的全部款项(包括货款、处理费用等)通过一个在线的网络汇款退至 ISP 处。

第三步,综合方案提供商在收到款项后,会通知消费者退货申请已经被受理,并派出签约的快递公司立即与顾客联系,将商品取回,送至综合方案提供商的处理中心。

第四步,在综合方案提供商的处理中心检查退货,如果退货符合电子商务企业的政策规定,则同时通知顾客与电子商务企业结果;如果不符合规定,综合方案提供商则要出具不符报告至双方,然后等待电子商务企业给出后续的处理意见。

第五步,和电子商务企业确认好具体的退货处理方式之后,综合方案提供商将结合自己的专业技术知识来处理这些退货。

第六步,综合方案提供商把货款以及处理报告返还给顾客,电子商务企业支付的处理费用就是综合方案提供商的主要收益。

通过以上的实例和流程图,可以清楚地看到,在这种模式下,电子商务企业基本上将整个逆向物流业务都外包出去了。目前在中国,电子商务的发展还处在初级阶段,逆向物流的发展才刚刚起步。因此,这种模式要想在中国推广和普及还有很长的一段路。

11.3.4　电子商务逆向物流系统实施

在线销售商应使购物者在线购物的同时明晰退货程序,或者将退货说明和产品一起发送给购物者。行之有效的退货逆向物流策略,在电子商务中不但不会流失客户,反而可以在一定程度上提升客户的忠诚度。因此,电子商务逆向物流系统应注重实施过程的运作。

1. 建立完善的物流信息跟踪系统

对于最终客户与企业间发生逆向物流的情况,企业应尽力收集的信息包括:消费者退货或提出维修的原因;逆向物流通道是否畅通;逆向物流再次进入逆向物流系统的途径及效率。建立完善的物流信息跟踪系统的关键环节是开发与使用基于这一流程的相关软件,并使其与企业信息系统逐步整合完善。

2. 建立基于电子商务环境的完善退货、报修系统

首先,这一系统需要生产商给出统一的退货、报修标准。企业可以在网上公布其退换标准,方便客户查询,增强客户的购买安全感,这一点对中小型电子商务企业尤其重要,因为客户在网上购物时,信息是否充足十分重要。在无法看到商品实物的时候,企业对退换条件的设置将直接影响消费者的购买欲望。其次,在网络与计算机信息系统的平台上,消费者可以通过诸如电子邮件等信息传送工具,实现退换商品的部分甚至全部工作。最后,完善的退货、报修系统还应提供更多的扩展服务,如消费者可以通过网络了解报修货物在逆向物流通道中的运动情况及在退货过程中的资金流动情况等,实现真正的交互服务。

3. 在企业内部建立完善的逆向物流处理系统

建立此系统应遵循的一条基本原则是,尽量压缩逆向物流的处理时间。达到这一基本原则的要求,需要注意以下几点。

(1) 加强对逆向物流起始点的控制。控制的内容应包括是否符合退换标准、简单分类及与用户沟通等,这些都可以借助网络和计算机信息系统完成,从而节省成本。

(2) 对逆向物流进行分类与集中处理。分类与集中处理逆向物流是降低企业成本最直接的方法。这一过程是与之前的逆向物流起始点控制和及时的信息反馈密切相连的。同时,对分类后的逆向物流的统计与分析,又是降低逆向物流数量的基础。

(3) 控制回流商品再次进入正向物流通道的时间。这包含两层含义:一是尽量压缩回流商品再次进入的时间,以满足客户要求;二是选择好时间点,使回流商品能够与原有的正向物流很好地结合在一起。

4. 完善退换货标准

针对电商行业中退换货具体标准不一的问题,首先应由政府制定完善的政策规定,并由行业内(如行业协会等业内机构)组织制定相应的实施细则。这样就大大降低了电商企业钻空子的机会,避免出现同一种商品在不同网店的退换货政策不一样的状况。其次要严格执行规定,对于违规者必须严肃处理,以提高法律规则的效力,从而提高退换货的公平度和网购效率。

5. 建立第三方检测平台

对一个行业的检测问题来说,最容易达到统一且结果能令人信服的措施,就是在买卖双方之间建立独立的第三方检测平台,根据国家和行业统一规定,以及买卖双方提供的信息进行统一标准检验。可以允许多家第三方检测平台出现,但检测的标准必须是一致的;服务和价格上也允许存在差异,使业内存在较为激烈的竞争,以保证检测质量。

6. 重视专业人员培养,提高退换货服务质量

首先是客服人员的服务。客服和消费者直接沟通,所以应做到回复及时、准确,交流亲切,应让消费者感受到退换货也是在行使自己的基本权利,而不是处于弱势地位。其次是退换货的效率。商家应该将要退换的货和正常卖出的商品一样进行处理,不能故意拖延,以提高客户满意度。对于电商企业来说,改善各方面的服务态度短期增加了成本,但从长远利益考虑,企业口碑将会提升,销量也会增加。

11.4 电子商务物流金融

物流金融是适应市场需求和业务扩张的需要,在面向物流业的运营过程中,通过应用和开发各种金融产品,有效地组织和调剂物流领域中货币资金的活动,简而言之,就是物流企业与金融机构联合起来来为资金需求方提供融资、担保等业务。物流金融是一种创新型的第三方物流金融服务产品,其为金融机构、供应链企业以及第三方物流企业之间的紧密合作,提供了良好的平台,使得所有合作达到"共赢"的效果。电子商务物流金融的业务内容及客户组成如图 11-6 所示。

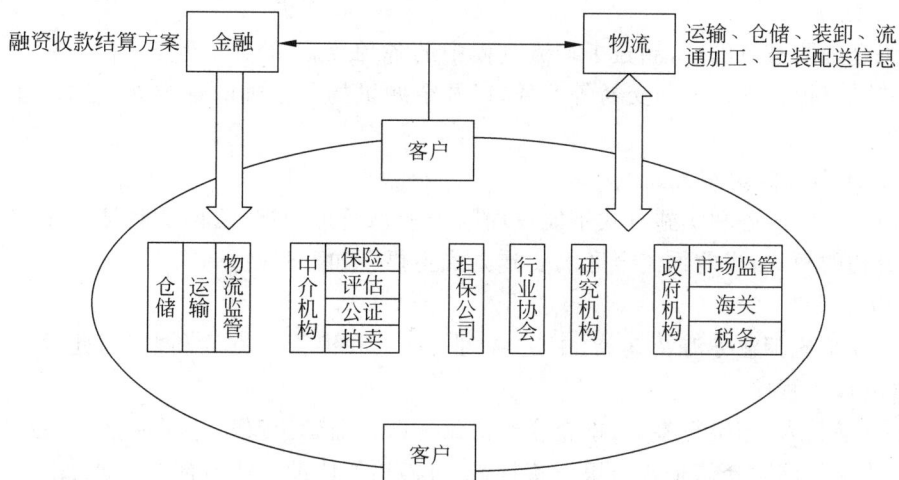

图 11-6 电子商务物流金融的业务内容及客户组成

11.4.1　物流金融概述

物流金融是物流服务的新型模式之一,目前阿里巴巴等大型电商企业进入金融领域,导致金融机构面临激烈的市场竞争,为了在竞争中获得优势,银行、保险、证券等金融机构不断地进行业务创新,物流金融也应运而生。

1. 物流金融的概念

（1）广义的物流金融是指在整个供应链管理过程中,通过应用和开发各种物流金融产品,有效地组织和调剂物流领域中货币资金的流动,实现商品流、物流、资金流和信息流的有机统一,通过融资经营活动,为物流企业"自身输血和献血",提高供应链运作效率,最终实现物流业与金融业融合发展的状态。

（2）狭义的物流金融是指在供应链管理过程中,第三方物流供应商和金融机构向客户提供商品与货币,完成结算和实现融资的活动,是实现同生共长的一种经济模式。

2. 物流金融的特征

1）标准化

在物流金融服务过程中,对处置产品的包装及质量的检查验收、债权的规范性、监管内容及流程等都有严格限制和规定标准。这种标准化操作有助于确保服务质量和降低风险。

2）信息化

借助现代化的信息管理系统,物流金融企业能够预测市场需求、在出资方和融资方之间进行信息双向沟通、实时有效监控质押物等。信息化手段大大提高了物流金融的运作效率和服务质量。

3）远程化

由于物流金融企业和金融机构的分支机构覆盖地区广泛,即使面对地理距离遥远的融资方,也能通过旗下分支机构为其提供物流金融服务,并利用计算机实现远程操作和监控。

4）广泛性

物流金融服务范围广,涵盖了物流过程中的各种存款、贷款、投资、信托、租赁、抵押、贴现、保险、有价证券发行与交易等业务,以及金融机构所办理的各类涉及物流业的中间业务。

3. 物流金融的实施方式

物流金融的服务和实施方式不能仅局限于货物质押,我国目前的物流金融服务已经突破了最初的模式,当前物流金融的实施方式主要有如下四种。

1）仓单质押

由于仓单质押业务涉及仓储（配送）企业、货主和银行三方的利益,因此要有一套严谨、完善的操作程序。

货主（借款人）与银行签订《银企合作协议》《账户监管协议》,仓储企业、货主和银行签订《仓储协议》,同时仓储企业与银行签订《不可撤销的协助行使质押权保证书》。

货主按照约定数量送货到指定仓库,仓储企业接到通知后,经验货确认后开立专用仓单。货主当场对专用仓单做质押背书,在仓库签章后,货主交付银行提出仓单质押贷款申请。

银行审核后,签署贷款合同和仓单质押合同,按照仓单价值的一定比例放款至货主在银行开立的监管账户。

贷款期内当实现正常销售时,货款全额划入监管账户,银行按约定根据到账金额开具分提单给货主,仓库按约定要求核实后发货。贷款到期归还后,余款可由货主(借款人)自行支配。

2) 动产质押

动产质押是指债务人或者第三方将其动产移交债权人占有,将该动产作为债权的担保。当债务人不履行债务时,债权人有权依照法律规定以该动产折价款或者以拍卖、变卖该动产的价款优先受偿。前款规定的债务人或者第三方为出质人,债权人为质权人,移交的动产为质物。动产质押就是指出质人以银行认可的动产作为质押担保,银行给予融资,有逐笔控制和总量控制两类。

3) 保兑仓

保兑仓是指以银行信用为载体,以银行承兑汇票为结算工具,由银行控制货权,卖方(或仓储方)受托保管货物,并对承兑汇票保证金以外的金额部分由卖方以货物回购作为担保措施,由银行向生产商(卖方)及其经销商(买方)提供的以银行承兑汇票的一种金融服务,简而言之,就是企业向合作银行缴纳一定的保证金后开出承兑汇票,且由合作银行承兑,收款人为企业的上游生产商,生产商在收到银行承兑汇票前开始向物流公司或仓储公司的仓库发货,货到仓库后转为仓单质押,若融资企业到期无法偿还银行敞口,则上游生产商负责回购质押货物。

4) 开证监管

开证监管是指银行为进口商开具立信,进口商利用信用证向国外的生产商或出口商购买货物,进口商会向银行缴纳一定比例的保证金,其余部分则以进口货物的货权提供质押担保,货物的承运、监管及保管作业由物流企业完成。

11.4.2 电子商务物流金融概述

1. 电子商务活动产生物流金融的原因

1) 中小企业的发展需要

随着电子商务的迅速发展,中小企业在发展的过程中,会出现流动资金不够的现象,一些企业由于资金周转困难,进而走向破产。一方面,企业在销售产品前不断地投入资金,其中包含电商平台搭建的成本、日常的损耗、设备费用以及采购费用等。另一方面,中小企业的规模不是很大,信用体系不是很完善,虽然政府对此服务高度重视,但融资渠道比较狭窄,使中小企业面临很大的资金难题,企业运营受到的约束力量比较大,一些产品没有办法实现上市,物流金融业务实现快速发展使中小企业拥有融资渠道,对中小企业的资金难题起到很大的缓解作用,使中小企业更好地发展。

2) 金融机构创新的结果

随着我国对外开放程度不断加大,全球购的发展日渐火热,外资银行纷纷涌入我国,对于银行来说,面临的竞争越来越激烈。基于此,银行不断地创新金融产品,使自身的核心竞争力得到提升,进而在市场中占据更高的份额。

3）物流行业高速发展的需要

目前,企业的物流需求量越来越大,物流行业发展速度与日俱增,传统的物流业务模式无法迎合其自身发展需求,物流企业想要利用自身的优势实现个性化发展目标。物流企业希望第三方能够加入其中,为其提供更周到的服务,例如在信用担保以及质押品保管等方面提供服务,使物流企业服务价值得到显著提升。

2. 电子商务物流金融的发展优势

电子商务作为一种全新的商务交易模式,极大地推动了社会经济生活的变革。电子商务的集大成性特点,包括商流、信息流、资金流和物流的整合,使现代物流与电子商务的关系如同基础设施和上层建筑一般。物流金融作为一种将物流与金融服务相结合的模式,为物流企业和电商企业提供了融资、支付、风控等金融服务。

在电子商务的背景下,物流金融的发展具有显著的优势。通过物流金融,物流企业可以更好地获取资金支持,消除财务窘境,扩大企业资金规模,实现对资金的优化管理。此外,物流金融还可以提供专业的分工,简化企业的管理流程,优化资金结构,增强资金流动性,提高灵活性和专业化程度。

3. 电子商务环境下发展物流金融的风险

1）质押物的风险

第一,品质风险。就质押物而言,物品性质决定质押的期限。若质押时间较长,则认为其性质较为稳定,且不存在品质风险。然而,气候和季节不断发生变化,质押品的价值也会随之改变,进而使得物流金融质押融资业务面临很大的风险。所以,对质押品进行选择时需要考虑很多因素,如市场需求变化以及流通性等。第二,仓储风险。银行是否能够回收贷款质押物是其重要的保障,在仓储质押物环节面临很大的风险。在仓储环节,不管企业怎样做都会面临质押物损失风险,例如天灾等会使质押物面临一定的损失。第三,是否投保。因为质押物面临变现风险、品质风险及仓储风险,所以需要购买保险,使风险转移出去,进而使物流企业面临的损失有所下降。

2）融资企业风险

首先,财务状况对于银行是否能够回收贷款产生很大的影响。企业的财务状况指的是在融资业务开展环节中调查融资企业的实际财务状况,在诸多环节中,对财务的实际状况进行确定显得尤为重要。此外,融资企业偿还债务的能力也会受到不同程度的影响,所以需要对融资企业财务问题进行深入分析,进而能够有效地控制融资企业面临的风险。

其次,企业信用影响其贷款的偿还能力。调查企业信用情况需要从两点出发,一是对企业的合作对象进行调查,二是对公司的借还贷款信息进行查验。另外,假如一家企业想通过融资或者其他途径去投机牟利,那么其可能得不到理想中的收益,从而使贷款不能按时偿还。

再次,需要考虑其后期发展前景如何。由于其客户后期的发展前景受到多方面因素的制约,很难进行一个准确的评估,所以除了需要融资公司信誉以及财务问题之外,三大主导机构在对融资企业进行信用评级过程中应当予以重点考虑。

最后,融资公司的经营水平会受到很多方面因素的制约,如其竞争力的强弱、公司人员整体素质的高低以及其所在行业的发展前景等,导致风险产生。

3）企业监管风险

导致监管风险爆发的因素可能有以下两点：一是从业人员的综合素质，二是物流公司的基础设施建设情况等。就物流公司而言，物品的评价价值和实际价值会由于误操作而导致严重偏差情况的出现，甚至造成金融业务与物流企业的合作宣告失败。但是，出于从金融机构得到尽可能多贷款的目的，融资公司会想尽办法提升抵押物的评估价值；第三方物流公司为了自己的利益会适当降低一些评价标准，更甚者会去做不真实的陈述，导致资产评价的参考价值为零。对于物流公司而言，其除了要负责配送与运输等专业物流服务之外，还要进行业务的监管，从而可能导致经营性风险的发生。

11.4.3 电子商务物流金融与传统物流金融的区别

1. 特征的不同

电子商务物流金融较传统的物流金融业务来说，拥有便捷的支付手段和快速的融资服务、专业化的服务及最大限度盘活库存。

1）便捷的支付手段、快速的融资服务

目前，我国的商品交易频繁，生产商、贸易商、银行和最终消费者之间的交易越来越多，电子商务的兴起使市场机会瞬息万变，要求支付手段更加灵活，传统的现金交易及转账已经很难适应现在的支付要求了。如何在传统的金融产品上使金融融资与支付更加迅速是物流金融发展面临的一个难题，电子商务平台与电子货币的发展应用，为物流金融提供了一个全新、更好的发展平台。

2）专业化的服务

我国中小企业普遍资信程度低、管理水平不高、技术落后，无法在金融资本上融资，只有通过民间借贷等方式借入资金来维持、壮大企业的经营。电子商务平台的物流金融业务专为平台中小企业设计，设计对其合理的贷款额度、期限、还款方式及利息，满足中小企业个性化的需要。

3）最大限度盘活库存

第三方电子商务平台的企业一般为贸易型企业，手中持有大量的商品库存。市场机会的瞬息万变要求企业发展具有及时性、时效性，资金是企业发展壮大的基础因素，企业迫切想利用库存进行融资以扩大经营规模和提高经营效率。追求"零库存"是当代企业为减少库存资本占用运营资本的体现。

2. 模式的不同

根据产品生产运营的运作周期将基于电子商务平台的物流金融业务模式分为两种：网络仓单质押模式、网络订单模式。

1）网络仓单质押模式

网络仓单质押模式是指贷款企业持银行认可的电子商务平台的物流战略合作伙伴或指定的物流合作商出具的电子仓单进行质押，向银行申请贷款的融资业务，业务具体流程如下。

（1）注册电子仓单。贷款企业如未将货物存放在监管仓库，需将货物运至监管仓库，物流监管方对货物进行审核通过后，贷款企业在线选择货物和数量生成电子仓单，并与第三方物流企业签订监管协议，然后向电子商务平台提交质押申请。

（2）在线申请质押。银行审核电子商务平台发送的电子仓单质押申请后，贷款企业按照授信额度和贷款比率，向银行存入一定的保证金，与银行签订贷款协议。

（3）银行审批，放款。银行根据物流监管方和电子商务平台提交的质押物清单与价格评估报告，将贷款发放到贷款企业在电子商务平台专门用于交易的结算账户，物流监管方冻结货物。

（4）申请提货，提货分为还贷提货模式和以货换货模式。还贷提货模式下，贷款企业向银行还款，提出提货申请，银行在确认收到还款后，向物流监管方和电子商务平台发送解除货物质押指令，贷款企业即可到监管仓库提货；以货换货模式下，贷款企业向银行提出提货申请后，将与质押相同的货物运至物流监管方监管仓库，经过物流监管方和银行的双重审核后进行置换。网络仓单质押模式流程如图11-7所示。

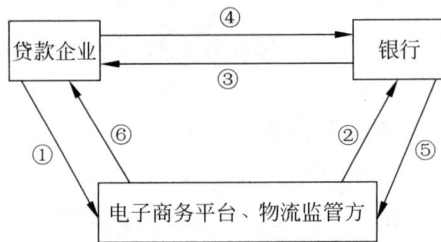

图11-7　网络仓单质押模式流程

注：
① 贷款企业将质押物存放于监管方第三方物流企业的仓库；② 第三方电子商务平台和物流监管方向银行出具质押物清单和货物价值评估报告；③ 银行将货物价值的贷款发放到贷款企业的结算账号；④ 贷款企业还贷，并支付相应的利息；⑤ 银行向第三方电子商务平台和物流监管方发送解除货物质押指令；⑥ 物流监管方解除对货物的质押。

2）网络订单模式

网络订单模式指贷款企业凭借第三方电子商务平台确认的网络电子订单向银行申请贷款的融资业务。网络订单模式流程如图11-8所示。

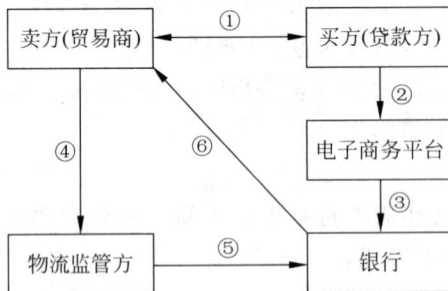

图11-8　网络订单模式流程

注：
① 买卖双方生成电子交易订单；② 买方通过第三方电子商务平台在线申请贷款，提交资料，并向平台的专用交易结算账号打入保证金，银行冻结保证金；③ 第三方电子商务平台将贷款企业的相关资料提交给银行进行审批；④ 卖方将货物运至监管方仓库；⑤ 物流监管方向银行提交质押物清单；⑥ 银行将贷款打入买方交易结算账号，加上买方的保证金一并将货款划给卖方。

（1）买卖双方在线生成订单，买方申请贷款。交易商买方与卖方在电子商务平台交易系统上生成交易订单，然后买方向银行申请贷款。

（2）买方提交保证金，卖方交货。买方交易商向其在电子商务平台的专用交易结算账号上打入交易额作为保证金，银行将货款予以冻结，并通知卖方交易商将货物存放至监管仓库。

（3）银行放款，一并支付给卖方交易商货款。卖方交易商将货物运至目的地，买方对货物进行验收后存放至指定监管仓库，物流监管方和电子商务平台向银行出具质押物清单和货物价值评估报告，银行将交易额加上买方存入交易结算账户的保证金一并划给卖方。

（4）申请提货。贷款企业向银行偿还贷款，并支付一定的利息，提出解除货物质押申请，银行在确认收到企业还款后，向物流监管方和电子商务平台发送放货指令，贷款企业即可到监管仓库提货。

11.4.4　电子商务中的物流金融管理

电子商务中的物流金融管理主要涉及对电子商务环境下物流金融活动的组织、协调、控制和优化。这包括物流过程中的资金融通、结算、保险、风险控制等一系列金融活动的管理。

1. 资金流管理

电子商务物流金融管理需要确保资金流的顺畅和高效。通过优化融资结构、降低融资成本、提高资金利用效率等方式，实现资金的快速流动和有效利用。

2. 风险管理

物流金融涉及多方参与和复杂的业务流程，因此风险管理至关重要。电子商务物流金融管理需要建立完善的风险评估体系，对潜在风险进行识别和监控，并采取相应措施进行防范和控制。

1）企业内部风险控制

第一，建立健全内部管理机制，确保落实相关工作人员的权利和责任，突出重点工作。第二，提升仓储监管能力，及时监控好融资企业的补货以及提货相关操作，使库存能够得到充分保障。第三，加大专业人才培养力度，相关企业要积极引进并培养专业性的人才，使工作人员工作能力和素质不断提升，从而更好适应物流金融业务的发展。

2）质押物风险防范

首先，强化质押物的选择至关重要。通常而言，融资公司和银行在选择抵押物的时候会选择那些不是非常贵重的物品，最大限度地确保它们在市场中很好地转手。其次，加强质押物仓储管理。一是建设标准化设施的仓库，物流公司只有拥有了标准化规模的仓库，才可以很好地储存质押物。二是质押物储存于仓库的这段时间，一定要遵照有关规章制度行事。最后，要慎重考虑是否投保风险防范。通常而言，在现实操作的时候，一般会要求融资公司拿出质押物投保单，从而最大限度地避免损失的出现。同时投保质押物险也是融资企业最常使用的一种降低风险的方法。

3）融资企业风险防范

第一，定期查询客户征信，为合作伙伴公司创建征信档案。对于可以通过关联企业或者公开信息平台查询到的信息,物流企业应当每隔一段时间查询一次,还需要对其档案库及时地进行更新。第二,综合评估融资企业信用。在前期对融资企业展开信用调查的过程中,物流公司主要是利用银行公开系统进行查询,通过模型评价,可知具有较低的风险指标得分,若风险也偏高,这就代表如果只凭借银行获得融资企业信用,是不科学的,对于融资企业而言,还应该获取更多与信用相关的信息,从而进行综合评价。

4)企业监管风险防范

首先,加强政策的学习与应用,对于物流公司的基层员工而言,要做到对国家颁布的相关政策足够了解。其次,注重管理合同签订和执行力度。在健全合同管理的前提下,可以尽可能地防止出现一些风险。最后,如有需要可以聘请相关专家顾问,及时进行科学的指导与咨询。

3. 信息系统管理

信息技术在电子商务物流金融管理中发挥着关键作用。通过建立高效的信息系统,实现物流信息的实时采集、传输和处理,提高决策效率和准确性。

4. 合作关系管理

电子商务物流金融涉及多个参与方,包括电商平台、物流企业、金融机构等。因此,建立和维护良好的合作关系至关重要。通过加强沟通、协调各方利益、建立互信机制等方式,实现合作共赢。此外,电子商务物流金融管理还需要关注市场变化、技术创新和客户需求等方面的动态,及时调整管理策略,以适应不断变化的市场环境。

11.5 "新零售"下的生鲜冷链物流

11.5.1 生鲜冷链物流概况

随着"新零售"概念的兴起,生鲜产品冷链物流迎来了新的发展机遇。人们的生活水平和品质得到了极大提升,消费者对生鲜食材的需求不断攀升,然而如水果、蔬菜、肉类、海鲜等生鲜产品,由于其易腐、易变质的特性,对冷链物流的要求极高。冷链物流不仅要保证生鲜产品在运输过程中的新鲜度,还要确保其在储存、销售等环节的品质稳定。

传统的生鲜冷链物流模式存在诸多痛点,如信息不透明、温度控制不稳定、运输效率低等。而"新零售"模式下的生鲜冷链物流,则通过引入先进的信息技术、优化物流流程、提升服务质量等方式,给生鲜产品的流通带来了革命性的变革。在"新零售"模式下,生鲜冷链物流实现了全程可视化、可追溯。通过物联网技术,可以实时监控生鲜产品在运输、储存等环节的温度、湿度等关键指标,确保产品始终处于最佳状态。同时,借助大数据、云计算等技术,可以对生鲜产品的流通数据进行深度挖掘和分析,为企业的决策提供有力支持。

此外,"新零售"模式下的生鲜冷链物流还注重提升运输效率和服务质量。通过优化配送路线、减少中转环节、提高装卸效率等方式,可以缩短生鲜产品的流通时间,减少损耗和浪费。同时,通过提供定制化、个性化的服务,可以满足不同消费者的多样化需求,提升消费者的购物体验。"新零售"模式需要构建一个完整的生鲜冷链物流体系,这是提升生鲜产品质量的必由之路,为此,必须采取有效措施,加强冷链物流的管控,提升其运营效率,从而确保生鲜产品的安全、高效、可持续发展。

11.5.2 "新零售"下生鲜冷链物流主要模式

1. 自营物流

自营物流模式通常是从事生鲜业务的电商企业自身开展生鲜产品配送活动,电商企业拥有自身的配送队伍。自营物流模式注重配送效率,得益于重点物流节点设置的中转仓库,采取就近原则安排配送。采用一体化平台,从订单生成开始实时追踪、全程监控,将各网点连入系统中,方便管理,提高效率。

电商企业规模较大或物流对自身发展重要程度很高,以及电商企业发展战略与冷链物流密切相关时,通常会选择自营物流模式。例如,顺丰优选借助顺丰在物流、资金、业务资源等方面的优势积极推动自身的生鲜业务。

2. 第三方物流

第三方物流模式是指平台将配送环节指派给第三方物流公司,随着经济与技术的迅速发展,自营配送发展速度无法跟上网上平台的开拓速度,迫使很多平台店家选择第三方物流公司。

自营物流已成为电商企业生鲜业务发展的一大趋势。然而,鉴于中小型电商企业资源相对有限,为确保稳健发展,需将精力集中于成熟市场的运营。在成熟市场中,自营物流无疑是降低物流成本的最优选择。而在其他区域,中小型电商企业则应聚焦于核心业务,并考虑采用第三方物流方式,这既是降低物流成本、拓展生鲜业务的必要选择,也符合企业的实际情况。自营物流结合第三方物流的模式,特别适用于具备一定实力但资源有限的中小型电商企业。当企业拓展新市场时,采用第三方物流不仅有助于维护与消费者之间的紧密关系,还能有效减少在新市场的固定资产投资,从而降低整体运营成本。

3. 社区配送

社区配送是指在一定区域范围内,定点集中配送的一种方式。平台将订单分析归类,将一个小范围区域的订单集中到一起,定时、定点集中配送,将分散的物流网络集中化,节省人力与时间。新零售强调线上、线下和物流的深度融合,冷链物流社区配送模式正是这一理念的体现。通过线上平台的订单信息,企业可以精准地掌握消费者的需求,并据此制订合理的配送计划。同时,线下社区的固定性和集中性也为冷链配送提供了便利,减小了配送过程中的不确定性和损耗。

4. 消费者自提

该模式就是平台在可控区域内设置自提模式,顾客可以自己选择合适的时间自提产品,节省了配送成本,且灵活性高,具体有以下特征:首先,因运输距离较短以及规模效应,其物流成本较低;其次,因中短距离运输对冷冻、保鲜技术要求低,可大幅降低技术成本;再次,因该模式下多数生鲜产品由消费者自己到终端店取货,仅少数产品由企业配送,企业很少参与从配送网点到消费者的这一烦琐配送过程,可大幅改善消费者购物体验并降低物流成本。

11.5.3 "新零售"下生鲜冷链物流存在的问题

1. 信息化程度低

目前,我国大部分生鲜产品在运输过程中仍然采用传统方式进行管理和配送,这种模式不仅效率低下,而且容易出现错误,导致货物损耗率较高。同时,多数新零售企业还处在创业初期,还不具备完善的大物流系统,无法实现历史数据的搜索和当前信息的共享,这样就导致对企业而言,市场人员制订营销计划只能凭借个人经验,大大增加了生鲜产品的库存风险,有时容易出现生鲜产品库存积压,存储时间长,影响生鲜产品的质量;有时也会出现供不应求的现象,影响顾客体验和消费。对顾客而言,由于信息的不对称,对于新鲜度要求较高的生鲜产品,顾客对生鲜产品存储和运输信息持怀疑态度的时候,容易担心生鲜产品的质量,从而影响顾客线上购买生鲜产品的欲望。

2. 冷链设备较差

新零售企业的主要产品线聚焦于生鲜产品,以满足广大民众日常生活的需求。生鲜产品的特性决定了其在存储和运输过程中对环境温度的要求极高,这就要求企业在新零售的存储和运输环节中对冷链物流的技术与设施设备投入更高的成本。特别是在我国非一、二线发达城市,短途冷链运输所使用的设施设备普遍较为简单,甚至有的仅依靠保温箱进行生鲜产品的运输,这无疑对生鲜产品的质量产生了显著影响。我国当前的冷链技术应用尚处于初级阶段,冷链设备的创新程度有待提高,同时设备的数量也相对不足。这些问题导致了生鲜产品在运输过程中常常出现"断链"现象,严重影响了产品质量,并造成了不必要的损耗。

3. 冷链成本较高

由于新零售企业的生鲜产品大都需要冷链物流,冷链物流的设施设备及冷链技术都比普通物流的成本要高很多,所以生鲜产品的冷链物流成本其实是新零售企业做好服务、做出特点和市场,不得不考虑的一项重大支出。怎样在控制冷链物流成本的情况下做好市场和销售也是新零售企业将要面临的重要问题。

11.5.4 "新零售"下生鲜冷链物流的发展建议

1. 加强生鲜冷链物流运输信息化建设

通过构建一个高效的运输信息管理系统,企业可以对生鲜农产品在运输过程中的每一个环节进行细致入微的监控和数据采集。这种管理方式不仅有助于企业及时发现并处理任何异常情况,确保货物在整个运输过程中的安全可靠,同时还能为消费者提供一个更加透明、公开和公正的购物体验。

特别是考虑到生鲜产品具有较短的保质期和对时效性要求较高的特点,企业可以在冷链车上安装GPS,实现运输过程的实时监控。与传统的物流方式相比,这种方式能够实时更新物流信息并上传至平台,使消费者能够更方便地查询和计算运输时效。

此外,实时追踪系统不仅提高了运输过程的安全性,还能有效帮助司机避免因道路问题导致的运输时间延长。在配送环节,可以借鉴外卖配送平台的经验,如饿了么等,通过查看骑手的实时位置来提前准备产品包装,从而提高配送效率。随着智能物联网的发展,生鲜冷链物流正在实现与物联网的紧密连接。这种实时的管理和控制不仅提高了运输与配送的安全性,还为企业提供了一个更加高效和可靠的生鲜农产品供应链解决方案。

2. 加强生鲜冷链物流标准化建设

针对生鲜农产品上游作业的标准化、节约化及规模化需求,应积极推动冷链标准化建设,以确保各类生鲜农产品在采摘、加工、装卸、运输、仓储、装卸搬运、配送等供应链环节中,湿度、温度等关键参数达到统一标准。这不仅有助于提升生鲜农产品的质量与安全性,还能实现供应链物流环节中的生产者、消费者、零售商之间的现代冷链物流标准信息共享。

基于生鲜产品冷链物流标准的相关法律法规以及专家建议,利用大数据网络平台,对蔬菜、水果、花卉、肉禽、水产等各类品种的全过程湿度、温度等标准进行统一规范。这一标准将被广泛应用于生鲜产品的整个物流供应链环节中,涵盖采摘、加工、包装、装卸、运输、仓储、配送等各个环节的分类作业、温度控制、湿度控制、风速控制等方面,以使生鲜产品的新鲜度、口感和营养价值得到最佳保持。

3. 加强生鲜冷链物流设备智能化建设

依托先进的人工智能技术和全程自动化恒温控制技术,冷链设备的智能化升级实现了生鲜农产品从采摘到加工生产,再到装卸搬运、仓储、运输及配送等全流程的"智能化＋冷链化"管理,确保冷链作业在整个供应链环节中实现无缝对接。此外,智慧冷链设备还能对各供应链环节的温度、湿度、风速等关键指标进行实时监控和预警,运用远程技术智能调节和控制相关参数,同时实现车辆定位、环境感知、路径规划、车辆控制与执行等功能,如图 11-9 所示。这种智慧冷链物流管理方式通过智慧包装、智慧运输、智慧仓储、智慧装卸搬运和智慧配送五个环节,不仅提升了生鲜产品供应链各环节的质量,还为物流行业实现状态感知、实时分析、自主决策和精准执行提供了有力保障。

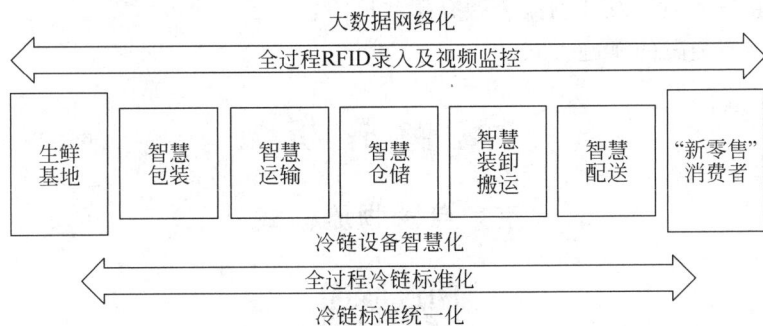

图 11-9　设备智能化建设

本 章 小 结

随着互联网技术的提升、流通经济的发展以及低碳政策的普及,电子商务物流逐渐呈现出新的发展模式。本章从电子商务绿色物流、电子商务智慧物流、电子商务逆向物流、电子商务物流金融以及"新零售"下的生鲜冷链物流五个领域介绍了电子商务物流的创新发展。

电子商务绿色物流是利用先进的物流技术降低物流对环境影响的过程,京东、菜鸟等龙头企业率先进行了物流低碳化改革，为行业树立了标杆。尽管我国目前发展电子商务绿色物流还存在一定的困难和瓶颈，但是随着政策的不断完善，技术的不断进步，评价指标体系的逐渐完善，我国电子商务绿色物流的发展前景也变得更加明朗。电子商务智慧物流利用物联网、大数据等技术，实现了物流智能化、高效化，提升了客户体验与运营效率。电子商务逆向物流专注于处理退货、换货等反向流程，通过构建基于电子商务环境的完善退货系统，优化了客户体验，提高了资源利用率和企业运营效率。在电子商务的背景下，物流金融的发展具有显著的优势。通过物流金融，物流企业可以更好地获取资金支持，消除财务窘境，扩大企业资金规模，实现对资金的优化管理。"新零售"模式下的生鲜冷链物流，通过引入先进的信息技术、优化物流流程、提升服务质量等方式，给生鲜产品的流通带来了革命性的变革。

电子商务物流的新发展模式以其高度的智能化、绿色化及金融化融合，不仅极大地提升了物流效率与服务质量，还促进了资源的循环利用与企业的可持续发展，真正展现了现代科技与商业创新的完美结合。

思 考 题

1. 电商企业开展绿色物流管理可采取哪些主要措施？
2. 按成因来划分，电子商务逆向物流有哪些类型？
3. 电子商务逆向物流的主要运作模式有哪些？
4. 简要回答电子商务逆向物流的实施步骤。
5. 结合现实生活，举例说明当下应如何发展电子商务智慧物流。
6. 电子商务环境下发展物流金融有哪些风险？
7. 简述物流金融的实施方式。

案 例 分 析

京东自营物流模式

即 测 即 练

参考文献

[1] 周曙东.电子商务概论[M].南京：东南大学出版社,2015.

[2] 毕娅.电子商务物流[M].北京：机械工业出版社,2015.

[3] 梁嘉慧.跨境电商对一般贸易出口的影响分析[J].商业经济研究,2020(17)：144-147.

[4] 崔介何.物流学概论[M].5版.北京：北京大学出版社,2016.

[5] 刘磊.物流学概论[M].北京：中国人民大学出版社,2012.

[6] 张铎,周建勤.电子商务物流管理[M].北京：高等教育出版社,2006.

[7] 刘常宝.电子商务物流[M].北京：机械工业出版社,2018.

[8] 刘丹,郑宇婷,刘志学.电子商务物流[M].武汉：华中科技大学出版社,2022.

[9] 王宝进,薛娟.实用电子商务[M].镇江：江苏大学出版社,2015.

[10] 王俊,高若男,王一竹,等.浅谈电子商务的发展现状及趋势[J].商品与质量,2016(6)：56.

[11] 赵洁玉,刘然,刘哲,等.中国绿色物流的发展现状及建议[J].中国经贸导刊(中),2019(8)：46-47.

[12] LAUDON K C,TRAVOR C G.电子商务：商业、技术和社会[M].劳帼龄,等译.北京：高等教育出版社,2006.

[13] 毛敏,王坤.采购与供应管理[M].成都：西南交通大学出版社,2021.

[14] 吴春尚,孙序佑,杨好伟.采购管理[M].成都：电子科技大学出版社,2020.

[15] 李恒兴,鲍钰.采购管理[M].北京：北京理工大学出版社,2018.

[16] 高帆.采购与供应管理[M].北京：北京理工大学出版社,2021.

[17] 吴勇,许国银.采购管理[M].南京：东南大学出版社,2016.

[18] 蒙茨卡,汉德菲尔德,吉尼皮尔,等.采购与供应链管理(英文版)[M].6版.北京：清华大学出版社,2021.

[19] 李琪.电子商务物流管理[M].2版.重庆：重庆大学出版社,2008.

[20] 潘勇.跨境电子商务物流管理[M].北京：高等教育出版社,2020.

[21] 方磊,夏雨,周红.电子商务物流管理[M].2版.北京：清华大学出版社,2017.

[22] 霍红.物流管理学[M].北京：中国物资出版社,2008.

[23] 程晓华.制造业库存控制技巧[M].北京：中国财富出版社,2013.

[24] 真虹.物流企业仓储管理与实务[M].北京：中国物资出版社,2009.

[25] 金汉信,王亮,霍焱.仓储与库存管理[M].重庆：重庆大学出版社,2010.

[26] 韩杨.物流运输管理实务[M].2版.北京：清华大学出版社,2014.

[27] 杨霞芳.国际物流管理[M].上海：同济大学出版社,2015.

[28] 刘军.国际物流[M].北京：电子工业出版社,2009.

[29] 汪传雷.国际物流管理[M].合肥：合肥工业大学出版社,2014.

[30] 朱强.运输管理实务[M].北京：中国人民大学出版社,2014.

[31] 科伊尔,巴蒂,诺瓦克.运输管理[M].张剑飞,袁宇,朱梓齐,等译.5版.北京：机械工业出版社,2004.

[32] 陈艳,周盛世,王连月.国际物流与货运[M].北京：中国铁道出版社,2007.

[33] 肖朝英.电子商务环境下物流配送存在的问题及优化策略探讨[J].中国管理信息化,2024,27(1)：97-100.

[34] 唐勇.大数据时代电子商务物流配送的现状与发展[J].全国流通经济,2022(31)：23-26.

[35] 徐晓燕,张雪梅,华中生.物流服务运作管理[M].2版.北京：清华大学出版社,2015.

[36] 苗玉树,刁培培,刘淑琴.基于作业成本的企业物流成本控制系统设计[J].物流技术,2014,

33(17)：249-251.

[37] 贲友红.作业成本法在快递物流成本管理中的应用研究[J].价格理论与实践,2017(12)：82-85.

[38] 连桂兰.如何进行物流成本管理[M].北京：北京大学出版社,2003.

[39] 张远.物流成本管理[M].北京：北京大学出版社,2019.

[40] THEMIDO I,ARANTES A,FERNANDES C,et al. Logistic costs case study—an ABC approach [J]. Journal of the operational research society,2000,51(10)：1148-1157.

[41] TSAI W H,LAI C W. Outsourcing or capacity expansions：application of activity-based costing model on joint products decisions[J]. Computers & operations research,2007,34(12)：3666-3681.

[42] 西泽修.物流活动的会计与管理[M].东京：白桃书房,2003.

[43] 隋东旭,邹益民.跨境电子商务实务[M].北京：清华大学出版社,2023.

[44] 叶万军,隋东旭,邹益民.跨境电子商务物流[M].北京：清华大学出版社,2021.

[45] 赖宝建.跨境电商物流发展环境下海外仓模式研究[J].中国航务周刊,2023(4)：44-46.

[46] 白西.跨境电子商务与物流融合的困境及对策[J].中国航务周刊,2023(24)：66-68.

[47] 马博.跨境电商物流[M].北京：中国经济出版社,2022.

[48] 梁娟娟,任婷,史俊红.电子商务物流[M].北京：电子工业出版社,2024.

[49] 魏修建,严建援,张坤.电子商务物流[M].北京：人民邮电出版社,2017.

[50] 许应楠,凌守兴.电子商务与现代物流[M].北京：人民邮电出版社,2015.

[51] 段逸萱.电子商务环境下物流管理的创新发展探讨[J].中国储运,2024(4)：120-121.

[52] 李婷.电子商务环境下物流管理创新对策探究[J].商场现代化,2023(24)：48-50.

[53] 刘红.跨境电子商务物流模式创新与发展趋势[J].中国储运,2023(3)：156-158.

[54] 张滨丽,王作铁.基于智慧协同的电子商务物流体系优化[J].商业经济研究,2021(12)：103-106.

[55] 成翠丽.基于数学规划的物流中心选址研究[J].物流科技,2024,47(12)：11-15.

[56] 武文娟,张海钟.农村电商背景下农村物流节点选址研究[J].物流科技,2022,45(10)：72-75.

[57] 沙比热古丽·吾加.新时代农村电商物流的可持续发展研究[J].全国流通经济,2024(16)：19-22.

[58] 李玉民.物流工程理论与方法[M].北京：清华大学出版社,2024.

[59] 李玉民.物流工程[M].重庆：重庆大学出版社,2009.

[60] 程国全.物流技术与装备[M].2版.北京：高等教育出版社,2013.

[61] 李锋.电子商务与现代物流[M].北京：北京大学出版社,2024.

[62] 李向文.电子商务物流及其信息化[M].北京：清华大学出版社,2017.

教师服务

感谢您选用清华大学出版社的教材！为了更好地服务教学，我们为授课教师提供本书的教学辅助资源，以及本学科重点教材信息。请您扫码获取。

》 教辅获取

本书教辅资源，授课教师扫码获取

106608

》 样书赠送

物流与供应链管理类重点教材，教师扫码获取样书

清华大学出版社

E-mail: tupfuwu@163.com
电话：010-83470332 / 83470142
地址：北京市海淀区双清路学研大厦 B 座 509

网址：https://www.tup.com.cn/
传真：8610-83470107
邮编：100084